IGLESIA DEL NAZARENO
MANUAL

2023

•

HISTORIA

CONSTITUCIÓN

GOBIERNO

SACRAMENTOS Y RITUALES

•

CASA NAZARENA DE PUBLICACIONES

Manual de la Iglesia del Nazareno, 2023
Copyright © 2024

Publicado por Casa Nazarena de Publicaciones
por autorización de la Trigésima Asamblea General,
reunida en Indianápolis, Indiana, EUA,
del 11 al 15 de junio de 2023

Miembros del comité de redacción del *Manual*
de la versión original en inglés
DEAN G. BLEVINS
SARAH B. COLESON-DERCK
STANLEY J. RODES
TERRY S. SOWDEN
GARY W. HARTKE

Miembros del Comité de traducción y edición
de la versión en español
Mery L. Asenjo
Vivian A. Juárez
Hilda E. Navarro
Ángel Sigui
Josué Villatoro L.

ISBN 978-1-56344-994-9

Publicado originalmente en inglés con el título de
Manual 2023, Church of the Nazarene
Copyright © 2023
Nazarene Publishing House

Todas las citas bíblicas son tomadas de la Santa Biblia, versión Reina-Valera 1960 (RVR60). Derechos Reservados © 1960 por American Bible Society.

El sello y el logotipo de la Iglesia del Nazareno son marcas registradas de The Church of the Nazarene, Inc. El uso o reproducción de los mismos, sin el consentimiento expreso y por escrito de The Church of the Nazarene, Inc. está terminantemente prohibido.

PRÓLOGO

La *misión* de la Iglesia del Nazareno es hacer discípulos semejantes a Cristo en las naciones.

Los *valores medulares* de la Iglesia del Nazareno son estos: "Somos un pueblo cristiano, de santidad y misional".

Las siete *características* de la Iglesia del Nazareno son adoración significativa, coherencia teológica, evangelismo apasionado, discipulado intencional, desarrollo de la iglesia, liderazgo transformacional y compasión con propósito.

El objetivo primordial de la Iglesia del Nazareno consiste en llevar adelante el reino de Dios por medio de la preservación y propagación de la santidad cristiana, como lo establecen las Escrituras.

Los objetivos fundamentales de la Iglesia del Nazareno son "la santa comunión cristiana, la conversión de los pecadores, la entera santificación de los creyentes, su edificación en la santidad, y la sencillez y poder espiritual manifestados en la iglesia primitiva del Nuevo Testamento, junto con la predicación del evangelio a toda criatura". (19)

La Iglesia del Nazareno existe con el propósito de servir como instrumento para el avance del reino de Dios mediante la predicación y la enseñanza del evangelio en todo el mundo. Nuestra comisión bien definida consiste en preservar y propagar la santidad cristiana como la establecen las Escrituras, por medio de la conversión de los pecadores, la restauración de los apóstatas y la entera santificación de los creyentes.

Nuestro objetivo es espiritual, es decir, evangelizar como respuesta a la Gran Comisión de nuestro Señor: "id, y haced discípulos a todas las naciones" (Mateo 28:19; cf. Juan 20:21; Marcos 16:15). Creemos que esta meta puede alcanzarse mediante el acuerdo de reglas y procedimientos, incluyendo artículos de fe, así como también normas morales y estilos de vida probados por el tiempo.

Esta edición 2023 del *Manual* incluye una breve declaración histórica de la iglesia; su constitución, la cual define nuestros Artículos de Fe, nuestra comprensión de la iglesia, el Pacto de Carácter Cristiano para la vida santa, y los principios de organización y gobierno; el Pacto de Conducta Cristiana, el cual toca asuntos claves de la sociedad contemporánea; y las reglas de gobierno de la iglesia respecto a la organización de la iglesia local, distrital y general. El *Manual* 2023 reemplaza al *Manual* 2017-2021 que siguió vigente por un periodo adicional de dos años debido a la pandemia de COVID-19, y el aplazamiento de la Trigésima Asamblea General.

La Asamblea General es el cuerpo supremo que formula doctrinas y legisla en la Iglesia del Nazareno. El *Manual* contiene las decisiones y los juicios de los delegados ministeriales y laicos a la Trigésima Asamblea General, celebrada en Indianápolis, Indiana,

Estados Unidos, del 11 al 15 de junio de 2023; y tiene autoridad como guía para la acción. Debido a que es la declaración oficial de fe y práctica de la iglesia, y es consistente con las enseñanzas de las Escrituras, esperamos que nuestra feligresía acepte los postulados doctrinales, así como las guías y las ayudas para la vida santa que contiene. El no hacerlo, después de haber sido recibido públicamente como miembro de la Iglesia del Nazareno, daña el testimonio de la iglesia, viola su conciencia y disipa el compañerismo del pueblo llamado nazareno.

El gobierno de la Iglesia del Nazareno es distintivo. En cuanto a su forma, es representativo: ni puramente episcopal ni totalmente congregacional. Gracias a que tanto los laicos como los ministros tienen igual autoridad en las unidades parlamentarias y legislativas de la iglesia, existe un equilibrio deseable y efectivo de poder. Vemos esto no solo como una oportunidad de participación y servicio en la iglesia; sino también como una obligación tanto para los laicos como para los ministros.

Es importante tener claro nuestro compromiso y nuestro propósito. Pero un pueblo inteligente e informado que se apega a prácticas y procedimientos de común acuerdo lleva adelante el reino de Dios más rápidamente y mejora su testimonio de Cristo. Por tanto, es importante que nuestros miembros se familiaricen bien con este *Manual*, la historia de la iglesia, las doctrinas y las prácticas éticas del nazareno ideal. El apego a las instrucciones contenidas en estas páginas producirá lealtad y fidelidad tanto a Dios como a la iglesia, y aumentará la efectividad y la eficiencia de nuestros esfuerzos espirituales.

Con la Biblia como nuestra guía suprema, iluminados por el Espíritu Santo, y con el *Manual* como nuestra declaración de fe, práctica y política, anticipamos el nuevo cuatrienio con gozo y fe inquebrantable en Jesucristo.

La Junta de Superintendentes Generales
DAVID A. BUSIC
GUSTAVO A. CROCKER
FILIMÃO M. CHAMBO
CARLA D. SUNBERG
T. SCOTT DANIELS
CHRISTIAN D. SARMIENTO

CONTENIDO

Prólogo..3

PARTE I: DECLARACIÓN HISTÓRICA
Declaración histórica..10
Organigrama de gobierno de la Iglesia del Nazareno................17

PARTE II: CONSTITUCIÓN DE LA IGLESIA
Preámbulo a la Constitución de la iglesia 20
Artículos de Fe 20
La iglesia..27
Artículos de organización y gobierno 30
Enmiendas..32

PARTE III: EL PACTO DE CONDUCTA CRISTIANA
A. La vida cristiana... 36
B. Lo sagrado de la vida humana..............................41
C. La sexualidad humana y el matrimonio.............. 44
D. La mayordomía cristiana...................................... 48
E. Oficiales de la iglesia 50
F. Reglas de orden 50
G. Enmiendas al Pacto de Conducta Cristiana 51

PARTE IV: GOBIERNO
Preámbulo al gobierno de la iglesia............................ 54
  I. Gobierno local..
    A. Organización, nombre, personería jurídica,
      propiedad, restricciones, fusiones, traslados,
      disolución de la iglesia local................................55
    B. Membresía de la iglesia local 61
    C. Comité de evangelismo y membresía
      de la iglesia local.. 62
    D. Cambio de membresía de la iglesia local 63
    E. Terminación de membresía de la iglesia local.............. 63
    F. Reuniones de la iglesia local 64
    G. El año eclesiástico.. 67
    H. El llamamiento de un pastor 68
    I. El pastor 71
    J. La relación de la iglesia local con el pastor 74
    K. La renovación de la relación de la iglesia local
      con el pastor 75
    L. La junta de la iglesia local...78
    M. Los mayordomos de la iglesia local............................... 84
    N. Los ecónomos de la iglesia local 85
    O. La junta de Discipulado Nazareno Internacional
      de la iglesia local (DNI) 86

P. Juventud Nazarena Internacional de la iglesia local (JNI) 91
Q. Guarderías/escuelas nazarenas de la iglesia local (desde recién nacidos hasta secundaria) 91
R. Misiones Nazarenas Internacionales de la iglesia local (MNI) 92
S. Prohibiciones de solicitudes financieras de la iglesia local 93
T. Uso del nombre de la iglesia local.............................93
U. Entidades jurídicas auspiciadas por la iglesia..............93
V. Asociados en la iglesia local.. 94

II. Gobierno de distrito
  A. Linderos y nombre del distrito..................................97
  B. Membresía y fecha de la asamblea de distrito 101
  C. Negocios de la asamblea de distrito............................103
  D. Libro de actas/Diario de la asamblea de distrito 108
  E. El superintendente de distrito.................................... 108
  F. El secretario de distrito.. 115
  G. El tesorero de distrito... 115
  H. La junta consultora de distrito 116
  I. La junta distrital de credenciales ministeriales 121
  J. La junta distrital de estudios ministeriales................. 123
  K. La junta distrital de evangelismo o director distrital de evangelismo...124
  L. La junta distrital de propiedades de la iglesia 124
  M. El comité consultivo de distrito 125
  N. El director de capellanía de distrito 126
  O. La junta distrital de Discipulado Nazareno Internacional 126
  P. La Juventud Nazarena Internacional de distrito..........128
  Q. Misiones Nazarenas Internacionales de distrito 128
  R. Ayudantes bajo sueldo del distrito 129
  S. Disolución de un distrito...129

III. Gobierno general
  A. Funciones y organización de la Asamblea General..... 131
  B. Membresía de la Asamblea General 131
  C. Fecha y lugar de la Asamblea General........................132
  D. Sesiones extraordinarias de la Asamblea General 133
  E. El comité de preparación de la Asamblea General.....133
  F. Negocios de la Asamblea General 133
  G. Los superintendentes generales..................................135
  H. Superintendentes generales eméritos y jubilados 136
  I. La Junta de Superintendentes Generales 137
  J. El secretario general 139
  K. El tesorero general..140
  L. La Junta General 141
  M. Plan de pensiones 147
  N. Subsidiarias de The Church of the Nazarene, Inc......148

- O. Nazarene Publishing House 149
- P. El Comité General de Acción Cristiana....................149
- Q. Comité de los intereses del evangelista llamado por Dios..150
- R. Comité Consultivo Internacional del Programa de Estudios (ICOSAC) 150
- S. El concilio global de la Juventud Nazarena Internacional (JNI)..144
- T. El concilio global de Misiones Nazarenas Internacionales (MNI) 152
- U. Juntas nacionales 152
- V. La región..153

PARTE V: EDUCACIÓN SUPERIOR
- I. La iglesia y la universidad..158
- II. Consorcio Global de Educación Nazarena 159
- III. Junta Internacional de Educación.....................................159

PARTE VI: MINISTERIO Y SERVICIO CRISTIANO
- I. Llamamiento y cualidades del ministro 164
- II. Categorías de ministerio 165
  - A. El ministerio laico 165
  - B. El ministerio del cuerpo ministerial..........................167
- III. Funciones ministeriales...167
- IV. Educación del cuerpo ministerial.....................................172
  - A. Fundamentos educativos para el ministro ordenado ..172
  - B. Adaptaciones culturales de los fundamentos educativos para ministros ordenados.......................175
- V. Credenciales y regulaciones ministeriales 176
  - A. El ministro local 176
  - B. El ministro licenciado...177
  - C. El diácono...176
  - D. El presbítero 182
  - E. El reconocimiento de credenciales 183
  - F. El ministro jubilado..184
  - G. El traslado de ministros...185
  - H. Regulaciones generales...185
  - I. Archivo, suspensión, renuncia o remoción de una credencial ministerial 193
  - J. La restauración de miembros del cuerpo ministerial 190

PARTE VII: ADMINISTRACIÓN JUDICIAL
- I. Investigación de posible conducta impropia y disciplina de la iglesia 204
- II. Respuesta a probable conducta impropia 204
- III. Respuesta a conducta impropia de una persona en posición de confianza o autoridad 206
- IV. Apelación de la disciplina de un laico 207

V. Apelación de la disciplina de un miembro del cuerpo ministerial 208
VI. Reglas de procedimiento 212
VII. Corte distrital de apelaciones... 212
VIII. Corte regional de apelaciones.. 213
IX. Corte general de apelaciones.. 213
X. Garantía de derechos 213

PARTE VIII: SACRAMENTOS Y RITUALES

I. Sacramentos ....
   La Santa Cena.. 218
   El Bautismo de los creyentes.. 221
   El Bautismo de infantes o niños pequeños 223
II. Rituales
   La dedicación de infantes o niños pequeños 226
   La recepción de miembros en la iglesia 228
   El matrimonio.. 231
   El servicio fúnebre 235
   Instalación de oficiales 239
   La organización de una iglesia local 243
   La dedicación del templo 246

PARTE IX: CONSTITUCIONES AUXILIARES

I. Juventud Nazarena Internacional (JNI)......................... 250
II. Misiones Nazarenas Internacionales (MNI).................... 285
III. Discipulado Nazareno Internacional (DNI) 304

PARTE X: FORMULARIOS

I. La iglesia local 320
II. La asamblea de distrito 323
III. Cédulas de acusaciones 323

PARTE XI: APÉNDICE

I. Oficiales generales.. 326
II. Juntas administrativas, concilios e instituciones educativas... 327
III. Reglamentos administrativos 332
IV. Asuntos morales y sociales contemporáneos 334

PARTE I

DECLARACIÓN HISTÓRICA

DECLARACIÓN HISTÓRICA

La Iglesia del Nazareno se identifica a sí misma como una rama de la iglesia de Cristo que es "una, santa, universal y apostólica", y que acoge como suya la historia del pueblo de Dios tal como lo registran el Antiguo y el Nuevo Testamentos, y la del pueblo de Dios a través de las edades, en todas las expresiones de la iglesia de Cristo. Nuestra denominación adopta los credos ecuménicos de los primeros cinco siglos cristianos como expresiones de su propia fe. Nos identificamos con la iglesia histórica en la predicación de la Palabra, en la administración de los sacramentos, conservando un ministerio apostólico en fe y práctica, inculcando las disciplinas de una vida y servicio a la semejanza de Cristo. Nuestra denominación acata el llamado bíblico a una vida santa y de devoción entera a Dios, lo cual proclamamos mediante la teología de la entera santificación.

Nuestra herencia cristiana fue mediada a través de la Reforma Inglesa del siglo XVI y el avivamiento wesleyano del siglo XVIII. Por medio de la predicación de Juan y Carlos Wesley, muchos en toda Inglaterra, Escocia, Irlanda y Gales abandonaron el pecado y fueron empoderados para el servicio cristiano. Este avivamiento se caracterizó por la predicación de los laicos, testimonios, disciplina, y por grupos de discípulos vehementes conocidos como "sociedades", "clases" y "bandas". Los hitos teológicos del avivamiento wesleyano incluyeron: la justificación por gracia mediante la fe; la santificación o la perfección cristiana, también por gracia mediante la fe; y el testimonio que da el Espíritu a la seguridad de la gracia. Las contribuciones distintivas de Juan Wesley incluyeron el énfasis en la entera santificación como provisión de la gracia de Dios para la vida cristiana. Estos énfasis se esparcieron por todo el mundo. En los Estados Unidos, se organizó la Iglesia Metodista Episcopal en 1784 "para reformar al continente y para diseminar la santidad bíblica por estas tierras".

A mediados del siglo XIX, hubo un renovado énfasis en la santidad cristiana. Timothy Merritt, de Boston, EUA, despertó el interés como editor de la revista *Guide to Christian Perfection* (Guía para la perfección cristiana). Phoebe Palmer, de la ciudad de Nueva York, EUA, dirigió la reunión de los martes para la promoción de la santidad, llegando a ser una oradora, autora y editora muy solicitada. En 1867, los predicadores metodistas J. A. Wood, John Inskip y otros, en Vineland, Nueva Jersey, EUA, comenzaron el primero de una larga serie de cultos campestres de santidad que renovaron la búsqueda wesleyana de la santidad por todo el mundo. La

Iglesia Metodista Wesleyana, la Iglesia Metodista Libre, el Ejército de Salvación y algunos entre los menonitas, Los Hermanos y los Cuáqueros también hicieron hincapié en la santidad cristiana. Los evangelistas llevaron este movimiento a Alemania, el Reino Unido, Escandinavia, India y Australia. Se levantaron nuevas iglesias de santidad, incluyendo la Iglesia de Dios (Anderson, Indiana, EUA). Como resultado de estos esfuerzos, surgieron iglesias de santidad, misiones urbanas y asociaciones misioneras. La Iglesia del Nazareno nació del impulso de unir a muchas de estas en una iglesia de santidad.

Unidad en santidad

En 1887, Fred Hillery organizó la Iglesia Evangélica del Pueblo (Providence, Rhode Island, EUA). La Iglesia Misionera (Lynn, Massachusetts, EUA) siguió en 1888. En 1890, estas dos, más otras ocho congregaciones de Nueva Inglaterra, EUA, formaron la Asociación Central Evangélica de Santidad. Anna S. Hanscome, ordenada en 1892, fue la primera mujer ordenada al ministerio en el contexto nazareno. Entre 1894 y 1895, William Howard Hoople organizó tres congregaciones de santidad en Brooklyn, Nueva York, EUA, que luego formaron la Asociación de Iglesias Pentecostales de América. La palabra "pentecostal" era sinónimo de "santidad" para estos y otros fundadores nazarenos. Los grupos de Hillery y Hoople se unieron en 1896 y establecieron el ministerio en la India (1899) y en Cabo Verde (1901). Hiram Reynolds, su secretario de misiones, también organizó congregaciones en Canadá (1902). Para 1907, el grupo se extendía desde Nueva Escocia, Canadá, hasta Iowa, EUA.

Robert Lee Harris organizó la Iglesia Neotestamentaria de Cristo (Milán, Tennessee, EUA) en 1894. Mary Lee Cagle, su viuda, la llevó hasta el oeste de Texas en 1895. C. B. Jernigan organizó la primera Iglesia Independiente de Santidad (Van Alstyne, Texas, EUA) en 1901. Estas iglesias se fusionaron en Rising Star, Texas, EUA (1904), formando la Iglesia de Cristo de la Santidad. Para 1908, la iglesia se extendía desde Georgia, EUA, hasta Nuevo México, EUA, ministrando a los marginados y necesitados y ayudando a los huérfanos y a las madres solteras, y a la vez manteniendo conexiones con sus obreros en la India y Japón.

Phineas F. Bresee y Joseph P. Widney, con cerca de otras 100 personas, organizaron la Iglesia del Nazareno en Los Ángeles, en 1895. La iglesia sostenía que los cristianos santificados por la fe debían seguir el ejemplo de Cristo y predicar el evangelio a los pobres. Creían que su tiempo y dinero debían darse a ministerios que reflejaran a Cristo, a salvar las almas y a ayudar a los necesitados. La Iglesia del Nazareno se extendió principalmente a lo largo de la costa oeste de los Estados Unidos, algunas de las congregaciones establecidas llegaban al este de las Montañas Rocosas y tan lejos como Illinois, EUA. La iglesia también sostuvo una misión autóctona en Calcuta, India.

En octubre de 1907, la Asociación de Iglesias Pentecostales de América y la Iglesia del Nazareno sesionaron conjuntamente en Chicago, Illinois, EUA; a fin de formar el gobierno de una nueva iglesia. Sería un gobierno que mantendría el equilibrio entre la superintendencia y los derechos de las congregaciones. Los superintendentes tendrían la función de promover y cuidar a las iglesias establecidas, organizar y animar a las nuevas iglesias, sin interferir con las acciones independientes de una iglesia plenamente organizada. En la reunión, hubo participación de los delegados de la Iglesia de Cristo de la Santidad. La Primera Asamblea General adoptó un nombre que provenía de ambas organizaciones: Iglesia Pentecostal del Nazareno. Bresee y Reynolds fueron elegidos superintendentes generales.

En septiembre de 1908, la Conferencia de Pennsylvania de la Iglesia Cristiana de la Santidad bajo el liderazgo de H. G. Trumbaur se unió a la Iglesia Pentecostal del Nazareno.

En octubre, la Segunda Asamblea General se reunió con el concilio general de la Iglesia de Cristo de la Santidad, en Pilot Point, Texas, EUA. La mañana del martes 13 de octubre, R. B. Mitchum propuso "que la unión de las dos iglesias sea consumada", y esta fue secundada por C. W. Ruth. Bresee se había esforzado continuamente para lograrla. A las 10:40 de la mañana en medio de un gran entusiasmo, la moción de la unión fue aprobada por voto unánime.

Dirigidos por J. O. McClurkan, la Misión Pentecostal fue formada en Nashville, EUA, en 1898, uniendo a creyentes de santidad de Tennessee y estados circunvecinos. Esta misión envió pastores y maestros a Cuba, Guatemala, México y la India. En 1906, George Sharpe fue expulsado de la Iglesia Congregacional Parkhead en Glasgow, Escocia, por predicar la doctrina wesleyana de la santidad cristiana. Como resultado, se formó la Iglesia Pentecostal de Parkhead, y también se organizaron otras congregaciones, lo cual resultó en la fundación de la Iglesia Pentecostal de Escocia en 1909. La Misión Pentecostal y la Iglesia Pentecostal de Escocia se unieron a la Iglesia Pentecostal del Nazareno en 1915.

La Quinta Asamblea General (1919) cambió el nombre oficial de la denominación por el de Iglesia del Nazareno; porque la palabra "pentecostal" adquirió nuevos significados.

Una iglesia global

El carácter esencial de la Iglesia del Nazareno fue forjado por las iglesias fundadoras que se habían unido hasta 1915. Desde sus inicios, la iglesia tuvo una dimensión internacional. La denominación ya apoyaba a iglesias plenamente organizadas en Estados

Unidos, India, Cabo Verde, Cuba, Canadá, México, Guatemala, Japón, Argentina, Reino Unido, Esuatini, China y Perú. Para 1930, había llegado a Sudáfrica, Siria, Palestina, Mozambique, Barbados y Trinidad. Para este proceso, fueron esenciales líderes nacionales como los superintendentes de distrito V. G. Santín (México), Hiroshi Kitagawa (Japón) y Samuel Bhujbal (India). El carácter internacional de la iglesia se reforzó todavía más con las nuevas adhesiones.

En 1922, J. G. Morrison trajo a la iglesia a numerosos obreros de la Layman's Holiness Association (Asociación Laica de Santidad) y a más de 1,000 de sus miembros, todos procedentes de las dos Dakotas, de Minnesota y de Montana, EUA. Las iglesias en Australia, bajo el liderazgo de A. A. E. Berg, se unieron en 1945. Alfredo del Rosso trajo a las iglesias italianas a la denominación en 1948. El ministerio sudafricano de Hephzibah Faith Missionary Association (Asociación Hefziba Misionera de Fe) y su centro en Tabor, Iowa, EUA, se unieron a los nazarenos alrededor de 1950.

La International Holiness Mission (Misión Internacional de Santidad), fundada en Londres en 1907 por David Thomas, desarrolló un extenso trabajo en el sur de África bajo la dirección de David Jones. Las congregaciones de santidad en Corea se organizaron formalmente en 1948 bajo la superintendencia del evangelista Chung Nam Soo. En 1952, sus iglesias en Inglaterra dirigidas por J. B. Maclagan y su ministerio en África se unieron a los nazarenos. Maynard James y Jack Ford formaron la Calvary Holiness Church (Iglesia de Santidad El Calvario) en Bretaña en 1934, y se unieron a los nazarenos en 1955. La Gospel Workers Church (Iglesia de Obreros del Evangelio), organizada por Frank Goff, en Ontario, Canadá, en 1918, se unió a la Iglesia del Nazareno en 1958. Hubo nigerianos que formaron una Iglesia del Nazareno autóctona en los años 1940 y, dirigidos por Jeremiah U. Ekaidem, se unieron al cuerpo internacional en 1988.

A la luz de estos acontecimientos, los nazarenos estaban desarrollando conscientemente un modelo de iglesia que difería de la norma protestante. En 1976, se creó una comisión de estudio para examinar la forma futura de la denominación. Su informe de 1980 recomendaba la internacionalización basada en dos principios. Primero, que se reconociera que las iglesias y distritos nazarenos constituían globalmente "una comunidad mundial de creyentes en la que existe una total aceptación dentro de sus contextos culturales". Segundo, que se identificara un compromiso común con "la misión distintiva de la Iglesia del Nazareno", a saber, la de "diseminar la santidad bíblica... (como) elemento clave en el núcleo de lo no negociable que representa la identidad nazarena".

La Asamblea General de 1980 acogió además la "uniformidad teológica internacional" alrededor de los Artículos de Fe, afirmó la importancia de la capacitación teológica para todos los ministros, e hizo un llamado para que hubiera un apoyo adecuado para las instituciones de educación teológica en todas las áreas del mundo. Convocó igualmente a los nazarenos a la madurez como comunidad internacional de santidad dentro de un solo marco relacional, en el que la mentalidad colonial que evaluaba a las personas y naciones en términos de "débiles y fuertes, donadores y receptores", diera paso a "una que asuma una forma totalmente diferente de ver el mundo: reconocer las fortalezas y las igualdades de todos sus miembros".[1]

La Iglesia del Nazareno ha tenido subsecuentemente un patrón de crecimiento único entre los protestantes. Para 1998, la mitad de los nazarenos ya no vivía en los Estados Unidos y Canadá; y el 41 por ciento de los delegados a la Asamblea General de 2001 hablaban inglés solo como segundo idioma, o no lo hablaban. En 2009, el presbítero africano Eugénio R. Duarte, de Cabo Verde, fue elegido como uno de los superintendentes generales de la iglesia. En 2013, el centroamericano, originario de Guatemala, Gustavo A. Crocker fue elegido como superintendente general. En 2017, otro africano, Filimão M. Chambo, originario de Mozambique, fue elegido como superintendente general; y, por primera vez, más de la mitad de los miembros de la Junta de Superintendentes Generales había nacido y crecido fuera de EUA. En 2023, un sudamericano, Christian D. Sarmiento, de Colombia, fue elegido como superintendente general. Para 2022, en las seis regiones globales, la iglesia tenía 2.6 millones de miembros en 501 distritos y áreas pioneras, en 164 áreas mundiales.

Desde sus inicios, la Iglesia del Nazareno ha apoyado el derecho histórico de las mujeres a ser elegidas y nombradas para todas las categorías de liderazgo ministerial, incluyendo ser pastoras, evangelistas, educadoras, teólogas, administradoras, superintendentes de distrito y superintendentes generales. En 2005, Nina G. Gunter, quien había servido como directora global de Misiones Nazarenas Internacionales, se convirtió en la primera mujer electa como superintendente general. En 2017, Carla D. Sunberg, hija de los primeros misioneros nazarenos en Alemania, ella misma una de las primeras misioneras nazarenas junto con su esposo en la extinta Unión Soviética, se convirtió en la segunda mujer electa como superintendente general.

Características del ministerio internacional

Los ministerios nazarenos estratégicos se han centrado históricamente en la evangelización, el ministerio social y la educación. Han florecido gracias a la cooperación entre los misioneros transculturales y los miles de pastores y obreros laicos que han contextualizado los principios wesleyanos en sus respectivas culturas.

Evangelización. Hiram F. Reynolds jugó un rol estratégico en el establecimiento de los ministerios transculturales. Durante un cuarto de siglo como superintendente general, su constante apoyo ayudó a elevar a las misiones a nivel de prioridad denominacional. Desde 1915, Misiones Nazarenas Internacionales (originalmente Sociedad Femenina Misionera) ha recaudado fondos y promovido la educación misionera en las congregaciones alrededor del mundo. Las misiones locales eran de suma importancia en la evangelización en Norteamérica, mientras que los misioneros nacionales John Diaz (Cabo Verde), Santos Elizondo (México), Samuel Krikorian (Palestina), J. I. Nagamatsu (Japón) y Chung Nam Soo (Corea) fueron líderes pioneros.

Las cruzadas de mediados del siglo XX encauzaron el nuevo dinamismo hacia la evangelización mundial después de la Segunda Guerra Mundial. Las misiones locales se expandieron en Norteamérica y nuevas áreas se abrieron en otros continentes. El evangelismo urbano impulsó a la iglesia, para que redescubriera a la ciudad como el foco principal de ministerio en la década de 1970. Se desarrollaron nuevos modelos de ministerio urbano, y la iglesia hizo hincapié a nivel internacional en *Thrust to the Cities* (Avance a las ciudades) en la década de 1980. La iglesia ingresó a Europa Oriental en la década de 1990. Los nazarenos participaron en el avivamiento de África Oriental; y prestaron su servicio en diversas naciones como Bangladesh, donde el 24 de marzo de 2010, 193 personas fueron ordenadas como presbíteros en un solo servicio, un evento extraordinario en la historia cristiana.

Compasión. Los primeros nazarenos eran personas compasivas que testificaban de la gracia de Dios apoyando esfuerzos contra el hambre en la India, y estableciendo orfanatos, casas de maternidad para jóvenes solteras, y misiones urbanas que ministraban a los adictos y desamparados. En la década de 1920, las prioridades del ministerio social de la iglesia cambiaron hacia la medicina, y se construyeron hospitales en China y Esuatini, y después en la India y Papúa Nueva Guinea. Ahora, los médicos profesionales nazarenos cuidaban a los enfermos, realizaban cirugías, capacitaban enfermeras y patrocinaban clínicas móviles entre varios de los grupos de personas más pobres del mundo. También se establecieron clínicas especializadas, tales como una clínica para leprosos en África. La creación de Ministerios Nazarenos de Compasión en la década de 1980 permitió una gama mayor de ministerios sociales que permanecen hasta el día de hoy, y que incluyen el patrocinio de niños, la ayuda en casos de desastre, la educación sobre el SIDA, el apoyo a los huérfanos, y los proyectos de agua y de distribución de alimentos.

Educación. Las escuelas dominicales nazarenas y los estudios bíblicos siempre han sido parte de la vida de nuestras congregaciones, y tienen un rol importante en la formación de discípulos semejantes a Cristo. La iglesia ha invertido en la educación básica y en la alfabetización desde sus primeros años, como es el caso de la Escuela Hope para niñas en Calcuta, fundada en 1905. Las escuelas nazarenas preparan a las personas alrededor del mundo para una participación plena en la vida social, económica y religiosa. La mayoría de las primeras universidades nazarenas en los Estados Unidos de América tenían escuelas primarias y secundarias adjuntas hasta mediados del siglo XX. Los fundadores nazarenos invirtieron de manera considerable en la educación superior por creerla esencial para la capacitación de los pastores y otros obreros nazarenos, y para la formación de los laicos. La Junta Internacional de Educación cuenta con 50 instituciones nazarenas en nuestras seis regiones globales: 14 instituciones de artes liberales, siete universidades y seminarios de posgrado, 18 universidades y seminarios de pregrado, ocho colegios bíblicos a nivel de certificado, y tres escuelas especializadas de entrenamiento de enseñanza y enfermería.

Con el tiempo, la Iglesia del Nazareno ha pasado de ser una iglesia con presencia internacional a ser una comunidad global de creyentes. Cimentados en la tradición wesleyana, los nazarenos se ven como un pueblo cristiano, de santidad y misional, y han acogido como su declaración de misión: "Hacer discípulos semejantes a Cristo en las naciones".

[1] Libro de actas de la Vigésima Asamblea General, Iglesia del Nazareno, (1980): 232. Franklin Cook, The International Dimension (La Dimensión Internacional) (1984): 49.

ORGANIGRAMA 17

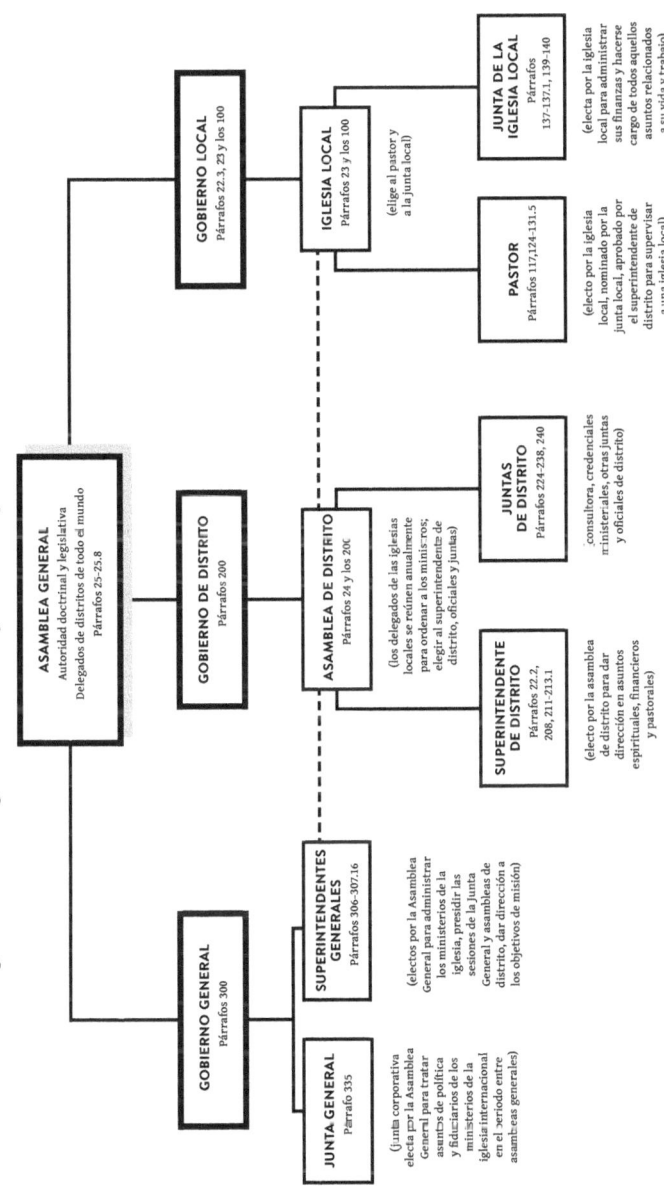

PARTE II

CONSTITUCIÓN DE LA IGLESIA

PREÁMBULO A LA CONSTITUCIÓN DE LA IGLESIA

ARTÍCULOS DE FE

LA IGLESIA

ARTÍCULOS DE ORGANIZACIÓN Y GOBIERNO

ENMIENDAS

PREÁMBULO A LA CONSTITUCIÓN DE LA IGLESIA

A fin de que mantengamos nuestra herencia dada por Dios, la fe una vez dada a los santos, especialmente la doctrina y experiencia de la entera santificación como segunda obra de gracia, y también para que cooperemos eficazmente con otras ramas de la iglesia de Jesucristo en expandir el reino de Dios; nosotros, los ministros y los miembros laicos de la Iglesia del Nazareno, en conformidad con los principios de la legislación constitucional establecida entre nosotros, por la presente ordenamos, adoptamos y publicamos como la ley fundamental o Constitución de la Iglesia del Nazareno, los Artículos de Fe, el Pacto de Conducta Cristiana y los Artículos de organización y gobierno que aquí siguen, a saber:

ARTÍCULOS DE FE

NOTA: Las referencias bíblicas son de apoyo de los Artículos de Fe, y fueron colocadas aquí comenzando por la acción de la Asamblea General de 1976; pero no deben ser consideradas parte del texto constitucional.

I. El Dios trino

1. Creemos en un solo Dios eternamente existente e infinito, creador y sustentador, soberano del universo; que solo Él es Dios, santo en naturaleza, atributos y propósito. El Dios que es amor santo y luz es trino en su ser esencial, revelado como Padre, Hijo y Espíritu Santo.

(Génesis 1; Levítico 19:2; Deuteronomio 6:4-5; Isaías 5:16; 6:1-7; 40:18-31; Mateo 3:16-17; 28:19-20; Juan 14:6-27; 1 Corintios 8:6; 2 Corintios 13:14; Gálatas 4:4-6; Efesios 2:13-18; 1 Juan 1:5; 4:8)

II. Jesucristo

2. Creemos en Jesucristo, la Segunda Persona de la Divina Trinidad; que Él es eternamente uno con el Padre; que se encarnó por obra del Espíritu Santo y que nació de la Virgen María, de manera que dos naturalezas enteras y perfectas, es decir, la deidad y la humanidad, fueron unidas en una persona, verdadero Dios y verdadero hombre, el Dios-hombre.

Creemos que Jesucristo murió por nuestros pecados, y que ciertamente se levantó de entre los muertos y tomó otra vez su cuerpo, junto con todo lo perteneciente a la perfección de la naturaleza humana, con el cual ascendió al cielo y está allí intercediendo por nosotros.

(Mateo 1:20-25; 16:15-16; Lucas 1:26-35; Juan 1:1-18; Hechos 2:22-36; Romanos 8:3, 32-34; Gálatas 4:4-5; Filipenses 2:5-11; Colosenses

1:12-22; 1 Timoteo 6:14-16; Hebreos 1:1-5; 7:22-28; 9:24-28; 1 Juan 1:1-3; 4:2-3, 15)

III. El Espíritu Santo

3. Creemos en el Espíritu Santo, la Tercera Persona de la Divina Trinidad, que está siempre presente y eficazmente activo en la iglesia de Cristo y juntamente con ella, convenciendo al mundo de pecado, regenerando a los que se arrepienten y creen, santificando a los creyentes y guiando a toda verdad la cual está en Jesucristo.

(Juan 7:39; 14:15-18, 26; 16:7-15; Hechos 2:33; 15:8-9; Romanos 8:1-27; Gálatas 3:1-14; 4:6; Efesios 3:14-21; 1 Tesalonicenses 4:7-8; 2 Tesalonicenses 2:13; 1 Pedro 1:2; 1 Juan 3:24; 4:13)

IV. Las Sagradas Escrituras

4. Creemos en la inspiración plenaria de las Sagradas Escrituras, por las cuales aceptamos los 66 libros del Antiguo y Nuevo Testamentos dados por inspiración divina, revelando infaliblemente la voluntad de Dios respecto a nosotros en todo lo necesario para nuestra salvación; de manera que no se debe imponer como Artículo de Fe ninguna enseñanza que no esté en ellas.

(Lucas 24:44-47; Juan 10:35; 1 Corintios 15:3-4; 2 Timoteo 3.15-17; 1 Pedro 1:10-12; 2 Pedro 1:20-21)

V. El pecado, original y personal

5. Creemos que el pecado entró en el mundo por la desobediencia de nuestros primeros padres; y la muerte, por el pecado. Creemos que el pecado es de dos clases: pecado original o depravación y pecado actual o personal.

5.1. Creemos que el pecado original, o depravación, es aquella corrupción de la naturaleza de toda la descendencia de Adán, razón por la cual todo ser humano está muy apartado de la justicia original o estado de pureza de nuestros primeros padres al tiempo de su creación, es adverso a Dios, no tiene vida espiritual, está inclinado al mal y esto de continuo. Además, creemos que el pecado original continúa existiendo en la nueva vida del regenerado hasta que el corazón es totalmente limpiado por el bautismo con el Espíritu Santo.

5.2. Creemos que el pecado original difiere del pecado actual, por cuanto constituye una propensión heredada al pecado actual de la que nadie es responsable, sino hasta que el remedio divinamente provisto haya sido menospreciado o rechazado.

5.3. Creemos que el pecado actual o personal es la violación voluntaria de una ley conocida de Dios cometida por una persona moralmente responsable. Por tanto, no debe ser confundido con fallas involuntarias o inevitables, debilidades, faltas, errores, fracasos u otras desviaciones de una norma de conducta perfecta, los cuales son residuos de la caída. Sin embargo, tales efectos inocentes no incluyen actitudes o respuestas contrarias al Espíritu de Cristo, las que pueden llamarse propiamente pecados del espíritu. Creemos que el pecado personal es primordial y esencialmente una violación de la ley del amor y que, con relación a Cristo, el pecado puede definirse como incredulidad.

> (Pecado original: Génesis 3; 6:5; Job 15:14; Salmos 51:5; Jeremías 17:9-10; Marcos 7:21-23; Romanos 1:18-25; 5:12-14; 7:1-8:9; 1 Corintios 3:1-4; Gálatas 5:16-25; 1 Juan 1:7-8. Pecado personal: Mateo 22:36-40 [con 1 Juan 3:4]; Juan 8:34-36; 16:8-9; Romanos 3:23; 6:15-23; 8:18-24; 14:23; 1 Juan 1:9-2:4; 3:7-10)

VI. La expiación

6. Creemos que Jesucristo por sus sufrimientos, por el derramamiento de su preciosa sangre y por su muerte en la cruz hizo una expiación plena por todo el pecado de la humanidad, y que esta expiación es la única base de la salvación y que es suficiente para todo individuo de la raza de Adán. La expiación es misericordiosamente eficaz para la salvación de aquellos incapaces de responsabilidad moral y para los niños en su inocencia; pero para los que llegan a la edad de responsabilidad es eficaz para su salvación solamente cuando se arrepienten y creen.

> (Isaías 53:5-6, 11; Marcos 10:45; Lucas 24:46-48; Juan 1:29; 3:14-17; Hechos 4:10-12; Romanos 3:21-26; 4:17-25; 5:6-21; 1 Corintios 6:20; 2 Corintios 5:14-21; Gálatas 1:3-4; 3:13-14; Colosenses 1:19-23; 1 Timoteo 2:3-6; Tito 2:11-14; Hebreos 2:9; 9:11-14; 13:12; 1 Pedro 1:18-21; 2:19-25; 1 Juan 2:1-2)

VII. La gracia preveniente

7. Creemos que la gracia de Dios por medio de Jesucristo se concede gratuitamente a todas las personas, capacitando a todos los que quieran, para volverse del pecado a la justicia, creer en Jesucristo, recibir perdón y limpieza del pecado, y seguir las buenas obras agradables y aceptables ante Él. Creemos también que la creación de la raza humana a la imagen de Dios incluyó la capacidad de decidir entre el bien y el mal y que, por tanto, los seres humanos fueron hechos moralmente responsables; que a través de la caída de Adán ellos se depravaron, de tal modo que ahora por ellos mismos, y por propia capacidad natural y obras, no pueden volverse a la fe e invocar a Dios.

> (Semejanza divina y responsabilidad moral: Génesis 1:26-27; 2:16-17; Deuteronomio 28:1-2; 30:19; Josué 24:15; Salmos 8:3-5; Isaías 1:8-10; Jeremías 31:29-30; Ezequiel 18:1-4; Miqueas 6:8; Romanos 1:19-20; 2:1-16; 14:7-12; Gálatas 6:7-8
>
> Incapacidad natural: Job 14:4; 15:14; Salmos 14:1-4; 51:5; Juan 3:6a; Romanos 3:10-12; 5:12-14, 20a; 7:14-25

LA CONSTITUCIÓN DE LA IGLESIA 23

Don de gracia y obras de fe: Ezequiel 18:25-26; Juan 1:12-13; 3:6b; Hechos 5:31; Romanos 5:6-8, 18; 6:15-16, 23; 10:6-8; 11:22; 1 Corintios 2:9-14; 10:1-12; 2 Corintios 5:18-19; Gálatas 5:6; Efesios 2:8-10; Filipenses 2:12-13; Colosenses 1:21-23; 2 Timoteo 4:10a; Tito 2:11-14; Hebreos 2:1-3; 3:12-15; 6:4-6; 10:26-31; Santiago 2:18-22; 2 Pedro 1:10-11; 2:20-22)

VIII. El arrepentimiento

8. Creemos que el Espíritu de Dios da a todos los que se arrepienten la ayuda bondadosa de la contrición de corazón y la esperanza de misericordia para que puedan creer; a fin de recibir perdón y vida espiritual. El arrepentimiento, que es un cambio sincero y completo de la mente respecto al pecado, involucra el reconocimiento de culpa personal y la separación voluntaria del pecado; se exige de todos los que por acción o propósito pecan contra Dios.

Creemos que todas las personas pueden caer de la gracia y apostatar; y, a menos que se arrepientan de sus pecados, se perderán eternamente sin esperanza. Creemos que los regenerados no necesitan volver al pecado; sino que podrán vivir en comunión inquebrantable con Dios a través del poder y la presencia del Espíritu Santo, quien testifica a su espíritu que son hijos de Dios.

(2 Crónicas 7:14; Salmos 32:5-6, 51:1-17; Isaías 55:6-7; Jeremías 3:12-14; Ezequiel 18:30-32; 33:14-16; Marcos 1:14-15; Lucas 3:1-14; 13:1-5; 18:9-14; Hechos 2:38; 3:19; 5:31; 17:30-31; 26:16-18; Romanos 2:4; 2 Corintios 7:8-11; 1 Tesalonicenses 1:9; 2 Pedro 3:9)

IX. La justificación, la regeneración y la adopción

9. Creemos que la justificación es aquel acto benigno y judicial de Dios, por el cual Él concede pleno perdón de toda culpa, la remisión completa de la pena por los pecados cometidos, y la aceptación como justos de los que creen en Jesucristo y lo reciben como Salvador y Señor.

9.1. Creemos que la regeneración, o nuevo nacimiento, es aquella obra de gracia de Dios, por la cual la naturaleza moral del creyente arrepentido es vivificada espiritualmente y recibe una vida distintivamente espiritual, capaz de experimentar fe, amor y obediencia.

9.2. Creemos que la adopción es aquel acto benigno de Dios, por el cual el creyente justificado y regenerado se constituye en hijo de Dios.

9.3. Creemos que la justificación, la regeneración y la adopción de los que buscan a Dios son experiencias simultáneas recibidas por fe, precedidas por el arrepentimiento; y el Espíritu Santo da testimonio de estas obras y estado de gracia.

(Lucas 18:14; Juan 1:12-13; 3:3-8; 5:24; Hechos 13:39; Romanos 1:17; 3:21-26, 28; 4:5-9, 17-25; 5:1, 16-19; 6:4; 7:6; 8:1, 15-17; 1 Corintios 1:30; 6:11; 2 Corintios 5:17-21; Gálatas 2:16-21; 3:1-14, 26; 4:4-7; Efesios 1:6-7; 2:1, 4-5; Filipenses 3:3-9; Colosenses 2:13; Tito 3:4-7; 1 Pedro 1:23; 1 Juan 1:9; 3:1-2, 9; 4:7; 5:1, 9-13, 18)

X. La santidad cristiana y la entera santificación

10. Creemos que la santificación es la obra de Dios por medio de la cual transforma a los creyentes a la semejanza de Cristo. Esta es efectuada mediante la gracia de Dios por el Espíritu Santo en la santificación inicial, o regeneración (simultánea a la justificación), la entera santificación y la obra continua de perfeccionamiento del creyente por el Espíritu Santo, culminando en la glorificación, en la cual somos completamente conformados a la imagen del Hijo.

Creemos que la entera santificación es el acto de Dios, subsecuente a la regeneración, por el cual los creyentes son hechos libres del pecado original o depravación, y son llevados a un estado de entera devoción a Dios y a la santa obediencia de amor hecho perfecto.

Es efectuada por la llenura o el bautismo con el Espíritu Santo; y, en una sola experiencia, incluye la limpieza de pecado del corazón y la morada permanente y continua del Espíritu Santo, capacitando al creyente para la vida y el servicio.

La entera santificación es provista por la sangre de Jesús, efectuada instantáneamente por la gracia mediante la fe y precedida por la entera consagración. El Espíritu Santo da testimonio de esta obra y estado de gracia.

Esta experiencia se conoce también con varios nombres que representan sus diferentes fases, tales como "la perfección cristiana", "el amor perfecto", "la pureza de corazón", "la llenura o el bautismo con el Espíritu Santo", "la plenitud de la bendición" y "la santidad cristiana".

10.1. Creemos que hay una clara distinción entre el corazón puro y el carácter maduro. El primero se obtiene instantáneamente como resultado de la entera santificación; el segundo es resultado del crecimiento en la gracia.

Creemos que la gracia de la entera santificación incluye el impulso divino para crecer en gracia como discípulo semejante a Cristo. Sin embargo, este impulso se debe cultivar conscientemente, y se debe dar atención cuidadosa a los requisitos y procesos del desarrollo espiritual y mejoramiento de carácter y personalidad en semejanza a Cristo. Sin ese esfuerzo con tal propósito, el testimonio de uno puede debilitarse, y la gracia puede entorpecerse y finalmente perderse.

Al participar en los medios de gracia, especialmente en la comunión cristiana, en las disciplinas espirituales y en los sacramentos de la iglesia, los creyentes crecen en gracia y en amor sincero para con Dios y con el prójimo.

(Jeremías 31:31-34; Ezequiel 36:25-27; Malaquías 3:2-3; Mateo 3:11-12; Lucas 3:16-17; Juan 7:37-39; 14:15-23; 17:6-20; Hechos 1:5; 2:1-4; 15:8-9; Romanos 6:11-13, 19; 8:1-4, 8-14; 12:1-2; 2 Corintios 6:14-7:1; Gálatas 2:20; 5:16-25; Efesios 3:14-21; 5:17-18, 25-27; Filipenses

LA CONSTITUCIÓN DE LA IGLESIA 25

3:10-15; Colosenses 3:1-17; 1 Tesalonicenses 5:23-24; Hebreos 4:9-11; 10:10-17; 12:1-2; 13:12; 1 Juan 1:7, 9

"Perfección cristiana", "amor perfecto": Deuteronomio 30:6; Mateo 5:43-48; 22:37-40; Romanos 12:9-21; 13:8-10; 1 Corintios 13; Filipenses 3:10-15; Hebreos 6:1; 1 Juan 4:17-18

"Pureza de corazón": Mateo 5:8; Hechos 15:8-9; 1 Pedro 1:22; 1 Juan 3.3

"La llenura o el bautismo con el Espíritu Santo": Jeremías 31:31-34; Ezequiel 36:25-27; Malaquías 3:2-3; Mateo 3:11-12; Lucas 3:16-17; Hechos 1:5; 2:1-4; 15:8-9

"Plenitud de la bendición": Romanos 15:29

"Santidad cristiana": Mateo 5:1-7:29; Juan 15:1-11; Romanos 12:1-15:3; 2 Corintios 7:1; Efesios 4:17-5:20; Filipenses 1:9-11; 3:12-15; Colosenses 2:20-3:17; 1 Tesalonicenses 3:13; 4:7-8; 5:23; 2 Timoteo 2:19-22; Hebreos 10:19-25; 12:14; 13:20-21; 1 Pedro 1:15-16; 2 Pedro 1:1-11; 3:18; Judas 20-21)

XI. La iglesia

11. Creemos en la iglesia, la comunidad que confiesa a Jesucristo como Señor, el pueblo del pacto de Dios renovado en Cristo, el cuerpo de Cristo llamado a ser uno por el Espíritu Santo mediante la Palabra.

Dios llama a la iglesia a expresar su vida en la unidad y la comunión del Espíritu; en adoración por medio de la predicación de la Palabra de Dios, en la observancia de los sacramentos y el ministerio en su nombre; en la obediencia a Cristo, la vida santa y la mutua rendición de cuentas.

La misión de la iglesia en el mundo es compartir la obra redentora y el ministerio reconciliador de Cristo en el poder del Espíritu. La iglesia cumple su misión haciendo discípulos mediante el evangelismo, la educación, mostrando compasión, trabajando por la justicia y dando testimonio del reino de Dios.

La iglesia es una realidad histórica que se organiza en formas culturalmente adaptadas; existe tanto como congregaciones locales y como cuerpo universal; aparta a personas llamadas por Dios para ministerios específicos. Dios llama a la iglesia a vivir bajo su gobierno en anticipación de la consumación en la venida de nuestro Señor Jesucristo.

(Éxodo 19:3; Jeremías 31:33; Mateo 8:11; 10:7; 16:13-19, 24; 18:15-20; 28:19-20; Juan 17:14-26; 20:21-23; Hechos 1:7-8; 2:32-47; 6:1-2; 13:1; 14:23; Romanos 2:28-29; 4:16; 10:9-15, 11.13-32; 12:1-8; 15:1-3; 1 Corintios 3:5-9; 7:17; 11:1, 17-33; 12:3, 12-31; 14:26-40; 2 Corintios 5:11-6:1; Gálatas 5:6, 13-14; 6:1-5, 15; Efesios 4:1-17; 5:25-27; Filipenses 2:1-16; 1 Tesalonicenses 4:1-12; 1 Timoteo 4:13; Hebreos 10:19-25; 1 Pedro 1:1-2, 13; 2:4-12, 21; 4:1-2, 10-11; 1 Juan 4:17; Judas 24; Apocalipsis 5:9-10)

XII. El Bautismo

12. Creemos que el Bautismo cristiano, ordenado por nuestro Señor, es un sacramento que significa la aceptación de los beneficios de la expiación e incorporación en el cuerpo de Cristo. El Bautismo es un medio de gracia que proclama la fe en Jesucristo como Salvador. Debe ser administrado a los creyentes que indican su disposición total de obediencia en santidad y justicia. Como participantes en el Nuevo Pacto, los niños y los moralmente inocentes podrán ser bautizados por petición de sus padres o tutores. La iglesia se asegurará de ofrecer instrucción cristiana. El Bautismo puede ser administrado por aspersión, afusión o inmersión.

(Mateo 3:1-7; 28:16-20; Hechos 2:37-41; 8:35-39; 10:44-48; 16:29-34; 19:1-6; Romanos 6:3-4; Gálatas 3:26-28; Colosenses 2:12; 1 Pedro 3:18-22)

XIII. La Santa Cena

13. Creemos que la Santa Cena instituida por nuestro Señor y Salvador Jesucristo es un sacramento que proclama su vida, sufrimientos, muerte sacrificial, resurrección y la esperanza de su Segunda Venida. La Santa Cena es un medio de gracia en el cual Cristo está presente por el Espíritu. Todos están invitados a participar por la fe en Cristo y ser renovados en vida, salvación y unidad como iglesia. Todos deben participar con aprecio reverente de su significado; y, por este medio, testificar de la muerte del Señor hasta que Él vuelva. Todos los que tienen fe en Cristo y amor por los santos están invitados por Él a participar tan frecuentemente como sea posible.

(Éxodo 12:1-14; Mateo 26:26-29; Marcos 14:22-25; Lucas 22:17-20; Juan 6:28-58; 1 Corintios 10:14-21; 11:23-32)

XIV. La sanidad divina

14. Creemos en la doctrina bíblica de la sanidad divina e instamos a nuestro pueblo a ofrecer la oportunidad de hacer la oración de fe para la sanidad de los enfermos. Creemos también que Dios sana a través de la ciencia médica.

(2 Reyes 5:1-19; Salmos 103:1-5; Mateo 4:23-24; 9:18-35; Juan 4:46-54; Hechos 5:12-16; 9:32-42; 14:8-15; 1 Corintios 12:4-11; 2 Corintios 12:7-10; Santiago 5:13-16)

XV. La Segunda Venida de Cristo

15. Creemos que al final de los tiempos el Señor Jesucristo se revelará como Señor de todo. Vendrá otra vez en gloria y poder para establecer plenamente el reino de Dios que proclamó e inició en su vida y ministerio. Así como el Dios trino creó primero el cielo y la tierra, Dios los renovará en la nueva creación, donde morará eternamente con su pueblo redimido. Los que vivamos en el momento de su venida no precederemos a los que durmieron en Cristo Jesús; mas si hemos permanecido en Él, seremos arrebatados con los santos resucitados para reunirnos con el Señor en el aire, y estaremos siempre con Él. En ese día, Dios, quien en la cruz triunfó sobre todos los poderes malignos, completará sus amorosos propósitos para la creación. No habrá más sufrimiento, injusticia ni muerte, y Dios enjugará toda lágrima.

(Deuteronomio 10:17; Isaías 11:1-9; 65:17-25; 66:22-23; Mateo 6:9-13, 24; 25:31-46; 28:18; Lucas 4:18-21; Juan 14:1-3; Hechos 1:9-11; 3:21; Romanos 8:18-22; 1 Corintios 13:12-13; 15:24-25; 28; 2 Corintios 5:17; Filipenses 1:6; 2:5-11; 3:20-21; 1 Tesalonicenses 4:13-18; Tito 2:11-14; Hebreos 9:26-28; 2 Pedro 3:3-15; Apocalipsis 1:7-8; 12:10-12; 21:1-8; 22:7-20)

XVI. La resurrección, el juicio y el destino

16. Creemos en la resurrección de los muertos, que los cuerpos tanto de los justos como de los injustos serán resucitados y unidos con sus espíritus, "los que hicieron lo bueno, saldrán a resurrección de vida; mas los que hicieron lo malo, a resurrección de condenación".

16.1. Creemos en el juicio futuro en el cual toda persona comparecerá ante Dios para ser juzgada según sus hechos en esta vida.

16.2. Creemos que a los que son salvos por creer en Jesucristo nuestro Señor y le siguen en obediencia se les asegura la vida gloriosa y eterna; y que los que permanezcan impenitentes hasta el fin, sufrirán eternamente en el infierno.

(Génesis 18:25; 1 Samuel 2:10; Salmos 50:6; Isaías 26:19; Daniel 12:2-3; Mateo 25:31-46; Marcos 9:43-48; Lucas 16:19-31; 20:27-38; Juan 3:16-18; 5:25-29; 11:21-27; Hechos 17:30-31; Romanos 2:1-16; 14:7-12; 1 Corintios 15:12-58; 2 Corintios 5:10; 2 Tesalonicenses 1:5-10; Apocalipsis 20:11-15; 22:1-15)

LA IGLESIA

I. La iglesia general

17. La iglesia de Dios se compone de todas las personas espiritualmente regeneradas, cuyos nombres están escritos en el cielo.

II. Las iglesias particulares

18. Las iglesias particulares han de componerse de tales personas regeneradas que, por autorización providencial y por la dirección del Espíritu Santo, se asocian para tener comunión y ministerios santos.

III. La Iglesia del Nazareno

19. La Iglesia del Nazareno se compone de aquellas personas que voluntariamente se han asociado de acuerdo con las doctrinas y gobierno de dicha iglesia, y que buscan la santa comunión cristiana, la conversión de los pecadores, la entera santificación de los creyentes, su edificación en la santidad, y la sencillez y poder espiritual manifestados en la iglesia primitiva del Nuevo Testamento, junto con la predicación del evangelio a toda criatura.

IV. Declaración convenida de fe

20. Reconociendo que el derecho y el privilegio de las personas a la membresía de la iglesia se basan en que sean regeneradas, solo requerimos la declaración de fe que es esencial en la experiencia cristiana. Por lo tanto, consideramos que es suficiente creer en las siguientes declaraciones breves. Creemos:

20.1. En un solo Dios: el Padre, el Hijo y el Espíritu Santo.

20.2. Que las Escrituras del Antiguo y Nuevo Testamentos, dadas por inspiración plenaria, contienen toda la verdad necesaria para la fe y la vida cristiana.

20.3. Que el ser humano nace con una naturaleza caída y, por tanto, está inclinado al mal, y esto de continuo.

20.4. Que los que permanecen impenitentes hasta el fin están perdidos eternamente y sin esperanza.

20.5. Que la expiación por medio de Jesucristo es para toda la raza humana; y que todo aquel que se arrepiente y cree en el Señor Jesucristo es justificado, regenerado y salvado del dominio del pecado.

20.6. Que los creyentes deben ser enteramente santificados, subsecuentemente a la regeneración, mediante la fe en el Señor Jesucristo.

20.7. Que el Espíritu Santo da testimonio del nuevo nacimiento y también de la entera santificación de los creyentes.

20.8. Que nuestro Señor volverá, que los muertos resucitarán y que se llevará a cabo el juicio final.

V. El Pacto de Carácter Cristiano

21. Identificarse con la iglesia visible es el privilegio bendito y deber sagrado de todos los que son salvos de sus pecados y buscan la perfección en Cristo Jesús. Se requiere de todos los que quieran unirse a la Iglesia del Nazareno, y así andar en comunión con nosotros, que muestren evidencia de salvación de sus pecados mediante una conducta santa y una piedad vital; y que sean limpios del pecado innato o que sinceramente deseen serlo. Ellos deben dar evidencia de su entrega a Dios:

21.1. PRIMERO. Haciendo lo que se ordena en la Palabra de Dios, la cual es la regla de fe y práctica de la iglesia, incluyendo:

LA CONSTITUCIÓN DE LA IGLESIA

(1) Amar a Dios con todo el corazón, alma, mente y fuerzas, y al prójimo como a sí mismo (Éxodo 20:3-6; Levítico 19:17-18; Deuteronomio 5:7-10; 6:4-5; Marcos 12:28-31; Romanos 13:8-10).

(2) Llamar la atención de los inconversos a las demandas del evangelio, invitarlos a la casa del Señor y procurar que reciban salvación (Mateo 28:19-20; Hechos 1:8; Romanos 1:14-16; 2 Corintios 5:18-20).

(3) Ser corteses con todas las personas (Efesios 4:32; Tito 3:2; 1 Pedro 2:17; 1 Juan 3:18).

(4) Ser de ayuda a los que también son hermanos en la fe, soportándose los unos a los otros en amor (Romanos 12:13; Gálatas 6:2, 10; Colosenses 3:12-14).

(5) Ayudar integralmente a las personas; dando de comer al hambriento, vistiendo al desnudo, visitando a los enfermos y presos, y ministrando a los necesitados, cuando se presente la oportunidad y se tenga la capacidad para hacerlo (Mateo 25:35-36; 2 Corintios 9:8-10; Gálatas 2:10; Santiago 2:15-16; 1 Juan 3:17-18).

(6) Contribuir al sostenimiento del ministerio, la iglesia y su obra con diezmos y ofrendas (Malaquías 3:10; Lucas 6:38; 1 Corintios 9:14; 16:2; 2 Corintios 9:6-10; Filipenses 4:15-19).

(7) Asistir fielmente a todas las ordenanzas de Dios y los medios de gracia, incluyendo el culto público a Dios (Hebreos 10:25), la ministración de la Palabra (Hechos 2:42), el sacramento de la Santa Cena (1 Corintios 11:23-30), el escudriñar y meditar en las Escrituras (Hechos 17:11; 2 Timoteo 2:15; 3:14-16), los devocionales personales y familiares (Deuteronomio 6:6-7; Mateo 6:6).

21.2. SEGUNDO. Evitando toda clase de mal, lo que incluye:

(1) Tomar el nombre de Dios en vano (Éxodo 20:7; Levítico 19:12; Santiago 5:12).

(2) Profanar el día del Señor al participar en actividades seculares innecesarias, dedicándose, por lo tanto, a prácticas que nieguen su santidad (Éxodo 20:8-11; Isaías 58:13-14; Marcos 2:27-28; Hechos 20:7; Apocalipsis 1:10).

(3) Inmoralidad sexual, como relaciones premaritales o extramaritales, relaciones sexuales entre personas del mismo género; perversión en cualquier forma, libertinaje sexual y conducta impropia (Génesis 19:4-11; Éxodo 20:14; Levítico 18:22; 20:13; Mateo 5:27-32; Romanos 1:26-27; 1 Corintios 6:9-11; Gálatas 5:19; 1 Tesalonicenses 4:3-7; 1 Timoteo 1:10).

(4) Hábitos o prácticas que se sabe son nocivos al bienestar físico y mental. Los cristianos deben considerarse templos del Espíritu Santo (Proverbios 20:1; 23:1-3; 1 Corintios 6:17-20; 2 Corintios 7:1; Efesios 5:18).

(5) Reñir, devolver mal por mal, chismear, calumniar, diseminar conjeturas injuriosas al buen nombre de otros (2 Corintios 12:20; Gálatas 5:15; Efesios 4:30-32; Santiago 3:5-18; 1 Pedro 3:9-10).

(6) Defraudar, tomar ventaja al comprar y vender, dar falso testimonio, y semejantes obras de las tinieblas (Levítico 19:10-11; Romanos 12:17; 1 Corintios 6:7-10).

(7) Dejarse dominar por el orgullo en el vestir o en la conducta. Nuestra feligresía debe vestirse con la sencillez y modestia cristianas que convienen a la santidad (Proverbios 29:23; 1 Timoteo 2:8-10; Santiago 4:6; 1 Pedro 3:3-4; 1 Juan 2:15-17).

(8) Música, literatura y diversiones que deshonran a Dios (1 Corintios 10:31; 2 Corintios 6:14-17; Santiago 4:4).

21.3. TERCERO. Permaneciendo en comunión sincera con la iglesia, no hablando mal de ella; sino estando totalmente comprometidos con sus doctrinas y costumbres, e involucrados activamente en el testimonio y expansión continuos (Efesios 2:18-22; 4:1-3, 11-16; Filipenses 2:1-8; 1 Pedro 2:9-10).

ARTÍCULOS DE ORGANIZACIÓN Y GOBIERNO

Artículo I. Forma de gobierno

22. El gobierno de la Iglesia del Nazareno es representativo.

22.1. Estamos de acuerdo en que existen tres entidades legislativas en la estructura de la Iglesia del Nazareno: local, distrital y general. Las regiones sirven como entidades administrativas para la estrategia de misión y su implementación.

22.2 Estamos de acuerdo en que es necesaria una superintendencia que complemente y ayude a la iglesia local en la realización de su misión y objetivos. La superintendencia edificará la moral, proveerá motivación, proporcionará administración y asesoramiento de métodos, y organizará y estimulará la organización de iglesias y misiones nuevas en todas partes.

22.3. Estamos de acuerdo en que la autoridad otorgada a los superintendentes no interferirá en la acción independiente de una iglesia completamente organizada. Cada iglesia disfrutará del derecho de escoger a su pastor, sujetándose a las reglas de aprobación que la Asamblea General crea conveniente instituir. Cada iglesia también elegirá delegados a las diferentes asambleas, administrará sus propias finanzas y se encargará de todos los otros asuntos pertenecientes a su vida y labor local.

Artículo II. Iglesias locales

23. La membresía de una iglesia local consistirá de todas las personas que fueron organizadas como iglesia por aquellos autorizados para hacerlo, y que fueron recibidas públicamente por quienes están debidamente autorizados, después de haber declarado su experiencia de salvación, su creencia en nuestras doctrinas, y su buena voluntad para someterse a nuestro gobierno. (100-109)

LA CONSTITUCIÓN DE LA IGLESIA 31

Artículo III. Asambleas de distrito

24. La Asamblea General organizará a la feligresía en asambleas de distrito, autorizándoles la representación laica y ministerial que la Asamblea General considere equitativa y justa, y determinará los requisitos de dichos representantes, siempre y cuando todos los ministros ordenados asignados sean miembros de su asamblea de distrito. La Asamblea General también definirá las facultades y deberes de las asambleas de distrito. (200-207.4)

Artículo IV. La Asamblea General

25. Composición. La Asamblea General estará formada por: (1) delegados ministeriales y laicos en números iguales, electos por las asambleas de distrito de la Iglesia del Nazareno; (2) miembros *ex oficio* que en ocasiones indique la Asamblea General; y (3) aquellos delegados según lo estipule la Asamblea General.

25.1. Elección de los delegados. En la asamblea de distrito, dentro de los 16 meses anteriores a la Asamblea General, o dentro de 24 meses en áreas en las que se requieran visas u otros preparativos excepcionales, se elegirá un número igual de delegados ministeriales y laicos a la Asamblea General, electos por voto plural (mayoría relativa) siempre y cuando los delegados ministeriales sean ministros ordenados asignados de la Iglesia del Nazareno. Cada distrito fase 3 tendrá derecho, por lo menos, a un delegado ministerial y un delegado laico, y tantos delegados adicionales como su membresía lo justifique, de acuerdo con la representación fijada por la Asamblea General. Cada distrito elegirá delegados suplentes sin exceder el doble del número de los delegados titulares. Cuando haya problemas para obtener la visa de viaje correspondiente, una asamblea de distrito pudiera autorizar a la junta consultora de distrito seleccionar delegados sustitutos adicionales. (205.23; 301-301.1)

25.2. Credenciales. El secretario de cada asamblea de distrito proporcionará constancias de elección a los delegados titulares y suplentes electos respectivamente a la Asamblea General, y también enviará constancias de tales elecciones al secretario general de la Iglesia del Nazareno inmediatamente después de levantarse la sesión de la asamblea de distrito.

25.3. *Quorum*. El *quorum* en cualquier reunión de la Asamblea General se constituirá por la mayoría de los delegados con derecho a voto que hayan sido registrados por el comité de credenciales de la Asamblea General en el lugar de la Asamblea General. Una vez que haya habido *quorum*, un número menor puede aprobar las partes del acta que aún no se hayan aprobado y levantar la sesión.

25.4. Superintendentes generales. La Asamblea General elegirá, por escrito, de entre los presbíteros de la Iglesia del Nazareno, seis superintendentes generales quienes constituirán la Junta de

Superintendentes Generales. Toda vacante en el cargo de superintendente general entre asambleas generales será decidida por el voto de las dos terceras partes de la Junta General de la Iglesia del Nazareno. (305.2, 316)

25.5. Oficiales que presiden. Un superintendente general nombrado por la Junta de Superintendentes Generales presidirá en las sesiones diarias de la Asamblea General. Pero si ningún superintendente general fuera nombrado, o si ninguno estuviera presente; la Asamblea elegirá a uno de sus miembros como oficial interino para presidirla. (300.1)

25.6. Reglas permanentes. La Asamblea General adoptará reglas de orden que gobiernen su forma de organización, procedimientos, comités y todos los otros asuntos concernientes al proceso ordenado de sus negocios. La misma será juez de la elección y de los requisitos de sus propios miembros. (300.2-300.3)

25.7. Corte general de apelaciones. La Asamblea General elegirá de entre los miembros de la Iglesia del Nazareno una corte general de apelaciones y definirá su jurisdicción y facultades. (305.7)

25.8. Facultades y restricciones.

(1) La Asamblea General tendrá facultad de legislar sobre la Iglesia del Nazareno y de hacer reglas y reglamentos para todos los departamentos relacionados o asociados con ella en alguna manera, siempre que no esté en pugna con esta Constitución. (300, 305-305.8)

(2) Ninguna iglesia local será privada del derecho de llamar a su propio pastor, sujetándose a las reglas de aprobación que la Asamblea General crea conveniente instituir. (117)

(3) Todas las iglesias locales, los oficiales, los ministros y los laicos tendrán siempre el derecho a un juicio justo y ordenado, y al derecho de apelar.

ENMIENDAS

26. Cualquier parte de esta Constitución puede ser derogada o enmendada por el voto de las dos terceras partes de los miembros presentes y votantes de la Asamblea General, y cuando sean ratificadas por no menos del voto de las dos terceras partes de todas las asambleas de los distritos de fase 3 y fase 2 de la Iglesia del Nazareno. La Asamblea General o cualquier asamblea de distrito fase 3 o fase 2 pueden tomar la iniciativa para proponer tales enmiendas. Se requiere un voto de dos terceras partes en cada enmienda constitucional para la ratificación por cualquier asamblea de distrito fase 3 o fase 2. Tan pronto como tales enmiendas hayan sido adoptadas de acuerdo con lo estipulado en este párrafo, la decisión será anunciada por la Junta de Superintendentes Generales; entonces las enmiendas tendrán plena vigencia.

LA CONSTITUCIÓN DE LA IGLESIA

27. Las resoluciones que enmienden los Artículos de Fe (Párrafos 1-16.2) serán referidas por la Asamblea General a la Junta de Superintendentes Generales para su revisión por un comité de estudio que refleje la naturaleza global de la iglesia y que incluya teólogos y ministros ordenados, asignados por dicha junta. El comité informará cualquier recomendación o resolución a la Junta de Superintendentes Generales, la cual informará a la siguiente Asamblea General.

PARTE III

EL PACTO DE CONDUCTA CRISTIANA

LA VIDA CRISTIANA

LO SAGRADO DE LA VIDA HUMANA

LA SEXUALIDAD HUMANA Y EL MATRIMONIO

LA MAYORDOMÍA CRISTIANA

OFICIALES DE LA IGLESIA

REGLAS DE ORDEN

ENMIENDAS DEL PACTO DE CONDUCTA CRISTIANA

EL PACTO DE CONDUCTA CRISTIANA

A. La vida cristiana

28. La iglesia proclama con alegría las buenas nuevas de que se puede encontrar una nueva vida a través de Jesucristo. La Escritura comienza con la buena obra creadora de Dios, a la que siguieron la aparición y los efectos cada vez más devastadores del pecado. Sin embargo, por su gracia y misericordia, Dios actúa constantemente para restaurar lo que ha sido dañado por el pecado. La plenitud del plan redentor de Dios se revela en las buenas nuevas del evangelio de que Él estaba en Cristo reconciliando consigo al mundo. "De modo que si alguno está en Cristo, nueva criatura es; las cosas viejas pasaron; he aquí todas son hechas nuevas..." (2 Corintios 5:17-19). La obra restauradora de Dios llama al pueblo de Dios en la actualidad a encarnar y dar testimonio de esta nueva vida. La vida cristiana llama al discípulo, a toda la persona (cuerpo, mente y espíritu), a compromisos y elecciones en respuesta a la gracia transformadora de Dios. Por eso, presenten "vuestros cuerpos en sacrificio vivo, santo, agradable a Dios, que es vuestro culto racional. No os conforméis a este siglo, sino transformaos por medio de la renovación de vuestro entendimiento" (Romanos 12:1b-2b).

(Romanos 12:1b-2b; Efesios 4:22-24; Colosenses 3:9-11; 1 Tesalonicenses 5:23-24)

28.1. El pueblo de Dios se compromete a permanecer en la verdad bíblica, que se encuentra tanto en el Antiguo como en el Nuevo Testamentos. Sostenemos que los Diez Mandamientos, reafirmados en las enseñanzas de Jesucristo, demostrados en el gran mandamiento y en el Sermón del Monte, constituyen la ética cristiana básica. Consideramos imperativo que en cada contexto cultural específico busquemos fervientemente la guía del Espíritu Santo y la sabiduría de la tradición cristiana para vivir como Cristo.

(Juan 14:26; 16:13)

28.2. Dios nos invita a unirnos a su obra de restauración mediante el compromiso con la integridad. Así pues, compartimos la convicción de que la vida cristiana implica "revestirse" continuamente de algunas cosas y "despojarse" de otras. Estas prácticas son a menudo sacrificiales y nos preparan para una vida de testimonio en el mundo en que vivimos. Estas prácticas mueven a los creyentes hacia una semejanza con Cristo cada vez mayor, son intencionales y se desarrollan con el tiempo a medida que las personas disciernen y responden al llamado de Dios a participar en Cristo. Por lo tanto:

(Génesis 2:1-3; Éxodo 20:8-11; Levítico 25:1-5; 1 Tesalonicenses 5:23)

28.3. Llamamos a nuestra feligresía al discipulado en el contexto de congregaciones fieles. El cuidado, la gracia y la rendición de cuentas son responsabilidad de la comunidad cristiana. Como familia de Dios, nos tomamos en serio la responsabilidad de criar a los niños a la semejanza de Cristo, enseñándoles desde su nacimiento que son destinatarios de la plenitud del amor de Jesús. Estamos llamados a convertirnos en la familia de Dios para quienes nunca han experimentado el amor de Jesús.

(1 Corintios 12:27-28; Efesios 2:14-16)

28.4. Llamamos a nuestra feligresía a proclamar y demostrar la gracia y el amor de Dios al mundo. La responsabilidad compartida de cada congregación es equipar a los creyentes para el amor reconciliador como embajadores de Cristo en el mundo. Dios nos llama a actitudes, prácticas de hospitalidad y relaciones que valoren a todas las personas. Participamos como discípulos gozosos, comprometiéndonos con los demás para crear una sociedad que refleje los propósitos de Dios. Nuestra fe debe actuar a través del amor. Por tanto, la iglesia debe entregarse al cuidado, la alimentación, el vestido y el cobijo de los pobres y marginados. Una vida de santidad cristiana implica esfuerzos para crear una sociedad y un mundo más justos y equitativos, especialmente para los pobres, los oprimidos y los que no pueden hablar por sí mismos.

(Levítico 19:18, 34; Deuteronomio 15:7-8, 11; Isaías 61:1; Zacarías 9:12; Mateo 25:34-44; Romanos 5:7-8; 12:1; 2 Corintios 5:16, 20; Gálatas 5:6; Efesios 2:10; 6:12; Filipenses 2:5-11; Colosenses 1:27; Santiago 2:1-9)

28.5. Llamamos a nuestra feligresía a recordar que todo el tiempo es de Dios. La totalidad de nuestras vidas debe servir a los propósitos de Dios. La forma en que empleamos el tiempo repercute en los demás, por lo que juntos nos comprometemos a emplearlo de manera que proclame el amor de Dios al mundo, nos edifique mutuamente y cree comunidades de gracia sanas. De esta manera, nuestro tiempo de ocio, nuestro tiempo activo, nuestro tiempo de sueño, nuestro tiempo de trabajo, nuestro tiempo de adoración, y todo nuestro tiempo es ofrecido en mayordomía a Dios.

(Efesios 5:14-16)

28.6. Llamamos a nuestra feligresía para que recuerde el valor del aprendizaje. La educación es de suma importancia para el bienestar social y espiritual de la sociedad. Hacemos un llamado a las organizaciones e instituciones educativas para que enseñen a los niños, jóvenes y adultos los principios bíblicos y las normas éticas de tal manera que se conozcan nuestras doctrinas. La educación de fuentes públicas debe complementarse con la enseñanza cristiana en el hogar. Debido a que toda la verdad es la verdad de Dios, los cristianos también deben ser alentados a trabajar en y con las instituciones públicas para testificar e influir en estas instituciones para el reino de Dios.

(Mateo 5:13-14; Colosenses 1:16)

28.7. Llamamos a nuestra feligresía a recordar que todo nuestro trabajo se ofrece en servicio a Dios. Como personas plenamente comprometidas con Dios, y dotadas de manera única por Cristo, la totalidad de nuestras vidas debe cumplir los propósitos de Dios. Todo nuestro trabajo, remunerado o no, debe realizarse con generosidad, ética y justicia; de modo que promueva el bienestar de la sociedad y refleje la semejanza a Cristo.

(Génesis 12:1-3; Deuteronomio 24:14-15; Efesios 4:28; Colosenses 3:22-25)

28.8. Llamamos a nuestra feligresía a un uso cuidadoso y considerado de los medios de comunicación y las tecnologías. Afirmamos el uso que las iglesias hacen de la tecnología al servicio del Reino, utilizándola de forma equilibrada, dando prioridad a las relaciones interpersonales. Cuidando de incluir intencionalmente a quienes tienen un acceso limitado. Debemos practicar una formación que ayude a las personas a discernir los modos en que las tecnologías pueden apartarlas del compromiso con la comunidad real y la participación familiar. Animamos a los discípulos a vivir el valor de la conexión personal, cara a cara, y a resistirse a cualquier forma de vida que conduzca al aislamiento o cree una cultura de relaciones únicamente virtuales, a menos que sea por recomendación médica.

(Romanos 12:1; 1 Corintios 10:23-24; 2 Timoteo 1:7)

28.9. Llamamos a nuestra feligresía a cuidar la creación. Dios declaró que la creación original era buena y designó a la humanidad como administradora de la creación para los grandes propósitos de Dios. El cuidado de este mundo creado incluye cosas como evitar estilos de vida de contaminación y de consumo innecesario de bienes y recursos.

(Génesis 1:26-28; Juan 1:3; Romanos 8:18-25; Colosenses 1:15-20)

28.10. Llamamos a nuestra feligresía a ser pacificadores. Puesto que Jesús bendijo a los pacificadores y nos ordenó amar a nuestros enemigos, nos comprometemos a ser agentes de reconciliación en nuestras familias, entre amigos, en el lugar de trabajo, en nuestras iglesias, sociedades, naciones, grupos étnicos y tribus.

(Salmos 34:14; Mateo 5:9, 43-48; 2 Corintios 5:18-20; Efesios 2:14-16; Hebreos 12:14)

29. Al escudriñar las Escrituras y desarrollar el discernimiento, nos damos cuenta de las prácticas que no promueven el pleno potencial de los seres humanos. Tales prácticas impiden el desarrollo de la semejanza a Cristo en los creyentes y deshonran la creación. El discernimiento nos llama a "dejar a un lado" las cosas que nos estorban. Sugerimos que la norma dada a Juan Wesley por su madre, Susana, ayuda a formar una base para el discernimiento del mal.

EL PACTO DE CONDUCTA CRISTIANA

Ella le enseñó: "Todo lo que nuble tu razón, adormezca tu conciencia, oscurezca tu sentido de Dios, o elimine el sentir de las cosas espirituales, todo lo que incrementa la autoridad de tu cuerpo sobre tu mente, todo ello para ti es pecado". El discernimiento con respecto a las cosas que dejamos de lado forma parte de nuestro discipulado, responsabilidad y testimonio colectivo. El crecimiento en el discipulado aumentará la capacidad de nuestra feligresía para discernir los mensajes dañinos que alientan o glorifican la destrucción, la impureza, la inmoralidad o la violencia; y para negarse a participar en ellos o en lo que los promueve.

Por lo tanto, **llamamos a nuestra feligresía a manifestar el fruto del Espíritu** en sus vidas como testimonio del poder transformador y creativo de Dios sobre el pecado y la muerte. Plenamente conscientes de que el pecado adopta nuevas formas en cada generación, a menudo actuando de manera innovadora y destructiva, los llamados anteriores no pretenden ser exhaustivos, sino representativos de una forma de vida formada por el Espíritu que nos permite llegar a ser semejantes a Cristo, para gloria de Dios Padre. Estas prácticas forman parte de nuestro discipulado y de nuestra búsqueda de la semejanza a Cristo, a medida que avanzamos en el sendero en la gracia.

(Efesios 4:22; Colosenses 3:9; Hebreos 12:1)

29.1. Llamamos a nuestra feligresía a ejercitar la sabiduría en el uso de su tiempo, dinero y cuerpos. Deben evitarse los entretenimientos y las actividades que se opongan a la ética cristiana que promueven el consumismo, el egocentrismo, la violencia, la sensualidad y el tratar a los demás como objetos y no como personas creadas a imagen de Dios. Dado que vivimos en días de confusión moral en los que nos enfrentamos a la invasión del mal en nuestros pensamientos y vidas a través de las diversas vías de los medios impresos y digitales, es esencial que observemos salvaguardas para evitar que nos secularicemos y nos volvamos mundanos. Tenemos la obligación de dar testimonio contra todo lo que trivializa o blasfema de Dios, así como contra males sociales como la violencia, la sensualidad, la pornografía, la blasfemia y el ocultismo, tal como son representados por y a través de la industria del entretenimiento comercial en sus múltiples formas, y de esforzarnos por lograr la desaparición de las empresas conocidas por ser proveedoras de este tipo de entretenimiento. Esto incluiría evitar todo tipo de empresas de entretenimiento y producciones de los medios de comunicación que produzcan, promuevan o presenten lo violento, lo sensual, lo pornográfico, lo profano o lo oculto, o que presenten o den *glamour* a la filosofía del mundo del secularismo, el sensualismo y el materialismo y socaven la norma de Dios de santidad de corazón y de vida. Esto incluye todas las formas de baile que perjudican el crecimiento espiritual y rompen las inhibiciones y reservas morales apropiadas. Animamos a la iglesia a enseñar y responder de acuerdo con las prácticas de santidad personal, la observancia del *sabbath*, y a contribuir a la creación de modos positivos de entretenimiento, artes y deportes.

> (Filipenses 4:8-9; Colosenses 3:23; Romanos 14:7-13; 1 Corintios 10:31-33; Efesios 5:1-18; 1 Pedro 1:13-17; 2 Pedro 1:3-11)

29.2. Llamamos a nuestra feligresía a identificar, prevenir y resistirse a los comportamientos que conducen a hábitos insanos o acciones compulsivas. El compromiso con la excelencia y el bienestar requiere que nos resistamos a los hábitos mentales y de vida que podrían conducir a adicciones. Este empeño exige sabiduría colectiva y personal, discernimiento y decir la verdad. Debido a que estos comportamientos y hábitos pueden permanecer ocultos, animamos a la iglesia a desarrollar medios de rendición de cuentas en áreas de potencial esclavitud. Como cristianos, estamos llamados a resistir todas las formas de acciones compulsivas, desde las más perniciosas hasta las culturalmente aceptables. Reconociendo que estas varían de una nación a otra, pueden incluir la comida, la vida deportiva o *fitness*, los estimulantes legales, la cirugía estética, Internet o las compras. También animamos a la comunidad eclesial a que busque soluciones y comprenda a las personas atrapadas en las adicciones.

> (Romanos 12:1-2; 1 Corintios 6:19-20)

29.3. Llamamos a nuestra feligresía a abstenerse de beber alcohol como testimonio al mundo. Desde sus primeros días, los nazarenos se abstuvieron de beber alcohol como testimonio de vidas transformadas. Debido a la prevalencia del abuso del alcohol en nuestro mundo, pedimos a nuestra feligresía que se abstenga del alcohol y otras sustancias intoxicantes como expresión de amor sacrificial y solidaridad con las personas, familias y comunidades que sufren dolor y trauma a causa del abuso y la adicción al alcohol. Reconocemos que otras tradiciones cristianas pueden responder a estas cuestiones de manera diferente. Los nazarenos optan por la abstinencia en respuesta al mandato bíblico de amar a los demás. Acogemos en nuestras congregaciones a quienes luchan contra el alcohol u otras adicciones; y, en nuestra acogida, nos abstenemos voluntariamente para hacer de nuestra comunidad de fe un entorno de seguridad. Nuestra posición debe ser encarnada con gracia.

> (Levítico 19:18, 34; Proverbios 20:1; 23:21; Marcos 12:28-34; Romanos 13:8-10; 14:13-23; 1 Corintios 5:11; 6:10; Efesios 5:18; Filipenses 2:4)

29.4. Llamamos a nuestra feligresía a abstenerse de sustancias tóxicas, tabaco, estimulantes, depresores y alucinógenos fuera de la atención y orientación médicas adecuadas, independientemente de la legalidad y disponibilidad de tales sustancias. La evidencia médica demuestra que estas sustancias, cuando se utilizan fuera de la atención y orientación médicas adecuadas, pueden ser destructivas, no solo para el cuerpo, sino también para la mente, así como para las familias, las estructuras sociales y las comunidades.

(1 Corintios 6:19-20)

29.5. Llamamos a nuestra feligresía a resistirse a la codicia en todas sus formas. Es vital que rechacemos todos los actos de codicia que promueven la riqueza por encima del bienestar o el estatus por encima de la humildad. No apoyamos mensajes distorsionados y bíblicamente infundados sobre la prosperidad. Evitando las prácticas económicas que oprimen y se aprovechan de los demás. Esquemas como loterías, juegos de azar legales o ilegales, organizaciones de préstamos sobre sueldo, esquemas piramidales, a menudo toman recursos financieros necesarios de los pobres y ancianos con falsas promesas de retorno.

(Efesios 4:28; 2 Tesalonicenses 3:6-13)

29.6. Llamamos a nuestra feligresía a rechazar actitudes y acciones que socavan el bien de las personas y devalúan a los individuos. Todos los seres humanos han sido creados a imagen de Dios y Cristo murió por todos, por lo que cada persona que encontramos merece nuestra mayor consideración y amor. Como pueblo de Dios, que refleja el amor de Cristo por el mundo, rechazamos toda forma de racismo, preferencias étnicas, tribalismo, sexismo, fanatismo religioso, clasismo, nacionalismo excluyente y cualquier otra forma de prejuicio. Todos ellos son contrarios al amor de Dios y a la misión de Cristo.

29.7. Llamamos a nuestra feligresía a resistir cualquier lealtad que compita con el señorío de Cristo, que es idolatría. Rechazamos la adhesión a cualquier sociedad sujeta a juramento, ya sea política, órdenes secretas o gremios que diluyan el compromiso con Cristo e impidan la comunicación abierta y transparente de las lealtades primarias. El costo de este rechazo puede ser muy real; por ello, la comunidad cristiana debe ofrecer apoyo a quienes se resistan.

(Éxodo 1:17; Daniel 6:10; Hechos 5:29; Apocalipsis 7:14)

29.8. Llamamos a nuestra feligresía a resistir a la corrupción en todas sus formas. Todas las formas de corrupción socavan la humanidad y crean divisiones malsanas en las comunidades y sociedades. Debemos resistir la tentación de caer en prácticas corruptas como el uso del poder para salirnos con la nuestra, manipular a otros, participar en sobornos, confiar en la riqueza para comprar influencia, apoyar prácticas de corrupción, y acosar o atraer a otros a la corrupción.

(Levítico 19:11, 13, 15; Lucas 3:8, 10-14; Hebreos 13:5)

B. Lo sagrado de la vida humana

30. La Iglesia del Nazareno cree que la vida humana es sagrada y se esfuerza por protegerla contra el aborto, la investigación de las células madre del embrión humano, la eutanasia y la negación de cuidado médico razonable a los incapacitados o a los ancianos.

30.1. El aborto inducido. La Iglesia del Nazareno afirma lo sagrado de la vida humana como lo ha establecido Dios el Creador y cree que se extiende al niño que aún no ha nacido. La vida es un regalo de Dios. Toda vida humana, incluyendo el desarrollo de la vida en la matriz, es creada por Dios a su imagen; y, por lo tanto, debe ser nutrida, sostenida y protegida. Desde el momento de la concepción, un niño es un ser humano con todas las características de la vida humana en desarrollo, y esta vida depende de la madre para su desarrollo continuo. Por tanto, creemos que la vida humana debe ser respetada y protegida desde el momento de la concepción. Nos oponemos al aborto inducido por todo medio, cuando sea utilizado ya sea por conveniencia personal o para el control de la población. Nos oponemos a las leyes que autorizan el aborto. Considerando que se dan raros casos, pero reales, de condiciones médicas en las que la madre o el niño aún no nacido, o ambos, corren peligro de no sobrevivir al parto, la terminación del embarazo deberá realizarse solo después de asesoría médica competente y consejo espiritual.

La oposición responsable al aborto demanda nuestro compromiso de iniciar y apoyar programas designados para proveer cuidado para madres y niños. La crisis de un embarazo no deseado requiere que la comunidad de creyentes (representada solo por aquellos que deban saber de la crisis) provea un ambiente de amor, oración y consejo. En tales casos, el apoyo puede tomar la forma de centros de orientación, casas de asilo para madres embarazadas y la creación o utilización de servicios de adopción cristianos.

La Iglesia del Nazareno reconoce que la consideración del aborto como medio para terminar un embarazo no deseado con frecuencia ocurre porque se han pasado por alto las normas cristianas de responsabilidad sexual. Por tanto, la iglesia hace un llamado a las personas a practicar la ética del Nuevo Testamento en lo relacionado con la sexualidad humana y a tratar el tema del aborto dentro del marco más amplio de los principios bíblicos que proporcionan dirección para tomar decisiones morales.

(Génesis 2:7; 9:6; Éxodo 20:13; 21:12-16, 22-25; Levítico 18:21; Job 31:15; Salmos 22:9; 139:3-16; Isaías 44:2, 24; 49:5; Jeremías 1:5; Lucas 1:15, 23-25, 36-45; Hechos 17:25; Romanos 12:1-2; 1 Corintios 6:16; 7:1ss.; 1 Tesalonicenses 4:3-6)

La Iglesia del Nazareno también reconoce que muchos han sido afectados por la tragedia del aborto. Se exhorta a cada congregación local y a cada miembro personalmente a ofrecer el mensaje del perdón de Dios para cada persona que ha experimentado un aborto. Nuestras congregaciones locales están para ser comunidades de redención y esperanza para todos los que sufren el dolor físico, emocional y espiritual como resultado de la interrupción voluntaria del embarazo.

(Romanos 3:22-24; Gálatas 6:1)

30.2. Ingeniería genética y terapia genética. La Iglesia del Nazareno apoya el uso de la ingeniería genética para lograr una terapia genética. Reconocemos que la terapia genética puede conducir a la prevención y curación de enfermedades, y a la prevención y curación de males físicos y mentales. Nos oponemos a cualquier uso de una ingeniería genética que promueve la injusticia social, que ignore la dignidad de la persona, o que intente lograr la superioridad racial, intelectual o social sobre otros (eugenesia). Nos oponemos a que se inicien estudios de ADN cuyos resultados puedan fomentar o apoyar el uso del aborto humano en vez de permitir el término de la gestación. En todos los casos, la ingeniería y terapia genéticas deben regirse por la humildad, el respeto por la dignidad inviolable de la vida humana, la igualdad de las personas delante de Dios y el compromiso de actuar con misericordia y justicia.

30.3 La Investigación de células madre en el embrión humano y otras intervenciones médicas/científicas que destruyen la vida humana después de la concepción. La Iglesia del Nazareno recomienda firmemente a la comunidad científica a continuar con determinación los avances en la tecnología de células madre obtenidas de fuentes tales como tejidos humanos de adultos, de la placenta, de la sangre, del cordón umbilical, de animales y de otras fuentes embrionarias no humanas. Esto persigue la finalidad legítima de proporcionar salud a muchos, sin violar lo sagrado de la vida humana. Nuestra posición acerca de la investigación de células madre en el embrión humano se basa en nuestra afirmación de que el embrión humano es una persona hecha a la imagen de Dios. Por lo tanto, nos oponemos al uso de células madre extraídas de embriones humanos para la investigación, las intervenciones terapéuticas o para cualquier otra finalidad.

A medida que los adelantos científicos futuros ponen a nuestra disposición nuevas tecnologías, apoyamos firmemente este tipo de investigación, siempre y cuando no viole lo sagrado de la vida humana u otras leyes morales y bíblicas. Sin embargo, nos oponemos a la destrucción de embriones humanos para cualquier propósito y cualquier tipo de investigación que toma la vida de un ser humano después de la concepción. Consistente con este punto de vista, nos oponemos al uso, para cualquier propósito, del tejido obtenido de fetos humanos abortados.

30.4. Clonación humana. Nos oponemos a la clonación de un ser humano. El género humano es valorado por Dios, quien nos creó a su imagen. La clonación de un ser humano trata a esa persona como un objeto, negando así la dignidad personal y el valor que nos concedió nuestro Creador.

30.5. Eutanasia (incluyendo asistencia médica para el suicidio). Creemos que la eutanasia (terminar intencionalmente la vida de una persona que padezca de una enfermedad fatal o de una enfermedad debilitadora e incurable; pero que no constituya una amenaza inmediata para la vida, con el propósito de terminar con el sufrimiento) es incompatible con la fe cristiana. Esto se aplica a casos en los que la persona que padezca la enfermedad fatal solicite o consienta la eutanasia (eutanasia voluntaria) y cuando la persona que padezca la enfermedad fatal no tenga la capacidad mental para consentir (eutanasia involuntaria). Creemos que el rechazo histórico de la eutanasia por la iglesia cristiana lo confirman las convicciones cristianas que se derivan de la Biblia y que son céntricas en la confesión de la iglesia de su fe en Cristo Jesús como Señor. La eutanasia viola la confianza cristiana en Dios como Señor soberano de la vida, pues la persona asume la soberanía para sí misma; viola nuestro papel como mayordomos delante de Dios; contribuye a la erosión del valor que la Biblia atribuye a la vida humana y a la comunidad; le atribuye demasiada importancia a ponerle fin al sufrimiento; y refleja la arrogancia humana ante un Dios soberano generoso. Urgimos al pueblo nazareno a oponerse a todos los esfuerzos por legalizar la eutanasia.

30.6. Permitir la muerte. Cuando la muerte humana es inminente, creemos que se puede permitir, dentro de la práctica y fe cristiana, retirar los sistemas de mantenimiento de vida artificial o no someter al enfermo a ellos. Esto se aplica a casos de personas que se encuentran en estado vegetativo persistente y de aquellas cuya extensión de la vida por la aplicación de medios extraordinarios no les da ninguna esperanza razonable de volver a gozar de salud. Creemos que cuando la muerte sea inminente no hay en la fe cristiana requerimiento que obligue a posponer artificialmente el proceso de la muerte. Como cristianos, confiamos en la fidelidad de Dios y tenemos la esperanza de la vida eterna. Esto hace posible que los cristianos aceptemos la muerte como expresión de fe en Cristo, quien venció la muerte por nosotros y le quitó la victoria.

C. La sexualidad humana y el matrimonio

31. La Iglesia del Nazareno considera la sexualidad humana como una expresión de la santidad y belleza que diseñó Dios el Creador. Debido a que todos los seres humanos son creados a la imagen de Dios, ellos tienen inestimable valor y dignidad. Como resultado, creemos que la sexualidad humana debe incluir más que la experiencia sensual, y es un regalo de Dios diseñado para reflejar la totalidad de nuestra creación física y relacional.

EL PACTO DE CONDUCTA CRISTIANA

Como pueblo de santidad, la Iglesia del Nazareno afirma que el cuerpo humano es importante para Dios. Los cristianos son llamados y habilitados por la obra transformadora y santificadora del Espíritu Santo para glorificar a Dios en y con sus cuerpos. Nuestros sentidos, nuestros apetitos sexuales, nuestra capacidad de experimentar placer y nuestro deseo de relacionarnos han sido formados por el carácter mismo de Dios. Nuestros cuerpos son buenos, muy buenos.

Afirmamos la creencia en un Dios cuya creación es un acto de amor. Habiendo experimentado a Dios como amor santo, entendemos que la Trinidad es una unidad de amor entre el Padre, el Hijo y el Espíritu Santo. Por lo tanto, tenemos el anhelo en lo más profundo de nuestro ser de relacionarnos con otros. Ese anhelo se cumple finalmente al vivir en una relación pactada con Dios, la creación y amando al prójimo como a uno mismo. Nuestra creación como seres sociales es buena y hermosa. Reflejamos la imagen de Dios en nuestra capacidad de relacionarnos y en el deseo de hacerlo.

El pueblo de Dios es formado como uno en Cristo, una comunidad rica de amor y gracia. Dentro de esta comunidad, los creyentes son llamados a vivir como miembros fieles del cuerpo de Cristo. La soltería debe ser valorada entre el pueblo de Dios y apoyada en la riqueza del compañerismo de la iglesia y la comunión de los santos. Vivir como una persona soltera es involucrarse, como Jesús lo hizo, en la intimidad de la comunidad, rodeado de amigos, dando la bienvenida y siendo bienvenido, y expresando un testimonio de fidelidad.

Además, dentro de esta comunidad, afirmamos que algunos creyentes son llamados a casarse. Como se define en Génesis, "dejará el hombre a su padre y a su madre, y se unirá a su mujer, y serán una sola carne" (Génesis 2:24). El pacto del matrimonio, un reflejo del pacto entre Dios y el pueblo de Dios, es de fidelidad sexual exclusiva, servicio desinteresado y testimonio social. Una mujer y un hombre públicamente se rinden devoción el uno hacia el otro como testimonio de la forma en que Dios ama. La intimidad matrimonial tiene como propósito reflejar la unión de Cristo y la iglesia, un misterio de gracia. También es la intención de Dios que en esta unión sacramental el hombre y la mujer puedan experimentar el gozo y el placer de la intimidad sexual y como resultado de este acto de amor íntimo, nueva vida pueda ingresar al mundo y a una comunidad de pacto de cuidado. El hogar centrado en Cristo debe servir como el principal lugar de formación espiritual. La iglesia debe prestar gran cuidado en la formación del matrimonio a través de la consejería prematrimonial y en las enseñanzas que denotan lo sagrado del matrimonio.

Sin embargo, la historia bíblica también incluye el triste capítulo de la caída, la corrupción del deseo humano, que resultó en conductas que engrandecen la autosoberanía, dañando y cosificando a los demás y entenebreciendo el deseo humano. Como seres caídos, hemos experimentado esta maldad en cada nivel, personal y corporativamente. Los principados y poderes en un mundo caído nos han saturado con mentiras acerca de la sexualidad. Nuestros deseos han sido torcidos por el pecado para enfocarnos internamente en nosotros mismos. También hemos contribuido a la ruptura de la creación por nuestro deseo, transgrediendo el amor de Dios y viviendo caprichosamente, apartados de Él.

Nuestra ruptura en las áreas de la sexualidad toma muchas formas, algunas por decisión propia y otras llegan a nuestras vidas por medio de un mundo quebrantado. Sin embargo, la gracia de Dios es suficiente en nuestra debilidad, para traer convicción, transformación y santificación a nuestras vidas. Por tanto, para evitar el incremento del daño del pecado y para ser testigos de la belleza y singularidad de los propósitos santos de Dios para nuestros cuerpos, creemos que los miembros del cuerpo de Cristo, capacitados por el Espíritu, pueden y deben abstenerse de lo siguiente:

- **Relaciones sexuales fuera del matrimonio y cualquier otra forma de unión sexual inapropiada.** Teniendo en cuenta que la intención de Dios es que nuestra sexualidad se viva en la unión del pacto entre un hombre y una mujer, creemos que estas prácticas a menudo llevan a considerar a la otra persona como un objeto en la relación. Estas prácticas, en todas sus formas, también tienen el potencial de dañar nuestra capacidad de participar con todo nuestro ser en la belleza y la santidad del matrimonio cristiano.
- **Relaciones sexuales entre personas del mismo sexo.** Ya que creemos que la intención de Dios es que vivamos en la unión de pacto entre una mujer y un hombre, creemos que la intimidad sexual entre personas del mismo sexo es contraria a la voluntad de Dios para la sexualidad humana. Aunque la atracción homosexual o bisexual de una persona puede tener orígenes diferentes y complejos, y las implicaciones del llamado a la pureza sexual tienen un alto precio, creemos que la gracia de Dios es suficiente para este llamado. Reconocemos la responsabilidad compartida del cuerpo de Cristo de ser una comunidad acogedora, perdonadora y amorosa en la que la hospitalidad, ánimo, transformación y rendición de cuentas están a disposición de todas las personas.
- **Relaciones sexuales extramaritales.** Dado que creemos que esta conducta es una ruptura de los votos que hemos hecho delante de Dios y ante el cuerpo de Cristo, el adulterio es un acto egoísta, una decisión destructora de la familia y una ofensa a Dios que nos ama pura y devotamente.

- **Divorcio.** Dado que el matrimonio tiene el propósito de ser un compromiso para toda la vida, la ruptura del pacto matrimonial, ya sea iniciada personalmente o por decisión del cónyuge, no cumple con la mejor intención de Dios. Con sabiduría y de ser posible, la iglesia debe velar por la preservación de la unión matrimonial y ofrecer consejería y gracia a aquellos heridos por el divorcio.
- **Prácticas tales como la poligamia o poliandria.** Ya que creemos que el pacto de fidelidad de Dios se refleja en el compromiso monógamo del esposo y la esposa, estas prácticas despojan la singularidad y la fidelidad exclusiva diseñada para el matrimonio.

El pecado y la transgresión sexual no solamente son personales, sino que también permean los sistemas y estructuras del mundo. Por tanto, mientras la iglesia testifica de la realidad de la belleza y la singularidad de los propósitos santos de Dios, también creemos que debe abstenerse y abogar en contra de:

- **La pornografía en todas sus formas, la cual es deseo mal habido.** Es la cosificación de las personas por causa de la gratificación sexual egoísta. Este hábito destruye nuestra capacidad de amar sin egoísmo.
- **Violencia sexual en cualquier forma, incluyendo la violación, agresión sexual, intimidación sexual, discurso de odio, abuso marital, incesto, trata sexual, matrimonio forzado, mutilación genital femenina, bestialidad, acoso sexual y el abuso de menores y otros grupos vulnerables.** Todas las personas y sistemas que perpetúan la violencia sexual quebrantan el mandamiento de amar y proteger a nuestro prójimo. El cuerpo de Cristo siempre deberá ser un lugar de justicia, protección y sanidad para aquellos que son, han sido y continúan siendo afectados por la violencia sexual. Un menor de edad es cualquier ser humano que tenga menos de 18 años, a menos que la mayoría de edad se alcance más tarde según la legislación particular de un país o región.

Por tanto, afirmamos que:

- **Donde abunda el pecado sobreabunda la gracia.** Aunque los efectos del pecado son universales y holísticos, la eficacia de la gracia también es universal y holística. En Cristo, a través del Espíritu Santo, somos renovados a la imagen de Dios. Lo viejo ha pasado para dar lugar a lo nuevo. Aunque la formación de nuestras vidas como una nueva creación puede ser un proceso gradual, la sanidad de Dios es efectiva para enfrentar el quebrantamiento de la humanidad en las áreas de la sexualidad.
- **El cuerpo humano es el templo del Espíritu Santo.** Nuestra sexualidad debe ser conforme a la voluntad de Dios. Nuestros cuerpos no nos pertenecen, sino que han sido comprados por

un precio. Por tanto, hemos sido llamados a glorificar a Dios en nuestros cuerpos a través de una vida de obediencia sumisa a Él.

- **El pueblo de Dios está marcado por el amor santo.** Sobre todas las virtudes, el pueblo de Dios debe vestirse de amor. El pueblo de Dios siempre recibe a los quebrantados en sus reuniones. Dicha hospitalidad cristiana ni es para justificar la desobediencia del individuo, tampoco una negativa para participar redentoramente en discernir las raíces del quebrantamiento. Restaurar al ser humano a la semejanza de Cristo requiere confesión, perdón, prácticas transformadoras, santificación y consejo de parte de Dios; pero, sobre todo, incluye la bienvenida de amor que invita a la persona quebrantada a la comunidad de gracia conocida como la iglesia. Si fallamos en confrontar honestamente al pecado y al quebrantamiento; habremos fracasado en amar. Si fallamos en amar, no participaremos de la sanidad que proviene de Dios para el quebrantamiento.

La implementación fiel de estas declaraciones por parte de las congregaciones de la iglesia global, en su tarea de recibir y ministrar a las personas, es compleja; por lo que se debe ejercer con cuidado, humildad, valentía y discernimiento.

(Génesis 1:27; 19:1-25; Levítico 20:13; Romanos 1:26-27; 1 Corintios 6:9-11, 15-20; 1 Timoteo 1:8-10)

D. La mayordomía cristiana

32. Significado de la mayordomía. Las Escrituras enseñan que Dios es el dueño de todas las personas y de todas las cosas. Por lo tanto, somos sus mayordomos tanto de la vida como de las posesiones. Debemos reconocer que Dios es el dueño y que nosotros somos los mayordomos; porque daremos cuenta personalmente a Él por el desempeño de nuestra mayordomía. Dios, como un Dios de sistema y de orden en todas sus relaciones, ha establecido un sistema de contribución que lo reconoce como el dueño sobre todos los recursos y relaciones humanas. Con este propósito, todos sus hijos deben diezmar fielmente y dar ofrendas para el sostenimiento del evangelio. (150)

(Malaquías 3:8-12; Mateo 6:24-34; 25:31-46; Marcos 10:17-31; Lucas 12:13-24; 19:11-27; Juan 15:1-17; Romanos 12:1-13; 1 Corintios 9:7-14; 2 Corintios 8:1-15; 9:6-15; 1 Timoteo 6:6-19; Hebreos 7:8; Santiago 1:27; 1 Juan 3:16-18)

32.1. Diezmos en el alfolí. Traer los diezmos al alfolí es la costumbre bíblica y práctica de diezmar fiel y regularmente en la iglesia de la que es miembro la persona. Por tanto, el sostenimiento de la iglesia se basará en el plan de traer los diezmos al alfolí; y la Iglesia del Nazareno local será considerada por todos sus feligreses

EL PACTO DE CONDUCTA CRISTIANA 49

como el alfolí. Exhortamos a todos los que sean parte de la Iglesia del Nazareno a contribuir fielmente con una décima parte de todos sus ingresos como la obligación financiera mínima con el Señor; y, además, a que den ofrendas voluntarias según Dios los prospere, para el sostenimiento de toda la iglesia, local, educacional, de distrito, regional y general. El diezmo, entregado a la Iglesia del Nazareno local, será considerado prioridad sobre cualquier otra oportunidad de dar que Dios ponga en los corazones de sus fieles mayordomos para el sostenimiento de toda la iglesia.

32.2. Recaudación y distribución de fondos. Dada la enseñanza bíblica en cuanto a la contribución de diezmos y ofrendas para el sostenimiento del evangelio y para la construcción de los edificios de la iglesia, ninguna congregación nazarena debe usar método alguno para recaudar fondos que desvíen de esos principios, que estorben el mensaje del evangelio, que manchen el nombre de la iglesia, que discriminen a los pobres o que desvíen las energías de las personas en la proclamación del evangelio. Respecto a los desembolsos para cubrir las necesidades de los programas locales, de distrito, educacionales y generales de la Iglesia del Nazareno, instamos a las iglesias locales a adoptar y practicar el plan de aporte financiero y a pagar mensualmente sus asignaciones generales, educacionales y de distrito. (140, 163, 164-164.2, 125.13)

32.3. Sostenimiento del ministerio. "Así también ordenó el Señor a los que anuncian el evangelio, que vivan del evangelio" (1 Corintios 9:14). La iglesia está obligada a sostener a sus ministros, quienes han sido llamados por Dios y quienes, bajo la dirección de la iglesia, se han entregado enteramente al ministerio. Por tanto, exhortamos a los miembros de la iglesia para que se comprometan voluntariamente a la tarea de sostener el ministerio, reuniendo el dinero semanalmente para este santo negocio; y que el salario del pastor sea pagado con regularidad cada semana. (117.4, 117.6, 139.8)

32.4. Donativos bajo herencias y donaciones planificadas y diferidas. En el cumplimiento de la mayordomía cristiana, es esencial considerar cuidadosamente lo que se hará con los ingresos y posesiones de las que el Señor ha hecho mayordomo al cristiano durante su vida. Al reconocer la necesidad de una mayordomía fiel en esta vida y la visión dada por Dios de dejar un legado para el futuro, la Iglesia del Nazareno ha establecido The Church of the Nazarene Foundation para ampliar la mayordomía cristiana a través de ofrendas/donativos planificados y diferidos. Frecuentemente, las leyes civiles no incluyen estipulaciones para distribuir la herencia en forma tal que glorifique a Dios. Cada cristiano debe preocuparse de preparar su testamento en forma cuidadosa y legal; y recomendamos que al hacerlo, considere a la Iglesia del Nazareno y sus diversos ministerios de misiones, evangelismo, educación y benevolencia, en los niveles local, de distrito, educacional y general.

32.5. Responsabilidad compartida en la misión denominacional. El gobierno de la Iglesia del Nazareno es representativo. Cada congregación local apoya la misión global de la iglesia como fue definida por la Asamblea General e implementada por medio del liderazgo de la Junta de Superintendentes Generales en la evangelización mundial, la educación, el apoyo ministerial y los ministerios del distrito.

La Junta de Superintendentes Generales y la Junta General están autorizadas y facultadas para desarrollar, revisar y mantener un sistema para incrementar el Fondo para la Evangelización Mundial y establecer metas financieras y responsabilidades para las iglesias locales por medio de los distritos. Supeditados al párrafo 337.1 del *Manual*, las juntas nacionales y/o los concilios consultivos regionales están autorizados y facultados para establecer planes de ahorro para la jubilación ministerial en su región. El reporte de dichos planes será presentado como está previsto en el párrafo 337.2 del *Manual*. Las disposiciones del párrafo 32.5 no se aplicarán a Beneficios Nazarenos EUA.

Las juntas nacionales y/o los concilios consultivos regionales también están autorizados y facultados para establecer el apoyo de las instituciones de la Junta Internacional de Educación (IBOE por su sigla en inglés) en su región.

Cada distrito está autorizado y facultado para establecer metas y responsabilidades para las iglesias locales con el fin de recaudar fondos para financiar el ministerio del distrito por medio de la junta consultora de distrito. (225.19, 317.10, 345, 346.3, 402)

E. Oficiales de la iglesia

33. Aconsejamos a nuestras iglesias locales que elijan como oficiales a miembros activos de la iglesia local quienes profesen la experiencia de la entera santificación y cuyas vidas den testimonio público de la gracia de Dios que nos llama a una vida santa; que estén en armonía con las doctrinas, el gobierno y las prácticas de la Iglesia del Nazareno; y que respalden fielmente a la iglesia local con su asistencia, servicio activo, y sus diezmos y ofrendas. Los oficiales de la iglesia deben estar completamente comprometidos en "hacer discípulos semejantes a Cristo en las naciones". (115.11, 137, 155-157)

F. Reglas de orden

34. Sujetos a la ley aplicable, al estatuto de la personería jurídica y a los reglamentos de gobierno del *Manual*, las sesiones y los negocios de los miembros de la Iglesia del Nazareno a nivel local, de distrito y general, y los comités de la entidad jurídica serán regulados y controlados de acuerdo con las *Reglas de Orden de Robert* (última edición) en lo relacionado con los procedimientos parlamentarios. (115, 205, 300.3)

G. Enmiendas al Pacto de Conducta Cristiana

35. Las estipulaciones del Pacto de Conducta Cristiana podrán ser derogadas o enmendadas por el voto de las dos terceras partes de los miembros presentes y votantes de una Asamblea General.

PARTE IV

GOBIERNO

PREÁMBULO AL GOBIERNO DE LA IGLESIA

GOBIERNO LOCAL

GOBIERNO DE DISTRITO

GOBIERNO GENERAL

PREÁMBULO
AL GOBIERNO DE LA IGLESIA

La tarea de la Iglesia del Nazareno consiste en dar a conocer a todos los pueblos la gracia transformadora de Dios por medio del perdón de los pecados y la limpieza de corazón en Jesucristo. Nuestra primera y prioritaria misión es "hacer discípulos", incorporar a los creyentes al compañerismo y a la membresía de la iglesia (congregaciones) y capacitar (enseñar) para el ministerio a todos los que respondan en fe. La meta suprema de la "comunidad de fe" consiste en presentarlos a todos ante Dios completamente maduros en Cristo en el día final (Colosenses 1:28).

Es en la iglesia local donde se lleva a cabo la salvación, perfeccionamiento, enseñanza y comisión del creyente. La iglesia local, el cuerpo de Cristo, es la representación de nuestra fe y misión. Estas iglesias están agrupadas administrativamente en distritos y regiones.

Las bases de unidad de la Iglesia del Nazareno son aquellas creencias, forma de gobierno, definiciones y procedimientos que se declaran en el *Manual de la Iglesia del Nazareno*.

La esencia de esta unidad está declarada en los Artículos de Fe del *Manual*. Animamos a la iglesia en todas las regiones e idiomas a traducir para distribuir ampliamente, y enseñar estas creencias a nuestra feligresía. Este es el elemento distintivo de todo lo que somos y hacemos como nazarenos.

Un reflejo visible de esta unidad está representado por la Asamblea General, que es "la suprema autoridad de la Iglesia del Nazareno en lo que respecta a la formulación de doctrinas, legislación y elección".

Un segundo reflejo lo constituye la Junta General internacional, que representa a toda la iglesia.

Un tercer reflejo es la Junta de Superintendentes Generales, que puede interpretar el *Manual*, aprobar adaptaciones culturales y ordenar para el ministerio.

El gobierno de la Iglesia del Nazareno es representativo, con lo cual evita los extremos del episcopalismo por una parte y del congregacionalismo ilimitado por la otra.

En las regiones globales en las que ministra la iglesia y donde las diferencias culturales y políticas lo demanden, podrán hacerse adaptaciones a los procedimientos de gobierno de la iglesia contenidos en la Parte IV, secciones 100, 200, 300. Las solicitudes para tales adaptaciones deberán presentarse por escrito a la Junta de Superintendentes Generales y ser aprobadas por esta. (300)

I. GOBIERNO LOCAL

A. Organización, nombre, personería jurídica, propiedad, restricciones, fusiones, traslados, disolución de la iglesia local

100. Organización. Las iglesias locales pueden ser organizadas por el superintendente de distrito, o por el superintendente general que tenga jurisdicción, o por un presbítero autorizado por cualquiera de ellos. Una vez organizadas, las iglesias locales formarán parte del distrito dentro de cuyos límites estén ubicadas. Si una iglesia local se encuentra dentro de los límites de más de un distrito; la determinación de a cuál distrito pertenecerá la iglesia será hecha por el o los superintendentes generales en jurisdicción. Los informes oficiales de las nuevas iglesias deben enviarse a la oficina del secretario general a través de la respectiva oficina jurisdiccional. (23, 109, 211.1, 530.15)

100.1. Iglesia tipo misión. Las nuevas congregaciones que todavía no han sido organizadas de acuerdo con el párrafo 100, pueden ser registradas por el secretario general como iglesias tipo misión, con la aprobación del superintendente del distrito donde la nueva congregación esté ubicada. Un miembro del cuerpo ministerial que sirva como pastor o pastor ayudante será considerado como ministro asignado con la aprobación del superintendente de distrito. Una iglesia tipo misión puede ser incorporada de acuerdo con el párrafo 102 y recibir miembros e informarlos. (100.2, 109.2, 148.1, 169, 211.6)

100.2. La iglesia multicongregacional. Las iglesias locales organizadas pueden ampliar su ministerio organizando clases bíblicas en otros idiomas dentro de sus instalaciones. Estas clases bíblicas podrán desarrollarse hasta llegar a ser iglesias tipo misión o iglesias plenamente organizadas. Esto puede resultar en que más de una congregación exista con el mismo nombre de iglesia, con la aprobación del superintendente de distrito. En iglesias multicongregacionales en las que no todas las congregaciones sean iglesias plenamente organizadas, la junta consultora de distrito, con la aprobación del superintendente de distrito y del superintendente general en jurisdicción, podrá conceder a tales congregaciones los derechos y privilegios de una iglesia local organizada sujeta a las siguientes condiciones:

1. Tales congregaciones no podrán obtener personería jurídica aparte de la iglesia local organizada.
2. Tales congregaciones no podrán tener título de propiedad aparte de la iglesia local organizada.

3. Tales congregaciones no contraerán deudas sin la aprobación del superintendente de distrito, la junta de la iglesia organizada y la junta consultora de distrito.
4. Ninguna de esas congregaciones podrá retirarse como cuerpo de la iglesia local organizada ni de ninguna manera romper su relación con ella, excepto por el permiso expreso del superintendente de distrito en consulta con el pastor de la iglesia local. (100-100.1)

100.3. Congregaciones asociadas. Una congregación que no tenga personería jurídica (102) puede decidir registrarse oficialmente con la denominación como una congregación independiente bajo un nombre que cumpla con los criterios del *Manual* (101). Dicha congregación permanecerá bajo la afiliación de otra iglesia nazarena, y se le denominará congregación asociada hasta el momento en que tenga personería jurídica y se convierta en una iglesia tipo misión (100.1) o en una iglesia completamente organizada (100). Dicha congregación deberá cumplir con los cuatro criterios de una iglesia multicongregacional (100.2). Uno de los propósitos del estatus de congregación asociada sería dar tiempo suficiente para el desarrollo del liderazgo a medida que la congregación avanza hasta convertirse en una iglesia independiente que sea autogobernable, autosostenible y autopropagable.

101. Nombre. El nombre para una nueva iglesia organizada lo determinará la iglesia local en consulta con el superintendente de distrito y con la aprobación de la junta consultora de distrito. (102.4)

101.1. Cambio de nombre. Una Iglesia del Nazareno local puede cambiar su nombre por el siguiente proceso:
1. La junta de la iglesia somete el cambio propuesto al superintendente de distrito, quien a su vez obtendrá la aprobación escrita de la junta consultora de distrito;
2. Un voto de dos terceras partes en una reunión anual especial de la membresía de la iglesia;
3. El cambio propuesto se presentará ante la junta consultora de distrito. Una vez aprobado, la junta consultora de distrito dará el informe a la asamblea de distrito. (102.4)

102. Personería jurídica. Donde lo permita la ley, los ecónomos verán que la iglesia obtenga personería jurídica y los mencionados ecónomos y sus sucesores serán los síndicos de dicha entidad jurídica. Cuando no esté en pugna con la ley civil, el estatuto de la personería jurídica declarará las facultades de la entidad jurídica e indicará que ella está sujeta al gobierno de la Iglesia del Nazareno, como la Asamblea General de dicha iglesia autoriza y declara ocasionalmente en su *Manual*. Todas las propiedades de esta entidad jurídica serán administradas y controladas por los ecónomos, sujetos a la aprobación de la iglesia local.

GOBIERNO LOCAL

102.1. En casos en que la junta consultora de distrito compre una propiedad y haga algún trabajo en ella para una iglesia local, o cuando se forme una iglesia nueva, cuando el dinero invertido por la junta consultora de distrito sea pagado por la iglesia local, se juzga recomendable que la junta consultora de distrito transfiera las escrituras a la iglesia local.

102.2. Cuando una iglesia local obtenga personería jurídica, todas las propiedades adquiridas estarán a nombre de la entidad jurídica de la iglesia si fuera posible. (102.6)

102.3. El pastor y el secretario de la junta de la iglesia serán el presidente y secretario de la iglesia, ya sea que esta tenga personería jurídica o no, y ejecutarán y firmarán todo traspaso de bienes raíces, hipotecas y terminación de hipotecas, contratos y cualesquier otros documentos legales de la iglesia no mencionados en el *Manual* y sujetos a las restricciones de los párrafos 104-104.3.

Cuando una iglesia local sea declarada inactiva o desorganizada según se estipula en los párrafos 108-108.4, el superintendente de distrito y el secretario de la junta consultora de distrito serán el presidente y el secretario de la iglesia inactiva o desorganizada, con personería jurídica o sin ella. Ellos ejecutarán y firmarán todos los traspasos de bienes raíces, hipotecas, liberaciones de hipotecas, contratos u otros documentos legales de la iglesia inactiva o desorganizada que no se estipulen de otra manera en el *Manual*.

102.4. El estatuto de la personería jurídica de toda iglesia local deberá incluir las siguientes provisiones:

1. El nombre de la entidad jurídica deberá incluir las palabras "Iglesia del Nazareno".
2. El reglamento de la entidad jurídica deberá ser el *Manual* de la Iglesia del Nazareno.
3. El estatuto de la personería jurídica no contendrá cláusula alguna que impida que la iglesia local califique para cualquier exención de impuestos disponible para las iglesias en la misma comunidad.
4. De disolverse, los bienes de la entidad jurídica serán entregados a la junta consultora de distrito.

El estatuto de la personería jurídica puede contener provisiones adicionales cuando estén de acuerdo con las leyes locales. Sin embargo, no deberá incluirse cláusula alguna que pueda causar que la propiedad de la iglesia local sea separada de la Iglesia del Nazareno. (101-101.1, 104.3, 108.1-108.3)

102.5. En iglesias multicongregacionales en las que más de una iglesia organizada comparta las mismas instalaciones, la personería jurídica puede obtenerse en sociedad donde las leyes locales lo permitan.

102.6. En aquellos lugares en los que no sea posible obtener personería jurídica, el nombre de la iglesia deberá incluir las palabras

"Iglesia del Nazareno" en todos los documentos legales, lo cual incluye las escrituras de las propiedades y las escrituras de legados, aunque no se limita a estas. (102.2)

103. Propiedades. La iglesia local que esté pensando en comprar o vender bienes raíces, construir un templo u otro edificio relacionado con la iglesia, remodelar extensamente cualquiera de estos o rentar una propiedad por alguna razón, debe someter la propuesta al superintendente de distrito y a la junta distrital de propiedades de la iglesia para su consideración, consejo y aprobación. No se contraerá deuda alguna, sea que involucre hipoteca o no, en la compra de bienes raíces o en la construcción de edificios, o en un proyecto extenso de remodelación de cualquiera de los dos, sin las aprobaciones escritas del superintendente de distrito y de la junta distrital de propiedades de la iglesia. La iglesia local presentará informes y estados de cuentas trimestrales a esta junta durante el proceso de construcción. (236-237.5)

103.1. En caso de que no pueda llegarse a un acuerdo entre la junta de la iglesia, el superintendente de distrito y la junta distrital de propiedades de la iglesia, el asunto puede someterse al superintendente general en jurisdicción para que él decida. Tanto la iglesia como el superintendente de distrito pueden apelar tal decisión ante la Junta de Superintendentes Generales para una decisión final. Todas las apelaciones, refutaciones de apelaciones o argumentos relacionados, presentados al superintendente general en jurisdicción o a la Junta de Superintendentes Generales, deberán hacerse por escrito. Una copia de la apelación, de las refutaciones de apelaciones o de los argumentos relacionados presentados por la junta de la iglesia o por el superintendente de distrito deberá enviarse a la otra parte involucrada. El acta de la apelación de una junta de la iglesia deberá incluir la resolución de apelación, los argumentos que la sostienen y el resultado de la votación.

104. Restricciones. La iglesia local no podrá comprar o alquilar bienes raíces, ni vender, hipotecar, refinanciar con un aumento de deuda adicional, cambiar, disponer o gravar de alguna forma bienes inmuebles a menos que sea aprobado por el voto de las dos terceras partes de los miembros presentes en una reunión anual, o en una reunión extraordinaria debidamente convocada. Si una iglesia está refinanciando una deuda existente, y el acuerdo de refinanciamiento no incrementa la deuda de la iglesia y no sobrecarga más los bienes raíces de la iglesia; se otorgará la aprobación para el refinanciamiento por el voto de las dos terceras partes de la junta, sin la necesidad de que exista un voto congregacional sobre este asunto. La junta de la iglesia puede aprobar por el voto de las dos terceras partes de sus miembros presentes y votantes para disponer de propiedades donadas para el propósito específico de proveer fondos para la iglesia local. Todas las acciones arriba mencionadas requieren la aprobación escrita del superintendente de distrito y de la junta distrital de propiedades de la iglesia. (115.3-115.4, 115.7-115.8, 225.26, 237.3-237.4)

104.1. Los bienes raíces de la iglesia local no serán hipotecados para pagar los gastos corrientes.

104.2. La iglesia local que hipoteque o venda bienes raíces, o a la que se le paguen beneficios de seguros de bienes raíces, usará lo devengado solo para la compra o mejoras de bienes raíces, plantar una iglesia, o para amortizar la deuda de otros bienes raíces. Lo devengado se podrá usar para algún otro fin solo con la aprobación del superintendente de distrito y de la junta consultora de distrito.

104.3. Los ecónomos y/o la iglesia local no podrán usar las propiedades para fines ajenos a la Iglesia del Nazareno. (115-115.1)

105. Fusiones. Dos o más iglesias locales se pueden unir por el voto favorable, por escrito, de las dos terceras partes de los miembros presentes y votantes en reuniones especialmente convocadas de las iglesias involucradas, de acuerdo con la provisión siguiente: la fusión será recomendada por voto mayoritario por escrito de todos los miembros de las juntas de las iglesias respectivas, y la unión deberá haber sido aprobada por escrito por el superintendente de distrito, la junta consultora de distrito y el superintendente general en jurisdicción.

En el caso de una congregación inactiva, la junta consultora de distrito puede aprobar una fusión, sin necesidad de los votos de la junta de la iglesia y de la congregación.

La unión se finalizará en una reunión especial de la nueva congregación para elegir los oficiales y hacer los arreglos pastorales. Esta reunión estará presidida por el superintendente de distrito o por un presbítero designado por el superintendente.

La organización así creada combinará la membresía total de las iglesias fusionadas, la membresía de todos los departamentos de dichas iglesias, y puede combinar parte o todo el activo y pasivo de las mismas, sujetos a la aprobación del superintendente de distrito, la junta consultora de distrito y el superintendente general en jurisdicción. La unión también combinará las asignaciones de presupuesto general, de educación y de distrito.

Al ser notificado por el superintendente de distrito, el secretario general de la Iglesia del Nazareno está autorizado para borrar los nombres de las iglesias inactivas de la lista de iglesias.

106. Transferencia de una iglesia local a otro distrito. Una iglesia local será transferida a otro distrito por el voto afirmativo de ambas asambleas de distrito. La recomendación a las asambleas de distrito se hará con el voto favorable de la junta de la iglesia local y la aprobación del superintendente de distrito, la junta consultora de distrito y el superintendente o superintendentes generales en jurisdicción de ambos distritos. La notificación de la transferencia se presentará a la oficina del secretario general a través de las respectivas oficinas jurisdiccionales.(205.2)

107. Retiro de iglesias. Ninguna iglesia local puede retirarse de la Iglesia del Nazareno, o de alguna forma cortar su relación con ella, salvo por provisión de la Asamblea General, de acuerdo con planes y condiciones acordados (108.2-108.3).

108. Declaración de iglesias inactivas o desorganizadas. Las iglesias pueden ser declaradas inactivas durante un período de transición por decisión de la junta consultora de distrito antes de ser oficialmente desorganizadas, reactivadas o reorganizadas.

108.1. Una iglesia local puede disolverse por el siguiente procedimiento:

1. La recomendación del superintendente de distrito;
2. La respuesta afirmativa del superintendente general en jurisdicción; y
3. El voto de las dos terceras partes de la junta consultora de distrito.

108.2. En caso de que una iglesia local llegue a ser declarada inactiva o desorganizada, se desafilie o intente desafiliarse de la Iglesia del Nazareno (tal como lo certifique la junta consultora de distrito), ninguna propiedad que pudiera poseer se usará para otro propósito. Las escrituras de la propiedad se transferirán a la junta consultora de distrito, que actuará como agente del distrito donde dicha iglesia obtuvo personería jurídica, u otros agentes autorizados para el uso de la Iglesia del Nazareno en general, en la forma en que la asamblea de distrito lo designe. Los ecónomos de la iglesia local que conserven los documentos de la propiedad de la iglesia inactiva o desorganizada tendrán facultad de vender o disponer de la misma en cualquier otra forma solo bajo la orden y dirección de la junta consultora de distrito u otro agente designado por la asamblea de distrito, con la aprobación escrita del superintendente general en jurisdicción. Según las instrucciones de la asamblea de distrito o de su junta consultora de distrito, se hará la transferencia o la entrega de los ingresos de la venta de dicha propiedad. (102.3, 107, 108, 225.23)

108.3. Ningún ecónomo o ecónomos de una iglesia inactiva o desorganizada, o de una iglesia que se desafilie o intente desafiliarse de la Iglesia del Nazareno, podrá usar la propiedad para fines ajenos a la Iglesia del Nazareno. (107, 151-154, 225.23)

108.4. Solo las iglesias que hayan sido disueltas oficialmente podrán ser borradas de la lista del secretario general.

108.5. Cuando una iglesia local sea declarada inactiva, los firmantes de todas las cuentas monetarias y/o de inversiones transferirán a la junta consultora de distrito todo lo devengado de las mismas para su depósito. La falta de cumplimiento de esta disposición autoriza a la junta consultora de distrito a que mediante resolución cierre todas las cuentas y asuma jurisdicción sobre todos los activos según lo permita la ley.

B. Membresía de la iglesia local

109. Miembros en plena comunión. Todas las personas que han sido organizadas en una iglesia local por aquellos que han sido debidamente autorizados y todas las que han sido recibidas públicamente por el pastor o por el superintendente de distrito o por el superintendente general, después de haber declarado su experiencia de salvación, su creencia en las doctrinas de la Iglesia del Nazareno y la disposición de someterse a su gobierno formarán la lista de los miembros en plena comunión de la iglesia local. El liderazgo de la iglesia local buscará ubicar a cada miembro en un ministerio de servicio y en un grupo de cuidado y apoyo. (23, 109.2, 113, 115.1, 125.1, 129, 524.8, 530.8-530.9)

109.1. Cuando haya personas que deseen unirse a la iglesia, el pastor les explicará los privilegios y responsabilidades como miembros de la misma, los Artículos de Fe, los requisitos del Pacto de Conducta Cristiana, así como el propósito y misión de la Iglesia del Nazareno.

Después de consultar con el comité de evangelismo y membresía de la iglesia, el pastor recibirá a los candidatos calificados a la membresía de la iglesia en un culto público usando el formulario aprobado para la recepción de miembros. (21, 28-33, 112-112.4, 228, 704)

109.2. Miembros de una iglesia tipo misión. Donde la organización de una iglesia local no se haya efectuado, una iglesia tipo misión recibirá e informará miembros de acuerdo con los párrafos 109 y 109.1 en las estadísticas anuales.

109.3. Votación y cargos oficiales. En los casos que la ley civil lo permita, solo aquellos que sean miembros activos, en plena comunión de la iglesia local y hubieren cumplido 15 años de edad podrán ejercer funciones como oficiales de la iglesia, votar en las reuniones anuales o especiales o representar a la iglesia como delegados en la asamblea de distrito.

110. Miembros asociados. Si un distrito así lo estipula, una iglesia local puede tener miembros asociados, quienes gozarán de todos los privilegios de los miembros de la iglesia, excepto votar y ocupar un puesto oficial en la misma. (205.24)

110.1. Los miembros asociados pueden ser recibidos como miembros en plena comunión o ser borrados de la lista en cualquier momento, a discreción del pastor y del comité de evangelismo y membresía de la iglesia.

111. Miembros inactivos. Una iglesia local puede designar a personas como "miembros inactivos" por las razones declaradas en los párrafos 111.1 y 111.2 (114.3, 143)

111.1. Al miembro de una iglesia local que se haya mudado a otra comunidad y deje de estar activo en la iglesia de la cual es miembro se le deberá animar para que asista a la Iglesia del Nazareno de su nueva localidad y pida el traslado de su membresía a esa iglesia.

111.2. Cuando un miembro de una iglesia se haya ausentado de todos los servicios religiosos de la iglesia por seis meses consecutivos sin una razón que la junta de la iglesia considere justificada, y cuando se haya intentado animarlo a ser miembro activo cuando le fuera posible, su membresía podrá ser declarada inactiva por recomendación del comité de evangelismo y membresía de la iglesia y por decisión de la junta local. El pastor deberá notificar a esa persona de tal decisión por medio de una carta con espíritu redentor dentro de los siete días después de que la junta tomó la decisión. Después de tal decisión de la junta de la iglesia, el pastor pondrá al día el libro de membresía de la iglesia, escribiendo al lado del nombre del feligrés: "Inscrito en la lista de membresía inactiva por la junta de la iglesia (fecha)".

111.3. Los miembros inactivos deberán ser incluidos en la membresía en plena comunión de la iglesia local con los miembros activos. La membresía se informará a la asamblea de distrito en categorías separadas: (1) miembros activos y (2) miembros inactivos.

111.4. Los miembros inactivos no podrán votar en reuniones anuales o especiales de la iglesia ni tener cargos en la misma.

111.5. Un miembro inactivo podrá solicitar por escrito a la junta de la iglesia que reinscriba su nombre en la lista de los miembros activos de la iglesia. Dicha petición debe incluir una reafirmación de sus votos de membresía y la participación en las actividades de la vida de adoración de la iglesia local. La junta de la iglesia deberá responder a la solicitud en un período no mayor de 60 días. La membresía en plena comunión activa se podrá restaurar por recomendación del comité de evangelismo y membresía de la iglesia y por la acción de la junta de la iglesia.

C. El comité de evangelismo y membresía de la iglesia local

112. La junta de la iglesia creará un comité de evangelismo y membresía de la iglesia de no menos de tres personas que actuarán en capacidad consultiva para el pastor, quien será el presidente. (148.3)

Los deberes del comité de evangelismo y membresía de la iglesia serán:

112.1. Promover el evangelismo en la iglesia local y procurar la conservación de los frutos del evangelismo. (109-109.1, 139.24)

112.2. Estudiar y recomendar a la junta de la iglesia y sus departamentos modos de hacer hincapié en el evangelismo en la vida total de la iglesia.

GOBIERNO LOCAL

112.3. Servir como comité local para llevar a la práctica los programas denominacionales de evangelismo tanto general como de distrito.

112.4. Instar a los nuevos convertidos a capacitarse para hacerse miembros de la iglesia, por medio de la práctica de una vida devocional constante, el estudio de la Biblia y del *Manual*, ya sea individualmente y/o en la clase de membresía del pastor, recordando que los miembros recibidos por profesión de fe ayudan a conservar los frutos del evangelismo. (20-21)

112.5. Esforzarse por incorporar nuevos miembros a la comunión total y al servicio en la iglesia.

112.6. Trabajar con el pastor en el desarrollo de un programa continuo de guía espiritual para los nuevos miembros.

112.7. Recomendar a la junta de la iglesia, por nominación del pastor, los evangelistas para campañas locales. Se recomienda que por lo menos una campaña anual sea dirigida por un evangelista titulado, comisionado o registrado.

112.8. Ninguna persona será recibida como miembro en plena comunión en una iglesia local, sino hasta que el pastor consulte primero con el comité de evangelismo y membresía de la iglesia respecto a la recepción de tal candidato. (109.1)

D. Cambio de membresía de la iglesia local

113. Traslado. Cuando un miembro lo solicite, el pastor puede extenderle una carta de traslado de su membresía (véase formulario en el párrafo 817) a cualquier iglesia local de la Iglesia del Nazareno que él indique, siendo válida dicha carta de traslado solamente por tres meses. Cuando la iglesia local receptora acuse recibo de la carta de traslado, cesará la membresía de dicha persona en la iglesia local anterior. (818)

113.1. Recomendación. Cuando un miembro lo solicite, el pastor puede extenderle un certificado de recomendación (véase formulario en el párrafo 815) a cualquier iglesia evangélica que él indique, después de lo cual cesará de inmediato la membresía de dicha persona en la iglesia local. (114.2, 531.5, 815)

E. Terminación de membresía de la iglesia local

114. Ministros. Cuando un ministro licenciado u ordenado haya dejado de ser miembro activo, ese ministro no podrá ser removido de la membresía de la iglesia local sin la acción de la junta distrital de credenciales ministeriales o de la junta distrital de ministerio. El pastor de la iglesia local de la que el ministro es miembro notificará inmediatamente el hecho al superintendente de distrito. El superintendente de distrito notificará a la junta distrital de credenciales ministeriales o la junta distrital de ministerio el estado de ese miembro del cuerpo ministerial. Si la junta distrital de credenciales ministeriales o la junta distrital de ministerio determina que el miembro del cuerpo ministerial será retirado de la lista de ministros; el pastor de la iglesia local también retirará el nombre de la persona de la lista de membresía de la iglesia. (524.9, 530.8, 530.10, 530.13-530.14)

114.1. Laicos. Cuando algún miembro laico de una iglesia local acepte la membresía, licencia para predicar u ordenación de otra organización religiosa, o esté participando en una iglesia u obra misionera independiente, su membresía en la iglesia local cesará inmediatamente por causa de esa acción, a menos que tal persona obtenga la aprobación anual escrita de la junta de la iglesia de la que es miembro, así como la aprobación anual escrita de la junta consultora de distrito a la que pertenece dicha iglesia.

114.2. Descargo de membresía. Cuando un miembro lo solicite, el pastor podrá otorgarle una carta de descargo (véase formulario en el párrafo 816), con lo cual cesará inmediatamente su membresía. (113.1, 114)

114.3. Borrado de miembros inactivos. Después de al menos un año de la fecha en que la membresía de una persona fue declarada inactiva, su nombre podrá ser borrado de la lista de la iglesia por votación de la junta de la iglesia. Después de tal votación de la junta de la iglesia, el pastor deberá actualizar la lista de membresía con las palabras: "Retirado por la junta de la iglesia (fecha)". (111, 143)

F. Reuniones de la iglesia local

115. Una reunión de los miembros de una iglesia local para consultar y tratar negocios será conocida como reunión de la iglesia. Sujetos a la ley aplicable, al estatuto de la personería jurídica y a los reglamentos de gobierno del *Manual*, las sesiones y los negocios de los miembros de la Iglesia del Nazareno a nivel local, de distrito y general, y los comités de la entidad jurídica serán regulados y controlados de acuerdo con las *Reglas de Orden de Robert* (última edición) en lo relacionado con los procedimientos parlamentarios. (34, 104, 115.7-115.8, 117, 127)

115.1. Solo quienes sean miembros en plena comunión y activos y hayan cumplido 15 años de edad tendrán el derecho de votar en las reuniones de la iglesia. (109.3, 111-111.4)

115.2. Todas las reuniones de la iglesia local, junta de la iglesia, concilios y comités serán autorizadas a reunirse por conferencia telefónica, o a través de otros medios electrónicos, solo si todos los involucrados tienen oportunidad de comunicarse y participar. La votación en reuniones anuales y especiales en sitios y horarios múltiples se llevará a cabo mediante un proceso aprobado por la junta consultora de distrito. Toda la comunicación y las votaciones podrán realizarse electrónicamente. No hay provisión para que los miembros ausentes puedan emitir su voto en las reuniones de la iglesia. (138)

115.3. Conducción de asuntos. Cualquier negocio, incluso las elecciones, que esté en armonía con el espíritu y orden de la iglesia y para el cual no haya una estipulación especial diferente, puede ser tratado en cualquier reunión de la iglesia.

115.4. Acatamiento de la ley civil. En todos los casos en que la ley civil requiera un programa específico de procedimiento para convocar y dirigir las reuniones de la iglesia, tal programa se cumplirá estrictamente. (152)

115.5. Presidente de la reunión. El pastor, quien es presidente *ex oficio* de la iglesia local, o el superintendente de distrito o el superintendente general que tenga jurisdicción o alguien nombrado por el superintendente de distrito o por el superintendente general presidirá las reuniones anuales o extraordinarias de la iglesia. (125.15, 213.1, 307.10)

115.6. Secretario. El secretario de la junta de la iglesia será el secretario de todas las reuniones de la iglesia y, en su ausencia, se elegirá un secretario interino. (145.4)

115.7. Reunión anual. La reunión anual de la iglesia se celebrará dentro de los 90 días antes de la reunión de la asamblea de distrito. Se hará un anuncio público a la congregación por lo menos dos semanas antes de la reunión. Dicha reunión anual podrá celebrarse en dos o más días o en varios servicios, siempre y cuando lo apruebe la junta de la iglesia.

115.8. Reuniones especiales. El pastor podrá convocar a reuniones especiales de la iglesia en cualquier momento, o la junta de la iglesia podrá convocar a reuniones especiales después de haber obtenido el consentimiento del pastor o del superintendente de distrito o del superintendente general en jurisdicción. Un aviso público de las sesiones especiales siempre se hará al menos dos semanas antes de la reunión o de tal manera que satisfaga los requisitos de la ley civil. (104, 115.1, 117-117.1, 133-133.7, 147, 149, 152.1, 154)

115.9. Informes. En la reunión anual de la iglesia, presentarán los informes el pastor, el presidente de Discipulado Nazareno Internacional (DNI), el presidente de la Juventud Nazarena Internacional (JNI), el presidente de Misiones Nazarenas Internacionales (MNI), las diaconisas, los ministros locales, el secretario y el tesorero de la junta de la iglesia. (125.7, 145.2, 146.5, 156.6, 162.2, 508, 523.1)

115.10. Comité nominativo. Se usará un comité nominativo para proponer candidatos a oficiales, miembros de las juntas y delegados a la asamblea de distrito, para cuyas nominaciones no se haga provisión en ninguna otra parte. El comité nominativo consistirá de no menos de tres ni más de siete miembros de la iglesia, incluyendo al pastor.

El comité nominativo debe ser asignado por el pastor, y aprobado anualmente por la junta de la iglesia. El pastor será el presidente del comité. Todas las personas nominadas por este comité deberán llenar los requisitos para oficiales de la iglesia estipulados en el párrafo 33.

En una reunión de la iglesia local, si las nominaciones son hechas desde el pleno, pueden ser referidas por voto mayoritario de los miembros presentes del comité nominativo para mostrarlos en la pantalla y aprobarlos, con el fin de tener certeza de que dichos nominados cumplan con las cualidades para ser oficiales de la iglesia tal como lo especifica el párrafo 33.

115.11. Elecciones. En la reunión anual de la iglesia, se elegirá por cédula a los mayordomos, los ecónomos, el presidente de Discipulado Nazareno Internacional (DNI), y los miembros de la junta de DNI para servir durante el siguiente año eclesiástico y hasta que sus sucesores sean elegidos y acreditados. Donde las leyes lo permitan, y cuando sea aprobado por una mayoría absoluta de votos de los miembros presentes de la iglesia, todos los que han sido elegidos pueden servir por un término de dos años. Todos los electos como oficiales de la iglesia deberán ser miembros activos de esa misma Iglesia del Nazareno local.

Donde las leyes lo permitan, y en iglesias donde tal procedimiento sea aprobado por voto mayoritario de los miembros de la iglesia presentes en una reunión anual debidamente convocada, después de recibir la aprobación por escrito del superintendente de distrito, una iglesia podrá elegir a la mitad de los miembros de su junta local por períodos de dos años, o a la tercera parte de los miembros de su junta local por períodos de tres años si las siguientes condiciones se cumplen:

1. Una aprobación por escrito por parte del superintendente de distrito.
2. Aprobación por voto de mayoría absoluta de los miembros presentes en una reunión anual debidamente convocada; y
3. En la medida de lo posible, un número igual debe ser elegido anualmente.
4. Cuando la junta de la iglesia sea elegida de esta manera, el número de mayordomos y ecónomos electos deberá cumplir con los párrafos 147 y 151.

Instamos a nuestras iglesias locales a que elijan como oficiales de la iglesia solo a personas que sean miembros activos de la iglesia local que profesen la experiencia de la entera santificación, y cuyas vidas den testimonio público de la gracia de Dios que nos llama a una vida santa; que estén en armonía con las doctrinas, el gobierno y las prácticas de la Iglesia del Nazareno; y que respalden fielmente a la iglesia local con su asistencia, servicio activo, y sus diezmos y ofrendas. Los oficiales de la iglesia deben estar completamente involucrados en "hacer discípulos semejantes a Cristo en las naciones". (33, 137, 147, 151, 152.1, 155-157)

115.12. Donde las leyes lo permitan y en iglesias en las que tal procedimiento y el número de los que serán elegidos sean aprobados por voto mayoritario de los miembros presentes, podrán elegir la junta de la iglesia y después designar un número proporcional apropiado como mayordomos y ecónomos, en armonía con los párrafos 147 y 151. Cuando una junta de iglesia sea elegida de esta forma, la junta se organizará en comités para llevar a cabo las responsabilidades asignadas. Si una iglesia ha elegido un comité de educación como parte de su junta, en armonía con el párrafo 155; ese comité constituirá el comité de educación de la junta de la iglesia. Una iglesia local podría organizar su junta y comité con una estructura diferente para realizar su ministerio y acción misional, siempre y cuando esas alternativas sean aprobadas por escrito por el superintendente de distrito y la junta consultora de distrito, y que tal estructura esté de acuerdo con las leyes civiles. (155-155.10)

115.13. En la reunión anual de la iglesia, se elegirá, por cédula, a los delegados laicos a la asamblea de distrito; o si es aprobado por mayoría absoluta de votos de la membresía de la iglesia en su reunión anual, los delegados pueden ser recomendados por el pastor y aprobados por la junta de la iglesia de acuerdo con la representación fijada por la Asamblea General, según los párrafos 201-201.2. Todos aquellos que sean elegidos como delegados deberán ser miembros activos de la misma Iglesia del Nazareno local. (109.3, 115.11)

115.14. Si surge una vacante después de las reuniones anuales, el pastor y la junta de la iglesia electa pueden recomendar los delegados y suplentes para la asamblea de distrito y convenciones auxiliares (excepto para MNI debido a la provisión en el Artículo V. Sección 1.C.3.b de la Constitución de MNI). (139.1)

115.15. Los delegados de una iglesia tipo misión a la asamblea de distrito pueden ser designados por el pastor con base en los criterios expresados en los párrafos 33, 201.1 y 201.2. Los delegados también pueden ser nombrados por el pastor de la iglesia tipo misión para asistir a las convenciones de distrito de acuerdo a los reglamentos y constitución de la JNI, MNI y DNI. (100.1, 810, 811, 812)

G. El año eclesiástico

116. El año administrativo correrá al mismo tiempo con el año estadístico de la iglesia local y será reconocido como el año eclesiástico.

116.1. El año estadístico terminará dentro de los 120 días anteriores a la apertura de la asamblea de distrito, y el nuevo año estadístico comenzará al día siguiente de su clausura. Las fechas exactas del principio y fin del año estadístico dentro de estos límites serán fijadas por la junta consultora de distrito. (225.1)

H. El llamamiento de un pastor

117. Un presbítero o un ministro licenciado en preparación para la ordenación como presbítero puede ser llamado a pastorear una iglesia por el voto favorable, por cédula, de las dos terceras partes de los miembros presentes que tengan edad para votar en una reunión anual debidamente convocada o en reunión extraordinaria de la iglesia, siempre que:
1. La nominación haya sido aprobada previamente por el superintendente de distrito.
2. La nominación haya sido aprobada por la junta consultora de distrito cuando la persona nominada sea miembro de la misma iglesia local, sirviendo como un asociado con o sin remuneración en dicha iglesia local; y,
3. La persona haya sido nominada a la iglesia por la junta de la iglesia por el voto de las dos terceras partes de todos los miembros por cédula.

Este llamamiento estará sujeto a revisión y continuará si se conforma a lo que aquí se estipula. (121, 132-135.5, 139.2, 169.8, 211.10, 225.16, 514, 524, 525.4, 526.3)

117.1. El pastor deberá presentar la aceptación del llamamiento a una relación pastoral en un plazo no mayor de 15 días de la fecha en que se reunió la iglesia para votar por el llamamiento.

117.2. La junta de la iglesia y el pastor deberán comunicarse mutuamente sus objetivos y expectativas, en forma clara y por escrito. (132, 139.3-139.4)

117.3. Tan pronto como sea factible, después de que el pastor comience a ministrar, él y la congregación podrán participar en un culto de instalación o presentación. El objetivo del culto debe ser celebrar la unidad y la dirección respecto a la voluntad de Dios. Si es posible, el superintendente de distrito deberá presidir el culto.

117.4. Al hacer un llamamiento, la iglesia local especificará la remuneración propuesta. La cantidad de tal remuneración será determinada por la junta de la iglesia. Cuando se haya llegado a un acuerdo en la iglesia, o entre la junta de la iglesia y el pastor, cumplir con la remuneración pactada con el pastor será considerado una obligación moral de la iglesia. Sin embargo, si la iglesia no pudiera seguir pagando la remuneración pactada, tal incapacidad e incumplimiento no serán considerados causa suficiente para que el pastor presente una demanda judicial contra la iglesia. En ningún caso, la iglesia o la junta consultora de distrito será legalmente responsable de pagar una suma mayor a los fondos recaudados durante el período de servicio del pastor, y que no estén designados de otra manera. Si se diera el caso de que la iglesia o la junta consultora de distrito fueran demandadas judicialmente por un pastor en servicio actual o pasado; un distrito puede tomar las acciones que correspondan para retirar sus credenciales ministeriales y posteriormente sacar su nombre de la lista de ministros.

La iglesia local también deberá proveer para los gastos de viaje y de traslado del pastor. (32-32.3, 139.8-139.9)

117.5. La remuneración del pastor comenzará el lunes anterior al primer domingo en que inicie su ministerio oficial en la iglesia local.

117.6. Las iglesias locales pueden considerar planes alternativos para el sustento pastoral en cooperación con su distrito respectivo. (32.3, 139.8)

118. Como afirmación al valor de la familia y la importancia de que el pastor modele una vida integrada y de paz, las iglesias locales deben considerar la posibilidad de ofrecer una licencia por maternidad o paternidad para el pastor y pastores asociados. Los superintendentes de distrito deben animar a las iglesias locales a adoptar políticas de licencias por maternidad o paternidad y ayudarles a planificar las mismas. Tales políticas pueden contener las siguientes provisiones:

1. La fecha de la licencia por maternidad o paternidad será por acuerdo mutuo entre el pastor y la junta de la iglesia con anticipación al nacimiento o adopción.
2. La licencia de maternidad o paternidad debe ser considerada aparte y separadamente de las vacaciones.
3. La iglesia local debe consultar con el pastor y el superintendente de distrito para que haya un pastor suplente durante los períodos de licencia de maternidad o paternidad.
4. Durante la licencia de maternidad o paternidad, continuarán la remuneración y los beneficios completos. Cualquier otro arreglo deberá presentarse por escrito y firmado por el pastor, el secretario de la junta de la iglesia y el superintendente de distrito.

119. Nombramiento del pastor. El pastor de una iglesia que fue organizada hace menos de cinco años, o que tuvo menos de 35 miembros votantes en la reunión anual anterior de la iglesia, o que esté recibiendo ayuda financiera regular del distrito puede ser nombrado o reasignado por el superintendente de distrito, incluyendo aquellas que no están pagando sus asignaciones por completo. Este nombramiento por un período de uno o dos años se realizará en consulta con la junta local de la iglesia y con el consentimiento de la junta consultora de distrito. (211.17)

119.1. Cuando una iglesia tenga más de 35 miembros votantes o haya permanecido organizada por al menos cinco años, y su pastor haya servido como pastor asignado por al menos dos años, se puede iniciar un proceso para cambiar la categoría de "asignado". Este proceso debe incluir una revisión de la relación entre la iglesia y el pastor, el voto de la mayoría absoluta de los miembros presentes de la junta de la iglesia, la aprobación del superintendente de distrito y la aprobación de la junta consultora de distrito. En el futuro, la revisión de la relación regular entre la iglesia y el pastor se hará cada vez que se cumpla el cuarto año, y en dicha fecha se hará la aprobación final.

120. En caso de desacuerdo entre la junta de la iglesia y el superintendente de distrito en cuanto a los arreglos pastorales, la junta de la iglesia o el superintendente de distrito podrán someter el asunto al superintendente general que tenga jurisdicción para que decida. Sobre esa decisión, la junta de la iglesia o el superintendente de distrito podrán apelar ante la Junta de Superintendentes Generales. Todas las apelaciones, refutaciones de apelaciones o argumentos relacionados con el caso, ya sea que se dirijan al superintendente general en jurisdicción o a la Junta de Superintendentes Generales, deberán presentarse por escrito. Una copia de la apelación, de la refutación de la apelación o de argumentos relacionados con el caso, presentados por la junta de la iglesia o por el superintendente de distrito, deberá ser enviada a la otra parte involucrada. El acta de una apelación de la junta de la iglesia deberá incluir la resolución de apelación, los argumentos que la sustentan y el informe de la votación. Si un ministro bajo consideración retira su nombre, o si se llega a saber que un candidato a pastor no está disponible para consideración; el proceso de apelación deberá terminar de inmediato, y el superintendente de distrito y la junta de la iglesia continuarán los arreglos pastorales.

121. El llamamiento de un pastor que es ministro licenciado en preparación para la ordenación como presbítero cesará al clausurarse la asamblea de distrito si su licencia de ministro no es renovada.

122. El pastor que desee renunciar a su cargo pastoral deberá:
1. Consultar primero con el superintendente de distrito;
2. Presentar una renuncia por escrito a la junta de la iglesia al menos 30 días antes de la terminación de su pastorado; y
3. Enviar una copia al superintendente del distrito.

Cuando la junta de la iglesia reciba la renuncia y sea aprobada por escrito por el superintendente de distrito, la fecha de terminación será dentro de 30 días.

122.1. El pastor que renuncie deberá preparar, junto con el secretario de la junta de la iglesia, una lista correcta y al día de los miembros de la iglesia con sus direcciones. Esta lista debe corresponder numéricamente con las últimas actas distritales publicadas, indicando las adiciones y disminuciones en el año en curso.

123. Por recomendación de los miembros de la junta de la iglesia y con la aprobación del superintendente del distrito, una

congregación puede elegir copastores para ministrar. En este caso, se aplicarán las siguientes estipulaciones:
1. Los copastores trabajarán con la junta de la iglesia, bajo la dirección del superintendente de distrito, para elaborar un plan que les permita compartir responsabilidad y autoridad.
2. Los copastores son iguales en el oficio pastoral. Si es requerido por la ley, la junta de la iglesia designará oficialmente a uno de ellos para que sea el presidente de la entidad y para que presida la junta de la iglesia.
3. El proceso de la revisión de la relación entre la iglesia y los copastores se realizará de acuerdo a los párrafos 133-133.7.
4. Una iglesia local cuyo pastor haya sido asignado, y que haya servido por al menos dos años, puede añadir uno o más ministros como copastores siguiendo lo que expresa el párrafo 117 del *Manual* para llevar a cabo este proceso. Bajo la aprobación del superintendente de distrito y de dos terceras partes del voto de todos los miembros de la junta de la iglesia, la iglesia votará sobre la pregunta si la iglesia quiere añadir algún copastor. Cualquier candidato a copastor necesitará recibir el voto de dos terceras partes de los miembros activos de la iglesia presentes en edad de votar en una reunión anual o especial de la iglesia debidamente convocada a efectos de que pueda ser aprobado para servir como copastor en esa iglesia local.
5. Si el voto necesario de dos terceras partes es alcanzado, el período de dos años comenzará en la misma fecha para cada ministro. Una revisión regular de la relación de la iglesia con los copastores deberá ser agendada dentro de los 60 días anteriores o subsiguientes a la finalización del segundo año de servicio de los copastores. (117, 133-133.7)

123.1. Dentro de un período de 60 días después de la renuncia o terminación de un copastor, el superintendente de distrito o un representante asignado conducirá una revisión regular de la relación de la iglesia con el copastor siguiendo el proceso especificado en los párrafos 133-133.7. Si la junta de la iglesia decide no llamar a un copastor, dicha decisión requerirá la aprobación del superintendente de distrito y el voto de las dos terceras partes de los miembros activos de la iglesia presentes en edad de votar en una reunión anual o especial de la iglesia debidamente convocada.

I. El pastor

124. Los deberes medulares de un pastor son:
124.1. Orar.
124.2. Predicar la Palabra.
124.3. Capacitar a los santos para la obra del ministerio.

124.4. Administrar los sacramentos de la Santa Cena y del Bautismo. La Santa Cena será administrada por lo menos una vez cada tres meses. Se anima a los pastores a que empiecen a celebrar más frecuentemente este medio de gracia. Si un ministro licenciado de distrito no ha cumplido cabalmente con lo prescrito en el párrafo 524.7; hará arreglos para que un ministro ordenado administre el sacramento. Un ministro local no debe administrar los sacramentos del Bautismo y la Santa Cena. Se debe considerar ofrecer la Santa Cena a personas confinadas en casa, bajo la supervisión del pastor. (523.7, 700)

124.5. Cuidar la grey del Señor por medio de visitas pastorales, en particular a los enfermos y menesterosos.

124.6. Consolar a los afligidos.

124.7. Corregir, reprender y animar con gran paciencia y cuidadosa instrucción.

124.8. Procurar la conversión de los pecadores, la entera santificación de los convertidos y la edificación del pueblo de Dios en santidad. (19)

124.9. Dar atención cuidadosa en todo lo relacionado a la solemnidad del matrimonio. El pastor deberá inculcar lo sagrado del matrimonio cristiano dando atención cuidadosa a su propio estado conyugal, por medio de todas las formas posibles de comunicación, mediante la ministración a otros, y la consejería premarital y la realización solemne de la ceremonia matrimonial. (31, 530.19)

124.10. Nutrir el llamado de las personas hacia el ministerio cristiano, servirles como mentor y guiarlas a una preparación ministerial adecuada.

124.11. Cumplir con las demandas de Dios y de la iglesia involucrándose en un programa de aprendizaje para toda la vida. (530.18)

124.12. Cultivar su propio llamado al ministerio a través de los años, mantener una vida de devoción personal que enriquezca su propia alma; y, si es una persona casada, proteger la integridad y la vitalidad de su relación conyugal.

125. Los deberes administrativos del pastor son:

125.1. Recibir a las personas que deseen afiliarse como miembros de la iglesia local de acuerdo con los párrafos 109 y 109.1.

125.2. Supervisar la obra de todos los departamentos de la iglesia local.

125.3. Designar a los maestros de la escuela dominical/estudios bíblicos/grupos pequeños de acuerdo con el párrafo 155.8.

125.4. Leer a la congregación la Constitución de la Iglesia del Nazareno y el Pacto de Conducta Cristiana contenidos en los párrafos 1-21, 28-33, ambos inclusive, cada año, o distribuir esta sección del *Manual* anualmente a los miembros de la iglesia. (116)

125.5. Supervisar la preparación de todos los informes estadísticos de todos los departamentos de la iglesia local y entregar

GOBIERNO LOCAL

puntualmente todos los informes por medio del secretario de distrito a la asamblea de distrito. (116.1)

125.6. Proveer liderazgo a los programas de evangelismo, educación, vida devocional y adoración, y crecimiento de la iglesia local en armonía con los énfasis y metas del distrito, la región y la iglesia global.

125.7. Presentar un informe en la reunión anual de la iglesia incluyendo un informe sobre la condición de la iglesia local y sus departamentos, así como una proyección sobre necesidades futuras para su estudio y/o implementación.

125.8. Designar un comité de investigación, compuesto de tres miembros, en caso de que haya acusación escrita contra un miembro de la iglesia. (605)

125.9. Cerciorarse de que todos los dineros del Fondo para la Evangelización Mundial recaudados por MNI local sean remitidos puntualmente al tesorero general; y que todos los dineros de los fondos de ministerios de distrito sean remitidos prontamente al tesorero de distrito. (146.2)

125.10. Nominar ante la junta de la iglesia a todas las personas que son empleados bajo sueldo de la iglesia local y supervisar la labor de los mismos. (169.1-169.3)

125.11. Firmar, junto con el secretario de la iglesia, todas las escrituras de traspaso de bienes raíces, hipotecas, cancelación de hipoteca, contratos y otros documentos legales para los cuales no haya otra provisión en el *Manual*. (102.3, 103-104.3)

125.12. Notificar al pastor de la iglesia más cercana cuando un miembro o amigo de la iglesia local o de alguno de sus departamentos se mude a otra comunidad en el mismo distrito de asamblea, donde ya no sería factible conservar su asociación con la iglesia local anterior, informando también el nuevo domicilio.

125.13. Hacer arreglos para recaudar, con la junta local, los fondos según todas las metas denominacionales asignadas a la iglesia local, incluyendo el Fondo para la Evangelización Mundial, los fondos para los ministerios de distrito y cualquier otro fondo para el que se haya establecido metas por las juntas regionales o nacionales. (32.2, 140, 163)

125.14. Cuando un miembro lo solicite, el pastor le podrá extender una carta de traslado de membresía de iglesia, un certificado de recomendación o una carta de descargo. (113-113.1, 114.2, 815-818)

125.15. El pastor será presidente *ex oficio* de la iglesia local, presidente de la junta de la iglesia y miembro de las juntas y comités electos y permanentes de la iglesia en que sirve. El pastor debe tener acceso a todos los archivos de la iglesia local. (137, 155, 160, 161, 162.1)

126. El pastor tendrá derecho a voz en la nominación de los encargados de todos los departamentos de la iglesia local y, si hubiera, de la organización de guardería/escuela nazarena (desde recién nacidos hasta secundaria).

127. El pastor y miembros de su familia inmediata tienen prohibido crear obligaciones financieras, hacer gastos, contar dinero, o tener acceso irrestricto a cuentas financieras de la iglesia local. La junta local o por el voto mayoritario de la reunión de la iglesia pudieran solicitar una excepción de la junta consultora de distrito y el superintendente de distrito. Si el superintendente de distrito y una mayoría de la junta consultora de distrito aprobara la excepción, el superintendente de distrito proveerá la aprobación escrita a la solicitud dirigida al secretario de la junta, quien asentará debidamente la acción en los archivos de la iglesia. Se entiende por familia inmediata al cónyuge, hijos, hermanos o padres. (139.1, 139.21-139.22)

128. El pastor siempre tomará en consideración el consejo combinado del superintendente de distrito y la junta consultora de distrito. (225.2, 530.2)

129. En caso de que un ministro licenciado o un ministro ordenado de otra denominación presente sus credenciales solicitando, durante el intervalo entre asambleas de distrito, su afiliación en una iglesia local, el pastor no podrá recibir a tal candidato sin obtener primero la recomendación favorable de la junta consultora de distrito. (109, 228)

130. El pastor responderá por el ejercicio de su cargo ante la asamblea de distrito a la cual rendirá un informe anualmente y dará un breve testimonio de su experiencia cristiana personal. (205.4, 524.8, 530.9)

131. El pastor automáticamente será miembro de la iglesia local de la cual es pastor o, en el caso de tener a su cargo más de una iglesia, lo será de la iglesia de su preferencia. (530.8)

J. La relación de la iglesia local con el pastor

132. Cada año, el pastor y la junta de la iglesia llevarán a cabo una sesión de planificación para renovar las expectativas y las metas de la iglesia y del pastor. Se actualizarán las metas, planes y objetivos entre la iglesia y el pastor. Dicho acuerdo escrito se entregará al superintendente de distrito. (117.2, 139.4)

132.1. Los pastores y las congregaciones deberán procurar una clara comprensión de sus expectativas mutuas y resolver las diferencias siguiendo con sinceridad los principios bíblicos, incluyendo los que están Mateo 18:15-20 y Gálatas 6:1-5. En un espíritu de cooperación y reconciliación dentro de la iglesia:
1. Los miembros en forma individual o colectiva serán animados a resolver sus diferencias dialogando frente a frente con el pastor o discretamente con un miembro de la junta de la

iglesia. Los miembros de la junta de la iglesia en forma individual o colectiva buscarán resolver sus diferencias dialogando frente a frente con el pastor.
2. Si cualquiera de los diálogos previos no conducen a una solución; la persona que se sienta afectada deberá buscar la ayuda de uno o dos miembros espiritualmente maduros de la congregación o de la junta de la iglesia para resolver sus diferencias.
3. Las personas que participaron en estos esfuerzos previos de solución presentarán sus diferencias al pleno de la junta de la iglesia solo después de que estos hayan fallado en el diálogo frente a frente. Si así sucede, la junta de la iglesia buscará resolver las diferencias en un espíritu de amor, aceptación y perdón, y de acuerdo con la disciplina de la iglesia. (133-136.2, 139.1)

K. La renovación de la relación de la iglesia local con el pastor

133. La revisión regular de la relación de la iglesia con el pastor. La relación entre la iglesia y el pastor será revisada por la junta de la iglesia, en reunión con el superintendente de distrito o con un ministro ordenado o con un laico nombrado por el superintendente de distrito, dentro de los 60 días subsiguientes al segundo aniversario de servicio pastoral y cada cuatro años de ahí en adelante. En esa reunión de revisión, será tratada la pregunta de la continuidad de la relación entre la iglesia y el pastor. El objetivo es descubrir consenso sin la necesidad de un voto formal de la junta de la iglesia.

133.1. El superintendente de distrito, o un ministro ordenado o laico nombrado por el superintendente de distrito, tendrá la responsabilidad de programar y llevar a cabo la(s) reunión(es) con la junta de la iglesia. El superintendente de distrito determinará la metodología de la revisión. Dicha(s) reunión(es) de revisión se programará(n) en consulta con el pastor. La(s) reunión(es) de revisión se llevará(n) a cabo en sesión ejecutiva (junta de la iglesia, incluyendo al pastor). A discreción del superintendente de distrito, parte de la revisión puede realizarse en ausencia del pastor. En el caso de que la esposa del pastor, o esposo de la pastora, sea miembro electo de la junta, él o ella, no participará en la revisión. Además, otros parientes inmediatos del pastor, o de un pastor anterior, pueden ser excluidos de la revisión, a solicitud del superintendente de distrito o representante designado.

133.2. Un anuncio público y/o impreso, explicando el propósito de esta reunión de la junta de la iglesia, será comunicado a la congregación el domingo anterior al día en que la junta de la iglesia y el superintendente de distrito se reúnan para la revisión regular de la relación entre la iglesia y el pastor.

133.3. Si la junta de la iglesia no vota en favor de presentar a la feligresía el asunto de la continuación de la relación entre la iglesia y el pastor; esta continuará.

133.4. La junta de la iglesia podrá decidir por votación si presentará a los miembros de la iglesia el asunto de la continuación del llamamiento pastoral. La votación de la junta será por escrito y requerirá un voto de las dos terceras partes de todos los miembros presentes y votantes de la junta de la iglesia para su aprobación.

133.5. Si la junta de la iglesia vota en favor de presentar el asunto de la continuación de la relación entre la iglesia y el pastor a los miembros de la iglesia; el asunto se presentará en una reunión de la iglesia debidamente convocada para este propósito, la cual deberá celebrarse dentro de los 30 días siguientes a tal votación. El asunto se deberá presentar de la siguiente manera: "¿Debe continuar la relación presente entre la iglesia y la pastor?" La votación se hará por escrito y su aprobación requerirá un voto de las dos terceras partes, a menos que la ley civil de un país dado lo requiera de otra manera.

133.6. Si los miembros de la iglesia votan a favor de continuar la relación entre la iglesia y el pastor; esta seguirá como si nunca se hubiera votado por la misma; en caso contrario, la relación entre la iglesia y el pastor terminará en la fecha que fije el superintendente de distrito, no menos de 30 días ni más de 180 días después de dicha votación. Si el pastor escoge no proseguir con el voto de la congregación, o escoge no aceptar el voto; deberá presentar su renuncia. En tal caso, la relación entre la iglesia y el pastor terminará en la fecha fijada por el superintendente de distrito, no menos de 30 días ni más de 180 días después de la decisión del pastor de aceptar o no el voto congregacional. (122)

133.7. Una parte de la revisión regular será la preparación de un informe del pastor y la junta para el superintendente de distrito sobre el progreso hacia el logro de la misión, visión y valores esenciales de la congregación.

134. El presidente del comité de escrutadores informará personalmente al pastor del resultado del voto pastoral antes de que algún anuncio público sea hecho.

135. Revisión especial de la relación de la iglesia y el pastor. En el período entre las revisiones regulares, una reunión de la junta de la iglesia podrá convertirse oficialmente en una revisión especial solo por el voto mayoritario de la totalidad de la junta electa de la iglesia, estando presente el superintendente de distrito o un presbítero designado por este que sirva como presidente. (211.11)

135.1. La(s) reunión(es) de revisión de la relación se llevará(n) a cabo en sesión ejecutiva (junta de la iglesia, incluyendo al pastor). A discreción del superintendente de distrito, parte de la revisión puede realizarse en ausencia del pastor. En el caso de que la esposa del pastor, o esposo de la pastora, sea miembro electo de la junta, él o ella, no participará en la revisión. Además, el superintendente de distrito o su representante designado puede excluir de la revisión pastoral a otros parientes inmediatos del pastor, o de un pastor anterior.

135.2. Si el superintendente de distrito y la junta de la iglesia consideran que el asunto de la continuación de la relación entre la iglesia y el pastor debe ser sometido a la iglesia; el superintendente de distrito y la junta de la iglesia, por el voto por cédula de dos tercios de todos los miembros presentes, a menos que la ley civil de un país requiera lo contrario, pueden ordenar que el asunto se someta a voto en una reunión especial de la iglesia. El asunto se someterá de la siguiente manera: "¿Debe continuar la presente relación entre la iglesia y el pastor?"

135.3. Siempre que la ley civil de un país no requiera lo contrario, si por voto escrito de dos terceras partes de los miembros de la iglesia con edad para votar y presentes, la iglesia decide continuar su presente relación con el pastor; el período de servicio del pastor continuará como si nunca se hubiera votado al respecto.

135.4. Sin embargo, si la iglesia decide en esa votación no continuar la relación presente con el pastor; el período de servicio del pastor terminará en una fecha establecida por el superintendente de distrito, que no exceda 180 días subsecuentes a la votación.

135.5. Si el pastor escoge no proceder con la votación de la congregación, o decide no aceptar la votación; él o ella presentará su renuncia. En tal caso, la relación iglesia/pastor concluirá en la fecha fijada por el superintendente de distrito, no antes de 30 ni después de 180 días de la decisión del pastor de no seguir adelante con la votación de la congregación o aceptarla. (115.8, 133-134)

136. La iglesia local en crisis. Una vez que se conozca que una iglesia local se aproxima a una crisis, el superintendente de distrito, con la aprobación de la junta consultora de distrito, tendrá la autoridad de constituir un comité que revise la situación y ponga en marcha los procedimientos que eviten la crisis. El comité consistirá de dos ministros ordenados y de dos miembros laicos de la junta consultora de distrito, y del superintendente de distrito, el cual servirá como presidente. (211.3)

136.1. Cuando, en la opinión del superintendente de distrito y de la junta consultora de distrito, una iglesia local sea declarada en crisis financiera, moral o de otra índole, y esta crisis afecte seriamente la estabilidad y el futuro de la iglesia, (a) el superintendente de distrito, o un miembro de la junta consultora de distrito nombrado por el superintendente de distrito, podrá presentar a la congregación local el asunto de la continuidad de la relación entre la iglesia y el pastor, como si la junta de la iglesia hubiera solicitado la votación como lo estipula el párrafo 133-133.7; o (b) el período de servicio del pastor y de la junta de la iglesia podrá darse por terminado con la aprobación del superintendente general en jurisdicción y por voto mayoritario de la junta consultora de distrito. Para cualquier iglesia declarada en crisis el superintendente de distrito, con la aprobación de la junta consultora de distrito, puede asignar a miembros de la junta de la iglesia. Una notificación de la junta consultora de distrito deberá ser enviada al superintendente general en jurisdicción dentro de los siguientes 30 días. (211.3)

136.2. Cuando en opinión del superintendente de distrito, una iglesia local declarada en crisis, de conformidad con el párrafo 136.1, ha cumplido con los planes para salir de la crisis y está dispuesta a reanudar su ministerio en circunstancias normales, la iglesia local puede ser declarada sin crisis por el voto de la mayoría absoluta de la junta consultora de distrito. Una notificación de la junta consultora de distrito deberá ser enviada al superintendente general en jurisdicción dentro de los siguientes 30 días. (211.4)

L. La junta de la iglesia local

137. Membresía. Cada iglesia local tendrá una junta formada por el pastor, el presidente de Discipulado Nazareno Internacional (DNI), el presidente de la Juventud Nazarena Internacional (JNI), el presidente de Misiones Nazarenas Internacionales (MNI), los mayordomos y los ecónomos de la iglesia, los miembros de la junta de DNI, cuando hayan sido elegidos en la reunión anual de la iglesia para servir como el comité de educación de la junta de la iglesia. Si el presidente de DNI, el presidente de JNI, o el presidente de MNI es cónyuge del pastor o la pastora y decide no ser miembro de la junta, el vicepresidente podrá tomar su lugar; sin embargo, si el presidente es cónyuge del pastor o la pastora y decide servir en la junta, no participará en el proceso de revisión de la relación de la iglesia con el pastor

No habrá más de 25 miembros regulares en la junta de la iglesia. Los ministros ordenados y los licenciados, con la excepción de personas aprobadas por el pastor y el superintendente de distrito, no son elegibles para servir en la junta de la iglesia. Estos ministros con licencia de distrito serán excluidos de la junta en el momento de la recomendación de ellos a la asamblea de distrito para la renovación de la licencia ministerial de distrito. Los empleados bajo sueldo de la iglesia local no son elegibles para servir en la junta local.

Instamos a nuestras iglesias locales a elegir como oficiales a miembros activos de la iglesia local que profesen la experiencia de la entera santificación y cuyas vidas den testimonio público de la gracia de Dios que nos llama a una vida santa; que estén en armonía con las doctrinas, el gobierno y las prácticas de la Iglesia del Nazareno; y que sostengan fielmente a la iglesia local con su asistencia, servicio activo, y sus diezmos y ofrendas. Los oficiales de la iglesia deben participar plenamente en "hacer discípulos semejantes a Cristo en las naciones." (33, 115.11, 138.1, 147, 151, 155-157, 162.2, 169.4)

137.1. Cuando la reunión anual de la iglesia local coincida con una transición pastoral, el comité nominativo local presidido por el superintendente de distrito puede, con la aprobación del superintendente de distrito, presentar a la congregación 30 días antes de la reunión anual una resolución de continuar con la junta de la iglesia actual para el año eclesiástico siguiente. Esta resolución deberá ser aprobada por la mayoría absoluta por cédula de votación de los miembros votantes de la iglesia que estén presentes y en una reunión especial de la iglesia debidamente convocada. Si la resolución no es aprobada, la junta de la iglesia será elegida en la reunión anual como de costumbre.

137.2. Se puede remover a un miembro de la junta local por el voto de las dos terceras partes de esta cuando el pastor y la junta local determinen que el miembro no está en armonía con el párrafo 33; siempre y cuando:
- el pastor primero consulte al superintendente de distrito,
- los esfuerzos subsecuentes de restauración sean infructuosos, y
- que previo a dicho voto se reciba por escrito la aprobación del superintendente de distrito.

137.3. En caso de haber una vacante en la junta local, la junta local puede, por la recomendación del pastor y con la aprobación previa por escrito del superintendente de distrito y por el voto mayoritario de los miembros restantes, elegir a un miembro calificado de la iglesia nombrado por el pastor para servir por el tiempo restante. Los resultados de la elección deben anunciarse a la congregación. Si los miembros restantes de la junta votan en primera instancia para dejar la vacante abierta; la opción de llenar la vacante por elección quedará hasta la siguiente reunión anual.

138. Reuniones. La junta de la iglesia asumirá su cargo al principio del año eclesiástico y celebrará reuniones regulares por lo menos bimestralmente y tendrá reuniones especiales cuando sean convocadas por el pastor o el superintendente de distrito. El secretario de la junta de la iglesia convocará a una reunión extraordinaria de la junta solamente con la aprobación del pastor, o del superintendente de distrito cuando carezca de pastor. Las reuniones de la junta de la iglesia, incluyendo las votaciones, pueden ser hechas electrónicamente. Tales reuniones y votos tendrán la misma validez y efecto como si se hubiesen efectuado en una reunión presencial de los miembros. En el intervalo entre la reunión anual de la iglesia y el comienzo del año eclesiástico, la recién electa junta de la iglesia podrá reunirse con propósitos de organización y elegirá al secretario de la junta y al tesorero de la iglesia, conforme a lo estipulado, y a cualquier otro oficial que sea su deber elegir. (139.19-140)

138.1. Los miembros de la junta de la iglesia local revelarán cualquier asunto en el que ellos (o un familiar inmediato) tengan un interés personal directo o un interés creado que no sea común a los demás miembros de la junta, y se abstendrán de votar sobre dicho asunto. Un familiar inmediato incluye cónyuge, hijos, hermanos o padres.

139. Negocios. Las **responsabilidades de la junta de la iglesia** serán:

139.1. Cuidar de los intereses de la iglesia local y su obra, para lo cual no haya provisión específica, en armonía con el pastor. (115.15, 127, 165)

139.2. Nominar ante la iglesia, después de haber consultado con el superintendente de distrito, a un presbítero o un ministro licenciado en preparación para la ordenación como presbítero que considere apto para ser pastor, siempre y cuando dicha nominación haya sido aprobada de acuerdo con el párrafo 117. (169.8, 211.10, 225.16)

139.3. Cooperar con el nuevo pastor para formular una declaración escrita de objetivos y expectativas. (117.2)

139.4. Por lo menos cada año, llevar a cabo una sesión de planificación junto con el pastor con el propósito de actualizar una clara comprensión escrita de las expectativas, las metas, los planes y los objetivos. (132)

139.5. Con la aprobación del superintendente de distrito, hacer arreglos pastorales provisionales hasta que la iglesia elija a su pastor de la manera prescrita. (212, 516)

139.6. Hacer provisiones para la elaboración y aprobación de un presupuesto anual para la iglesia, MNI, JNI, DNI, y para cualquier guardería/escuela nazarena (desde recién nacidos hasta secundaria) con sus respectivas proyecciones de ingresos y egresos.

139.7. Asignar a un comité de la junta cuyas responsabilidades incluyen: (a) vigilar el presupuesto de la iglesia; (b) informar a la junta sobre la condición y asuntos financieros de la iglesia.

139.8. Determinar la remuneración y beneficios, incluyendo beneficios de jubilación, que el pastor recibirá y revisarlos por lo menos una vez al año. (32.3, 117.4, 117.6, 133-133.7)

139.9. Proveer para el sostenimiento del pastor, del pastor interino y de cualquier otro obrero bajo sueldo de la iglesia; estimular y sostener el compromiso de aprendizaje para toda la vida del pastor y sus ayudantes planificando y proveyendo el presupuesto requerido. (117.4)

139.10. A fin de estimular un ministerio pastoral saludable y una fuerte vida espiritual del pastor, la junta de la iglesia, en consulta con el superintendente de distrito, debe proveer una licencia sabática para el pastor durante cada quinto año consecutivo de servicio en una congregación de la Iglesia del Nazareno. Se sugiere un tiempo mínimo de cuatro semanas. Se recomienda firmemente que el pastor siga recibiendo el salario completo y que la junta de la iglesia provea predicadores durante ese período sabático. Este tema debe ser abordado por el superintendente de distrito como parte del proceso de revisión de la relación entre la iglesia y el pastor, que se hace en el segundo y en el sexto año, una vez que la viabilidad de continuar la relación haya sido establecida. La oficina de Educación Global y Desarrollo Ministerial preparará y distribuirá materiales de información para guiar a las congregaciones locales en el establecimiento e implementación de una política y procedimiento para la licencia sabática. A discreción de la junta de la iglesia dicho programa también puede ser implementado para un miembro del cuerpo pastoral.

139.11. Determinar la ayuda económica y el subsidio de vivienda que debe recibir un evangelista y notificarle dicha ayuda mínima al momento del llamado por parte de la junta de la iglesia.

139.12. Conceder licencia o renovarla, a su discreción, a cualquier persona que haya sido recomendada por el pastor para ser (a) ministro local o (b) ministro laico. (503.3-503.5, 523.1-523.3, 813)

139.13. Recomendar, a su discreción, a la asamblea de distrito y previa nominación del pastor, a cualquier persona que desee recibir el certificado para alguna de las funciones de ministerio, incluyendo a todos los candidatos laicos y ministeriales que aspiren a ser reconocidos para ministerios fuera de la iglesia local, si tal recomendación es requerida por el *Manual*.

139.14. Recomendar, a su discreción, a la asamblea de distrito y previa nominación del pastor, a cualquier persona que desee las credenciales de ministro licenciado o la renovación de estas. (523.5, 524.1)

139.15. Recomendar, a su discreción, a la asamblea de distrito y previa nominación del pastor, la renovación de la licencia de diaconisa de acuerdo con el párrafo 508.

139.16. Elegir, por nominación de la junta de Discipulado Nazareno Internacional (DNI), con la aprobación del pastor, a un coordinador de DNI de ministerios para niños y a un coordinador de discipulado de ministerios para adultos. (155.6)

139.17. Aprobar al presidente de la JNI electo por la JNI de la iglesia local de acuerdo con lo estipulado en el Estatuto de la JNI.

139.18. Aprobar la selección de los administradores de las guarderías/escuelas nazarenas (desde recién nacidos hasta secundaria). (125.10, 161, 169.1, 211.13)

139.19. Elegir a un secretario entre la membresía, que cumpla con los requisitos para oficiales estipulados en el párrafo 33. Dicha elección se realizará en la primera reunión de la nueva junta. La persona electa servirá hasta el cierre del año eclesiástico y hasta que su sucesor haya sido elegido y acreditado; tendrá el privilegio de votar solamente si es elegido como miembro de la junta en una reunión debidamente convocada de los miembros de la iglesia. (33, 115.6-115.8, 115.11, 138, 145.1-145.7)

139.20. Elegir a un tesorero en la primera reunión de la nueva junta, de entre los miembros de la iglesia que llenen los requisitos para ser oficiales de la iglesia, tal como se especifica en el párrafo 33. La persona electa servirá hasta el cierre del año eclesiástico y hasta que su sucesor haya sido elegido y acreditado; tendrá el privilegio de votar solamente si es elegido como miembro de la junta de la iglesia en una reunión debidamente convocada de los miembros de la iglesia. Ningún miembro de la familia inmediata del pastor puede servir como tesorero de la iglesia local sin la aprobación del superintendente del distrito y la junta consultora de distrito. La familia inmediata incluirá al cónyuge, hijos, hermanos o padres. (33, 115.7-115.8, 115.11, 138, 146.1-146.6)

139.21. Asegurarse de que se mantenga una contabilidad cuidadosa de todos los fondos recibidos y desembolsados por la iglesia, incluyendo las guarderías/escuelas nazarenas (desde recién nacidos hasta secundaria), y Misiones Nazarenas Internacionales (MNI), Juventud Nazarena Internacional (JNI), y Discipulado Nazareno Internacional (DNI), e informar al respecto en sus reuniones mensuales regulares y en la reunión anual de la iglesia. (146.3-146.5)

139.22. Establecer un comité del cual no menos de dos personas contarán y llevarán registro de todos los fondos recibidos por la iglesia.

139.23. Designar un comité de auditoría o a un comité de auditores externos u otro personal calificado que audite o examine, al menos al nivel mínimo exigido por las normas nacionales o estatales, si procede, o de otros estándares profesionales reconocidos, por lo menos una vez al año, los registros financieros del tesorero de la iglesia, de la Juventud Nazarena Internacional (JNI), de la junta de Discipulado Nazareno Internacional (DNI), de las guarderías/escuelas nazarenas (desde recién nacidos hasta secundaria) y cualquier otro archivo financiero que posea la iglesia. El pastor tendrá acceso a todos los archivos de la iglesia local. (125.15)

139.24. Proveer un comité de evangelismo y membresía de la iglesia de no menos de tres personas. (112)

139.25. Funcionar, si es aconsejable, como la junta de DNI en iglesias que tengan 75 miembros o menos. (155)

139.26. Nombrar una junta local de disciplina de cinco personas en caso de que se presenten acusaciones escritas contra un miembro de la iglesia. (605)

139.27. Elegir, con la aprobación escrita del superintendente de distrito y por nominación del pastor, asociados bajo sueldo según lo designe la junta de la iglesia. (161, 169-169.1, 211.13)

139.28. Elegir a un ministro local o ministro licenciado como pastor asociado sin salario, solo si se obtiene anualmente la aprobación escrita del superintendente de distrito. (117.6)

139.29. Establecer un comité que trace planes de largo alcance para la iglesia, con el pastor como presidente *ex oficio*.

139.30. Adoptar y ejecutar un plan para reducir el riesgo de que individuos puestos en posiciones de autoridad dentro de la iglesia usen la posición de confianza o autoridad para incurrir en conducta impropia. El plan de cada iglesia local debe tomar en consideración sus circunstancias particulares.

140. La junta de la iglesia, juntamente con el pastor, seguirán los planes adoptados por la Junta de Superintendentes Generales y la Junta General para recaudar, de la iglesia local, el Fondo para la Evangelización Mundial (FEM) y los fondos para los ministerios de distrito, y los enviará regularmente al tesorero general y al tesorero de distrito respectivamente. (317.10, 335.7)

141. Significado de la mayordomía. Véanse los párrafos 32-32.5.

142. La junta de la iglesia desempeñará los deberes de una junta de DNI en una iglesia recién organizada hasta que dicha junta sea elegida. (155)

142.1. La junta de la iglesia y el pastor de la iglesia recién organizada decidirán cuándo se elegirá a un presidente de Discipulado Nazareno Internacional (DNI). (139.25, 155, 156)

143. La junta de la iglesia podrá borrar de la lista de miembros de la iglesia el nombre de un miembro inactivo después de que haya pasado un período de, al menos, un año desde la fecha en que fue declarado inactivo. (111-111.4, 114.3)

144. La junta de la iglesia podrá suspender o revocar una licencia de ministro local.

145. Secretario de la iglesia. Los deberes del secretario de la junta de la iglesia serán:

145.1. Escribir correctamente y conservar fielmente las actas de todas las reuniones de la iglesia y las reuniones de la junta de la iglesia, y llevar a cabo cualquier otra responsabilidad propia de su oficio. Las actas de la junta deberán identificar a todos los miembros votantes como presentes o ausentes para documentar con claridad el *quorum*. (122.1, 139.19)

145.2. Presentar a la reunión anual de la iglesia un informe anual de las actividades principales de la iglesia local, incluyendo estadísticas de membresía. (115.9)

145.3. Encargarse de que los escritos oficiales, archivos y documentos legales de la iglesia local, incluyendo títulos, sumarios, pólizas de seguros, documentación de préstamos, listas de membresía de la iglesia, archivos históricos, actas de la junta de la iglesia y documentos de personería jurídica estén depositados, ya sea en cajas fuertes o a prueba de fuego, en las instalaciones de la iglesia local; o cuando sea factible, podrán guardarse en cajas de seguridad de bancos locales o de instituciones similares. El acceso a ellos siempre lo compartirá con el pastor y el tesorero de la iglesia, y la custodia será transferida de inmediato a su sucesor.

145.4. Servir como secretario en las reuniones de la iglesia, anuales y extraordinarias, y guardar las actas y otros documentos de dichas reuniones. (115.6)

145.5. Certificar por escrito al superintendente de distrito los resultados de la votación para el llamamiento de un pastor y la continuación de la relación entre la iglesia y el pastor. Tal certificación debe hacerse dentro de la semana después de tal votación.

145.6. Enviar al superintendente de distrito copia de las actas de todas las reuniones de la iglesia y de la junta de la iglesia dentro de los tres días siguientes a dichas reuniones, cuando la iglesia local esté sin pastor.

145.7. Firmar, con el pastor, todos los traspasos de bienes raíces, hipotecas, emisiones de hipotecas, contratos y otros documentos legales para los que el *Manual* no haga provisión. (102.3, 103-104.2)

146. Tesorero de la iglesia. Los deberes del tesorero de la junta de la iglesia serán:

146.1. Recibir todos los fondos que no sean designados de otra manera y desembolsarlos solamente por orden de la junta de la iglesia. (139.21)

146.2. Remitir mensualmente al tesorero de distrito todos los fondos para el distrito y al tesorero general todos los fondos destinados a los intereses generales por medio de la oficina correspondiente, exceptuando lo prescrito de otro modo. (125.9)

146.3. Conservar correctamente un libro de cuentas de todos los ingresos y egresos. (139.21)

146.4. Presentar mensualmente un informe financiero detallado para que se distribuya a la junta de la iglesia. (139.21)

146.5. Presentar un informe financiero anual en la reunión anual de la iglesia. (115.9, 139.21)

146.6. Entregar a la junta de la iglesia los archivos completos de la tesorería cuando cese en su puesto como tesorero.

M. Los mayordomos de la iglesia local

147. Los mayordomos de la iglesia local no serán menos de dos ni más de trece. Serán elegidos por cédula de entre los miembros de la iglesia local, en su reunión anual o en una reunión extraordinaria; y servirán durante el siguiente año eclesiástico y hasta que sus sucesores sean elegidos y acreditados. (33, 115.7, 115.11, 137)

148. Los deberes de los mayordomos son:

148.1. Servir como comité de crecimiento de la iglesia, a menos que se estipule de otra manera, con las responsabilidades de contacto con los inconversos, evangelismo y la promoción de nuevas iglesias e iglesias tipo misión, con el pastor como presidente *ex oficio*.

148.2. Proveer ayuda y apoyo a los necesitados y afligidos. El papel de los líderes laicos según la Biblia consiste en ministrar en áreas de servicio práctico (Romanos 12:6-8). Por lo tanto, los mayordomos deberán ofrecer su tiempo y dones espirituales en actos de servicio, administración, estímulo, misericordia, visitación y otros ministerios.

148.3. Servir, a discreción de la junta de la iglesia, como el comité de evangelismo y membresía de la iglesia como se especifica en los párrafos 112-112.8.

148.4. Ayudar al pastor en la organización de la iglesia local, para que las oportunidades de servicio cristiano estén al alcance de todos los miembros. Se deberá dar atención especial al desarrollo de ministerios entre personas de otros contextos culturales y socioeconómicos en las comunidades inmediatas y cercanas.

148.5. Servir como coordinadores del ministerio de acción cristiana y de las organizaciones de servicio a la comunidad.

148.6. Ayudar al pastor en la adoración pública y en la edificación cristiana de la iglesia local.

148.7. Proveer los elementos para la Santa Cena y, cuando el pastor lo solicite, ayudar en la distribución de los mismos. (124.4, 700)

149. Una vacante en el cargo de mayordomo puede ser cubierta por la iglesia local en una reunión de la iglesia debidamente convocada o como se establece en 137.3. (115.8)

150. Los mayordomos formarán el comité de mayordomía, cuyo deber consistirá en fomentar la causa de la mayordomía cristiana integral en la iglesia local en cooperación con el pastor y la oficina de ministerios de mayordomía. (32-32.5)

N. Los ecónomos de la iglesia local

151. Los ecónomos de la iglesia no serán menos de tres ni más de nueve. Serán elegidos de entre los miembros de la iglesia local para servir por un año eclesiástico y hasta que sus sucesores sean elegidos y acreditados. (33, 115.11, 137)

152. En todos los casos en que la ley civil requiera maneras específicas para la elección de los ecónomos de la iglesia, estas se cumplirán estrictamente. (115.4)

152.1. Si la ley civil no especifica la manera de elegirlos, los ecónomos serán elegidos por cédula en la reunión anual de la iglesia local o en una reunión extraordinaria debidamente convocada para tal efecto. (115.7, 115.11)

153. Los **deberes de los ecónomos** son:

153.1. Conservar las escrituras de propiedad de la iglesia y utilizarlas como síndicos de la iglesia local cuando la iglesia local no tenga personería jurídica o cuando la ley civil lo requiera, o cuando por otras razones el superintendente de distrito o la junta consultora de distrito lo consideren conveniente, de acuerdo con las directrices y restricciones previstas en los párrafos 102-104.3.

153.2. Proporcionar dirección en la ampliación de las instalaciones así como en los planes financieros, a menos que la junta de la iglesia haya hecho provisiones de otra clase.

154. Si ocurriera una vacante entre los ecónomos, esta podrá ser llenada por la iglesia local en una reunión debidamente convocada o como se establece en 137.3. (115.8)

O. La junta de Discipulado Nazareno Internacional de la iglesia local (DNI)

155. Cada iglesia local deberá establecer una junta de Discipulado Nazareno Internacional (DNI) o un comité de educación como parte de la junta de la iglesia, en la reunión anual de la iglesia, la cual tendrá la responsabilidad de los ministerios de educación cristiana de la iglesia. En iglesias de 75 miembros o menos, la junta de la iglesia podrá cumplir esas responsabilidades. Los miembros son el presidente de DNI como miembro *ex oficio*; el pastor; el presidente de MNI; el presidente de la JNI; el coordinador de discipulado de ministerios para los niños; el coordinador de discipulado de ministerios para los adultos; y de tres a nueve personas electas de entre la membresía de la iglesia en su reunión anual. Los miembros pueden ser elegidos para términos escalonados de dos años y hasta que sus sucesores sean elegidos y acreditados. En caso de haber una vacante de un miembro electo, será cubierta en una reunión de la iglesia debidamente convocada o como es provisto en 137.3. Si una iglesia elige un comité de educación como parte de la junta de la iglesia; deberá cumplir lo estipulado en el *Manual* con relación al número mínimo de mayordomos y ecónomos. El personal *ex oficio* será miembro del comité, aunque algunos quizá no sean miembros de la junta de la iglesia.

Instamos a nuestras iglesias locales a que elijan como oficiales solo a personas que sean miembros activos de la iglesia local y profesen la experiencia de la entera santificación y cuyas vidas den testimonio público de la gracia de Dios que nos llama a una vida santa; que estén en armonía con las doctrinas, el gobierno y las prácticas de la Iglesia del Nazareno; y que sostengan fielmente a la iglesia local con su asistencia, servicio activo, y sus diezmos y ofrendas. Los oficiales de la iglesia deben participar plenamente en "hacer discípulos semejantes a Cristo en las naciones". (33, 147, 151, 156)

Los deberes y facultades de la junta de Discipulado Nazareno Internacional o comité de educación son:

155.1. Planear, organizar, promover y llevar a cabo el ministerio de educación cristiana de la iglesia local. Este deberá realizarse sujeto al cuidado directo del pastor, el liderazgo del presidente de Discipulado Nazareno Internacional (DNI) y la dirección de la junta de la iglesia, de acuerdo con los objetivos y normas denominacionales establecidos por la Junta General y promovidos por el Comité de Ministerios de la Iglesia Local, de las oficinas de ministerios para los adultos, Juventud Nazarena Internacional (JNI) y ministerios para niños. Estos incluyen tanto el currículo como el programa de los ministerios para los adultos y niños. La escuela dominical, grupos pequeños, grupos de estudio bíblico, junto con el ministerio de predicación, constituyen el medio principal de estudio de las Escrituras y doctrinas para la iglesia local. Las guarderías/escuelas nazarenas (desde recién nacidos hasta secundaria), y ministerios y sesiones de capacitación anuales/especiales, tales como caravanas, u otros programas semanales para niños, escuelas bíblicas vacacionales y ministerios entre solteros, proveen oportunidades para poner en práctica las doctrinas bíblicas e integrarlas en la vida de la congregación. (125.15)

155.2. Alcanzar al mayor número de inconversos para Cristo y la iglesia, integrarlos al compañerismo de esta, enseñarles la Palabra de Dios con eficiencia y dirigirlos hacia la experiencia de salvación; enseñar las doctrinas de la fe cristiana y el desarrollo del carácter, actitudes y hábitos de semejanza a Cristo; ayudar a establecer hogares cristianos; preparar a los creyentes para la feligresía y capacitarlos para ministerios cristianos apropiados.

155.3. Determinar el currículo de los diversos ministerios, usando siempre los materiales de la Iglesia del Nazareno para formar la base del estudio bíblico y la interpretación doctrinal.

155.4. Planear y organizar el ministerio total de Discipulado Nazareno Internacional (DNI) de la iglesia local de acuerdo con el Reglamento de DNI. (812)

155.5. Nominar en la reunión anual de la iglesia a una o más personas aprobadas por el pastor para el oficio de presidente de Discipulado Nazareno Internacional. Las nominaciones deberán ser hechas durante una reunión, sin la presencia del presidente actual.

155.6. Nominar ante la junta de la iglesia a personas aprobadas por el pastor para servir como coordinador de DNI de ministerios para niños y coordinador de discipulado de ministerios para adultos.

155.7. Elegir los concilios de los departamentos de niños y de adultos entre las nominaciones presentadas por los directores de ministerios para los niños y los adultos, con aprobación del pastor y del presidente de Discipulado Nazareno Internacional (DNI).

155.8. Elegir a todos los supervisores de departamentos, maestros y oficiales de escuela dominical, quienes deberán ser creyentes de vida ejemplar y estar en armonía total con las doctrinas y reglas de la Iglesia del Nazareno, de entre las nominaciones presentadas por el presidente de la JNI y los directores de ministerios para los niños y los adultos. Las nominaciones deberán ser aprobadas por el pastor y el presidente de Discipulado Nazareno Internacional (DNI).

155.9. Elegir a un coordinador local de capacitación continua para laicos quien deberá organizar, promover y supervisar oportunidades de capacitación regulares para los obreros de Discipulado Nazareno Internacional (DNI) y para toda la feligresía local. La junta de DNI tendrá la opción de nombrar al coordinador como miembro *ex oficio* de esta junta.

155.10. Celebrar reuniones regulares y organizarse eligiendo a un secretario y otros oficiales que consideren necesarios al principio del año de Discipulado Nazareno Internacional (DNI), que concuerde con el año eclesiástico. El pastor o el presidente de DNI podrán convocar a reuniones especiales. (116)

156. El presidente de Discipulado Nazareno Internacional. La iglesia en su reunión anual elegirá de entre sus miembros en plena comunión, por cédula y por voto de mayoría de los presentes y votantes, a un presidente de Discipulado Nazareno Internacional para servir por un año, o hasta que su sucesor sea elegido. La junta de DNI, con la aprobación del pastor, podrá proponer que el presidente de DNI en funciones sea elegido por voto de "sí" o "no". Cualquier vacante será cubierta por la iglesia local en una reunión de la iglesia debidamente convocada. El presidente de DNI recién electo será miembro *ex oficio* de la asamblea de distrito, de la junta de la iglesia y de la junta de DNI.

Instamos a nuestras iglesias locales a que elijan como oficiales solo a personas que sean miembros activos de la iglesia local y profesen la experiencia de la entera santificación y cuyas vidas den testimonio público de la gracia de Dios que nos llama a una vida santa; que estén en armonía con las doctrinas, el gobierno y las prácticas de la Iglesia del Nazareno; y que sostengan fielmente a la iglesia local con su asistencia, servicio activo, y sus diezmos y ofrendas. Los oficiales de la iglesia deben participar plenamente en "hacer discípulos semejantes a Cristo en las naciones". (33, 115.11, 137, 155, 155.5, 201)

Los deberes y facultades del presidente de DNI son:

156.1. Ejercer supervisión ejecutiva de Discipulado Nazareno Internacional (DNI) de la iglesia local.

156.2. Administrar Discipulado Nazareno Internacional (DNI) bajo lo estipulado en el Reglamento de DNI. (812)

156.3. Promover programas de crecimiento en matrícula, asistencia y capacitación de líderes.

156.4. Presidir las reuniones regulares de la junta de Discipulado Nazareno Internacional (DNI), o del comité de educación de la junta de la iglesia, y dirigir la junta de DNI en el desempeño de sus responsabilidades.

156.5. Presentar un presupuesto anual de Discipulado Nazareno Internacional (DNI) a la junta de la iglesia.

156.6. Presentar un informe mensual a la junta de la iglesia y un informe escrito a la reunión anual de la iglesia.

157. Concilios y coordinadores de discipulado de niños y adultos. La obra de Discipulado Nazareno Internacional (DNI) se organiza mejor por departamentos: niños, jóvenes y adultos. Cada departamento debe contar con un concilio responsable de organizar y administrar la obra. El concilio se compone del coordinador de discipulado del departamento y representantes de la escuela dominical y otros ministerios que la iglesia provea para esa edad. La tarea del concilio consiste en trabajar junto con el coordinador de discipulado del departamento en la planificación de ministerios para el departamento y hacer provisiones para que se lleven a la práctica. Todo trabajo de los concilios de niños y adultos está sujeto a la aprobación de su coordinador y de la junta de DNI.

Los deberes de los coordinadores de discipulado de departamentos son:

157.1. Presidir el respectivo concilio del departamento y guiarlo en la organización, promoción y coordinación del ministerio total de Discipulado Nazareno Internacional (DNI) para las personas de ese departamento y edad que lo componen.

157.2. Proveer liderazgo a su departamento de Discipulado Nazareno Internacional (DNI), promoviendo programas de crecimiento en matrícula y asistencia para niños, jóvenes o adultos en la iglesia local, en cooperación con la junta de DNI.

157.3. Dirigir ministerios adicionales de domingo, guardería/escuelas nazarenas (desde recién nacidos hasta secundaria), anuales y especiales, así como actividades de evangelismo y compañerismo del departamento que representa.

157.4. Nominar ante la junta de Discipulado Nazareno Internacional (DNI) a los líderes para los diversos ministerios asignados a su departamento, incluyendo supervisores de escuela dominical, maestros y oficiales, con la excepción de la Juventud Nazarena Internacional (JNI) que nominará supervisores, maestros y oficiales de la escuela dominical de jóvenes. Las personas nominadas deberán ser aprobadas por el pastor y presidente de DNI. (33)

157.5. Obtener la aprobación de la junta de Discipulado Nazareno Internacional (DNI) antes de usar materiales de currículo complementarios.

157.6. Proveer capacitación para obreros de los departamentos en cooperación con la junta de Discipulado Nazareno Internacional (DNI) y el coordinador de capacitación continua para laicos.

157.7. Presentar una solicitud de presupuesto anual a la junta de Discipulado Nazareno Internacional (DNI) y/o a la junta de la iglesia, y administrar los fondos de acuerdo con la aprobación de ese presupuesto.

157.8. Recibir todos los informes de los diversos ministerios que funcionan dentro del departamento de la iglesia local bajo su dirección. Presentar al presidente de Discipulado Nazareno Internacional (DNI) un informe mensual de todos los ministerios de discipulado (escuela dominical/responsabilidades de ministerios extendidos/discipulado/estudios bíblicos).

157.9. Presentar un calendario trimestral de las actividades de su departamento a la junta de Discipulado Nazareno Internacional (DNI) para coordinarlas con el ministerio total de DNI de la iglesia local.

158. Concilio de ministerios para niños. El concilio de ministerios para niños será responsable de planear el ministerio total de Discipulado Nazareno Internacional (DNI) para niños en la iglesia local, desde recién nacidos hasta los 12 años de edad. El concilio se compondrá por lo menos de un representante de la escuela dominical/estudios bíblicos/grupos pequeños, y de los coordinadores de discipulado de otros ministerios que se ofrezcan en la iglesia local, como iglesia infantil, caravanas, escuela bíblica vacacional, esgrima bíblico, misiones, niños de cuna, y otros que se consideren necesarios. El tamaño del concilio variará de acuerdo con el número de ministerios que se estén ofreciendo a los niños en la iglesia local, a medida que se identifiquen las necesidades y que haya líderes disponibles.

Los deberes del coordinador de ministerios para niños son:

158.1. Llevar a cabo las responsabilidades asignadas a todos los coordinadores de discipulado de departamentos en los párrafos 157.1-157.9.

158.2. Colaborar con el comité ejecutivo de Misiones Nazarenas Internacionales (MNI) de la iglesia local en el nombramiento de un coordinador de misiones entre niños. La persona nombrada será miembro del concilio de MNI y del concilio de ministerios para niños. Las nominaciones para esa posición deberán ser aprobadas por el pastor y el presidente de Discipulado Nazareno Internacional (DNI).

159. Concilio de ministerios para adultos. El concilio de ministerios para adultos será responsable de planear el ministerio total de Discipulado Nazareno Internacional (DNI) para adultos en la iglesia local. El concilio de ministerios para adultos se compondrá por lo menos de un representante de la escuela dominical/estudios bíblicos/grupos pequeños, y de los coordinadores de otros ministerios que se ofrezcan en la iglesia local, como matrimonio y vida familiar, ministerios para ancianos, ministerios para solteros, ministerios para laicos, ministerios para mujeres, ministerios para hombres, y otros que se consideren necesarios. El tamaño del concilio variará de acuerdo con el número de ministerios que se estén ofreciendo a los adultos en la iglesia local, a medida que se identifiquen las necesidades y que haya líderes disponibles.

Los deberes del coordinador de discipulado de ministerios para los adultos son:

159.1. Llevar a cabo las responsabilidades asignadas a todos los coordinadores de departamentos en los párrafos 157.1-157.9.

P. Juventud Nazarena Internacional de la iglesia local (JNI)

160. El ministerio juvenil nazareno de una iglesia local se organiza bajo el auspicio de la Juventud Nazarena Internacional (JNI). Los grupos locales se organizan bajo el Estatuto de la JNI y la autoridad de la junta de la iglesia.

160.1. La Juventud Nazarena Internacional (JNI) de la iglesia local se organizará de acuerdo con el plan local de ministerio de la JNI (810.100-810.118), el cual puede ser adaptado según las necesidades de la juventud local (810.103), en armonía con el Estatuto de la JNI y el *Manual de la Iglesia del Nazareno*.

Q. Guarderías/escuelas nazarenas de la iglesia local (desde recién nacidos hasta secundaria)

161. Las guarderías/escuelas nazarenas (desde recién nacidos hasta secundaria) podrán ser organizadas por la(s) junta(s) de la(s) iglesia(s) local(es) después de recibir la aprobación del superintendente de distrito y la junta consultora de distrito, y siguiendo los criterios estipulados por el departamento de ministerios para niños/oficina de Discipulado Nazareno Internacional. El director y la junta de la escuela responderán y presentarán un informe anual a la(s) junta(s) de la(s) iglesia(s) local(es). (125.15, 126, 139.18, 211.13-211.14, 225.14)

161.1. Cierre de una escuela. En caso de que una iglesia local considere necesario suspender las operaciones de su(s) guardería(s)/escuela(s) nazarena(s) (desde recién nacidos hasta secundaria), solo lo hará después de consultar con el superintendente de distrito y la junta consultora de distrito, y de presentar un informe financiero.

R. Misiones Nazarenas Internacionales de la iglesia local (MNI)

162. Con la autorización de la junta de la iglesia, se pueden formar organizaciones locales de Misiones Nazarenas Internacionales (MNI) en cualquier grupo de edad, de acuerdo con la Constitución de MNI aprobada por la Convención Global de Misiones Nazarenas Internacionales. (811)

162.1. Misiones Nazarenas Internacionales de la iglesia local será una parte constitutiva de la iglesia local y estará sujeta a la supervisión y dirección del pastor y de la junta de la iglesia. (125)

162.2. El presidente de Misiones Nazarenas Internacionales (MNI) local será nominado por un comité nominativo de tres a siete miembros de MNI nombrados por el pastor, quien ejercerá la función de presidente. Este comité presentará uno o más nombres para el oficio de presidente, sujeto a la aprobación de la junta de la iglesia. El presidente será elegido por cédula y por voto de mayoría absoluta de los miembros (excluyendo los asociados) presentes y votantes. El presidente debe ser miembro de la iglesia local en cuya MNI presta servicios, miembro *ex oficio* de la junta de la iglesia (o en el caso de que la presidente sea la esposa del pastor, el vicepresidente podrá tomar su lugar en la junta de la iglesia) y miembro de la asamblea de distrito anterior a su año de servicio. El presidente presentará un informe en la reunión anual de la iglesia local. (115.9, 116, 133, 137, 201)

163. Todos los fondos recaudados por Misiones Nazarenas Internacionales (MNI) local para los intereses generales de la Iglesia del Nazareno se aplicarán al pago del Fondo para la Evangelización Mundial, exceptuando los proyectos especiales de misiones que han sido aprobados por el comité del diez por ciento.

163.1. Después de que se haya priorizado el pago total del Fondo para la Evangelización Mundial, se anima a las iglesias locales a apoyar otras obras de misiones globales a través de proyectos especiales aprobados de misiones.

164. Los fondos para el sostenimiento de los intereses generales se recogerán de la siguiente manera:

164.1. De donativos y ofrendas designados para el Fondo para la Evangelización Mundial e intereses generales.

164.2. De ofrendas especiales como las de Resurrección y ofrendas de Acción de Gracias.

164.3. Ninguna porción de los fondos mencionados se usará para gastos locales o de distrito u otros fines caritativos.

GOBIERNO LOCAL 93

S. Prohibiciones de solicitudes financieras de la iglesia local

165. No se permite a una iglesia local ni a sus oficiales o miembros solicitar de otras iglesias, ni de sus oficiales o miembros, ayuda financiera para sus necesidades e intereses locales. Sin embargo, tales solicitudes pueden hacerse a las iglesias locales o miembros de ellas dentro de los linderos del distrito de asamblea donde está ubicada la iglesia solicitante; pero solo con la condición de que dicha solicitud sea aprobada por escrito por el superintendente de distrito y la junta consultora de distrito.

166. Ningún miembro de la Iglesia del Nazareno que no esté autorizado por la Junta General o uno de sus comités solicitará fondos para actividades misioneras u otras semejantes, aparte del Fondo para la Evangelización Mundial, ni a las congregaciones de iglesias locales ni a los miembros de dichas iglesias.

T. Uso del nombre de la iglesia local

167. El nombre de la Iglesia del Nazareno, de una iglesia local o de una entidad jurídica o institución que esté afiliada de algún modo a la Iglesia del Nazareno, o parte de alguno de esos nombres, no podrá ser usado por uno o más de sus miembros ni ninguna entidad jurídica, sociedad, asociación, grupo u otra entidad en conexión con cualquier actividad (sea comercial, social, educativa, caritativa o de otra naturaleza) sin la previa aprobación por escrito de la Junta General de la Iglesia del Nazareno y de la Junta de Superintendentes Generales, teniendo en cuenta, sin embargo, que esta estipulación no se aplicará a las actividades de la Iglesia del Nazareno autorizadas por su *Manual* oficial.

U. Entidades jurídicas auspiciadas por la iglesia

168. Ninguna iglesia local, junta de iglesia, entidad jurídica de distrito, junta distrital ni cualquiera de dos o más miembros de ellas, actuando individualmente o de otra manera, formarán, directa o indirectamente, o se harán miembros de una entidad jurídica, asociación, sociedad, grupo u otra entidad que auspicie, patrocine, propague, o en alguna forma participe en alguna actividad (sea comercial, social, educativa, caritativa o de otra naturaleza) en la que se presenten peticiones a los miembros de la Iglesia del Nazareno o sean abordados como posibles participantes, clientes, inquilinos, miembros o asociados en alguna actividad (sea comercial, social, educativa, caritativa o de otra naturaleza) que directa o indirectamente pretenda ser auspiciada u operada primordial o exclusivamente por miembros de la Iglesia del Nazareno o para su beneficio o servicio, sin el previo consentimiento expreso, por escrito, del superintendente de distrito y de la junta consultora de distrito, y la Junta de Superintendentes Generales.

V. Asociados en la iglesia local

169. Algunas personas tienen un llamado a prepararse para ciertos servicios laicos de importancia vital en la iglesia, dedicando a ello una parte o todo su tiempo. La iglesia reconoce el lugar de estos obreros laicos; no obstante, está constituida básicamente como una institución voluntaria, en la cual el servicio a Dios y al prójimo es el deber y privilegio de todos sus miembros conforme a sus capacidades. Cuando para mayor eficiencia en la iglesia local, o en alguna organización subsidiaria y/o entidades jurídicas afiliadas de la congregación local, sea necesario tener asociados bajo sueldo, ya sean ministros o laicos, dicha ayuda deberá ser tal que no mengüe el espíritu de servicio gratuito ofrecido por todos sus miembros, ni agote los recursos financieros de la iglesia, incluyendo el pago de todas las asignaciones presupuestarias. Sin embargo, para pedir una excepción en casos especiales se puede presentar una solicitud por escrito para ser revisada por el superintendente de distrito y la junta consultora de distrito. (139.27)

169.1. Todos los asociados locales, con o sin salario, que provean ministerios especializados dentro del contexto de la iglesia local y entren en una relación de ministerio vocacional dentro de la iglesia, incluyendo a los directores de guarderías/escuelas (desde recién nacidos hasta secundaria), serán elegidos por la junta de la iglesia después de haber sido nominados por el pastor. Todas las nominaciones deberán ser aprobadas previamente, por escrito, por el superintendente de distrito, quien deberá responder dentro de los 15 días después de recibir la petición. (169.4, 211.13)

169.2. El empleo de tales asociados no será por más de un año y podrá renovarse por recomendación del pastor, con la aprobación escrita previa del superintendente de distrito y el voto favorable de la junta de la iglesia. El pastor será responsable de conducir una evaluación anual de cada miembro de su personal. El pastor, en consulta con la junta de la iglesia, puede hacer recomendaciones para el desarrollo de su personal o modificaciones en la descripción de trabajo que se deriven de la evaluación. El despido de todos los asociados locales antes de terminar su período de empleo (fin del año eclesiástico fiscal) se hará por recomendación del pastor, con la aprobación del superintendente de distrito y el voto mayoritario de la junta de la iglesia. La notificación de despido o no renovación del contrato se hará por escrito, no menos de 30 días antes de que termine el período de empleo. (139.27)

169.3. Los deberes y servicios de los ayudantes serán determinados y supervisados por el pastor. Se deberá entregar a tales ayudantes una clara descripción escrita de responsabilidades (descripción

GOBIERNO LOCAL 95

de trabajo) dentro de los 30 días después del comienzo de sus responsabilidades en la iglesia local.

169.4. Ningún empleado o miembro del personal, incluyendo a los empleados de medio tiempo con compensación regular de la iglesia, podrá servir como miembro de la junta de la iglesia. Si un empleado con compensación regular de la iglesia se convirtiera en miembro de la junta de la iglesia; el empleado tendrá que elegir entre continuar sirviendo en la junta o renunciar a su puesto como empleado con compensación regular de la iglesia. Si algún miembro de la junta de la iglesia se convirtiera en empleado con compensación regular de la iglesia; dejará de ser miembro de la junta de la iglesia.

169.5. La estabilidad, unidad y continuidad del ministerio de la iglesia local es crucial durante el tiempo de una transición pastoral. Por consiguiente, el superintendente del distrito (o un representante nombrado por él) trabajará estrechamente con la junta de la iglesia para implementar los siguientes pasos que: (a) permita a la iglesia local retener a todo el personal, o a una parte, por una temporada durante la transición; (b) dé al nuevo pastor la libertad para desarrollar su propio equipo de ayudantes, si lo deseara; y (c) permita a la junta de la iglesia y al superintendente del distrito la discreción para proveer al personal transitorio un tiempo razonable para hacer los ajustes personales y profesionales necesarios. Tras la renuncia o terminación del pastor, cualquier asociado también presentará su dimisión efectiva simultáneamente con el pastor. Los directores de guarderías/escuelas (desde recién nacidos hasta secundaria) deberán presentar su renuncia efectiva al final del año escolar actual. El director ejecutivo de cualquier organización subsidiaria y/o entidad jurídica afiliada presentará su renuncia al final del período contractual.

La junta de una iglesia local puede solicitar que el superintendente de distrito apruebe la continuación del servicio de alguno o todos los asociados, directores y oficiales ejecutivos principales. Esta aprobación, si se concede, podría continuar hasta 90 días después de que el nuevo pastor asuma sus funciones, o hasta que el pastor entrante nombre a sus asociados asalariados para el siguiente año, en armonía con el párrafo 169.

169.6. El superintendente de distrito tendrá la responsabilidad de comunicarse con los miembros del personal, la junta de la iglesia y la congregación, respecto a la forma en que lo prescrito en el párrafo 159.5 afectará a los miembros del personal cuando ocurra un cambio pastoral. (211.13)

169.7. El pastor de una congregación que tenga la aprobación para fungir como pastor de la iglesia local de acuerdo con el párrafo 100.2 no será considerado miembro del personal.

169.8. Ningún miembro del personal bajo sueldo de una iglesia local podrá ser llamado como pastor de la iglesia de la cual es miembro sin la aprobación de la junta consultora de distrito. (117, 139.2, 211.10, 225.16)

II. GOBIERNO DE DISTRITO

A. Linderos y nombre del distrito

200. La Asamblea General organizará a la membresía de la iglesia en distritos.

Un distrito es una entidad formada por iglesias locales interdependientes organizadas para facilitar la misión de cada iglesia local a través del apoyo mutuo, recursos y colaboración.

Los linderos y el nombre de un distrito serán los fijados por el comité general de linderos, y aprobados por el voto mayoritario de la(s) asamblea(s) del (de los) distrito(s) involucrado(s), con la aprobación final del o los superintendentes generales que tengan jurisdicción.

Cuando distritos de más de una región educacional consideren fusionarse en un solo distrito, el comité general de linderos determinará el área a la que pertenece el nuevo distrito, en consulta con los superintendentes generales en jurisdicción.

200.1. La creación de nuevos distritos. En la Iglesia del Nazareno, se pueden crear nuevos distritos por:
1. La división de un distrito en dos o más distritos (requiere el voto favorable de las dos terceras partes de la asamblea de distrito);
2. La combinación de dos o más distritos de la cual puede crearse una configuración distinta de distritos;
3. La formación de un nuevo distrito en un área que no esté incluida en un distrito existente;
4. La fusión de dos o más distritos.

Una recomendación para establecer un nuevo distrito se presentará al (a los) superintendente(s) general(es) en jurisdicción. El (Los) superintendente(s) de distrito y la(s) junta(s) consultora(s) de distrito o junta(s) nacional(es) pueden aprobar el asunto y referirlo a la(s) asamblea(s) de distrito para someterlo a votación con la aprobación del (de los) superintendente(s) general(es) en jurisdicción y la Junta de Superintendentes Generales. (24, 200, 200.2-200.5)

200.2. La obra en la Iglesia del Nazareno puede empezar como área pionera y conducir al establecimiento de nuevos distritos y nuevos linderos de asambleas de distritos. Los distritos fase 3 pueden surgir tan pronto como sea posible de acuerdo con el siguiente modelo:

Fase 1. Un distrito será designado como fase 1 cuando se presente la oportunidad para entrar a una nueva área, dentro de las directrices para el desarrollo estratégico y el evangelismo. La solicitud puede ser hecha por un director regional, por un distrito por medio del concilio regional consultivo (RAC por su sigla en inglés) o por el superintendente del distrito auspiciador y/o la junta consultora de distrito para las aprobaciones finales por el (los) superintendente(s) general(es) en jurisdicción y la Junta de Superintendentes Generales.

El superintendente de un distrito fase 1 será recomendado por el director regional, en consulta con el director de Misiones Globales, al superintendente general en jurisdicción quien hará la asignación. La región guiará al distrito fase 1 respecto a los recursos disponibles para su desarrollo. En casos en donde hayan distritos patrocinadores, el superintendente de distrito será asignado por el superintendente general en jurisdicción después de consultar con el(los) superintendente(s) y la(s) junta(s) consultora(s) del(de los) distrito(s) auspiciador(es).

Cuando, según la opinión del coordinador de estrategia de área y del director regional, un distrito fase 1 sufra una crisis financiera, moral o de otra índole, y tal crisis afecte seriamente la estabilidad y el futuro del distrito, este podrá ser declarado en crisis con la aprobación del superintendente general en jurisdicción y en consulta con el director de Misiones Globales. El director regional, con la aprobación del superintendente general en jurisdicción, podrá nombrar una junta interina para la administración del distrito y en lugar de todas las juntas existentes, hasta la siguiente asamblea de distrito programada regularmente.

Fase 2. Un distrito puede ser designado como fase 2 cuando tenga un número suficiente de iglesias organizadas y ministros ordenados y una infraestructura distrital con madurez adecuada para recomendar tal designación.

Tal designación la hará la Junta de Superintendentes Generales, por recomendación del superintendente general en jurisdicción, después de consultar con el director de Misiones Globales, el director regional, y otras personas y juntas relacionadas con el nombramiento del superintendente de distrito. Un superintendente de distrito será elegido o nombrado.

Los criterios cuantitativos serán un mínimo de 10 iglesias organizadas, 500 miembros en plena comunión, 5 ministros ordenados, y que un mínimo del 50 por ciento de los gastos administrativos distritales sean cubiertos por los ingresos que generen los ministerios de distrito al tiempo de la designación. Una junta consultora de distrito o una junta nacional puede pedir al superintendente general en jurisdicción que haga una excepción a estos criterios. Un distrito fase 2 puede regresar a la fase 1 hasta que cumpla con los requisitos para tener el estatus de fase 2.

Cuando, según la opinión del coordinador de estrategia de área y del director regional, un distrito fase 2 sufra una crisis financiera, moral o de otra índole, y tal crisis afecte seriamente la estabilidad y el futuro del distrito, este podrá ser declarado en crisis con la aprobación del superintendente general en jurisdicción. El director regional, con la aprobación del superintendente general en jurisdicción, podrá nombrar una junta interina para la administración del distrito y en lugar de todas las juntas existentes, hasta la siguiente asamblea de distrito programada regularmente.

Fase 3. Un distrito puede ser declarado como fase 3 cuando tenga un número suficiente de iglesias organizadas y ministros ordenados y miembros para garantizar tal designación. Debe demostrar que tiene liderazgo, infraestructura, responsabilidad presupuestaria e integridad doctrinal. Un distrito fase 3 debe ser capaz de asumir estas responsabilidades y compartir los desafíos de la Gran Comisión dentro del ámbito global de una iglesia internacional.

Tal designación la hará la Junta de Superintendentes Generales, por recomendación del superintendente general en jurisdicción, después de consultar con el director de Misiones Globales, el director regional, y otras personas y juntas relacionadas con el nombramiento del superintendente de distrito. Un superintendente de distrito será seleccionado según las provisiones del *Manual*.

Las directrices cuantitativas incluyen un mínimo de 20 iglesias organizadas, 1,000 miembros en plena comunión y 10 ministros ordenados. Una junta consultora de distrito o una junta nacional puede pedir al superintendente general en jurisdicción que haga una excepción a esta directriz.

Un distrito fase 3 debe tener el 100 por ciento del sostén propio en cuanto a la administración distrital.

Los distritos fase 3 forman parte integral de sus respectivas regiones. En las regiones que tengan un director regional, el superintendente general en jurisdicción puede solicitar la ayuda del director regional para facilitar la comunicación con el distrito y la supervisión del mismo.

Cuando, según la opinión de un superintendente general en jurisdicción, un distrito sufra una crisis financiera, moral o de otra índole, y tal crisis afecte seriamente la estabilidad y el futuro del distrito, este podrá ser declarado en crisis con la aprobación de la Junta de Superintendentes Generales. El superintendente general en jurisdicción, con la aprobación de la Junta de Superintendentes Generales, puede tomar una o más de las siguientes acciones:
1. Destituir al superintendente de distrito;
2. Nombrar una junta interina para la administración del distrito en lugar de todas las juntas existentes, hasta la siguiente asamblea de distrito programada regularmente; e
3. Iniciar las intervenciones especiales que sean necesarias para restaurar la salud del distrito y la eficacia de su misión. (200.1, 205.13, 206.2, 209.1, 307.9, 322)

200.3. Criterio para la división de un distrito o cambio de los linderos distritales. Una propuesta para la creación de un distrito o una reconfiguración de los linderos distritales formulada por una oficina regional, una junta nacional o una junta consultora de

distrito, puede ser presentada al superintendente general en jurisdicción. Dicha propuesta debe tomar en consideración:
1. Que los nuevos distritos propuestos o los distritos reconfigurados tengan centros de población que justifiquen la creación o la reconfiguración de tales distritos.
2. Que existan medios de comunicación y transporte para facilitar la obra de los distritos.
3. Que haya un número suficiente de ministros ordenados y líderes laicos maduros para llevar a cabo la obra del distrito.
4. Que los distritos auspiciadores tengan, en cada caso posible, suficientes ingresos en el fondo para los ministerios de distrito, suficiente membresía e iglesias organizadas para mantener su categoría como distrito fase 3.

200.4. Fusiones. Dos o más distritos fase 3 podrán fusionarse previo voto favorable de las dos terceras partes de cada una de las asambleas de distrito participantes, siempre y cuando: la fusión haya sido recomendada por las respectivas juntas consultoras de distrito (y junta/s nacional/es donde se aplique) y aprobadas por escrito por los superintendentes generales en jurisdicción de los distritos participantes.

La fusión y todos los asuntos pertinentes relacionados deberán finalizarse en el tiempo y lugar determinados por las asambleas de distrito participantes, y los respectivos superintendentes generales en jurisdicción.

La organización así creada combinará los activos y pasivos de los respectivos distritos.

Distritos fase 1 y fase 2 pueden fusionarse de acuerdo con las provisiones para la formación de un nuevo distrito descritas en el párrafo 200.2. (200.1)

200.5. En caso de una fusión, si alguna de las asambleas de distrito participantes no toma una decisión o ninguna de ellas lo hace, o si las decisiones de las diferentes asambleas de distrito están en desacuerdo; la recomendación puede ser presentada a la siguiente Asamblea General para votación, si es solicitada por el voto de las dos terceras partes de las juntas consultoras de los distritos participantes.

200.6. Un superintendente de distrito podrá usar facilitadores de zona o directores de área de misión para ayudar en:
1. Desarrollar un sentido de comunidad y camaradería entre los pastores de esa zona o área de misión;
2. Promover la causa de Cristo proporcionando aliento y estrategias para el desarrollo ministerial, crecimiento de la iglesia, evangelismo, inicio y reinicio de iglesias;
3. Realizar asignaciones específicas de parte del superintendente de distrito y la junta consultora de distrito; y

4. Servir como puente de comunicación entre las congregaciones locales y el distrito.

B. Membresía y fecha de la asamblea de distrito

201. Membresía. La asamblea de distrito se formará de todos los presbíteros asignados; todos los diáconos asignados; todos los ministros licenciados asignados; todos los ministros jubilados asignados; el secretario de distrito; el tesorero de distrito; los presidentes de comités permanentes de distrito que informen a la asamblea de distrito; los presidentes laicos de instituciones nazarenas de educación superior que tengan su membresía en el distrito; el presidente de Discipulado Nazareno Internacional (DNI); los coordinadores de discipulado de distrito de los ministerios de divisiones por edades de DNI (niños y adultos); la junta distrital de DNI; el presidente distrital de la Juventud Nazarena Internacional (JNI); el presidente distrital de Misiones Nazarenas Internacionales (MNI); el presidente o vicepresidente recién electos de cada junta local de DNI; el presidente local o vicepresidente local recién electos de cada JNI; el presidente local o vicepresidente local recién electos de cada MNI; o un suplente electo podrá representar a MNI, JNI y DNI en la asamblea de distrito; los que sirven en funciones asignadas de ministerio; los miembros laicos de la junta consultora de distrito; los misioneros laicos activos cuya membresía de la iglesia local esté en el distrito; todos los misioneros laicos asignados y jubilados que estaban activos al tiempo de su jubilación, cuya membresía local esté en el distrito; y los delegados laicos de cada iglesia local o iglesia tipo misión en el distrito. (24, 115.14-115.15, 156, 162.2, 201.1-201.2, 219.2, 222.2, 224.4, 241.2, 243.2, 505-520.1, 524.8, 525-525.4, 526-526.3, 527-527.1, 528-528.2, 530.9)

201.1. Las iglesias locales y las iglesias tipo misión en distritos con menos de 5,000 miembros en plena comunión tendrán derecho a representación en la asamblea de distrito como sigue: dos delegados laicos de cada iglesia local o iglesia tipo misión de 75 o menos miembros en plena comunión, y un delegado laico adicional por los siguientes 50 miembros en plena comunión, y por cada 50 miembros en plena comunión adicionales. (Véase la tabla a continuación.) (24, 115.14-115.15, 201)

Número de miembros en plena comunión	número de delegados
0-75	2
76-125	3
126-175	4
176-225	5
226-275	6
276-325	7
326-375	8

376-425	9
426-475	10

(Un delegado laico adicional, por cada 50 miembros después de 475)

201.2. Las iglesias locales y las iglesias tipo misión en distritos con 5,000 o más miembros en plena comunión tendrán derecho a representación en la asamblea de distrito como sigue: un delegado laico de cada iglesia local o iglesia tipo misión de 75 o menos miembros en plena comunión y un delegado laico adicional por cada 50 miembros en plena comunión sucesivamente y la porción final mayor de 50 miembros en plena comunión. (Véase el cuadro siguiente.) (24, 115.14-115.15, 201)

Número de miembros en plena comunión	número de delegados
0-75	1
76-125	2
126-175	3
176-225	4
226-275	5
276-325	6
326-375	7
376-425	8
426-475	9
476-525	10

(Un delegado laico adicional, por cada 50 miembros después de 525)

202. Fecha. La asamblea de distrito se reunirá anualmente en la fecha señalada por el superintendente general en jurisdicción y en el lugar designado por la junta consultora de distrito, o en el lugar preparado por el superintendente de distrito.

203. Comité nominativo. Antes de la convocación de la asamblea de distrito, el superintendente de distrito en consulta con la junta consultora de distrito designará un comité nominativo para la asamblea de distrito; este comité podrá preparar las nominaciones para los comités y oficiales antes de que se reúna la asamblea de distrito.

Instruimos al comité nominativo de distrito a nominar solamente a aquellos que profesen la experiencia de la entera santificación; que estén en armonía con las doctrinas, política y prácticas de la Iglesia del Nazareno; que estén comprometidos con los ministerios locales y de distrito; y que estén plenamente comprometidos en "hacer discípulos semejantes a Cristo en las naciones".

En una reunión de la asamblea de distrito, si las nominaciones se hacen desde el pleno, pueden ser remitidas por mayoría absoluta de votos de los miembros presentes al comité nominativo para su escrutinio y aprobación; a fin de tener la certeza de que dichos nominados reúnen los requisitos para ser oficiales de la iglesia como se especifica en el párrafo 33. (215.2)

204. Todas las entidades distritales están autorizadas para reunirse virtualmente. Las metodologías de votación deberán ser aprobadas por la junta consultora de distrito. Todas las comunicaciones y votaciones requeridas pueden hacerse virtualmente.

C. Negocios de la asamblea de distrito

205. Reglas de orden. Sujetos a la ley aplicable, al estatuto de la personería jurídica y a los reglamentos de gobierno del *Manual*, las sesiones y los negocios de los miembros de la Iglesia del Nazareno a nivel local, de distrito y general, y los comités de la entidad jurídica serán regulados y controlados de acuerdo con las *Reglas de Orden de Robert* (última edición) en lo relacionado con los procedimientos parlamentarios. (34)

205.1. **Los negocios de la asamblea de distrito** serán:

205.2. Considerar y cuidar de todo el trabajo de la Iglesia del Nazareno dentro de los límites de la asamblea de distrito. (109)

205.3. Oír y recibir un informe anual del superintendente de distrito que resuma el ministerio del distrito, incluyendo a las nuevas iglesias organizadas.

205.4. Oír o recibir informes de todos los presbíteros, ministros licenciados que sirvan como pastores o evangelistas comisionados, y considerar el carácter de todos los presbíteros, diáconos y diaconisas. Por voto de la asamblea de distrito, el archivo de los informes escritos recibidos por el secretario puede aceptarse en lugar de los informes orales de todos los demás presbíteros, diáconos, diaconisas y ministros licenciados que no estén en servicio activo y de aquellos ministros con certificados de distrito para todas las funciones del ministerio según los párrafos 505-520.2. (130, 524.8, 530.9)

205.5. Después de un examen cuidadoso y en armonía con el párrafo 508, conceder licencia de ministro a personas que hayan sido recomendadas por las juntas de las iglesias o la junta consultora de distrito, y en quienes se reconozca el llamamiento al ministerio; y renovar dichas licencias por recomendación favorable de la junta distrital de credenciales ministeriales o la junta distrital de ministerio. (139.14, 523.5, 524.1, 524.3)

205.6. Después de un examen cuidadoso y en armonía con el párrafo 508, renovar la licencia de diácono/isa a personas que hayan sido recomendadas por las juntas de las iglesias y en quienes se reconozca el llamamiento al oficio de diácono/isa, por recomendación favorable de la junta distrital de credenciales ministeriales o la junta distrital de ministerio. (139.15)

205.7. Elegir para recibir las órdenes de presbítero o las órdenes de diácono/isa a las personas que, según su criterio, hayan llenado todos los requisitos para tales órdenes por recomendación favorable de la junta distrital de credenciales ministeriales o la junta distrital de ministerio. (525.3, 526.3)

205.8. Reconocer las órdenes de ministerio y credenciales de personas provenientes de otras denominaciones a quienes juzgue calificadas y dignas para servir en la Iglesia del Nazareno, por recomendación favorable de la junta distrital de credenciales ministeriales o la junta distrital de ministerio. (524.2, 527-527.2)

205.9. Recibir, por traslado de otros distritos, a personas con credenciales ministeriales, miembros del cuerpo ministerial y a aquellos que han sido comisionados para funciones ministeriales, incluyendo a los que estén en proceso de traslado aprobado por la junta consultora de distrito, a quienes se juzgue que son dignos para la membresía en la asamblea de distrito, por recomendación favorable de la junta distrital de credenciales ministeriales o la junta distrital de ministerio. (231.9-231.10, 505, 508-511.1, 529-529.2)

205.10. Extender una carta de traslado a miembros del cuerpo ministerial y a aquellos con funciones comisionadas de ministerio continuas, incluyendo a los que estén en proceso de traslado aprobado por la junta consultora de distrito, que deseen trasladarse a otro distrito, por recomendación favorable de la junta distrital de credenciales ministeriales o la junta distrital de ministerio. (505, 508-511.1, 231.9-231.10, 529-529.1)

205.11. Comisionar o registrar por un año a las personas que considere calificadas para las funciones de ministerio mencionadas y definidas en los párrafos 505-520.2, por recomendación favorable de la junta distrital de credenciales ministeriales o la junta distrital de ministerio.

205.12. Elegir, por voto favorable de dos terceras partes, por cédula, a un presbítero para el oficio de superintendente de distrito, quien servirá hasta 30 días después de la clausura de la segunda asamblea de distrito subsecuente a su elección y hasta que su sucesor sea elegido o designado y debidamente acreditado. El procedimiento para la reelección de un superintendente de distrito será por voto escrito de "sí" o "no". Ningún presbítero que en alguna ocasión haya entregado sus credenciales por razones disciplinarias será considerado elegible para este oficio. Ningún superintendente será elegido o reelegido después de que haya cumplido 70 años de edad.

205.13. Después de que un superintendente de distrito, de un distrito fase 2 o fase 3, haya servido al distrito por lo menos dos años eclesiásticos, la asamblea de distrito podrá reelegirlo por un período de cuatro años, sujeto a la aprobación del superintendente general en jurisdicción. El procedimiento para la elección a un período de servicio extendido será por voto escrito de "sí" o "no", y requerirá el voto favorable de dos terceras partes. (200.2)

205.14. En caso de que el superintendente general y el comité consultivo de distrito opinen que los servicios del superintendente de distrito no deben continuar después del corriente año, el superintendente general en jurisdicción y el comité consultivo de distrito podrán ordenar que el asunto sea sometido a votación en la asamblea de distrito. El asunto se presentará a la asamblea en la forma siguiente: "¿Continuará en su cargo el actual superintendente de distrito después de esta asamblea de distrito?"

Si la asamblea de distrito, por voto escrito de dos terceras partes, decide que el superintendente de distrito continúe en su cargo; este seguirá sirviendo en tal capacidad como si nunca se hubiera votado sobre dicho asunto.

Sin embargo, si por voto la asamblea de distrito decide que el superintendente de distrito no continúe en su cargo; el período de su función terminará 30-180 días después de concluir esa asamblea de distrito, siendo la fecha determinada por el superintendente general en jurisdicción en consulta con el comité consultivo de distrito. (206.2, 208, 238)

205.15. Elegir, por cédula, hasta tres ministros ordenados asignados y hasta tres laicos para formar la junta consultora de distrito, quienes servirán por un período que no exceda cuatro años, como lo determine la asamblea de distrito y hasta que sus sucesores sean elegidos y acreditados.

Sin embargo, cuando el distrito tenga una membresía total de más de 5,000, podrá elegir un ministro ordenado asignado adicional y un laico adicional por cada 2,500 miembros sucesivos y por la porción final mayor de 2,500 miembros. (224)

(El siguiente cuadro sirve de ejemplo)

Número de miembros en plena comunión	presbíteros	laicos
0-6,250	3	3
6,251-8,750	4	4
8,751-11,250	5	5
11,251-13,750	6	6
13,751-16,250	7	7
16,251-18,750	8	8
18,751-21,250	9	9
21,251-23,750	10	10
23,751-26,250	11	11

(Un ministro ordenado adicional y un laico adicional, por cada 2,500 miembros después de 26,250)

205.16. Elegir una junta distrital de credenciales ministeriales compuesta de no menos de cinco ministros ordenados asignados, dos de los cuales serán el superintendente de distrito y el secretario de distrito, si es ordenado, para servir por cuatro años y hasta que sus sucesores sean elegidos y acreditados. De ser laico, el secretario de distrito servirá como miembro no votante de la junta. Esta junta se reunirá previo a la asamblea de distrito para considerar todas las cuestiones bajo su jurisdicción y, hasta donde sea posible, terminar su trabajo antes de la asamblea de distrito. (229-231.10)

205.17. Elegir una junta distrital de estudios ministeriales de cinco o más ministros ordenados asignados, quienes servirán cuatro años y hasta que sus sucesores sean elegidos y acreditados. (232)

205.18. Facilitar los esfuerzos de preparar candidatos a la ordenación, y proveer apoyo y oportunidades para sus ministros. Un distrito podrá elegir el número total necesario para servir en la junta distrital de credenciales ministeriales y en la junta distrital de estudios ministeriales como junta distrital de ministerio. Los ministros elegidos servirán por cuatro años.

La junta distrital de ministerio, con el superintendente de distrito como presidente *ex oficio*, podrá organizar la junta distrital de ministerio para cumplir con todos los deberes y las responsabilidades de la junta distrital de credenciales ministeriales y la junta distrital de estudios ministeriales. (216, 229-234.1)

205.19. Elegir una junta distrital de propiedades de la iglesia de acuerdo con las provisiones del párrafo 236. (206.1)

205.20. Elegir, a su discreción, cualquiera de los dos siguientes, o ambos:
1. Una junta distrital de evangelismo, formada de no menos de seis miembros, incluyendo al superintendente de distrito;
2. Un director distrital de evangelismo.

Las personas electas han de fungir hasta la clausura de la siguiente asamblea de distrito y hasta que sus sucesores hayan sido elegidos y acreditados. (206.1, 215)

205.21. Elegir una junta distrital de Discipulado Nazareno Internacional (DNI) de acuerdo con el procedimiento estipulado en el párrafo 240, para servir hasta que sus sucesores sean elegidos y acreditados. (206.1, 215)

205.22. Elegir una corte distrital de apelaciones formada de cinco ministros ordenados asignados, incluyendo al superintendente de distrito, para servir por un período no mayor de cuatro años y hasta que sus sucesores sean elegidos y acreditados. (610)

205.23. Elegir, por cédula, en una sesión dentro de los 16 meses antes de que sesione la Asamblea General, o dentro de los 24 meses en áreas en las que se necesite más tiempo para obtener visas o hacer otros preparativos extraordinarios, a todos los delegados laicos y todos los delegados ministeriales, excepto uno; puesto que el superintendente de distrito ha de ser uno de ellos. Cada asamblea de distrito fase 3 tendrá derecho a ser representada en la Asamblea General por un número igual de delegados laicos y ministeriales. El

GOBIERNO DE DISTRITO 107

superintendente de distrito que funja durante la Asamblea General será uno de los delegados ministeriales y el resto de los delegados ministeriales serán presbíteros. En caso de que el superintendente de distrito no pueda asistir o de que la superintendencia esté vacante y el sucesor no haya sido nombrado, el delegado ministerial suplente debidamente electo ocupará el lugar del superintendente de distrito. El comité nominativo presentará una cédula nominativa con una lista compuesta por el número de delegados elegibles de ese distrito multiplicada por seis, tanto ministerial como laica. De estos nombres, el número de personas para la cédula de votación será reducido a no más de tres veces el número para ser elegido. Entonces, serán elegidos por voto de pluralidad (mayoría simple) los delegados y suplentes de acuerdo con los párrafos 301.1-301.3. Cada asamblea de distrito puede elegir suplentes que no excedan el doble del número de delegados. En situaciones donde sea difícil obtener la visa para viajar, una asamblea de distrito puede autorizar a la junta consultora de distrito que seleccione suplentes alternos adicionales. Se espera que los delegados electos asistan fielmente a todas las sesiones de la Asamblea General, desde la apertura hasta la clausura, a menos que algo imprevisto lo impida. (25-25.2, 301.1-301.3, 303, 332.1)

205.24. Establecer, a su discreción, un sistema de miembros asociados para sus iglesias locales (los asociados no han de ser incluidos como miembros en plena comunión para fines de representación). (110)

205.25. Hacer provisiones para que los libros de los tesoreros de distrito sean auditados anualmente al menos por la norma mínima requerida por la ley estatal o nacional si fuere aplicable o por otras normas profesionales reconocidas, ya sea por un comité distrital de auditoría elegido por la junta consultora de distrito, un comité de auditoría independiente o por otra persona debidamente calificada. (225.24)

205.26. Conceder la relación de jubilación a un ministro previa recomendación de la junta distrital de credenciales ministeriales o la junta distrital de ministerio. Cualquier cambio de relación debe ser aprobado por la asamblea de distrito, previa recomendación de la junta distrital de credenciales ministeriales o la junta distrital de ministerio. (231.8, 528)

205.27. Tramitar cualquier otro asunto pertinente a la obra, que no esté provisto de otro modo, de acuerdo con el espíritu y orden de la Iglesia del Nazareno.

206. Otras reglas relacionadas con las asambleas de distrito. Donde la ley civil lo permita, la asamblea de distrito puede autorizar a la junta consultora de distrito a obtener personería jurídica. Después de obtenerla, de acuerdo con la provisión anterior, la junta consultora de distrito tendrá facultad, por resolución propia, para comprar, poseer, vender, permutar, hipotecar, escriturar en fideicomiso, arrendar con opción de compra y traspasar propiedad, ya sea de bienes raíces o mobiliario, como sea necesario o conveniente para el propósito de la entidad jurídica. (225.6)

206.1. En lo posible, las juntas y comités de distrito deben estar compuestos por números iguales de ministros y laicos, a menos que el *Manual* haga otras provisiones específicas.

206.2. Los superintendentes de distritos fase 1 y fase 2 serán seleccionados según el párrafo 200.2 del *Manual*.

206.3. Cuando el oficial que preside una asamblea de distrito considere que es imposible reunirse o continuar con los negocios de la asamblea de distrito y por ello posponga, cancele o clausure la asamblea de distrito, el superintendente general en jurisdicción, en consulta con la Junta de Superintendentes Generales, nombrará a todos los oficiales de distrito no electos antes de la clausura de la asamblea de distrito para servir por un período de un año.

D. Libro de actas/Diario de la asamblea de distrito

207. El Libro de actas/Diario de la asamblea constituirá el registro de los procedimientos de la asamblea de distrito.

207.1. El Libro de actas/Diario de la asamblea será editado cuidadosamente y archivado anualmente después de la asamblea de distrito en un formato autorizado, en la oficina del secretario general para su revisión cuatrienal por la Asamblea General. Se podrán imprimir copias localmente. (220.5)

207.2. Cada asunto ocupará un párrafo por separado.

207.3. El Libro de actas/Diario de la asamblea se organizará, hasta donde sea posible, de acuerdo con la tabla de contenido preparada por el secretario general en consulta con la Junta de Superintendentes Generales. La tabla de contenido será proporcionada al secretario de distrito antes de la reunión de la asamblea de distrito.

207.4. El Libro de actas/Diario de la asamblea indicará no solamente los nombramientos de los pastores a las iglesias locales; sino también todos los compromisos ordinarios y extraordinarios de los miembros de la asamblea de distrito, tanto ministros como laicos, que participan en alguna forma de servicio a la denominación que pueda darles derecho a consideración, si pidiesen beneficios de la junta de pensiones, o un cuerpo autorizado equivalente que tenga la responsabilidad del programa de pensiones y beneficios en que ese distrito participa. (117, 530.3)

E. El superintendente de distrito

208. El primer período para un superintendente de distrito, electo en una asamblea de distrito, comienza 30 días después de la clausura de la asamblea de distrito. Tal período dura dos años de

GOBIERNO DE DISTRITO

asamblea completos, terminando 30 días después de la clausura de la asamblea que marca el segundo aniversario de la elección. Durante dicha asamblea, el superintendente puede ser reelegido o un sucesor puede ser elegido o nombrado y debidamente acreditado. El primer período para un superintendente de distrito nombrado por el superintendente general en jurisdicción comienza en el momento del nombramiento, incluye el resto del año eclesiástico en que el superintendente fue nombrado y se extiende a través de los dos siguientes años eclesiásticos. Tal período termina 30 días después de la clausura de la asamblea que marca el final del segundo año de asamblea completo de servicio. En dicha asamblea, el superintendente puede ser elegido para servir otro período o un sucesor puede ser elegido o nombrado y debidamente acreditado. Ningún presbítero empleado por la oficina del distrito será elegible o nombrado para el cargo de superintendente del distrito en el que presta servicios sin la aprobación de la junta consultora de distrito y el superintendente general en jurisdicción (en armonía con el párrafo 117). (205.12-205.14)

209. Si por alguna razón la superintendencia de distrito quedase vacante entre asambleas de distrito; los superintendentes generales, de común acuerdo, pueden llenar la vacante en consulta con el comité consultivo de distrito. La consulta incluirá una invitación para que el comité en pleno proponga nombres para consideración además de los presentados por el superintendente general en jurisdicción. (238, 307.7)

209.1. El cargo de superintendente de distrito de un distrito fase 1 o fase 2 puede ser declarado vacante con causa por la recomendación del superintendente general en jurisdicción. El cargo de superintendente de distrito en un distrito fase 3 puede ser declarado vacante con un voto por mayoría de las dos terceras partes del comité consultivo de distrito. (238, 321)

209.2. En el caso de la incapacitación temporal de un superintendente de distrito en funciones, el superintendente general en jurisdicción, en consulta con la junta consultora de distrito, podrá nombrar a un presbítero calificado para fungir como superintendente de distrito interino. El asunto de incapacitación será determinado por el superintendente general en jurisdicción y la junta consultora de distrito. (307.8)

209.3. Ante la renuncia o rescisión del superintendente de distrito, los miembros del personal de la oficina de distrito, el director ejecutivo o los oficiales de cualquier entidad subsidiaria y/o afiliada del distrito, con o sin salario, tales como el asistente del superintendente y el secretario de la oficina presentarán su renuncia efectiva al mismo tiempo de la fecha final de la superintendencia del distrito. Sin embargo, uno o más de los miembros del personal podrán permanecer con la aprobación escrita del superintendente general en jurisdicción y de la junta consultora de distrito; pero no después de la fecha en que el nuevo superintendente asuma sus responsabilidades. (244.3)

209.4. Después de dialogar con la junta consultora de distrito y recibir la aprobación del superintendente general en jurisdicción, el nuevo superintendente de distrito recién electo o nombrado puede tener el privilegio de recomendar el empleo de miembros del personal previo. (244.3)

210. La función del superintendente de distrito es proporcionar supervisión y liderazgo espiritual a los pastores y congregaciones del distrito al:
- modelar la vida de oración y devoción a las Escrituras;
- promover una teología y práctica bíblica pastoral y entre el cuerpo ministerial;
- promover la teología y la práctica wesleyana de santidad en todo el distrito;
- dar visión para el evangelismo y la plantación de iglesias en el distrito;
- equipar a las congregaciones del distrito para una organización saludable.

211. Los deberes del superintendente de distrito son:

211.1. Organizar, reconocer y supervisar las iglesias locales dentro de los linderos de su distrito, sujeto a la aprobación del superintendente general en jurisdicción. (100, 102.3, 108.5, 530.15)

211.2. Estar a disposición de las iglesias locales de su distrito de acuerdo con la necesidad, y reunirse con la junta de la iglesia tantas veces como sea necesario para tratar asuntos espirituales, financieros y pastorales, dando los consejos y ayuda que el superintendente crea conveniente.

211.3. En circunstancias en que el superintendente de distrito haya determinado que la condición de la iglesia no es saludable y está declinando y que se ve amenazada su viabilidad y la eficacia de su misión, el superintendente de distrito puede contactar al pastor, o al pastor y la junta de la iglesia para evaluar la situación. Se realizará todo esfuerzo posible para trabajar con el pastor y la junta; a fin de solucionar las causas que están impidiendo la eficacia de la misión.

Si el superintendente de distrito, después de dialogar con el pastor y/o la junta, concluye que el asunto requiere atención posterior; podrá declarar a la iglesia en crisis con la aprobación de la junta consultora de distrito y tomar acción apropiada para resolver la situación. Tal acción puede incluir los siguientes pasos, aunque no está limitada a ellos:
1. La remoción del pastor;
2. La disolución de la junta de la iglesia;

GOBIERNO DE DISTRITO

3. El inicio de intervenciones especiales, según sea necesario, con el fin de restaurar la salud de la iglesia y la eficacia de la misión.

Los activos de una iglesia organizada permanecen bajo su control si está incorporada, a menos de que haya sido declarada inactiva de acuerdo al párrafo 108.5 o desorganizada conforme al párrafo 108.1. El superintendente general en jurisdicción será notificado de las medidas adoptadas, dentro de los siguientes 30 días a la decisión. (136, 136.1)

211.4. Cuando, en la opinión del superintendente de distrito, una iglesia local declarada en crisis de acuerdo con el párrafo 136.1 ha cumplido las intervenciones fijadas y está lista para reiniciar su ministerio bajo circunstancias normales, la iglesia local puede ser declarada fuera de crisis por un voto de mayoría absoluta de la junta consultora de distrito, con la aprobación del superintendente general en jurisdicción. El superintendente general en jurisdicción será notificado de las medidas adoptadas dentro de los siguientes 30 días a la decisión.

211.5. Programar y llevar a cabo, con cada junta de la iglesia, la revisión regular de la relación de la iglesia con el pastor de acuerdo con las provisiones del párrafo 133-133.7. El superintendente de distrito proveerá un registro anual de las revisiones regulares realizadas de la relación de la iglesia con el pastor a la junta consultora de distrito y al superintendente general en jurisdicción.

211.6. Supervisar en forma especial todas las iglesias tipo misión de la Iglesia del Nazareno dentro de los linderos de su distrito de asamblea.

211.7. Nominar ante la junta consultora de distrito a una persona para ocupar el cargo de secretario de distrito en caso de que el puesto quede vacante. (219.1)

211.8. Nominar ante la junta consultora de distrito a una persona para ocupar el cargo de tesorero de distrito en caso de que el puesto quede vacante. (222.1)

211.9. Nombrar a un director de capellanía de distrito para promover y ampliar el evangelismo de santidad por medio del servicio especializado de la capellanía. (239)

211.10. Consultar con la junta de la iglesia la nominación de un presbítero o un ministro licenciado en preparación para la ordenación como presbítero para pastorear una iglesia local y, aprobar o desaprobar dicha nominación, además de la aprobación de la junta consultora de distrito tal como se requiere en el párrafo 117.

El superintendente de distrito debe asegurarse de que el candidato haya sido adecuadamente investigado previo a la votación de la junta local. El proceso de investigación debe incluir la comunicación con el actual superintendente de distrito del candidato o, si el candidato no está asignado como pastor, con su supervisor de ministerio. (139.2, 169.8, 225.16)

211.11. Programar una revisión especial de la relación de la iglesia con el pastor, dentro de los 90 días de la solicitud que haga la junta de la iglesia para tal revisión, acerca de la continuación de la relación de la iglesia con el pastor. (135)

211.12. Aprobar o desaprobar la concesión de licencia a cualquier miembro de la Iglesia del Nazareno que solicite licencia de ministro local o renovación de la licencia de ministro local a la junta de la iglesia de una iglesia local que no tiene un presbítero como pastor. (523.1, 523.3)

211.13. Aprobar o desaprobar, por escrito, las solicitudes hechas por el pastor y la junta de la iglesia para tener o emplear pastores asociados sin salario o personal local asociado pagado (tales como pastores asociados; ministros o directores de educación cristiana, de niños, de jóvenes, de adultos, de música y de guarderías/escuelas, desde recién nacidos hasta secundaria, etc.). El criterio primordial para las decisiones del superintendente de distrito respecto a la aprobación o desaprobación, en principio, del empleo de personal pagado se basará en la disposición y capacidad de la iglesia para cumplir sus obligaciones locales, de distrito y generales. El pastor titular tiene la responsabilidad de examinar y seleccionar a los pastores asociados. Sin embargo, el superintendente de distrito tendrá el derecho de desaprobar al candidato. (139.27, 169-169.8)

211.14. Aprobar o desaprobar, con la junta consultora de distrito, las solicitudes de iglesias locales para operar ministerios de guardería/escuelas cristianas (desde recién nacidos hasta secundaria). (126, 161, 225.14)

211.15. Protocolizar y firmar, con el secretario de la junta consultora de distrito, todos los documentos legales del distrito. (225.6)

211.16. Nominar ante la junta consultora de distrito a los ayudantes bajo sueldo del distrito y supervisarlos. (244)

211.17. Asignar a pastores de acuerdo con el párrafo 119.

211.18. El superintendente de distrito podrá, con la aprobación de la junta consultora de distrito, asignar a los miembros de la junta de la iglesia (mayordomos, ecónomos), al presidente de la junta de Discipulado Nazareno Internacional (DNI) y a otros oficiales de la iglesia (secretario, tesorero), si una iglesia fue organizada hace menos de cinco años, o tuvo menos de 35 miembros votantes en la reunión anual anterior de la iglesia, o si está recibiendo ayuda financiera regular del distrito, o ha sido declarada en crisis. El número total de miembros de dicha junta no deberá ser menos de tres. (119, 136)

211.19. Iniciar el proceso de investigación de acusaciones escritas contra un ministro en su distrito, de acuerdo con los párrafos 606-606.3.

211.20. Asignar, en consulta con la junta consultora de distrito, a miembros del cuerpo ministerial y laicos calificados para servir como un equipo de restauración preparado para dar una respuesta oportuna y redentora al ministro, su cónyuge y la familia, la iglesia y la comunidad en situaciones de conducta impropia de un miembro del cuerpo ministerial. Cuando se presentan estas situaciones, el superintendente del distrito enviará un equipo de restauración tan inmediatamente como sea posible y de acuerdo con el plan del distrito. (225.5, 532.1)

211.21. El superintendente de distrito deberá programar y llevar a cabo una autoevaluación y revisión en consulta con el evangelista titulado de acuerdo con el párrafo 510.4.

211.22. Animar enfáticamente, juntamente con el liderazgo del distrito, a cada iglesia local; para que alcance sus metas de presupuesto local, distrital, general y educacional.

212. Con el consentimiento de la junta de la iglesia, el superintendente de distrito puede nombrar a un pastor interino para ocupar un puesto pastoral vacante hasta la siguiente asamblea de distrito. El pastor interino así nombrado puede ser destituido por el superintendente de distrito cuando sus servicios no sean satisfactorios a la junta de la iglesia y a la iglesia local. (139.5, 516, 523.6)

212.1. Con el consentimiento de la junta de la iglesia y de la junta consultora de distrito, el superintendente de distrito puede nombrar a un pastor interino para ocupar un puesto pastoral vacante hasta que un pastor permanente sea llamado. El superintendente de distrito también estará autorizado para extender el tiempo de servicio del pastor interino como lo considere necesario, en consulta con la junta de la iglesia. El pastor interino estará autorizado para cumplir con todas las responsabilidades pastorales. El pastor interino también fungirá como un delegado de esa iglesia a la asamblea de distrito si tiene su membresía en el distrito donde es pastor interino.

El pastor interino en todo momento estará sujeto a la autoridad del superintendente de distrito y la junta consultora de distrito. Así mismo, el pastor interino estará sujeto a remoción de su nombramiento por el superintendente de distrito en consulta con la junta de la iglesia. (518)

213. El superintendente de distrito está autorizado para fungir como pastor en una iglesia local, dentro de los linderos de su distrito de asamblea, cuando esa iglesia no tenga pastor ni pastor suplente. (514)

213.1. El superintendente de distrito puede presidir la reunión anual o una reunión extraordinaria de la iglesia local o nombrar a alguien para representarlo. (115.5)

214. Si por alguna razón el superintendente general en jurisdicción no estuviere presente y no nombrare su representante para presidir la asamblea de distrito; el superintendente de distrito abrirá las sesiones de la asamblea y presidirá hasta que sean hechas otras provisiones por la asamblea de distrito. (307.5)

215. El superintendente de distrito puede llenar las vacantes en los siguientes comités:
1. Comité distrital de auditoría;
2. Junta distrital de credenciales ministeriales y junta distrital de estudios ministeriales (o junta distrital de ministerio);
3. Junta distrital de evangelismo o el director distrital de evangelismo;
4. Junta distrital de propiedades de la iglesia;
5. Junta distrital de Discipulado Nazareno Internacional (DNI);
6. Corte distrital de apelaciones;
7. Otras juntas y comités distritales permanentes para los que no se haya hecho provisión en el *Manual* ni por acuerdo de la asamblea. (205.25, 229.1, 232.1, 235, 236, 240, 610)

215.1. El superintendente de distrito podrá designar a todos los presidentes, secretarios y miembros de las juntas y comités distritales permanentes cuando no se haya hecho provisión para ello en el *Manual* ni por acuerdo de la asamblea.

215.2. El superintendente de distrito, en consulta con la junta consultora de distrito, nombrará a un comité nominativo con el fin de preparar nominaciones para los comités y oficios regulares previos a la asamblea de distrito. (203)

216. El superintendente de distrito será presidente *ex oficio* de la junta consultora de distrito y la junta distrital de credenciales ministeriales o la junta distrital de ministerio. (224.2, 230.1)

216.1. El superintendente de distrito será miembro *ex oficio* de todas las juntas y comités electos y permanentes en el distrito en que sirve. (205.21, 237, 240, 810, 811)

217. El superintendente del distrito no contraerá obligaciones financieras, contará dineros o desembolsará fondos para el distrito, a menos que sea autorizado y encomendado por el voto mayoritario de la junta consultora de distrito; tal acción, si se toma, debe ser debidamente registrada en las actas de la junta consultora de distrito. El superintendente de distrito o miembros de su familia inmediata no están autorizados para acceder irrestrictamente a las cuentas financieras y bienes del distrito, a menos que existan controles internos claros y por escrito, aprobados por la junta consultora de distrito. Por familia inmediata, se entiende cónyuge, hijos, hermanos o padres. (218, 222-223.2)

218. Todos los actos oficiales del superintendente de distrito deben estar sujetos a revisión por la asamblea de distrito y sujetos a apelación.

218.1. El superintendente de distrito siempre le dará la debida atención al consejo del superintendente general en jurisdicción, y de la Junta de Superintendentes Generales respecto a los arreglos pastorales y otros asuntos relativos al oficio del superintendente de distrito.

F. El secretario de distrito

219. El secretario de distrito, electo por la junta consultora de distrito, servirá por un período de uno a tres años y hasta que su sucesor sea elegido y acreditado. (225.22)

219.1. Si por alguna causa el secretario de distrito dejara de servir en el intervalo entre asambleas de distrito, la junta consultora de distrito elegirá un sucesor previa nominación por el superintendente de distrito. (211.7)

219.2. El secretario de distrito será miembro *ex oficio* de la asamblea de distrito. (201)

220. Los deberes del secretario de distrito son:

220.1. Anotar correctamente y conservar fielmente todos los libros de actas/diarios de la asamblea de distrito.

220.2. Anotar correctamente y conservar todas las estadísticas del distrito.

220.3. Enviar todos los cuadros estadísticos al secretario general para su revisión antes de publicarlos en el Libro de actas/Diario de la asamblea. (326.6)

220.4. Cuidar todos los documentos de la asamblea de distrito y entregarlos prontamente a su sucesor.

220.5. Hacer que se preserve y archive el Libro de actas/Diario de la asamblea oficial completo en la oficina del secretario general después de la asamblea de distrito. (207.1)

220.6. Llevar a cabo cualquier otra responsabilidad propia de su cargo.

220.7. Remitir todos los asuntos de negocios que le lleguen durante el año al comité o junta permanente de la asamblea, según corresponda.

221. El secretario de distrito puede tener tantos ayudantes como elija la asamblea de distrito.

G. El tesorero de distrito

222. El tesorero de distrito, electo por la junta consultora de distrito, servirá por un período de uno a tres años y hasta que su sucesor sea elegido y acreditado. (225.21)

222.1. Si por alguna causa el tesorero de distrito dejare de servir en el intervalo entre asambleas de distrito, la junta consultora de distrito elegirá a un sucesor previa nominación del superintendente de distrito. (211.8)

222.2. El tesorero de distrito será miembro *ex oficio* de la asamblea de distrito. (201)

223. Los deberes del tesorero de distrito son:

223.1. Recibir todos los fondos de su distrito como sean designados por la Asamblea General, o por la asamblea de distrito, o por la junta consultora de distrito, o como lo requieran las necesidades de la Iglesia del Nazareno; y desembolsar los mismos de acuerdo con la dirección y normas de la asamblea de distrito y/o de la junta consultora de distrito.

223.2. Guardar cuentas exactas de todo el dinero recibido y desembolsado; y rendir un informe mensual al superintendente de distrito para su distribución a la junta consultora de distrito, y un informe anual a la asamblea de distrito, ante la cual deberá responder por su oficio.

H. La junta consultora de distrito

224. La junta consultora de distrito se formará del superintendente de distrito como miembro *ex oficio*, y hasta tres ministros ordenados asignados y tres laicos, electos por cédula por la asamblea de distrito, anualmente o por períodos que no excedan cuatro años, y servirán hasta la clausura de la siguiente asamblea de distrito y hasta que sus sucesores sean elegidos y acreditados. Sin embargo, sus períodos de servicio pueden ser escalonados al elegir cierto número de miembros de la junta anualmente.

Cuando el distrito haya superado una membresía total de 5,000, podrá elegir a un ministro ordenado asignado adicional y un laico adicional por cada 2,500 miembros sucesivos o la porción final mayor de 2,500 miembros.

Esta junta se reunirá cuando sea necesario y estará presidida por el superintendente de distrito o el superintendente general en jurisdicción, o quien ellos designen. (205.15)

224.1. Cuando haya una vacante en la junta consultora de distrito, los demás miembros elegirán a alguien para llenar tal vacante.

224.2. El superintendente de distrito será presidente *ex oficio* de la junta consultora de distrito.

224.3. La junta elegirá de entre sus miembros a un secretario, quien llevará un registro cuidadoso de todas las acciones de la junta y las entregará a su sucesor/a a la mayor brevedad posible.

224.4. Los miembros laicos de la junta consultora de distrito serán miembros *ex oficio* de la asamblea de distrito, miembros *ex oficio* de la convención distrital de DNI, miembros *ex oficio* de la convención distrital de MNI, y miembros *ex oficio* de la convención distrital de la JNI. (201, 224)

224.5. Los miembros de la junta consultora de distrito se abstendrán de votar sobre cualquier asunto en el que ellos (o un miembro de su familia inmediata) tengan un interés personal o directo no compartido con otros miembros de la junta. La familia inmediata incluye al cónyuge, hijos, hermanos o padres.

224.6. Se puede remover a un miembro de la junta consultora de distrito por el voto de las dos terceras partes de esta cuando el superintendente de distrito y la junta consultora de distrito determinen que el miembro no está en armonía con el párrafo 33, siempre y cuando el superintendente de distrito primero consulte al superintendente general en jurisdicción, los esfuerzos subsecuentes de restauración sean infructuosos, y que previo a dicho voto se reciba por escrito la aprobación del superintendente general en jurisdicción. (33)

225. Los deberes de la junta consultora de distrito son:

225.1. Fijar la fecha de principio y terminación del año estadístico de acuerdo con las provisiones del párrafo 116.1.

225.2. Dar información al superintendente de distrito y consultar con él acerca de los ministros e iglesias locales del distrito. (117.6, 128)

225.3. Nombrar un comité de investigación formado por tres ministros ordenados asignados o más, no menos de dos, en caso de que haya acusaciones escritas contra un miembro del cuerpo ministerial. (606-606.3)

225.4. Nombrar una junta de disciplina en caso de que haya acusaciones oficiales contra un miembro del cuerpo ministerial. (606.5-606.6)

225.5. Desarrollar y revisar anualmente un plan escrito y exhaustivo que esté en armonía con las directrices del *Manual* para orientar sus esfuerzos para proveer una respuesta oportuna, compasiva e informada a los miembros del cuerpo ministerial involucrados en conductas impropias de un ministro, a sus familias y cualquier congregación involucrada. (530.20, 531-531.13)

225.6. Obtener personería jurídica cuando la ley civil lo permita y la asamblea de distrito lo autorice. Después de obtenerla, de acuerdo con lo antes provisto, la junta consultora de distrito tendrá facultad, por resolución propia, para comprar, poseer, vender, permutar, hipotecar, escriturar en fideicomiso, arrendar con opción de compra y traspasar propiedad, ya sea de bienes raíces o mobiliario, como sea necesario o conveniente para el propósito de la entidad jurídica. El superintendente de distrito y el secretario de la junta consultora de distrito o personas autorizadas por la junta consultora de distrito, con personería jurídica o no, ejecutarán y firmarán todas las escrituras de bienes raíces, hipotecas, liberación de hipotecas, contratos y otros documentos legales de la junta consultora de distrito. (206)

225.7. Cuando una junta consultora de distrito se incorpora, los artículos de incorporación, estatutos o documentación legal comparables, se asegurará de que la corporación es gobernada por las provisiones del *Manual de la Iglesia del Nazareno*. Estos incluirán dichas provisiones conforme sean recomendadas por el superintendente general en jurisdicción para asegurarse de que en caso de disolución o intento de abandonar la Iglesia del Nazareno, los bienes de la corporación no serán desviados de la Iglesia del Nazareno. Una vez que la incorporación del distrito haya sido aprobada por la Junta de Superintendentes Generales, bajo la recomendación del superintendente general en jurisdicción, los artículos de incorporación propuestos serán enviados a la oficina del secretario general para su revisión y archivo e incluirán provisiones similares a aquellas en el párrafo 102.4. (225.6)

225.8. En áreas donde la ley civil no permite obtener personería jurídica, la asamblea de distrito podrá elegir a la junta consultora de distrito como ecónomos del distrito, con facultad, por resolución propia, para comprar, poseer, vender, permutar, hipotecar, escriturar en fideicomiso, arrendar con opción de compra y traspasar propiedad, ya sea de bienes raíces o mobiliario, como sea necesario o conveniente para llevar adelante su trabajo en el distrito. (102.6, 108.2, 225.6)

225.9. La junta consultora de distrito, en áreas donde sea posible que las iglesias locales obtengan personería jurídica, deberá, con la ayuda de un consejero legal competente, proveer formularios modelos para solicitarla, adecuados para áreas de su distrito. Este formulario modelo deberá siempre incluir las estipulaciones de los párrafos 102-102.5.

225.10. Servir como asesora del superintendente de distrito en la supervisión de todos los departamentos, juntas y comités del distrito.

225.11. Para proteger la gestión y la vida espiritual del superintendente de distrito, la junta consultora de distrito, en comunicación con el superintendente general en jurisdicción, debe facilitar un período sabático para el superintendente de distrito durante o después de cada séptimo año consecutivo de servicio al distrito. Durante el sabático, el salario y beneficios del superintendente de distrito serán pagados en su totalidad. El superintendente de distrito trabajará con la junta consultora de distrito para elaborar una propuesta para el sabático que incluya la duración, el plan de desarrollo personal y los arreglos para que sus responsabilidades esenciales se realicen.

225.12. Presentar a la Junta de Superintendentes Generales cualquier plan propuesto para la creación de un centro del distrito. Tales planes deberán contar con la aprobación escrita de la Junta de Superintendentes Generales antes de ser puestos en operación. (319)

225.13. Recomendar el otorgamiento de la primera credencial de ministro o la renovación de la credencial al ministro licenciado que sirve como pastor. (523.2, 524.5)

225.14. Aprobar o desaprobar peticiones de iglesias locales para operar ministerios de guarderías/escuelas nazarenas (desde recién nacidos hasta secundaria). A discreción del superintendente de distrito y de la junta consultora de distrito, se puede establecer un ministerio de guarderías/escuelas nazarenas (desde recién nacidos hasta secundaria). Su función será recomendar reglamentos, procedimientos y filosofía a la junta consultora de distrito para aplicar en la guardería/escuela de la iglesia local, y ayudar en el establecimiento, sostenimiento y supervisión de tales escuelas. (126, 161, 211.14)

225.15. Aprobar anualmente los centros de ministerio de compasión de acuerdo con las políticas establecidas regionalmente. Solamente los centros aprobados por un distrito serán calificados para recibir "aprobados especiales de misión" para propósitos de contribución, de acuerdo con el párrafo 163.1.

225.16. Aprobar o desaprobar una solicitud de una junta de la iglesia para nominar a un ministro ordenado o a un ministro licenciado en preparación para la ordenación como presbítero, para ser llamado como pastor cuando esta persona sea también un miembro de esta iglesia local o que sirva como ministro asociado con o sin remuneración de esa iglesia local. Esta decisión se tomará en consulta con el superintendente de distrito. (117, 139.2, 169.8, 211.10)

225.17. Aprobar o desaprobar una petición de un miembro del cuerpo ministerial para llevar a cabo actividades independientes que no están bajo la dirección de la Iglesia del Nazareno, tener misiones independientes o actividades eclesiásticas no autorizadas, estar relacionado con personal de una iglesia independiente u otros grupos religiosos o denominación. La aprobación para tal petición será requerida anualmente. (520, 530.13)

225.18. Elegir o despedir a los ayudantes bajo sueldo empleados por el distrito. (244-244.1)

225.19. Actuar, en consulta con el superintendente de distrito, con la autoridad para:
- establecer presupuestos operativos y ajustarlos entre asambleas según se considere necesario, e informar de ello a la asamblea de distrito;
- establecer metas y responsabilidades de financiamiento para las iglesias locales para el apoyo de los ministerios del distrito;
- publicar en el Libro de actas/Diario de la asamblea el método utilizado para determinar todas las metas y responsabilidades de financiamiento y las asignaciones financieras;
- hacer cualquier otra cosa que la asamblea de distrito pueda ordenar en materia de finanzas distritales. (32.5, 223.1)

225.20. Proteger toda propiedad del distrito de bienes raíces o mobiliario, incluyendo la plusvalía de tal propiedad; para que no se use para fines personales o de grupo ajenos a la Iglesia del Nazareno. (102.4, 108.5, 206)

225.21. Elegir anualmente a un tesorero de distrito para servir por un período de uno a tres años y hasta que su sucesor sea elegido y debidamente acreditado. (222)

225.22. Elegir un secretario de distrito para servir por un período de uno a tres años y hasta que su sucesor sea elegido y debidamente acreditado. (219)

225.23. Certificar el retiro o el intento de retiro de cualquier iglesia local de la Iglesia del Nazareno con el propósito de implementar la transferencia del título de la propiedad conforme al párrafo 108.2.

225.24. Si es necesario, en conformidad al párrafo 205.25, elegir un comité de auditoría de distrito para servir hasta la clausura de la siguiente asamblea de distrito. (205.25)

225.25. Dar un informe anual a la asamblea de distrito resumiendo el trabajo de la junta incluyendo el número de sesiones realizadas.

225.26. Desarrollar y revisar anualmente una política para las iglesias locales que concierten contratos de renta de bienes muebles o inmuebles, u otro tipo de acuerdos contractuales sobre bienes muebles, líneas de crédito, deuda u otras obligaciones que incluyan una extensión de crédito que no se liquide en menos de un año. (104)

226. La junta consultora de distrito puede expedir una carta de traslado a un miembro del cuerpo ministerial, un ministro de educación cristiana o diaconisa, que quiera trasladar su membresía a otro distrito antes de la reunión de la asamblea de distrito en la que dicha persona tiene su membresía. Estos traslados pueden ser aceptados por la junta consultora de distrito receptora, dándole a la persona así trasladada todos los derechos y privilegios de la membresía en el distrito que le ha recibido. La asamblea de distrito que recibe dará la aprobación final de todas las recepciones por traslado aceptadas por la junta consultora de distrito, previa recomendación favorable de la junta distrital de credenciales ministeriales o la junta distrital de ministerio. (205.9-205.10, 231.9-231.10, 508, 511, 529-529.2)

226.1. La junta consultora de distrito, previa solicitud, puede expedir un certificado de recomendación a cualquier miembro de la asamblea de distrito que desee afiliarse a otra denominación. (815)

227. La junta consultora de distrito, con la aprobación del superintendente de distrito, puede suspender la licencia de una diaconisa cuando se requiera para el bien de la iglesia, después de consultar con la junta de la iglesia de la cual es miembro la diaconisa y después de concederle a la diaconisa una audiencia justa.

228. En caso de que un ministro licenciado u ordenado con credenciales de otra denominación evangélica solicite afiliarse a la Iglesia del Nazareno durante el intervalo entre las asambleas de distrito, la junta consultora de distrito deberá examinar sus credenciales. Solo con la recomendación favorable de la junta consultora de distrito podrá el candidato ser recibido como miembro de la iglesia local. (129, 524.2, 527)

I. La junta distrital de credenciales ministeriales

229. La junta distrital de credenciales ministeriales estará constituida por no menos de cinco ministros ordenados asignados, dos de los cuales serán el superintendente de distrito y el secretario de distrito, si fuera ordenado. Un secretario de distrito que sea laico servirá como miembro sin derecho a voto en la junta. Aquellos que fueron elegidos servirán por cuatro años y hasta que sus sucesores sean elegidos y acreditados. Sin embargo, la duración de sus períodos de servicio podrán ser escalonados al elegir cierto número de miembros de la junta anualmente. (205.16)

229.1. Cuando haya una vacante en la junta distrital de credenciales ministeriales en el intervalo entre asambleas de distrito, esta será suplida mediante nombramiento por el superintendente de distrito. (215)

230. Inmediatamente después de la elección de la junta distrital de credenciales ministeriales, el superintendente de distrito convocará una reunión de la junta para su organización como sigue:

230.1. El superintendente de distrito será presidente *ex oficio* de la junta; sin embargo, si el superintendente lo pide, la junta puede elegir a un presidente en funciones para servir en tal capacidad hasta la clausura de la siguiente asamblea de distrito. (216)

230.2. La junta elegirá de entre sus miembros a un secretario permanente, quien deberá llevar un sistema apropiado de archivos, los cuales serán propiedad del distrito, y cuyos gastos pagará la asamblea de distrito. El secretario deberá guardar un registro cuidadoso de todas las decisiones de la junta y lo conservará fielmente junto con otros archivos que pudieran ser pertinentes para el trabajo de la junta y los entregará inmediatamente a su sucesor.

231. Los deberes de la junta distrital de credenciales ministeriales son:

231.1. Examinar y evaluar cuidadosamente a todas las personas que hayan sido presentadas debidamente a la asamblea de distrito para recibir las órdenes de presbítero, las órdenes de diácono o la licencia de ministro.

231.2. Examinar y evaluar cuidadosamente a todas las personas que deseen recibir un certificado de cualquiera de las funciones asignadas de ministerio, incluyendo a todos los candidatos laicos y ministeriales que aspiren a ser reconocidos para ministerios fuera de la iglesia local y cualesquier otras relaciones especiales estipuladas en el *Manual.*

231.3. Inquirir cuidadosamente acerca de cada candidato y hacer cualquier otra investigación que crea conveniente en cuanto a su experiencia personal de salvación; su experiencia personal de entera santificación por medio del bautismo con el Espíritu Santo; su conocimiento de las doctrinas de la Biblia; su acuerdo completo con las doctrinas, el Pacto de Carácter Cristiano y el Pacto de Conducta Cristiana, y la forma de gobierno de la iglesia; sus evidencias de virtudes, dones y aptitudes intelectuales, morales y espirituales, así como su capacidad general para el ministerio al cual el candidato se siente llamado.

231.4. Investigar cuidadosamente la conducta de cada candidato; a fin de determinar si este practica o sigue un patrón de conducta que, en caso de continuar, sería inconsistente con el ministerio para el cual haya hecho solicitud.

231.5. Revisar la reasignación de cualquier ministro local que haya sido nombrado como pastor suplente para aprobar si ha de continuar sus servicios después de la asamblea de distrito siguiente. (523.6)

231.6. Investigar y revisar por qué un ministro ordenado no presentó su informe a la asamblea de distrito por dos años consecutivos y hacer una recomendación a la asamblea de distrito respecto a si debe seguir incluyendo el nombre de tal persona en la lista del cuerpo ministerial que es publicada .

231.7. Investigar los informes de que un ministro ordenado se haya unido a otra iglesia como miembro o que se haya unido a otra denominación o grupo como ministro o que esté participando en actividades independientes sin la debida autorización, y hacer una recomendación a la asamblea de distrito respecto a si debe conservar su nombre en la lista del cuerpo ministerial. (114, 530.13)

231.8. Recomendar a la asamblea de distrito establecer la relación como ministro jubilado para el ministro que la solicite o que desee dejar el servicio ministerial activo por causa de su edad o inhabilidad. (205.26, 528)

231.9. Recomendar ante la asamblea de distrito a miembros del cuerpo ministerial y a personas a quienes se les ha extendido licencia para funciones ministeriales; a fin de que se les conceda el traslado a otro distrito, incluyendo traslados temporales aprobados por la junta consultora de distrito. (205.10, 529-529.2)

231.10. Recomendar ante la asamblea de distrito a personas con credenciales ministeriales, a miembros del cuerpo ministerial y a aquellos licenciados para funciones ministeriales, para recibir su traslado de otros distritos, incluyendo traslados temporales aprobados por la junta consultora de distrito. (205.9, 529-529.2)

J. La junta distrital de estudios ministeriales

232. La junta distrital de estudios ministeriales se formará de cinco o más ministros ordenados asignados, electos por la asamblea de distrito para servir cuatro años y hasta que sus sucesores sean elegidos y acreditados. Sin embargo, sus periodos de servicio deberán ser escalonados eligiendo una proporción de la junta anualmente. (205.17)

232.1. En caso de vacantes en la junta distrital de estudios ministeriales en el intervalo entre asambleas de distrito, el superintendente de distrito nombrará a alguien para llenar tales vacantes. (215)

232.2 Antes de la clausura de la asamblea de distrito que elige a la junta, el superintendente de distrito o el secretario de distrito citarán a una reunión de todos los miembros de la junta distrital de estudios ministeriales para organizarse.

233. Los **deberes de la junta distrital de estudios ministeriales** son los siguientes:

233.1. Elegir de entre sus miembros a un presidente y a un secretario, que debe ser ministro ordenado asignado. El secretario, de acuerdo con las instrucciones de la *Guía regional de desarrollo ministerial*, reunirá y conservará como propiedad de la asamblea de distrito todos los datos relevantes relacionados con el progreso de cada candidato en el cumplimiento de los requisitos educativos para la ordenación. (233.2, 521.1-521.3)

233.2. Animar, aconsejar y guiar a todos los candidatos hacia la finalización de un programa de estudios ministeriales, de acuerdo con la *Guía regional de desarrollo ministerial* y en cooperación con la oficina de Educación Global y Desarrollo Ministerial a través del respectivo Comité Consultivo del Programa de Estudios (COSAC por su sigla en inglés).

233.3. Capacitar a los candidatos, mediante el ejemplo y la conversación, en la ética de ser miembro del cuerpo ministerial, prestando especial atención al desarrollo de prácticas que fortalezcan el bienestar y ayuden a salvaguardar al ministro de incurrir en conducta impropia, sexual o de otra índole.

233.4. Informar todos los datos pertinentes sobre el progreso educativo de cada candidato a la junta distrital de credenciales ministeriales o a la junta de ministerio, con tiempo suficiente para que dicha junta pueda considerar los datos antes de la asamblea de distrito.

233.5. Reconocer que un candidato ha completado un programa de estudios ministeriales, de acuerdo con las disposiciones de la *Guía regional de desarrollo ministerial*, y recomendar a la asamblea de distrito que el candidato se gradúe del programa de estudios.

233.6. Promover y supervisar la participación de los miembros del cuerpo ministerial en el aprendizaje para toda la vida, en cooperación con las instituciones nazarenas oficialmente reconocidas como socios estratégicos en el desarrollo del cuerpo ministerial. Se debe prestar atención específica a la educación concerniente a la ética de ser miembro del cuerpo ministerial, incluyendo el desarrollo de prácticas que fortalezcan el bienestar y ayuden a salvaguardar al ministro de incurrir en conducta impropia, sexual o de otra índole. Los esfuerzos de la junta para promover y ofrecer oportunidades de aprendizaje para toda la vida estarán bajo la dirección general del superintendente de distrito y sujetos a las disposiciones de la *Guía regional de desarrollo ministerial*. (521.6)

234. La junta puede programar clases o conferencias; a fin de ayudar a los ministros licenciados u otros candidatos a completar un programa de estudios, sujeto a las disposiciones de la *Guía regional de desarrollo ministerial*.

234.1. La junta cumplirá con sus responsabilidades de conformidad con la *Guía regional de desarrollo ministerial*. (346.7)

K. La junta distrital de evangelismo o director distrital de evangelismo

235. La asamblea de distrito podrá elegir una junta distrital de evangelismo o un director distrital de evangelismo. Las personas electas servirán hasta la clausura de la siguiente asamblea de distrito y hasta que sus sucesores sean elegidos y acreditados. (205.20)

235.1. En cooperación con el superintendente de distrito, la junta distrital de evangelismo, o el director distrital de evangelismo, promoverá y expondrá la necesidad del evangelismo de santidad, proveyendo oportunidades de capacitación, realizando servicios y conferencias, destacando la necesidad de campañas evangelísticas en las iglesias locales con evangelistas llamados por Dios, y por todos los medios posibles; para hacer un impacto en el distrito con la Gran Comisión de Jesucristo como prioridad máxima en el funcionamiento del cuerpo de Cristo.

L. La junta distrital de propiedades de la iglesia

236. La junta distrital de propiedades de la iglesia se formará del superintendente de distrito como miembro *ex oficio* y no menos de dos ministros ordenados asignados y dos laicos. Los miembros podrán ser elegidos por la asamblea de distrito para servir por cuatro años o hasta que sus sucesores sean elegidos y acreditados. La junta consultora de distrito puede servir como junta distrital de propiedades de la iglesia por voto favorable de la asamblea de distrito.

237. Los deberes de la junta distrital de propiedades de la iglesia son:

237.1. Promover la causa de la construcción de edificios relacionados con la iglesia dentro de los linderos del distrito de asamblea, en cooperación con la junta consultora de distrito.

237.2. Verificar y conservar los títulos de propiedad de las iglesias locales.

237.3. Tomar en consideración los proyectos presentados por iglesias locales acerca de la compra o venta de propiedades, o la construcción de templos o casas pastorales; y aconsejarlas al respecto. (103-104)

237.4. Aprobar o desaprobar, en conjunto con el superintendente de distrito, las propuestas presentadas por las iglesias locales con relación a los planes de construcción y con la contracción de deudas para la compra de bienes raíces o la construcción de edificios. La junta distrital de propiedades de la iglesia deberá aprobar normalmente una solicitud para aumentar el adeudo, sujeta a las siguientes normas:

1. La iglesia local que solicite la aprobación para aumentar su adeudo deberá haber pagado todas sus asignaciones presupuestarias por completo durante los dos años anteriores a su solicitud.
2. La cantidad total de su adeudo no deberá exceder tres veces el promedio de la cantidad recolectada por todos los conceptos en cada uno de los tres años anteriores.
3. Los detalles de la remodelación o construcción planeada deberán haber sido aprobados por la junta distrital de propiedades de la iglesia.
4. La cantidad de la deuda y las condiciones de pago no deberán obstaculizar la vida espiritual de la iglesia.

La junta distrital de propiedades de la iglesia podrá aprobar solicitudes que no reúnan estas normas solamente con la aprobación del superintendente de distrito y la junta consultora de distrito. (103-104)

237.5. Llevar a cabo cualquier otra responsabilidad concerniente a propiedades de la iglesia local que indique la asamblea de distrito.

M. El comité consultivo de distrito

238. El comité consultivo de distrito estará compuesto por la junta consultora de distrito, el presidente distrital de DNI, el presidente distrital de MNI, el presidente distrital de la JNI, el secretario de distrito y el tesorero de distrito. Este comité se reunirá cuando sea necesario, y será presidido por el superintendente distrital o el superintendente general en jurisdicción o la persona que él designe. (209)

N. El director de capellanía de distrito

239. El superintendente de distrito puede asignar un director distrital de capellanía. En cooperación con el superintendente de distrito, el director de capellanía tratará de promover y ampliar el evangelismo de santidad por medio del ministerio especializado de la capellanía. El director promoverá y expandirá el evangelismo de santidad mediante oportunidades que se presenten en la industria, instituciones, entidades educativas y en las fuerzas armadas. El director dará atención especial a los nazarenos que estén prestando servicio militar y a otros miembros en la milicia que residan en predios militares, asignando y ayudando a pastores anfitriones que residan cerca de esas bases militares para impactar al personal militar y a sus familias para Cristo, vinculándolos con nuestra iglesia mientras sirven a su país. (211.9)

O. La junta distrital de Discipulado Nazareno Internacional

240. La junta distrital de Discipulado Nazareno Internacional (DNI) se compondrá del superintendente de distrito, el presidente distrital de Misiones Nazarenas Internacionales (MNI), el presidente distrital de la Juventud Nazarena Internacional (JNI) y el presidente distrital de Discipulado Nazareno Internacional (DNI), quienes constituirán el comité ejecutivo, y por lo menos tres miembros adicionales. Los tres miembros adicionales serán elegidos de entre seis nominados por la asamblea de distrito o por la convención distrital de DNI. Los miembros serán elegidos por períodos escalonados de tres años: inicialmente uno será elegido por un período de tres años; otro, por un período de dos años; y el tercero, por un año. Ejercerán sus funciones hasta que sus sucesores sean elegidos y acreditados. Sin embargo, cuando la membresía total del distrito haya rebasado los 5,000, se podrá duplicar el número de miembros nominados y elegidos; y, cuando sea posible, por los menos cuatro de los diez miembros de la junta serán laicos. Las vacantes que ocurran en la junta distrital de DNI entre las asambleas de distrito podrán llenarse por nombramiento por el superintendente de distrito. (215)

Los **deberes de la junta distrital de Discipulado Nazareno Internacional** son:

240.1. Reunirse dentro de la primera semana subsiguiente a su elección y organizarse eligiendo secretario, tesorero, coordinadores de discipulado, coordinadores de distrito de ministerios para los adultos, de ministerios para los niños y de capacitación continua para laicos, quienes serán miembros *ex oficio* de la junta distrital de Discipulado Nazareno Internacional (DNI). Otros coordinadores

GOBIERNO DE DISTRITO

de distrito, según se consideren necesarios, podrán ser nominados por el comité ejecutivo y elegidos por la junta. (240)

240.2. Supervisar todos los intereses distritales de Discipulado Nazareno Internacional.

240.3. Elegir un concilio de ministerios para niños cuyo presidente será el coordinador distrital de DNI de ministerios para niños y cuyos miembros serán los coordinadores distritales de: campamentos infantiles, Caravanas, escuela bíblica vacacional, esgrima bíblico, iglesia infantil, niños de cuna, y otros que consideren necesarios.

> NOTA: Para información adicional sobre los deberes de los concilios de ministerios para los niños y los adultos, véase la *guía de Discipulado Nazareno Internacional.*

240.4. Elegir un concilio de ministerios para adultos cuyo presidente será el coordinador distrital de DNI de los ministerios para adultos y cuyos miembros serán los coordinadores de distrito de: matrimonio y vida familiar, ministerios para los adultos ancianos, ministerios para los adultos solteros, retiro de laicos, grupos pequeños de estudio bíblico, ministerios para las mujeres, ministerios para los varones, y otros que consideren necesarios.

240.5. Hacer arreglos anuales para una convención distrital de Discipulado Nazareno Internacional (DNI). (240)

240.6. Determinar, en consulta con el superintendente de distrito, si se elegirá a los miembros y al presidente de la junta distrital de DNI en la asamblea de distrito o en la convención distrital de Discipulado Nazareno Internacional.

240.7. Instar a todos los presidentes locales de DNI y coordinadores de ministerios de divisiones por edades/presidentes de la JNI a que estén presentes en la convención distrital de DNI y a que participen según haya oportunidad.

240.8. Organizar el distrito en zonas, y nombrar presidentes de zona que ayuden a la junta y bajo su dirección lleven adelante la obra de Discipulado Nazareno Internacional (DNI) en el distrito.

240.9. Planificar e implementar clases de capacitación continua para laicos a nivel de distrito o de zona.

240.10. Ayudar a la oficina global de Discipulado Nazareno Internacional (DNI) de The Church of the Nazarene, Inc. a recabar información relacionada con los intereses de DNI a nivel de distrito y a nivel local.

240.11. Recomendar a la junta consultora de distrito el presupuesto anual de la junta distrital de Discipulado Nazareno Internacional (DNI).

240.12. Asumir la responsabilidad del retiro de laicos de distrito. El coordinador distrital de DNI de ministerios para adultos será miembro *ex oficio* del comite de retiro de laicos de distrito.

240.13. Aprobar el informe de su presidente que se presentará a la asamblea de distrito.

240.14. Reunirse con tanta frecuencia como lo considere necesario el superintendente de distrito o el presidente de la junta distrital de Discipulado Nazareno Internacional (DNI); para trazar planes y cumplir con eficiencia las responsabilidades de la junta.

241. El presidente distrital de Discipulado Nazareno Internacional (DNI). La asamblea de distrito o la convención distrital de DNI elegirá, de entre dos o más nominaciones presentadas por el comité nominativo de distrito, a un presidente de la junta distrital de DNI que servirá por un período de uno o dos años. El presidente en funciones podrá ser reelecto por un voto favorable de "sí" o "no" cuando tal votación haya sido recomendada por la junta distrital de DNI, con la aprobación del superintendente de distrito. Una vacante que ocurra entre asambleas de distrito se llenará de acuerdo con las provisiones del párrafo 215. (240.6)

Los **deberes y facultades del presidente distrital de Discipulado Nazareno Internacional** son:

241.1. Dirigir responsablemente a Discipulado Nazareno Internacional (DNI) en el distrito:
1. Promoviendo programas de crecimiento en matrícula y asistencia;
2. Coordinando todos los programas relacionados con los ministerios para los niños y los adultos; y
3. Trabajando en cooperación con la Juventud Nazarena Internacional (JNI) para coordinar la escuela dominical, estudios bíblicos y grupos pequeños para jóvenes.

241.2. Ser miembro *ex oficio* de la asamblea de distrito y de la junta distrital de Discipulado Nazareno Internacional (DNI).

241.3. Preparar un informe escrito a la junta distrital de DNI para el Libro de actas/Diario de distrito de la asamblea anual.

P. La Juventud Nazarena Internacional de distrito

242. El ministerio nazareno entre los jóvenes está organizado en el distrito bajo los auspicios de la Juventud Nazarena Internacional (JNI), bajo el Estatuto de la JNI, y la autoridad del superintendente de distrito, la junta consultora de distrito y la asamblea de distrito. La JNI de distrito se conformará por los miembros y grupos locales de la Juventud Nazarena Internacional del distrito.

242.1. La JNI de distrito se organizará de acuerdo con el plan de ministerio de distrito de la JNI, (810.200-810.219) el cual se podrá adaptar en respuesta a las necesidades de ministerio entre los jóvenes del distrito (810.203), y de acuerdo con el Estatuto de la JNI y el *Manual de la Iglesia del Nazareno*.

Q. Misiones Nazarenas Internacionales de distrito

243. La organización de Misiones Nazarenas Internacionales (MNI) de distrito se compondrá de las MNI locales dentro de los linderos del distrito. MNI de distrito representará a Misiones Nazarenas Internacionales global en los ministerios distritales. (811)

243.1. Misiones Nazarenas Internacionales (MNI) de distrito se gobernará por la Constitución de MNI aprobada por la Convención Global de Misiones Nazarenas Internacionales. Estará sujeta al superintendente de distrito, a la junta consultora de distrito, a la asamblea de distrito y al concilio distrital de MNI. (811)

243.2. El presidente de Misiones Nazarenas Internacionales de distrito servirá sin salario y será miembro *ex oficio* de la asamblea de distrito. (201)

R. Ayudantes bajo sueldo del distrito

244. Cuando se considere necesario emplear ayudantes bajo sueldo para una mayor eficiencia en la administración del distrito, tales personas, sean ministros o laicos, serán nominadas por el superintendente de distrito, previa aprobación escrita del superintendente general en jurisdicción. Serán elegidas por la junta consultora de distrito. El empleo de tales ayudantes será por no más de un año; pero podrá renovarse por recomendación del superintendente de distrito y el voto mayoritario de la junta consultora de distrito. (211.16)

244.1. El despido de tales ayudantes antes de finalizar el período de empleo se hará solo por recomendación del superintendente de distrito y el voto mayoritario de la junta consultora de distrito. (225.16)

244.2. Los deberes y servicios de tales ayudantes de distrito los determinará y supervisará el superintendente de distrito.

244.3. El período de servicio de los ayudantes remunerados se concluye con la renuncia o terminación de las funciones del superintendente de distrito, a menos que se indiquen otras provisiones en la ley de trabajo del país. Sin embargo, uno o más miembros del personal podrán permanecer con la aprobación escrita del superintendente general en jurisdicción y la junta consultora de distrito, solo hasta la fecha en que el nuevo superintendente asuma su responsabilidad. (209.3-209.4)

244.4. El servicio como ayudante remunerado del distrito no prohíbe que esa persona sirva en otros puestos distritales, ya sea por elección o asignación, como los de secretario o tesorero de distrito. Un ayudante distrital remunerado no es elegible para servir en la junta consultora de distrito.

S. Disolución de un distrito

245. Cuando la Junta de Superintendentes Generales juzgue prudente que un distrito ya no deba existir, este puede, por recomendación de la junta, ser disuelto por el voto favorable de las dos terceras partes de la Junta General de la Iglesia del Nazareno y el anuncio formal apropiado. (200)

245.1. Cuando se disuelva oficialmente un distrito, ninguna propiedad de la iglesia podrá usarse con otros fines, sino que pasará al control de The Church of the Nazarene Inc. para el uso de la denominación, como lo determine la Asamblea General; y los ecónomos que posean títulos de propiedad del distrito desorganizado, o las entidades jurídicas creadas para poseer tales títulos, venderán o dispondrán de los mismos solo por orden y bajo la dirección del agente nombrado por The Church of the Nazarene Inc., y le entregarán todos los fondos a dicho agente. (108.2, 108.5, 225.6)

III. GOBIERNO GENERAL

A. Funciones y organización de la Asamblea General

300. La Asamblea General es la suprema autoridad de la Iglesia del Nazareno en lo que respecta a la formulación de doctrinas, legislación y elección, sujeta a las provisiones de la Constitución de la iglesia. (25-25.8)

300.1. La Asamblea General será presidida por los superintendentes generales. (25.5, 307.3)

300.2. La Asamblea General elegirá a sus demás oficiales y se organizará para tratar sus negocios de acuerdo con su criterio y privilegio. (25.6)

300.3. Reglas de orden. Sujetos a la ley aplicable, al reglamento interno de la personería jurídica y a los reglamentos de gobierno del *Manual*, las sesiones y los negocios de los miembros de la Iglesia del Nazareno a nivel local, de distrito y general, y los comités de la entidad jurídica serán regulados y controlados de acuerdo con las *Reglas de Orden de Robert* (última edición) en lo relacionado con los procedimientos parlamentarios. (34)

B. Membresía de la Asamblea General

301. La Asamblea General estará compuesta de delegados ministeriales y laicos en igual número de cada distrito fase 3, con el superintendente de distrito como uno de los delegados ministeriales ordenados, con asignación, el resto de los delegados ministeriales ordenados con asignación y todos los delegados laicos elegidos por las asambleas de distrito; superintendentes generales eméritos y retirados; superintendentes generales; el presidente de MNI global; el presidente del concilio global de la JNI; los oficiales y directores de The Church of the Nazarene Inc., con responsabilidades globales que reportan a la asamblea en pleno de la Junta General; los miembros de la Junta General; la mitad de los presidentes de las escuelas de la Junta Internacional de Educación de cada región serán miembros votantes, y la otra mitad serán miembros no votantes, según el número y el proceso de selección determinado por la Junta Internacional de Educación; y un delegado misionero comisionado por la Junta General por cada región, elegido por los misioneros comisionados de la Junta General que están sirviendo en esa región. Al no haber elección, el representante misionero será elegido por el Comité de Misiones Globales.

301.1. Cada distrito fase 3 estará representado en la Asamblea General de la siguiente manera: dos ministros ordenados asignados y dos laicos por los primeros 6,000 o menos miembros en plena comunión; y un ministro ordenado asignado adicional y un laico adicional por los siguientes 4,000 miembros en plena comunión; así sucesivamente por cada 5,000 miembros en plena comunión.

El término "ministro ordenado asignado" incluirá a presbíteros y diáconos. (Ver la tabla a continuación.)

Número de miembros en plena comunión	Número de delegados
0 a 6,000	4 (2 laicos, 2 ministros)
6,001-10,000	6 (3 laicos, 3 ministros)
10,001-15,000	8 (4 laicos, 4 ministros)
15,001-20,000	10 (5 laicos, 5 ministros)
20,001- 25,000	12 (6 laicos, 6 ministros)
25,001-30,000	14 (7 laicos, 7 ministros)
30,001-35,000	16 (8 laicos, 8 ministros)
35,001-40,000	18 (9 laicos, 9 ministros)

(Por cada 5,000 miembros después de los 40,000, 1 delegado laico adicional y 1 delegado ministerial adicional)

301.2. Cada distrito fase 2 tendrá derecho a enviar un delegado laico y un delegado ministerial a la Asamblea General. El delegado ministerial ordenado y asignado será el superintendente de distrito. Se elegirá un suplente para cada delegado.

301.3. Un distrito fase 1 tendrá derecho a enviar un delegado sin derecho a voto a la Asamblea General. El superintendente de distrito será el delegado, siempre y cuando sea miembro del distrito. Si el superintendente de distrito no tiene su membresía en el distrito; se elegirá un delegado sustituto que sea miembro del distrito.

301.4. El derecho de un delegado ministerial asignado electo a la Asamblea General de representar a la asamblea de distrito que lo eligió se declarará nulo si se muda a una nueva asignación ministerial en otro distrito o si deja el ministerio asignado activo de la Iglesia del Nazareno antes de la apertura de la Asamblea General. Un ministro a quien se le haya concedido la categoría de jubilado por un distrito será inelegible para servir como delegado a la Asamblea General.

301.5. El derecho de un delegado laico electo para representar a su asamblea de distrito ante la Asamblea General resultará nulo si cambia su membresía a una iglesia local en otro distrito de asamblea antes de la apertura de la Asamblea General.

C. Fecha y lugar de la Asamblea General

302. La Asamblea General se reunirá cada cuatro años, en la fecha y lugar determinados por una comisión de la Asamblea General compuesta por los superintendentes generales y un número igual de personas escogidas por la Junta de Superintendentes Generales. Los superintendentes generales y esta comisión también tendrán la facultad, en casos graves e imprevistos, de cambiar la fecha y el lugar de la reunión de la Asamblea General.

302.1. La Junta de Superintendentes Generales en consulta con el comité ejecutivo de la Junta General está autorizada, cuando sea apropiado, para seleccionar sitio(s) simultáneo(s) para la Asamblea General. Los votos del (de los) sitio(s) simultáneo(s) serán reconocidos como oficiales junto a los votos de los delegados del sitio principal de la Asamblea.

302.2. La Asamblea General se iniciará con servicios devocionales e inspiradores. Se harán todas las provisiones necesarias para tratar los negocios cuidadosa y ordenadamente, y para celebrar servicios similares al fin de la sesión si así se dispone. La Asamblea General fijará el tiempo de su clausura. (25.3)

D. Sesiones extraordinarias de la Asamblea General

303. La Junta de Superintendentes Generales, o la mayoría de esta junta, y por el consentimiento escrito de las dos terceras partes de todos los superintendentes de distrito, podrán convocar a una sesión extraordinaria de la Asamblea General en caso de emergencia. La fecha y lugar serán determinados por los superintendentes generales y por la comisión escogida por la Junta de Superintendentes Generales.

303.1. En caso de que haya una sesión extraordinaria de la Asamblea General, los delegados titulares y suplentes a la Asamblea General anterior, o sus sucesores electos y acreditados, servirán como delegados titulares y suplentes a la sesión extraordinaria.

E. El comité de preparación de la Asamblea General

304. El secretario general, el tesorero general y tres personas designadas por la Junta de Superintendentes Generales, por lo menos un año antes de la Asamblea General, constituirán el comité de preparación de la Asamblea General.

304.1. El comité de preparación de la Asamblea General tendrá autoridad para arreglar todos los detalles necesarios respecto a oficinas, salas de exhibición, espacio, hospedaje, alimentación y todo lo necesario para contribuir a la comodidad, conveniencia y eficiencia de la Asamblea General, con el derecho también de hacer cuantos contratos sean necesarios para obtener su objetivo.

304.2. El comité de preparación de la Asamblea General y los superintendentes generales formularán un programa para la Asamblea General, incluyendo énfasis para cada uno de los intereses generales, un servicio de Santa Cena y otros servicios religiosos, que quedará sujeto a la aprobación de la Asamblea General.

F. Negocios de la Asamblea General

305. Los negocios de la Asamblea General, sujetos al párrafo 25.8 de la Constitución de la iglesia, serán:

305.1. Referir, por medio de su comité de referencias, todas las resoluciones, recomendaciones, así como legislación de comisiones, informes de comités especiales y otros documentos, a comités permanentes o comités legislativos especiales de la asamblea, o a los comités regionales para su consideración antes de ser presentados a la asamblea. Si se trata de legislación pertinente solamente a una región o regiones específicas; el comité de referencias puede presentarla a los delegados a la Asamblea General que representan a esa región o regiones, para que voten al respecto en una reunión del comité regional en la Asamblea General. Los cambios que afecten al *Manual* deberán ser aprobados por toda la Asamblea General.

305.2. Elegir, por el voto de las dos terceras partes de los miembros presentes y votantes, seis superintendentes generales, quienes fungirán hasta 30 días después de la clausura de la siguiente Asamblea General y hasta que sus sucesores sean elegidos y acreditados;

a. Primero, habrá una cédula de "sí" o "no" para los superintendentes generales en funciones.

b. Cualquier vacante restante después de que el proceso de votación sea completado para todos los superintendentes generales en servicio será suplida por medio de votaciones subsecuentes por cédula hasta que las elecciones se hayan completado.

En caso de que una persona no elegible bajo esta provisión reciba votos en la primera votación, su nombre será borrado de la cédula de elección y el informe de la primera votación deberá incluir la siguiente declaración: "Uno o más nombres han sido borrados debido a que no son elegibles para este puesto".

Ningún presbítero que en alguna ocasión haya entregado sus credenciales por razones disciplinarias será considerado elegible para el puesto de superintendente general. Ninguna persona menor de 35 años ni que haya cumplido 70 años de edad podrá ser elegida al oficio de superintendente general. (25.4, 307.16, 900)

305.3. Elegir a un superintendente general a la categoría de emérito cuando lo considere conveniente, siempre y cuando ese superintendente haya quedado incapacitado o que se le haya dado una condición de retirado. Se sobreentiende que la elección a la categoría de emérito es vitalicia. (314.1)

305.4. Dar la condición de jubilado a un superintendente general cuando él haya pedido esta condición, o cuando, a juicio de la Asamblea General, esté incapacitado por invalidez, por su edad avanzada, o por cualquier otra incapacidad que le impida llevar adelante de manera adecuada el cargo de superintendente general; siempre y cuando haya servido como superintendente general al menos por un período completo. La Asamblea General puede conceder la jubilación a un superintendente general quien, habiendo cumplido 65 años de edad, la solicite. Si un superintendente general, quien ha cumplido la edad de 65 años, solicita su jubilación durante el intervalo entre asambleas generales; su petición podrá ser otorgada por la Junta General en sesión ordinaria por recomendación de la Junta de Superintendentes Generales. (314.1)

305.5. Fijar una pensión adecuada de jubilación para cada superintendente general jubilado.

305.6. Elegir una Junta General, de acuerdo con lo previsto en los párrafos 332.1-333.4, la cual servirá hasta la clausura de la siguiente Asamblea General y hasta que sus sucesores sean elegidos y acreditados. (331, 901)

305.7. Elegir una corte general de apelaciones, la cual consistirá de cinco presbíteros asignados y servirá hasta la clausura de la siguiente Asamblea General y hasta que sus sucesores sean elegidos y acreditados. La Junta de Superintendentes Generales elegirá al presidente y al secretario. (25.7, 612, 902)

305.8. Llevar a cabo cualquier negocio que a su discreción y de acuerdo con las Sagradas Escrituras sea para el beneficio general de la Iglesia del Nazareno y para la causa santa de Cristo en sujeción a la Constitución de la iglesia. (25.8)

G. Los superintendentes generales

306. El rol de los superintendentes generales es proveer visión espiritual y liderazgo apostólico al:
- articular la misión,
- compartir la visión,
- ordenar miembros al cuerpo ministerial,
- promover la coherencia teológica, y
- proveer supervisión administrativa, jurisdiccional y general para la iglesia general.

307. Los **deberes y facultades de los superintendentes generales** son:

307.1. Ejercer la supervisión general de la Iglesia del Nazareno, en sujeción a las leyes y órdenes adoptadas por la Asamblea General.

307.2. Servir como miembro *ex oficio* de la Asamblea General. (301)

307.3. Presidir la Asamblea General y las reuniones de la Junta General de la Iglesia del Nazareno. (300.1, 335.3)

307.4. Tener poder discrecional para ordenar, o asignar a otros para que ordenen, a aquellos que hayan sido debidamente elegidos para ser ordenados como presbíteros o diáconos. (320, 530.5-530.6)

307.5. Presidir cada asamblea de distrito tal como ha sido calendarizado por la Junta de Superintendentes Generales. Un superintendente general puede asignar a un presbítero para servir como presidente de una asamblea. (202, 214)

307.6. El superintendente general que presida la asamblea de distrito, el superintendente de distrito y la junta consultora de distrito, de acuerdo con los delegados de las iglesias locales, designarán pastores para las iglesias locales que no hayan llamado a un pastor de acuerdo con las provisiones regulares. (218.1)

307.7. Los superintendentes generales pueden nombrar superintendentes de distrito para aquellos distritos en los que ocurra una vacante en el intervalo entre asambleas de distrito, después de consultarlo con el comité consultivo de distrito. Según lo acordado en el párrafo 208, todos los presbíteros calificados son elegibles para ser considerados, incluyendo aquellos de ese distrito. (209, 238)

307.8. En el caso de la incapacitación temporal de un superintendente de distrito en funciones, el superintendente general en jurisdicción, en consulta con la junta consultora de distrito, podrá nombrar a un presbítero calificado para fungir como superintendente de distrito interino. El asunto de incapacitación será determinado por el superintendente general en jurisdicción y la junta consultora de distrito. (209.2)

307.9. El superintendente general en jurisdicción puede recomendar a la Junta de Superintendentes Generales que un distrito fase 3 sea declarado en crisis. (200.2, 322)

307.10. El superintendente general que tenga jurisdicción podrá presidir en la sesión anual o especial de la iglesia local o nombrar a alguna persona que lo represente. (115.5)

307.11. Los superintendentes generales no votarán en junta alguna de la Iglesia del Nazareno, a excepción de la Junta de Superintendentes Generales, a no ser que sea provisto por los estatutos de alguna de ellas. (307.12)

307.12. Un superintendente general no ejercerá ningún otro puesto a nivel general en la iglesia mientras se desempeñe como superintendente general. (307.11)

307.13. Todos los actos oficiales de los superintendentes generales estarán sujetos al escrutinio y revisión de la Asamblea General.

307.14. Cualquier acto oficial de un superintendente general puede ser anulado por el voto unánime de los miembros restantes de la Junta de Superintendentes Generales.

307.15. El cargo de cualquier superintendente general puede declararse vacante, por causa justificada, por el voto unánime de los miembros restantes de la Junta de Superintendentes Generales, ratificado por los votos de las dos terceras partes de la Junta General.

307.16. Los superintendentes generales, electos por la Asamblea General, servirán hasta 30 días después de la clausura de la siguiente Asamblea General y hasta que sus sucesores sean elegidos y acreditados. (305.2)

H. Superintendentes generales eméritos y jubilados

314. Todos los superintendentes generales eméritos y los superintendentes generales jubilados serán miembros *ex oficio* de la Asamblea General. (301)

314.1. Un superintendente general al que se le haya concedido la categoría de emérito o jubilado no será miembro de la Junta de Superintendentes Generales. Pero en el caso de que un superintendente general activo quede incapacitado por enfermedad, hospitalización u otra emergencia inevitable que requiera su ausencia de alguna asignación, la Junta de Superintendentes Generales tiene la facultad de darle una asignación temporal a cualquier superintendente general jubilado. (305.3-305.5, 900.1)

I. La Junta de Superintendentes Generales

315. Los superintendentes generales se organizarán como junta acordando y asignándose el trabajo particular sobre el que han de tener jurisdicción especial.

316. **Vacante.** En caso de que entre asambleas generales ocurriera alguna vacante en la Junta de Superintendentes Generales, los miembros restantes de la junta decidirán si se ha de convocar a elección para suplir la vacante. Cuando el secretario general reciba la decisión de la junta, inmediatamente lo notificará a todos los miembros de la Junta General. Cuando se convoque a elección, los miembros de la Junta General elegirán por voto favorable de dos terceras partes a un presbítero de la Iglesia del Nazareno para ocupar la vacante y cumplir con los deberes del superintendente general hasta 30 días después de la clausura de la siguiente Asamblea General o hasta que su sucesor sea elegido y acreditado. (25.4, 305.2)

316.1. El secretario general informará el resultado de la votación a la Junta de Superintendentes Generales, quienes anunciarán el resultado.

317. Los deberes de la Junta de Superintendentes Generales son:

317.1. Proveer supervisión, dirección y motivación a la iglesia general, dando la atención apropiada al liderazgo y teología para todos los distritos, agencias y ministerios de la Iglesia del Nazareno global.

317.2. Recomendar, en consulta con el director de Misiones Globales y los respectivos directores administrativos nacionales y/o directores regionales, cambios en la asignación de las áreas geográficas sujeta a la aprobación de la Junta General.

317.3. Tener la autoridad principal con respecto a las políticas y planes eclesiásticos, y aconsejar a la Junta General, sus comités y todas las juntas de la Iglesia del Nazareno en otros asuntos. La Junta de Superintendentes Generales hará recomendaciones que crea convenientes a la Junta General y a sus comités. La Junta de Superintendentes Generales aprobará o desaprobará todas las nominaciones hechas por el Comité de Misiones Globales a la Junta General para el nombramiento de misioneros.

317.4. Servir como comité nominativo, en conjunto con el comité ejecutivo de la Junta General, para presentar uno o más nombres a la Junta General para la elección de un secretario general y un tesorero general.

317.5. Declarar vacante, por el voto favorable de dos terceras partes, el oficio de secretario general, tesorero general, o director de departamento.

317.6. Cubrir las vacantes que puedan ocurrir en la membresía de la corte general de apelaciones en el intervalo entre asambleas generales, y elegir al presidente y al secretario de la corte. (305.7, 613, 902)

317.7. Cubrir las vacantes que puedan ocurrir en cualquier comisión o comité especial en el intervalo entre las asambleas generales o entre las sesiones de la Junta General.

317.8. Nombrar a los superintendentes generales que servirán como consejeros de todas las instituciones de estudios superiores afiliadas a la Junta Internacional de Educación. (905)

317.9. Planificar, junto con la oficina de Educación Global y Desarrollo Ministerial, los estudios ministeriales para aquellos que sirven en funciones de ministerio, ya sean laicos o con credenciales. (521-522)

317.10. Planificar, preservar y promover el Fondo para la Evangelización Mundial, que es la línea vital de nuestros intereses de misión global. La Junta de Superintendentes Generales y la Junta General están autorizadas y en capacidad de asignar metas financieras y responsabilidades para el Fondo para la Evangelización Mundial a las iglesias locales. (32.5, 140, 335.7)

317.11. Aprobar por escrito la devolución de credenciales a algún expresbítero o exdiácono como es requerido. (531.11, 532.8, 532.13)

318. La Junta de Superintendentes Generales constituirá la autoridad para la interpretación de leyes y doctrinas de la Iglesia del Nazareno, así como del significado y aplicación de todas las provisiones del *Manual*, sujetas a apelación ante la Asamblea General.

319. La Junta de Superintendentes Generales considerará y aprobará los planes relacionados con centros de distrito, cuyos planes no se llevarán a cabo sino hasta que hayan recibido la aprobación escrita de la Junta de Superintendentes Generales. (225.12)

320. La Junta de Superintendentes Generales tendrá la facultad discrecional de ordenar personas divorciadas. (307.4, 525.3, 526.3)

321. La Junta de Superintendentes Generales puede declarar vacante, con causa justificada, el puesto de un superintendente de distrito de cualquier distrito fase 2 o fase 1, previa recomendación del superintendente general en jurisdicción. También puede declarar vacante el puesto de superintendentes de distrito en distritos

fase 3 al tener el voto favorable de dos terceras partes del comité consultivo de distrito. (209.1, 238)

322. La Junta de Superintendentes Generales puede aprobar que un distrito fase 3 sea declarado en crisis. (200.2, 307.9)

323. Después de cada Asamblea General, el *Manual de la Iglesia del Nazareno* revisado entrará en vigencia en todos los idiomas cuando la Junta de Superintendentes Generales lo anuncie oficialmente.

324. La Junta de Superintendentes Generales tendrá autoridad de hacer todo aquello que sea benéfico para la Iglesia del Nazareno y para lo cual no se haga provisión de ninguna otra manera, en armonía con el orden general de la iglesia y sujeto a la Constitución de la iglesia.

J. El secretario general

325. El secretario general, electo por la Junta General de acuerdo con el reglamento interno de la Junta General, servirá hasta la clausura de la siguiente Asamblea General y hasta que su sucesor sea elegido y acreditado, o hasta que sea removido de su cargo de acuerdo con el párrafo 317.5. (900.2)

325.1. El secretario general será miembro *ex oficio* de la Asamblea General. (301)

325.2. Si en el intervalo entre asambleas generales ocurriera una vacante en el cargo de secretario general por cualquier causa; será cubierta por la Junta General, por nominación, como se estipula en el párrafo 317.4. (335.19)

325.3. El secretario general responderá a la Junta de Superintendentes Generales y a la Junta General.

326. Los **deberes del secretario general** son:

326.1. Servir como secretario *ex oficio* de The Church of the Nazarene, Inc., la Junta General y la Asamblea General, registrando y preservando el Libro de actas/Diario de tales entidades. (331.2)

326.2. Registrar correctamente y conservar todas las estadísticas generales de la Iglesia del Nazareno.

326.3. Conservar todos los documentos que pertenezcan a la Asamblea General, y entregarlos prontamente a su sucesor.

326.4. Conservar cuidadosamente y en forma permanente todas las decisiones hechas por la corte general de apelaciones. (615)

326.5. Catalogar y preservar credenciales de ministros que fueron archivadas, entregadas, revocadas y renunciadas, y enviarlas solo por la orden correctamente emanada del distrito donde fueron recibidas. (531-531.3, 531.8)

326.6. Auditar las tablas estadísticas del distrito. (220.3)

326.7. Mantener en una base de datos permanente el registro de todas las personas a quienes se les ha concedido una licencia de ministro de distrito.

326.8. Tener disponibles las actas de las sesiones de la Asamblea General para los delegados.

326.9. Tener disponible la última versión del *Manual*.

326.10. Ejecutar fielmente todo lo que sea necesario para el cumplimiento de los deberes de su cargo.

327. El secretario general se encargará de guardar y retener todos aquellos documentos legales que pertenezcan a la iglesia general.

327.1. El secretario general está autorizado para coleccionar material histórico relacionado con la organización y desarrollo de nuestra denominación, y se encargará de la vigilancia de dichos archivos y material.

327.2. El secretario general guardará un registro de los sitios y monumentos históricos en conformidad con el párrafo 913.

328. El secretario general, juntamente con los superintendentes generales, preparará, antes de la apertura de la Asamblea General, todos los formularios necesarios, incluyendo el compendio del *Manual* en cuanto a las *Reglas de Orden*, para revisión, y todo lo que sea necesario para facilitar el trabajo de la Asamblea General. El gasto en que se incurra se cubrirá con el fondo de gastos de la Asamblea General.

328.1. El secretario general puede tener tantos ayudantes como elija la Asamblea General, o como designe la Junta de Superintendentes Generales en el intervalo entre asambleas generales.

K. El tesorero general

329. El tesorero general, electo por la Junta General de acuerdo con el reglamento interno de la Junta General, servirá hasta la clausura de la siguiente Asamblea General y hasta que su sucesor sea elegido y acreditado, o hasta que sea removido de su cargo de acuerdo con el párrafo 317.5. (900.3)

329.1. El tesorero general será miembro *ex oficio* de la Asamblea General. (301)

329.2. El tesorero general responderá al superintendente general en jurisdicción de la oficina de finanzas del Centro de Ministerio Global, la Junta de Superintendentes Generales y la Junta General.

330. Los **deberes del tesorero general** son:

330.1. Custodiar todos los fondos que pertenezcan a los intereses generales de la Iglesia del Nazareno.

330.2. Recibir y desembolsar fondos del Comité Global de Administración y Finanzas, del Comité de Educación Global y Desarrollo Ministerial, del Comité de Misiones Globales, del Comité de Ministerios de la Iglesia Local, y otros fondos que pertenecen propiamente a la Junta General o a cualquiera de sus departamentos; el fondo de los superintendentes generales; el fondo general de contingencia; el fondo de gastos de la Asamblea General;

otros fondos generales de benevolencia de la iglesia; los fondos de la Juventud Nazarena Internacional global y los de Misiones Nazarenas Internacionales global. (331.3)

330.3. Depositar pagos por la ejecución fiel de sus deberes, en una compañía de fianzas acreditada, con una suma adecuada y suficiente como ordene la Junta General.

330.4. Proporcionar los informes que le soliciten las juntas y departamentos cuyos fondos estén a su cuidado.

330.5. Proporcionar a la Junta General un informe anual de todas las finanzas de la Iglesia del Nazareno, incluyendo las inversiones. (335.12)

330.6. Salvaguardar los fondos de renta vitalicia invertidos en bienes raíces mediante pólizas de seguro adecuadas y hacer las provisiones necesarias para que estas pólizas continúen vigentes.

L. La Junta General

331. The Church of the Nazarene, Inc. es una corporación sin fines de lucro legalmente registrada de acuerdo con las leyes del estado de Missouri, EUA. La Junta General estará compuesta por miembros que hayan sido elegidos por cédula por la Asamblea General de entre las personas nominadas de acuerdo con lo provisto en los párrafos 332.1-333.5. Para ser elegido como miembro de la Junta General en representación de una región, es necesario ser residente en esa región y miembro de una iglesia local dentro de la misma región. (305.6, 334)

331.1. Ninguna persona podrá ser elegida como miembro de la Junta General, ni permanecer como tal, si es empleado de The Church of the Nazarene, Inc., o de cualquier entidad incluyendo instituciones educativas que reciben subsidio financiero de The Church of the Nazarene, Inc., ni las personas de distritos u otras entidades que reciben fondos operativos de la iglesia general.

331.2. El secretario general será secretario *ex oficio* de The Church of the Nazarene, Inc., y de la Junta General.

331.3. El tesorero general de la Iglesia del Nazareno será tesorero *ex oficio* de The Church of the Nazarene, Inc., de la Junta General y también de todos sus departamentos. (330.2)

332. Las nominaciones para la Junta General se harán de acuerdo con las siguientes provisiones:

332.1. Después de que los delegados a la Asamblea General hayan sido elegidos, cada delegación de los distritos fase 3 se reunirá con el fin de escoger sus candidatos para nominarlos ante la Junta General de la siguiente manera. Cada distrito fase 3 puede presentar los nombres de dos ministros ordenados asignados y dos laicos. Al escoger a los candidatos, se deberá considerar la composición multicultural del distrito que representan. En aquellas regiones que tienen un concilio regional consultivo (RAC por su sigla en inglés), los nombres de estos candidatos se enviarán primero a la junta nacional y luego al RAC, que podrá reducir el número de nombres a tres por cada miembro que el comité electoral regional necesite elegir, después de lo cual inmediatamente se enviarán estos nombres a la oficina del secretario general, para que sean incluidos en las listas de candidatos que han de repartirse a los delegados de cada región en la Asamblea General. (205.23)

332.2. De la lista de estos candidatos, los delegados de cada región a la Asamblea General nominarán a personas a la Asamblea General de la siguiente manera:

Cada región de 100,000 o menos miembros en plena comunión nominará a un ministro ordenado asignado y a un laico; cada región que exceda los 100,000 y que tenga hasta 200,000 miembros en plena comunión nominará a dos ministros ordenados asignados, los cuales serán un superintendente de distrito, y un pastor o evangelista, y a dos laicos; para regiones que excedan los 200,000 miembros en plena comunión, a un laico adicional y a un ministro ordenado asignado adicional, con las siguientes provisiones:

En regiones cuya membresía exceda 200,000 miembros en plena comunión, un ministro ordenado asignado deberá ser pastor o evangelista; otro deberá ser superintendente de distrito; y el otro ministro ordenado asignado podrá estar en cualquiera de esas dos categorías.

Ningún distrito tendrá derecho a tener más de dos miembros en la Junta General, y ninguna región tendrá derecho a tener más de seis miembros (con excepción de los representantes institucionales y miembros de Misiones Nazarenas Internacionales [MNI] y Juventud Nazarena Internacional [JNI]). Cuando más de dos candidatos de un distrito reciban un número mayor de votos que los candidatos de otros distritos de la región, los de otro distrito que reciban el siguiente número mayor de votos serán seleccionados como nominados de la región.

En cada región, el laico o laicos, el pastor o evangelista y/o el superintendente de distrito que reciban el mayor número de votos en sus respectivas clasificaciones serán nominados por voto mayoritario a la Asamblea General. En el caso de regiones más extensas en las que han de elegirse seis miembros, el laico y el ministro ordenado asignado que reciban el siguiente número mayor de votos serán los nominados adicionales.

Si un RAC determina que es probable que una mayoría de delegados electos no pueda asistir a la Asamblea General; la votación del comité electoral regional puede realizarse vía postal o electrónica dentro de los seis meses previos al inicio de la Asamblea General. El proceso específico, para realizar esta nominación postal o electrónica de los miembros de la Junta General a la Asamblea General, será propuesto por el RAC y sometido a la oficina del secretario general para su aprobación antes de llevarse a cabo. (305.6, 901)

332.3. La Junta Internacional de Educación nominará ante la Asamblea General a cuatro personas de las instituciones educativas, dos ministros ordenados asignados y dos laicos. La Asamblea General elegirá dos representantes, un ministro ordenado asignado y un laico a la Junta General. (331.1)

332.4. El concilio global de la Juventud Nazarena Internacional (JNI) nominará al recién electo presidente del concilio global de la JNI a la Asamblea General. En caso de que el recién electo presidente del concilio global de la JNI no pudiera formar parte de la Junta General, el concilio global de la JNI nominará a otro miembro de este concilio. (343.4)

332.5. El concilio global de Misiones Nazarenas Internacionales (MNI) nominará a un miembro del concilio ante la Asamblea General. La Asamblea General elegirá un representante para la Junta General. (344.3)

332.6. Los coordinadores regionales de Discipulado Nazareno Internacional (DNI) y el director global de DNI nominarán a una persona a la Asamblea General. La Asamblea General elegirá un representante para la Junta General.

333. Las **elecciones para la Junta General** se harán de acuerdo con las siguientes provisiones:

333.1. Cada nominado por las regiones respectivas será elegido por la Asamblea General por voto afirmativo mayoritario y por escrito.

333.2. De entre los nominados por la Junta Internacional de Educación, la Asamblea General elegirá a dos, uno de los cuales será ministro ordenado asignado y otro laico.

333.3. De entre los nominados por el concilio global de la Juventud Nazarena Internacional, la Asamblea General elegirá por cédula a una persona por la mayoría de votos "sí". (343.4, 903)

333.4. De entre los nominados por el concilio global de Misiones Nazarenas Internacionales, la Asamblea General elegirá por cédula una persona por la mayoría de votos "sí". (344.3, 904)

333.5. De entre los nominados presentados por los coordinadores regionales de DNI y el director global de DNI, la Asamblea General elegirá por cédula una persona por la mayoría de votos "sí". (332.6)

334. Los miembros de la Junta General ocuparán su cargo hasta la clausura de la siguiente Asamblea General y hasta que sus sucesores sean elegidos y acreditados. En caso de que un miembro de la Junta General traslade su membresía local o residencia fuera de la región que representa, o en caso de que un ministro cambie de categoría de asignación ministerial para la cual fue elegido, o si un ministro deja de tener una asignación, o si una persona solicita y

recibe una licencia de ministro de distrito, su membresía terminará de inmediato. La vacante será cubierta con prontitud. (331)

334.1. Vacantes. La Junta de Superintendentes Generales nominará a dos personas elegibles para ocupar la vacante en la membresía de la Junta General. Los nombres de los nominados serán enviados al secretario general, quien los presentará para elección por voto de mayoría absoluta del grupo apropiado.

- Representante regional. Las juntas consultoras de los distritos fase 2 y fase 3 elegirán al sustituto, cada junta consultora tendrá derecho a un voto.
- Representante de educación. La Junta General elegirá al sustituto.
- Representante de JNI. El concilio global de JNI elegirá al sustituto.
- Representante de DNI. La Junta General elegirá al sustituto.
- Representante de MNI. El comité ejecutivo global de MNI consultará con el superintendente general en jurisdicción. Seleccionará a un nominado para ocupar la vacante y enviará el nombre a la Junta de Superintendentes Generales para su aprobación, de acuerdo con el artículo V. Sección 3.C.6.e, de la Constitución de MNI. El concilio global de MNI elegirá al sustituto por voto de mayoría absoluta.

(332.3-332.6)

335. Los deberes de la Junta General. La Junta General servirá como junta de directores de The Church of the Nazarene, Inc., y tendrá la autoridad principal con respecto a las políticas y planes no eclesiásticos. La Junta General animará a cada junta nacional, regional, distrital y local, y esperará de cada una el cumplimiento de la misión de la Iglesia del Nazareno, la cual consiste en propagar la santidad cristiana según la tradición wesleyana al hacer discípulos semejantes a Cristo en las naciones, y facilitará el avance de la iglesia global en cada nación y región. La Junta General se encargará de promover los asuntos financieros y materiales de todos los comités de The Church of the Nazarene, Inc., sujeta a las instrucciones de la Asamblea General. Coordinará, correlacionará y unificará los planes y actividades de los diversos comités constituyentes, de manera que se establezca una política unificada para y en todas las actividades de The Church of the Nazarene, Inc. Tendrá facultad de dirigir la auditoría de las cuentas de todos los departamentos y todas las entidades legalmente relacionadas con The Church of the Nazarene, Inc., y dirigirá los negocios y asuntos administrativos de The Church of the Nazarene, Inc., y de sus departamentos, y de todas las entidades que estén legalmente relacionadas o asociadas con The Church of the Nazarene, Inc. Estos departamentos y entidades considerarán debidamente el consejo y las recomendaciones de la Junta General.

GOBIERNO GENERAL

335.1. La Junta General tendrá facultad para comprar, poseer, tener, administrar, hipotecar, vender, traspasar y donar, o de otra manera adquirir, imponer un embargo preventivo y disponer de propiedad real y personal, que haya sido vendida, legada, cedida, donada, o transmitida de otra forma a The Church of the Nazarene, Inc., que esté a su cargo para cualquier propósito legal, y para ejecutar tal propósito; para pedir prestado y para prestar dinero en ejecución de los propósitos legales de The Church of the Nazarene, Inc.

335.2. La Junta General deberá suplir cualquier vacante en la Junta de Superintendentes Generales de acuerdo con los párrafos 316 y 305.2.

335.3. La Junta General se reunirá antes o inmediatamente después de la clausura de la Asamblea General y se organizará eligiendo oficiales y comités y asignando miembros a los comités de acuerdo con el estatuto de la personería jurídica y el reglamento interno para servir durante el cuatrienio y hasta que sus sucesores sean elegidos y acreditados. Los superintendentes generales presidirán las reuniones de la Junta General.

335.4. Reuniones. La Junta General se reunirá en sesión, por lo menos tres veces entre asambleas generales, en la fecha y lugar especificados por el reglamento de dicha junta; o en la hora, fecha y lugar adoptados por unanimidad, en una reunión regular o especial, que corresponda a los mejores intereses de la Junta General y sus comités.

335.5. Reuniones especiales de la Junta General pueden ser convocadas por la Junta de Superintendentes Generales, el presidente o el secretario.

335.6. Fondo para la Evangelización Mundial. Cada Iglesia del Nazareno local forma parte del esfuerzo global de "hacer discípulos semejantes a Cristo en las naciones". El Fondo para la Evangelización Mundial se utilizará por la denominación para el apoyo, mantenimiento y promoción de la misión general y actividades relacionadas. Los presupuestos anuales de la iglesia general estarán basados en las proyecciones de contribución, con la participación de los diversos departamentos y agencias de la iglesia, y considerando los reportes financieros del tesorero general. Periódicamente, la Junta General determinará la cantidad asignada desde el Fondo para la Evangelización Mundial a cada departamento y cuentas. Cuando tales desembolsos hayan sido acordados, serán presentados a la Junta de Superintendentes Generales para su consideración, sugerencias o enmiendas antes de ser finalmente adoptados por la Junta General.

335.7. La Junta General y la Junta de Superintendentes Generales están autorizadas y empoderadas para establecer las metas y responsabilidades de las iglesias locales para el Fondo para la Evangelización Mundial. (140, 317.10)

335.8. La Junta General tendrá autoridad para aumentar o disminuir la cantidad pedida por cualquier departamento o fondo. Los asuntos de finanzas adoptados por la Asamblea General serán referidos a la Junta General, la cual estará autorizada para ajustar proporcionalmente a las condiciones económicas existentes la partida anual de cualquier institución o agencia de la iglesia, de acuerdo con las demandas financieras totales de la iglesia general.

335.9. La Junta General aprobará las partidas del Fondo para la Evangelización Mundial destinadas al Nazarene Theological Seminary (EUA) y al Nazarene Bible College (EUA), tal como parezca prudente y de acuerdo con los fondos disponibles.

335.10. La Junta General anualmente revisará y hará los ajustes necesarios en los salarios y prestaciones de los superintendentes generales en el intervalo entre asambleas generales.

335.11. Informes. La Junta General recibirá, en su reunión regular, un informe detallado de las actividades del año anterior de los departamentos, incluyendo un informe financiero. Cada departamento también presentará un presupuesto de gastos para el año siguiente.

335.12. El tesorero general presentará anualmente a la Junta General un informe financiero detallado de ingresos y egresos de todos los fondos que hayan estado bajo su cuidado durante el año anterior, incluyendo los fondos fiduciarios e inversiones, junto con una declaración detallada de los desembolsos propuestos para el año siguiente de fondos no incluidos en los presupuestos de los departamentos de The Church of the Nazarene, Inc. El tesorero general será responsable ante la Junta General por el desempeño fiel de sus responsabilidades. (330.5)

335.13. La Junta General se reunirá antes o inmediatamente después de la clausura de la Asamblea General y elegirá a un secretario general y un tesorero general de acuerdo con lo provisto en el reglamento interno de la Junta General, quienes servirán hasta la clausura de la siguiente Asamblea General y hasta que sus sucesores sean elegidos y acreditados.

335.14. Un asunto en la agenda de la Junta General concerniente solo a una región o nación será referido, con la aprobación del comité ejecutivo de la Junta General y la Junta de Superintendentes Generales, a un comité formado por los miembros de la Junta General que pertenezcan a dicha región o nación.

335.15. La Junta General asignará debidamente cualquier comisión o comité autorizado por la Asamblea General o la Junta General a algún departamento o departamentos, o a la junta completa, y asignará su trabajo, responsabilidad y presupuesto.

335.16. Directores de departamentos. La Junta General elegirá directores de departamento de The Church of the Nazarene, Inc., de acuerdo con los procedimientos establecidos en los estatutos de la Junta General y en el *Manual de política de la Junta General*, quienes servirán hasta la clausura de la siguiente Asamblea General y hasta que sus sucesores sean elegidos y acreditados, a menos de que sean removidos de su cargo. (317.5)

335.17. Los directores de departamentos serán **nominados de acuerdo con el siguiente procedimiento:** si hubiere un director en funciones, el comité nominativo podrá recomendar un voto de "sí" o "no", o presentar múltiples nominaciones. La búsqueda de candidatos capaces de desempeñar estas responsabilidades estará a cargo de un comité de búsqueda como lo estipula el reglamento interno de la Junta General. Este comité presentará dos o más nombres al comité nominativo junto con las razones en las que basan su recomendación.

El comité nominativo, compuesto de los seis superintendentes generales y el comité de personal del comité respectivo, presentará una o más nominaciones a la Junta General para elección tal como está provisto en el reglamento interno de la Junta General.

335.18. Sueldos de los ejecutivos. La Junta General fijará y documentará una "evaluacion de desempeño" y un programa de administración salarial, que incluirá al director de departamento y a los directores de ministerio/servicio, y proveerá una estructura de salarios que reconozca tanto los niveles de responsabilidad como de mérito. La Junta General revisará anualmente y aprobará los salarios de los directores de departamento y de otros oficiales que sean autorizados y elegidos por la Junta General.

335.19. La Junta General, durante el intervalo entre asambleas generales y/o reuniones de la Junta General, previa nominación como se estipula en el reglamento interno de la Junta General y el párrafo 317.4, cubrirá cualquier vacante que pueda ocurrir en los oficios mencionados en los párrafos 335.13 y 335.16 y cualquier otra posición ejecutiva creada por la Asamblea General, la Junta General o sus comités electos.

336. La jubilación de todos los oficiales y de cualquier director mencionados en los párrafos 335.13 y 335.16, y de cualquier otro director de agencia empleado por The Church of the Nazarene, Inc. deberá realizarse al tiempo de la reunión de la Junta General, subsecuente a la fecha en que cumplan 70 años de edad. Si hay vacantes, estas serán cubiertas de acuerdo con los procedimientos del *Manual*.

M. Plan de pensiones

337. Deberá organizarse una junta de pensiones, o un cuerpo equivalente autorizado, con responsabilidad fiduciaria para cada plan de pensión relacionado con la iglesia. Un plan de pensión podrá servir a nivel organizacional, distrital, multidistrital, nacional, regional o multiregionales, según lo dicten las necesidades.

337.1. La Junta General establecerá y mantendrá directrices sugeridas que puedan aplicarse a todos los programas de pensión en todo el mundo. La Junta General no garantiza ningún plan de pensiones en caso de pérdida o depreciación. La Junta General no garantiza ningún pago que esté vencido, o se venza, a ninguna persona de ningún plan de pensión y no será responsable en el caso de que algún plan de pensión no tenga fondos suficientes. (32.5)

337.2. Todos los planes de pensión deberán presentar un informe anual a la Junta General por medio de Beneficios Nazarenos Internacionales, en la forma y formato requeridos. (32.5)

N. Subsidiarias de The Church of the Nazarene, Inc.

338. Las corporaciones subsidiarias de The Church of the Nazarene, Inc. se organizarán y serán gobernadas por los siguientes principios:
 a. Entidad única
    i. La entidad única de todos los subsidiarios incorporados en los Estados Unidos de América debe ser "The Church of the Nazarene, Inc".
 b. Membresía de la junta de directores
    i. Composición: cada organización determinará el número apropiado de directores de acuerdo con sus necesidades y propósito. Los requisitos mínimos son:
       1. Un director de la Junta de Superintendentes Generales es miembro *ex oficio*;
       2. Una autoridad de la denominación asignada por la Junta de Superintendentes Generales.
    ii. Todos los directores deben ser nominados por la Junta de Superintendentes Generales en consulta con los otros directores de la corporación.
    iii. Todos los directores deberán ser elegidos por la Junta de Superintendentes Generales actuando a nombre de la entidad única. Los directores ocuparán su cargo hasta que sus sucesores sean elegidos y reconocidos.
    iv. Remoción: uno o más de los directores podrían ser removidos ya sea con causa o sin causa, en cualquier tiempo, por voto de la Junta de Superintendentes Generales actuando a nombre de la entidad única en cualquier reunión especial convocada para ese propósito.
 c. Oficiales y ejecutivos: el número y títulos de los oficiales serán determinados por cada entidad según sus reglamentos.
 d. Reuniones de la corporación:

i. Las reuniones de la entidad única se realizarán en una fecha y local establecidos periódicamente por ella (The Church of the Nazarene Inc.).
ii. Las reuniones de los directores se llevarán a discreción de la corporación.
e. Ejecutivos de la corporación: serán seleccionados y removidos de acuerdo con los reglamentos de la subsidiaria.
f. Año fiscal: todas las subsidiarias adoptarán un año fiscal idéntico al año fiscal de The Church of the Nazarene, Inc.
g. Disolución: si se diera la disolución de la corporación, todos sus bienes serán transferidos al único miembro.
h. Constitución y reglamentos:
i. Los subsidiarios pueden establecerse por el voto de las dos terceras partes de la Junta General de la entidad única. La constitución y reglamentos están sujetos a la aprobación de la Junta General de la entidad única.
ii. Las enmiendas son propuestas por el voto de las dos terceras partes de la junta de directores de la corporación, y están sujetas a la aprobación de la Junta General de la entidad única.

O. Nazarene Publishing House

339. La misión de la Nazarene Publishing House es publicar o, en otras palabras, producir, comercializar, poseer, tener licencia, y administrar contenidos para el beneficio de la Iglesia del Nazareno y otros mercados cristianos consistentes con la misión de la iglesia. Para proteger y administrar los bienes de medios masivos de comunicación utilizados por la Iglesia del Nazareno y sus afiliados, la Iglesia del Nazareno le confía estas responsabilidades principales a la Nazarene Publishing House.

P. El Comité General de Acción Cristiana

340. Después de la Asamblea General, la Junta de Superintendentes Generales nombrará un Comité General de Acción Cristiana; uno de sus miembros será el secretario general, quien rendirá informe del trabajo del comité a la Junta General.

Los deberes del Comité General de Acción Cristiana son:

340.1. Proveer y desarrollar para nuestra membresía información constructiva con relación a asuntos como el licor, el tabaco, los narcóticos, los juegos de azar, y otros asuntos sociales y morales, en armonía con la doctrina de la iglesia, y diseminar la información en comunicaciones denominacionales.

340.2. Recalcar la santidad del matrimonio y el carácter sagrado del hogar cristiano, señalando, además, los problemas y perjuicios del divorcio. En particular, hacer hincapié en el plan bíblico para el matrimonio como un pacto para toda la vida, el cual queda nulo solamente al morir uno de los cónyuges.

340.3. Alentar a nuestra feligresía a servir en roles de liderazgo en organizaciones cívicas que trabajan por la justicia social.

340.4. Advertir a nuestra feligresía respecto a la necesidad de guardar el día del Señor; y de evitar las órdenes secretas ligadas bajo juramentos, los entretenimientos que son contrarios a la ética cristiana, y la mundanalidad de cualquier clase.

340.5. Ayudar y estimular a cada distrito a establecer un comité de acción cristiana; proveer a cada comité de distrito información y material sobre problemas morales contemporáneos para ser distribuidos en cada iglesia local.

340.6. Estar al tanto de los temas morales de importancia nacional e internacional, y presentar el punto de vista bíblico.

Q. Comité de los intereses del evangelista llamado por Dios

341. El comité acerca de los intereses del evangelista llamado por Dios se compondrá del coordinador de campañas evangelísticas, quien será presidente *ex oficio* del comité, además de cuatro evangelistas titulados y un pastor. El director de la oficina de EUA/Canadá, en consulta con el coordinador de campañas evangelísticas, presentará una lista de candidatos de parte del comité a la Junta de Superintendentes Generales; para que esta dé su aprobación y proceda al nombramiento. El comité, o la persona que este designe, entrevistará personalmente a los evangelistas comisionados que hayan sido recomendados por sus respectivas asambleas de distrito para ser designados "evangelistas titulados". Asimismo, revisará la situación de la evangelización itinerante en la Iglesia del Nazareno, y presentará recomendaciones concernientes tanto a las campañas evangelísticas como a los evangelistas, al correspondiente comité de la Junta General. Las vacantes serán cubiertas por asignación de la Junta de Superintendentes Generales, por recomendación del director de la oficina de EUA/Canadá, en consulta con el coordinador de campañas evangelísticas. (317.7, 510.3)

R. Comité Consultivo Internacional del Programa de Estudios (ICOSAC)

342. Después de la Asamblea General, el director global de Educación Global y Desarrollo Ministerial, en consulta con los coordinadores regionales de educación, presentará una lista de nominados para que sirvan en el Comité Consultivo Internacional del Programa de Estudios (ICOSAC por su sigla en inglés). Los nominados al comité pueden incluir representantes pastorales, administrativos, educadores y laicos. La composición del comité debe representar sustancialmente a la iglesia global. La Junta de

Superintendentes Generales nombrará al ICOSAC para servir durante el cuatrienio.

El ICOSAC debe reunirse no menos de una vez cada dos años en un lugar determinado por el director de Educación Global y Desarrollo Ministerial. (521.1-521.2, 521.5)

S. Concilio global de la Juventud Nazarena Internacional (JNI)

343. El ministerio juvenil de la Iglesia del Nazareno está organizado globalmente bajo los auspicios y el Estatuto de la JNI, y bajo la autoridad del superintendente general en jurisdicción para la JNI y la Junta General. La JNI global estará compuesta por los miembros, grupos locales y organizaciones distritales de la JNI alrededor del mundo. La JNI global se regirá por el Estatuto de la JNI y el plan de ministerio global de la JNI aprobado por la Asamblea General.

343.1. Se celebrará, cada cuatro años, la Convención Global de la JNI en la fecha fijada por la Junta de Superintendentes Generales en consulta con el concilio global de la JNI. La convención cuatrienal se compondrá de los miembros tal como lo designa el plan de ministerio global de la JNI. (810)

343.2. La convención deberá elegir a un presidente del concilio global de la JNI. El vicepresidente global de la JNI es elegido por el concilio global de la JNI en su primera reunión durante o después de la Asamblea General. El presidente y el vicepresidente del concilio global serán miembros *ex oficio* del concilio global de la JNI y servirán sin salario.

343.3. El concilio global de la JNI se compondrá del presidente, vicepresidente, y representación de cada región tal como se estipula en el plan de ministerio global de la JNI. El director de la JNI servirá *ex oficio* en el concilio. El concilio responde a la Junta General a través del Comité de Ministerios de la Iglesia Local y ante el superintendente general en jurisdicción para la JNI; y se conducirá bajo la autoridad del Estatuto de la JNI y del plan de ministerio global de la JNI. Los miembros del concilio global de la JNI ocuparán su cargo hasta la conclusión de la siguiente Asamblea General, cuando sus sucesores sean elegidos y acreditados. (810)

343.4. La Juventud Nazarena Internacional (JNI) global estará representada en la Junta General por el presidente del concilio global de la JNI, electo por la Asamblea General por la nominación hecha por el concilio global de la JNI. (332.4, 333.3)

343.5. La Juventud Nazarena Internacional (JNI) global será representada en la Asamblea General por el presidente del concilio global de la JNI hasta la finalización de su período. (301)

T. El concilio global de Misiones Nazarenas Internacionales (MNI)

344. El concilio global de Misiones Nazarenas Internacionales (MNI) global se compondrá del presidente global, del director global y del número de miembros prescritos y electos en conformidad con la Constitución Global de MNI.

344.1. El concilio global se regirá por la Constitución de MNI. El concilio global de MNI informará al Comité de Ministerios de la Iglesia Local de la Junta General. (811)

344.2. **Nominación y elección del director global de MNI.** El comité ejecutivo global de MNI y el superintendente general en jurisdicción conformarán el comité de búsqueda para identificar a los posibles candidatos para la posición de director global de MNI. Se presentarán hasta dos nombres de candidatos potenciales al Comité de Ministerios de la Iglesia Local de la Junta General.

El Comité de Ministerios de la Iglesia Local de la Junta General con el superintendente general en jurisdicción considerará los nombres que fueron presentados y ratificará hasta dos nombres para elección por parte de la Junta de Superintendentes Generales.

La Junta de Superintendentes Generales elegirá al director global de MNI por cédula de votación de los nombres presentados por el Comité de Ministerios de la Iglesia Local de la Junta General.

El director global de MNI será un miembro *ex oficio* del concilio global de MNI, y parte del personal de Misiones Globales.

344.3. Misiones Nazarenas Internacionales global estará representada en la Junta General por un miembro electo con ese fin por la Asamblea General, de entre nominaciones presentadas por el concilio global de MNI. (332.5, 333.4)

344.4. Se celebrará una convención cuatrienal bajo la dirección del concilio global de MNI inmediatamente antes de la reunión regular de la Asamblea General. Esta convención elegirá al concilio global de Misiones Nazarenas Internacionales de acuerdo con lo estipulado en la constitución. La convención elegirá a un presidente global, quien será miembro *ex oficio* del concilio global de Misiones Nazarenas Internacionales global. (811)

U. Juntas nacionales

345. Con la recomendación de la Junta de Superintendentes Generales, una junta nacional puede ser creada en un país cuando tal entidad sea necesaria para facilitar la misión y la estrategia de la iglesia. Una junta nacional tendrá la autoridad que le sea delegada por su director regional y las juntas consultoras de distrito fase 3 de esa nación, si las hubiese, y en consulta con el superintendente general en jurisdicción de la región, y los distritos de esa nación; para actuar en nombre de la iglesia en cumplimiento de la

estrategia regional. Puede, cuando el director regional lo crea necesario, en consulta con el superintendente general en jurisdicción de la región, ser registrada como la autoridad legal de la Iglesia del Nazareno en esa nación. Cuando dicha junta ya no fuese necesaria para el cumplimiento de la misión o el requerimiento legal, podrá ser disuelta por la Junta de Superintendentes Generales.

La membresía y estructura de cada junta nacional será aprobada por la Junta de Superintendentes Generales.

Una copia de los artículos de organización o incorporación de tal junta será archivada inmediatamente con el secretario general. Estos artículos se mantendrán al día, archivando cualquier cambio con el secretario general. Los negocios a ser tratados por la junta nacional con relación a la facilitación de la misión y estrategia de la iglesia serán conducidos en consulta con el director regional. Las actas de las reuniones anuales y extraordinarias realizadas por la junta nacional serán examinadas por el comité consultivo regional, antes de ser enviadas al secretario general para la revisión y comentario como lo determina la Junta General. (32.5)

V. La región

346. Origen y propósito. Con el crecimiento de la iglesia en todo el mundo, se ha desarrollado la agrupación de varios distritos organizados en áreas geográficas identificadas como regiones. Un conglomerado de distritos responsables ante el gobierno general de la Iglesia del Nazareno y que comparten un sentido de identificación regional y cultural podrá organizarse como una región administrativa por decisión de la Junta General y la aprobación de la Junta de Superintendentes Generales.

346.1. Reglamento regional. En conformidad con el tratamiento asimétrico de organización, la Junta de Superintendentes Generales puede, cuando lo considere necesario, y en consulta con el comité consultivo regional, estructurar regiones administrativas de acuerdo con necesidades particulares, problemas potenciales, realidades existentes y diversos trasfondos culturales y educativos en sus áreas geográficas particulares del mundo. En tales situaciones, la Junta de Superintendentes Generales establecerá un reglamento que tome en cuenta compromisos no negociables, incluyendo nuestros Artículos de Fe, el apego fiel a nuestra doctrina y vida de santidad, y el apoyo a nuestros extensos esfuerzos misioneros de evangelización.

346.2. Deberes. Los deberes principales de las regiones son:
1. Cumplir la misión de la Iglesia del Nazareno a través de áreas pioneras, distritos e instituciones establecidas;
2. Desarrollar, a nivel regional, conciencia, compañerismo y estrategias para cumplir la Gran Comisión, reuniendo

periódicamente a los representantes distritales e institucionales con el propósito de planificación, oración e inspiración;
3. Nominar a personas a la Asamblea General y convenciones globales para las elecciones a la Junta General;
4. De acuerdo con las provisiones del *Manual*, establecer y mantener escuelas, universidades u otras instituciones;
5. Tener la autorización para reclutar y evaluar, conforme al reglamento, a candidatos de la región al campo misionero (346.3);
6. Planificar reuniones del comité consultivo regional y conferencias regionales; y
7. Facilitar la creación de juntas nacionales como se estipula en los párrafos 345 y 346.3.

346.3. Comité consultivo regional (RAC por su sigla en inglés). Una región puede tener un comité consultivo regional cuyas responsabilidades serán asistir al director regional en el desarrollo de estrategias para la región; revisar y recomendar la aprobación o desaprobación de todas las actas de las juntas nacionales antes de enviarlas a la oficina del secretario general; entrevistar a candidatos al campo misionero, a fin de recomendarlos a la Junta General para ser enviados como misioneros globales; y recibir informes del director regional, de los coordinadores de estrategia de área y de los coordinadores de ministerios.

La membresía del RAC será flexible con el fin de configurarla de acuerdo con las necesidades, desarrollo y requisitos de cada región. El director regional recomendará el número de miembros del RAC al director de Misiones Globales y al superintendente general en jurisdicción para aprobación. Serán miembros *ex oficio* el superintendente general en jurisdicción de la región, el director de Misiones Globales y el director regional, que servirá como presidente. Las personas que rindan cuentas a Misiones Globales no serán candidatos para elección al RAC; pero pueden servir como personal de apoyo. Los miembros del RAC serán elegidos por cédula por el comité electoral regional en la Asamblea General. El RAC cubrirá cualquier vacante que se produzca entre asambleas generales.

El director regional, en consulta con el RAC, puede convocar una conferencia regional o una conferencia de evangelismo de área. (32.5)

346.4. El director regional. Una región puede tener un director electo por la Junta de Superintendentes Generales en consulta con el director de Misiones Globales, y ratificado por la Junta General, para trabajar en armonía con los reglamentos y prácticas de la Iglesia del Nazareno, dando liderazgo a los distritos, iglesias e instituciones de dicha región en cumplimiento de la misión, estrategias y programas de la iglesia. Previo a la reelección de un director regional, el director de Misiones Globales y el superintendente general en jurisdicción realizarán una revisión, con el consejo del RAC. Una revisión positiva constituirá una aprobación de la recomendación para la reelección. Cada director regional será responsable administrativamente ante Misiones Globales y la Junta General; y, en asuntos de jurisdicción, ante la Junta de Superintendentes Generales.

346.5. El coordinador de estrategia de área. Cuando se considere necesario, el director regional puede establecer una estructura de área en la región y recomendar al director de Misiones Globales la designación de coordinadores de estrategia de área de acuerdo con el *Manual de procedimientos y política de Misiones Globales*. Los coordinadores de estrategia de área responderán ante el director regional.

346.6. Comité consultivo regional del programa de estudios. El comité consultivo regional del programa de estudios (RCOSAC por su sigla en inglés) estará compuesto por el coordinador regional de educación, quien será presidente *ex oficio* del comité, más los representantes seleccionados en consulta con el director regional. Los miembros del comité deben representar a todas las partes interesadas en la educación ministerial (por ejemplo, pastores, administradores, educadores y laicos) para la región.

346.7. Deberes del comité consultivo regional del programa de estudios (RCOSAC). Las responsabilidades principales del RCOSAC son:
1. Elaborar la *Guía regional de desarrollo ministerial*, estipulando las normas de los requerimientos mínimos de educación hacia la ordenación en la región. La guía regional debe reflejar los requerimientos mínimos establecidos en el *Manual* y elaborados en la *Guía internacional de desarrollo ministerial*;
2. Elaborar procedimientos de validación para los programas de educación ministerial en su región, verificar si los programas regionales cumplen las normas mínimas del RCOSAC y del ICOSAC;
3. Colaborar con los proveedores de educación regional al interpretar las normas en los programas de educación ministerial;
4. Revisar los programas de educación ministerial presentados de acuerdo con las normas de la *Guía regional* y la *Guía internacional de desarrollo ministerial*;
5. Recomendar los programas de educación ministerial regionales al ICOSAC para su adopción y aprobación.

PARTE V

EDUCACIÓN SUPERIOR

LA IGLESIA Y LA UNIVERSIDAD

CONSORCIO GLOBAL DE EDUCACIÓN NAZARENA

JUNTA INTERNACIONAL DE EDUCACIÓN

I. LA IGLESIA Y LA UNIVERSIDAD

400. La Iglesia del Nazareno desde sus inicios ha dado una alta prioridad a la educación superior. La iglesia provee a la universidad estudiantes, personal administrativo y docente, así como liderazgo, apoyo financiero y espiritual. La universidad educa a los jóvenes de la iglesia y a muchos de sus adultos, los guía hacia la madurez espiritual, enriquece a la iglesia, y envía al mundo a siervos de Cristo pensantes y amorosos. Aun cuando la universidad de la iglesia no es una congregación local, es parte integral de la iglesia; es una expresión de ella.

La Iglesia del Nazareno cree en el valor y la dignidad de la vida humana y la necesidad de proveer un ambiente en el que las personas puedan ser redimidas y enriquecidas espiritual, intelectual y físicamente, "santificado, útil al Señor, y dispuesto para toda buena obra" (2 Timoteo 2:21). La tarea primaria y las expresiones tradicionales de actividad de la iglesia local (evangelismo, educación religiosa, ministerios de compasión y servicios de adoración) dan ejemplo del amor de la iglesia hacia Dios y su interés por el ser humano.

A nivel de la iglesia local, la educación cristiana de jóvenes y adultos en diversas etapas del desarrollo humano intensifica la eficacia del evangelio. Las congregaciones pueden incorporar dentro de sus objetivos y funcionamiento programas educativos de guardería/escuela en alguno o en todos los niveles, desde recién nacidos hasta la secundaria. A nivel de la iglesia general, se seguirá manteniendo la práctica de proveer instituciones de educación superior o de preparación ministerial. Dondequiera que operen tales instituciones, funcionarán dentro del marco filosófico y teológico de la Iglesia del Nazareno como lo establece la Asamblea General y como se expresa en el *Manual*.

400.1. Declaración de la misión educacional. La educación en la Iglesia del Nazareno, cimentada en los postulados bíblicos y teológicos de los movimientos wesleyano y de santidad y responsable de cumplir la misión declarada de la denominación, se propone dirigir a quienes recurren a ella a aceptar, cultivar y expresar, en servicio a la iglesia y el mundo, las ideas cristianas consistentes y coherentes en cuanto a la vida social e individual. Además, las instituciones de educación superior tratarán de proveer un currículo, calidad de instrucción y evidencia de logro académico que preparen adecuadamente a los graduados para funcionar con eficacia en las vocaciones y profesiones que ellos escojan.

400.2. Se requiere la autorización de la Asamblea General, por recomendación de la Junta Internacional de Educación, para establecer instituciones que otorguen títulos de grado.

La Junta General puede autorizar el desarrollo o cambio de nivel de instituciones existentes, por recomendación de la Junta Internacional de Educación.

Ninguna iglesia local o combinación de iglesias, ni personas que representan a una iglesia local o grupo de iglesias podrán establecer o auspiciar una institución de nivel superior al de secundaria o de capacitación ministerial a nombre de la iglesia, excepto por la recomendación de la Junta Internacional de Educación.

II. CONSORCIO GLOBAL DE EDUCACIÓN NAZARENA

401. Habrá un Consorcio Global de Educación Nazarena compuesto por el presidente, el rector, el director (o su representante designado) de cada institución de la Junta Internacional de Educación de la Iglesia del Nazareno, los coordinadores regionales de educación, el director de Educación Global y Desarrollo Ministerial, el director de Misiones Globales y el superintendente general en jurisdicción de la Junta Internacional de Educación.

III. JUNTA INTERNACIONAL DE EDUCACIÓN

402. La Junta Internacional de Educación, de aquí en adelante "IBOE" (por su sigla en inglés), será la mediadora de la iglesia general para las instituciones educativas de la Iglesia del Nazareno y proveerá orientación y supervisión según se describe a continuación.

Esta junta se compondrá de doce miembros: ocho miembros electos por la Junta General, más estos miembros *ex oficio*: los dos representantes de educación de la Junta General, el director de Misiones Globales, y el director de Educación Global y Desarrollo Ministerial. Un comité nominativo compuesto por el director de Educación Global y Desarrollo Ministerial, el director de Misiones Globales, los dos representantes de educación en la Junta General y los superintendentes generales responsables de la IBOE y Misiones Globales presentarán ocho nominados aprobados por la Junta de Superintendentes Generales a la Junta General para que esta elija.

En un esfuerzo por asegurar una amplia representación a lo largo de la iglesia, el comité nominativo presentará nominaciones de la siguiente manera: un coordinador regional de educación, tres laicos, dos ministros ordenados asignados de las regiones de Misiones Globales de donde no fue nominado el coordinador de educación y dos vocales nominados. Ninguna región de Misiones Globales tendrá más de un miembro en la Junta Internacional de Educación hasta que cada región tenga un representante. En todo el proceso nominativo y electoral, se dará atención a la elección de personas con perspectivas y/o experiencias transculturales como educadores.

Las **funciones de la Junta Internacional de Educación** son las siguientes:

402.1. Asegurarse de que las instituciones nazarenas de educación superior, de aquí en adelante "instituciones de la IBOE", estén bajo el control legal de sus juntas administrativas respectivas, cuyas constituciones y reglamentos internos se conformarán con su respectivo estatuto o reglamento de personería jurídica y estarán en armonía con las normas establecidas por el *Manual de la Iglesia del Nazareno* y la IBOE.

402.2. Asegurarse de que las juntas administrativas de instituciones de la IBOE: (1) se compongan completamente de miembros (ya sean elegidos, nombrados o *ex oficio*) que estén de acuerdo plenamente con los Artículos de Fe, la doctrina de la entera santificación y los pactos de la Iglesia del Nazareno establecidos en la version mas reciente del *Manual*; (2) tener no menos del 75% de miembros en plena comunión y activos de la Iglesia del Nazareno que no estén bajo disciplina; y (3) hasta donde sea razonablemente posible, tener igual número de ministros y laicos, a menos que las organizaciones o los organismos de acreditación y/o la legislación o reglamentación gubernamental local dispongan lo contrario. En caso de que una institución de la IBOE no pueda cumplir con uno o más de los estándares enumerados anteriormente, la institución de la IBOE informará dicha incapacidad tanto al superintendente general de su jurisdicción como al director de Educación Global y Desarrollo Ministerial.

Se espera que cada institución de la IBOE lleve a cabo un proceso exhaustivo de orientación de sus nuevos miembros de la junta; para que todos los miembros tengan claros los Artículos de Fe, la doctrina de la entera santificación y los pactos de la Iglesia del Nazareno, así como el papel y las obligaciones fiduciarias de un miembro de la junta.

402.3. Recibir los fondos que puedan otorgárseles para propósitos educativos mediante regalos, legados y donativos; y recomendar anualmente partidas de esos fondos para cada institución educacional de acuerdo con el reglamento aprobado por la Junta General. Las instituciones no seguirán recibiendo sostenimiento regular si no presentan sus normas educativas, plan de organización e informes financieros a la IBOE.

402.4. Recibir y tratar en forma apropiada un informe anual del director de Educación Global y Desarrollo Ministerial en el que se resumirá la siguiente información de todas las instituciones de la IBOE: (1) informe estadístico anual, (2) informe anual de auditoría, y (3) el presupuesto fiscal anual vigente.

402.5. Recomendar y proveer apoyo y mediación, aun cuando su función es de consulta para las instituciones, a la Junta de Superintendentes Generales y la Junta General.

402.6. Servir a la iglesia en asuntos relacionados con instituciones de la IBOE; a fin de fortalecer los lazos entre las instituciones y la iglesia en general.

402.7. Presentar sus asuntos de negocios y recomendaciones a los comités apropiados de la Junta General.

403. Todas las constituciones y reglamentos institucionales deberán incluir un artículo sobre la disolución y disposición de fondos en el que se indicará que la Iglesia del Nazareno deberá recibir tales fondos para usarlos en servicios educacionales de la iglesia.

PARTE VI

MINISTERIO Y SERVICIO CRISTIANO

LLAMAMIENTO Y CUALIDADES DEL MINISTRO

CATEGORÍAS DE MINISTERIO

FUNCIONES MINISTERIALES

EDUCACIÓN DEL CUERPO MINISTERIAL

CREDENCIALES Y REGULACIONES MINISTERIALES

I. LLAMAMIENTO Y CUALIDADES DEL MINISTRO

NOTA: El comité de redacción de *Manual*, reconociendo la validez de las primeras palabras del párrafo 500, ha intentado utilizar un lenguaje que refleja este distintivo. Sin embargo, debido a la naturaleza de esta sección del *Manual*, los términos "ministro" o "el ministro" se referirán a una persona con credenciales ya sea licenciado, ordenado o comisionado.

500. La Iglesia del Nazareno reconoce que todos los creyentes son llamados a ministrar a todos los seres humanos.

También afirmamos que Jesucristo llama a algunos hombres y mujeres a un ministerio específico y público, así como Él escogió y ordenó a sus 12 apóstoles. Cuando la iglesia, iluminada por el Espíritu Santo, reconoce un llamado divino, la iglesia respalda y asiste a personas a entrar a un ministerio de toda la vida.

501. Teología del ministerio de la mujer. La Iglesia del Nazareno apoya el derecho de las mujeres de utilizar sus dones espirituales dados por Dios en la iglesia; y afirma el derecho histórico de las mujeres a ser elegidas y asignadas a lugares de liderazgo dentro de la Iglesia del Nazareno, incluyendo los oficios de presbítero y diácono.

El propósito de la obra redentora de Cristo es liberar la creación de Dios de la maldición de la caída. Los que están "en Cristo" son nuevas criaturas (2 Corintios 5:17). En esta comunidad redentora, ningún ser humano debe ser considerado como inferior sobre la base de la condición social, raza o género (Gálatas 3:26-28).

Reconociendo la aparente paradoja creada por la instrucción de Pablo a Timoteo (1 Timoteo 2:11-12) y a la iglesia en Corinto (1 Corintios 14:33-34), creemos que interpretar estos pasajes como limitante del papel de la mujer en el ministerio presenta serios conflictos con pasajes específicos de la Escritura que ordenan la participación femenina en papeles del liderazgo espiritual (Joel 2:28-29; Hechos 2:17-18; 21:8-9; Romanos 16:1, 3, 7; Filipenses 4:2-3), y viola el espíritu y la práctica de la tradición wesleyana de santidad. Por último, es incompatible con el carácter de Dios presentado en toda la Escritura, especialmente como se revela en la persona de Jesucristo.

502. Teología de la ordenación. Aun cuando se afirma el tenor escritural del sacerdocio universal y del ministerio de todos los creyentes, la ordenación refleja la creencia bíblica de que Dios llama y otorga dones a ciertos hombres y mujeres para el liderazgo ministerial en la iglesia. La ordenación es el acto de la iglesia que autentica, autoriza, reconoce y confirma el llamado de Dios al liderazgo ministerial como mayordomos y proclamadores del evangelio y de la iglesia de Jesucristo. Consecuentemente, la ordenación testifica a la iglesia universal y al mundo entero que el candidato da evidencia de una vida ejemplar de santidad; que posee dones y virtudes para el ministerio público; que tiene sed por el conocimiento, especialmente de la Palabra de Dios; y tiene la capacidad de comunicar sana doctrina.

(Hechos 13:1-3; 20:28; Romanos 1:1-2; 1 Timoteo 4:11-16; 5:22; 2 Timoteo 1:6-7)

502.1. La Iglesia del Nazareno depende en gran parte de las cualidades espirituales, el carácter y la manera de vivir de sus ministros. (530.17)

502.2. El ministro del evangelio en la Iglesia del Nazareno debe tener paz para con Dios por medio de nuestro Señor Jesucristo y ser enteramente santificado por el bautismo con o la llenura del Espíritu Santo. El ministro debe tener un profundo amor por los pecadores, creyendo que están pereciendo; y un llamado a proclamar la salvación.

502.3. El ministro de Cristo debe ser ejemplo a la iglesia: puntual, discreto, diligente, sincero, y en pureza, entendimiento, paciencia, amabilidad, amor y verdad por el poder de Dios (2 Corintios 6:6-7).

502.4. Además, el ministro debe sentir profundamente la necesidad de que los creyentes sigan adelante a la perfección y que desarrollen las virtudes cristianas en la vida práctica, para que su "amor abunde aún más y más en conocimiento y en toda comprensión" (Filipenses 1:9 RVR95). El que desea ministrar en la Iglesia del Nazareno debe tener un profundo aprecio tanto por la salvación como por la ética cristiana.

502.5. El ministro debe responder a oportunidades de servir como mentor a futuros ministros y de cultivar el llamado al ministerio.

502.6. El ministro debe tener tanto dones como virtudes para la obra. Debe tener sed de conocimiento, especialmente de la Palabra de Dios; criterio sano, buen entendimiento, y conceptos claros acerca del plan de redención y salvación como lo revelan las Sagradas Escrituras. Los santos serán edificados y los pecadores convertidos por su ministerio. Además, el ministro del evangelio en la Iglesia del Nazareno debe ser un ejemplo en la oración.

II. CATEGORÍAS DE MINISTERIO

A. El ministerio laico

503. Todos los creyentes deben considerarse ministros de Cristo y buscar la voluntad de Dios respecto a vías apropiadas de servicio. (500)

503.1. La Iglesia del Nazareno reconoce el ministerio de los laicos. También reconoce que estos pueden servir a la iglesia en diferentes capacidades (Efesios 4:11-12). La iglesia reconoce las siguientes funciones de servicio en las cuales una asamblea de distrito puede solicitar a un laico: pastor, evangelista, misionero, maestro, administrador, capellán y servicio especial. Es normal que la capacitación para laicos sea requerida o muy deseada, para cumplir con estas categorías. (605.3)

503.2. Ministro laico. Cualquier miembro de la Iglesia del Nazareno que se sienta llamado a servir como plantador de iglesias, como pastor bivocacional, maestro, evangelista, evangelista laico de canto, ministro de mayordomía, personal ministerial de una iglesia y/o algún otro ministerio especializado dentro de la iglesia; pero que en el presente no siente un llamamiento especial a ser un ministro ordenado, puede seguir un programa de estudios que lo capacite para recibir un certificado de ministerio laico.

503.3. La junta de la iglesia, previa recomendación del pastor, examinará al ministro laico respecto a su experiencia personal de salvación, participación efectiva en los ministerios de la iglesia y conocimiento de la obra de la iglesia, hasta estar satisfecha con las aptitudes del ministro laico para dicho ministerio.

503.4. La junta de la iglesia podrá extender a cada candidato a ministro laico un certificado firmado por el pastor y el secretario de la junta de la iglesia.

503.5. El certificado de ministro laico puede ser renovado anualmente por la junta de la iglesia luego de la recomendación del pastor, si el ministro laico completó por lo menos dos materias en el programa ministerial de educación para laicos, como lo estipula la oficina de Capacitación Continua para Laicos (CLT por su sigla en inglés) o equivalente. El ministro laico presentará un informe anual a la junta de la iglesia.

503.6. Al ministro laico que sirva bajo asignación del distrito como fundador de iglesias, pastor suplente, pastor bivocacional y/o en otro ministerio especializado, después de completar el programa de estudios requerido, la junta consultora de distrito podrá extenderle un certificado de ministerio laico firmado por el superintendente de distrito y el secretario de la junta consultora de distrito. El certificado de ministerio laico podrá ser renovado anualmente por la junta consultora de distrito previa recomendación del superintendente de distrito.

503.7. El ministro laico que sirva fuera de la iglesia local de la que es miembro estará sujeto a la asignación y supervisión del superintendente de distrito y la junta consultora de distrito, a quienes presentará un informe anual. Cuando termine la asignación del distrito, se remitirá de nuevo a la iglesia local de la que el ministro laico es miembro para la renovación de su licencia y presentación de informes.

503.8. Después de completar un programa validado de estudios de ministro laico, el ministro laico procederá a concentrarse en el área de especialización de estudio acorde al ministerio que haya seleccionado por una oficina de capacitación continua para laicos.

503.9. El ministro laico no podrá administrar los sacramentos del Bautismo y la Santa Cena, ni oficiar en matrimonios.

B. El ministerio del cuerpo ministerial

504. La Iglesia del Nazareno reconoce solo una orden del ministerio de predicación, la de presbítero. También reconoce que el miembro del cuerpo ministerial que se prepara para la ordenación puede servir a la iglesia en diversas capacidades. Cristo llamó a algunos a ser "apóstoles; a otros, profetas; a otros, evangelistas; a otros, pastores y maestros, a fin de perfeccionar a los santos para la obra del ministerio, para la edificación del cuerpo de Cristo" (Efesios 4:11-12). La iglesia reconoce las siguientes categorías de servicio en las que una asamblea de distrito puede colocar a un presbítero, un diácono o, según las circunstancias lo permitan, a un ministro licenciado: pastor, evangelista, misionero, maestro, administrador, capellán y servicio especial. El servicio dentro de estas categorías que califica a la persona como "ministro asignado" incluiría aquel servicio para el cual se requiere normalmente, o se desea en gran medida, la capacitación ministerial y la ordenación. La *Guía regional de desarrollo ministerial* proveerá directrices para cada categoría de ministerio que ayudarán a las juntas de distrito a identificar los requisitos necesarios para considerar si una persona puede ser ministro asignado. Solo los ministros asignados serán miembros votantes de la asamblea de distrito.

504.1. Todas las personas asignadas a una función particular deberán presentar un informe anual a la asamblea de distrito que las asignó.

504.2. Todas las personas asignadas a una función particular podrán solicitar y obtener anualmente de ese distrito un certificado de su función de servicio, firmado por el superintendente de distrito y el secretario de distrito.

504.3. Todas las personas asignadas a una función particular de ministerio a quienes una autoridad médica reconocida declare incapacitadas podrán ser inscritas en la lista de ministros como "asignado incapacitado".

III. FUNCIONES MINISTERIALES

505. **Las funciones ministeriales** son:

506. **El administrador.** El administrador es un presbítero o diácono que ha sido elegido por la Asamblea General como un oficial general; o un miembro del cuerpo ministerial que ha sido elegido o empleado por la Junta General para servir en la iglesia general. Un administrador puede ser un presbítero que ha sido elegido por la asamblea de distrito como superintendente de distrito; o un

miembro del cuerpo ministerial que ha sido elegido o empleado cuya asignación principal es la de servir en un distrito. Dicha persona es un ministro asignado.

507. El capellán. El capellán es un ministro ordenado que siente un llamado divino al ministerio especializado de la capellanía militar, institucional o industrial. Todos los ministros que deseen servir en la capellanía deben ser aprobados por su superintendente de distrito. Un ministro ordenado que sirva en la capellanía como su asignación principal será un ministro asignado, y deberá informar anualmente a la asamblea de distrito y tener debidamente en cuenta al superintendente de distrito y a la junta consultora de distrito. El capellán podrá recibir miembros asociados en la Iglesia del Nazareno, en consulta con una Iglesia del Nazareno oficialmente organizada; podrá administrar los sacramentos de acuerdo con el *Manual*; dar cuidado pastoral; consolar a los afligidos; amonestar; animar y procurar por todos los medios la conversión de los pecadores; la santificación de los creyentes; y la edificación del pueblo de Dios en la santísima fe. (128, 530.9, 530.13)

508. La diaconisa. Una mujer, que en los años anteriores a 1985 haya recibido licencia de distrito o haya sido consagrada como diaconisa, podrá continuar en esa categoría. (115.9, 139.15, 503.2-503.9)

509. El educador. El educador es un presbítero, diácono, o ministro licenciado empleado como miembro del personal administrativo o de la facultad de una de las instituciones de la IBOE. El distrito designará a tal persona como educador en lo que se refiere a su asignación ministerial. (400.2, 905)

510. El evangelista. El presbítero o ministro licenciado evangelista es aquel que se dedica a viajar predicando el evangelio, y a quien la iglesia ha autorizado para promover campañas y extender el evangelio de Jesucristo en todas partes. La Iglesia del Nazareno reconoce tres niveles de evangelismo itinerante a los cuales una asamblea de distrito puede asignar ministros: evangelista registrado, evangelista comisionado y evangelista titular. El evangelista que se dedica al evangelismo fuera de su iglesia local, como asignación principal, y que no tiene relación de jubilado con la iglesia ni con alguno de sus departamentos o instituciones, será un ministro asignado.

510.1. Un evangelista registrado es un presbítero o un ministro licenciado de distrito que ha expresado el deseo de dedicarse al evangelismo como su ministerio principal. Su registro tendrá vigencia por un año. La renovación del mismo, por asambleas de distrito subsecuentes, se otorgará según la calidad y la cantidad del trabajo en el evangelismo durante el año anterior a la asamblea.

510.2. Un evangelista comisionado es un presbítero que ha llenado todos los requisitos de evangelista registrado por dos años completos. La comisión tiene vigencia por un año y podrá ser renovada por asambleas de distrito subsecuentes, si el ministro sigue llenando los requisitos.

510.3. Un evangelista titular es un presbítero que ha llenado todos los requisitos de un evangelista comisionado por cuatro años completos y consecutivos inmediatamente antes de solicitar la condición de evangelista titular, y que ha sido recomendado por la junta distrital de credenciales ministeriales o la junta distrital de ministerio y aprobado por el comité del evangelista llamado por Dios y la Junta de Superintendentes Generales. Esta designación de ministerio tendrá vigencia hasta el momento en que el evangelista deje de llenar los requisitos de un evangelista comisionado o hasta que se le otorgue la relación de jubilado. (231.2, 528)

510.4. Una autoevaluación regular y una revisión semejante a la revisión de la relación de la iglesia con el pastor será realizada conjuntamente por el evangelista y el superintendente de distrito por lo menos cada cuatro años, después de que el evangelista sea elegido para este rol. El superintendente de distrito será responsable de fijar la fecha y dirigir la reunión. Esta reunión se convocará en consulta con el evangelista. Al completar la revisión, se deberá enviar un informe de los resultados al comité sobre los intereses del evangelista llamado por Dios; para evaluar si sigue llenando los requisitos y así continuar aprobado. (211.21)

510.5. Un presbítero o ministro licenciado que tiene relación de jubilado con la iglesia o cualquiera de sus departamentos, y que desea desempeñar una función ministerial por medio de campañas o reuniones evangelísticas, puede recibir el certificado de "jubilado en servicio de evangelismo". Dicho certificado será válido por un año, se otorgará por voto de la asamblea de distrito previa recomendación del superintendente de distrito, y podrá ser renovado por asambleas de distrito subsecuentes con base en el trabajo de evangelismo durante el año anterior a la asamblea.

510.6. Un presbítero o ministro licenciado que desee entrar en el campo del evangelismo entre asambleas de distrito podrá ser reconocido por la oficina de Educación Global y Desarrollo Ministerial, previa recomendación del superintendente de distrito. El registro o comisión se hará por voto de la asamblea de distrito, previa recomendación del superintendente de distrito.

510.7. Las directrices y procedimientos para la certificación de las funciones de los evangelistas se especificarán en la *Guía regional de desarrollo ministerial*.

511. El ministro de educación cristiana. Un miembro del cuerpo ministerial empleado en calidad de ministro en un programa de educación cristiana de una iglesia local podrá ser asignado como ministro de educación cristiana.

511.1. La persona que durante los años anteriores a 1985 recibió licencia o comisión de ministro de educación cristiana podrá continuar en esa categoría. Sin embargo, las personas que deseen iniciar el proceso para llegar a ser ministros de educación cristiana pueden llenar los requisitos de ordenación para la orden de diácono como su credencial para este ministerio.

512. El ministro de música. Si un miembro de la Iglesia del Nazareno se siente llamado al ministerio de la música; podrá ser comisionado como ministro de música por un año por la asamblea de distrito, siempre y cuando:
1. Haya sido recomendado para tal cargo por la junta de la iglesia de la que es miembro;
2. Dé evidencia de gracia, dones e idoneidad;
3. Haya tenido por lo menos un año de experiencia en el ministerio de la música;
4. Haya tenido no menos de un año de estudio vocal bajo un maestro acreditado y esté inscrito en un programa de estudios, o su equivalente, prescrito para ministros de música o haya completado el mismo;
5. Funja regularmente como ministro de música;
6. Haya sido examinado cuidadosamente, bajo la dirección de la asamblea de distrito dentro de los linderos del distrito del cual es miembro dicha persona, respecto a sus cualidades intelectuales y espirituales y su aptitud general para ese cargo. (205.11)

512.1. Solo aquellas personas que continúen en este ministerio como su asignación y vocación primordial y tengan credenciales ministeriales serán consideradas ministros asignados.

513. El misionero. El misionero es un miembro del cuerpo ministerial o un laico que ministra en la iglesia bajo la supervisión de Misiones Globales. El misionero designado y con credencial ministerial será considerado un ministro asignado.

514. El pastor. Un pastor es un presbítero o un ministro licenciado en preparación para la ordenación como presbítero, quien bajo el llamado de Dios y su pueblo, tiene la responsabilidad de supervisar una iglesia local. El pastor de una iglesia local es un ministro asignado. Para los deberes de un pastor, véanse los párrafos 124-125.15. (117, 124-131, 213, 525.4)

515. El servicio pastoral es el ministerio de un pastor en una función de pastor asociado, quien sirve en áreas especializadas de ministerio, reconocidas y aprobadas por las agencias apropiadas que conceden y acreditan licencias. Un miembro del cuerpo ministerial llamado a alguno de estos niveles de servicio pastoral, con relación a una iglesia, puede ser considerado ministro asignado.

516. Pastor suplente. Un superintendente de distrito tendrá la facultad de designar un pastor suplente, quien servirá sujeto a las siguientes regulaciones:
1. El pastor suplente podrá ser un miembro nazareno del cuerpo ministerial que sirve en otra asignación, un ministro local o un ministro laico de la Iglesia del Nazareno, un ministro en proceso de traslado de otra denominación o un ministro que pertenece a otra denominación.
2. El pastor suplente será designado temporalmente para predicar y proveer un ministerio espiritual; pero no tendrá autoridad para administrar los sacramentos ni celebrar matrimonios a menos que se le confiera tal autoridad sobre otras bases, ni desempeñará la función administrativa del pastor, excepto en la presentación de informes, a menos que el superintendente de distrito lo autorice para ello.
3. La membresía de la iglesia de un pastor suplente no será transferida automáticamente a la iglesia en la cual está sirviendo.
4. Un pastor suplente será miembro no votante de la asamblea de distrito, a menos que sea miembro votante por algún otro derecho.
5. Un pastor suplente podrá ser removido o sustituido en cualquier momento por el superintendente de distrito.

517. Pastor de congregación asociada (PAC por su sigla en inglés). Un presbítero o ministro licenciado de distrito a cargo de una congregación asociada será un ministro asignado y pudiera ser designado por el distrito como "pastor de congregación asociada". (100.3)

518. Pastor interino. Un presbítero puede ser aprobado por la asamblea de distrito como interino asignado del distrito (DIA por su sigla en inglés) por recomendación del superintendente de distrito y por la junta consultora de distrito, y servirá cuando sea llamado por el superintendente de distrito y una junta local. (212.1)

519. El evangelista de canto. El evangelista de canto es un miembro de la Iglesia del Nazareno que tiene la intención de dedicar la mayor parte de su tiempo al ministerio del evangelismo por medio de la música. El evangelista de canto con credencial ministerial, que participa en un ministerio activo y en el evangelismo como asignación primordial y quien no mantiene una relación de jubilado con la iglesia o con alguno de sus departamentos o instituciones, será un ministro asignado.

519.1. Las directrices y los procedimientos para la certificación de las funciones de los evangelistas de canto se incluyen en la *Guía regional de desarrollo ministerial*.

520. Servicio especial. Un miembro del cuerpo ministerial en servicio activo para el cual no se ha hecho provisión será asignado al servicio especial, si dicho servicio es aprobado por la asamblea de distrito, y será incluido en la lista del distrito como ministro asignado. Se requiere que las personas asignadas al servicio especial mantengan relación con la Iglesia del Nazareno y que entreguen anualmente por escrito a la junta consultora de distrito y a la junta distrital de credenciales ministeriales cuál es la naturaleza de su conexión con la Iglesia del Nazareno.

520.1. Un miembro del cuerpo ministerial que es empleado en un ministerio como oficial de una organización relacionada con la iglesia y que está al servicio de ella, o que es aprobado previa evaluación cuidadosa de su junta consultora de distrito y asamblea de distrito para servir en una institución educativa, evangelística u organización misionera no relacionada directamente con la iglesia, podrá ser designado para un servicio especial sujeto a lo estipulado en el párrafo 530.13.

520.2. La junta consultora de distrito, previa recomendación del superintendente del distrito, podrá designar para un servicio especial a un miembro del cuerpo ministerial que esté disponible entre asignaciones por un corto período o que tenga un permiso de ausencia.

IV. EDUCACIÓN DEL CUERPO MINISTERIAL

A. Fundamentos educativos para el ministro ordenado

521. La educación ministerial está diseñada para ayudar en la preparación de ministros llamados por Dios, cuyo servicio es vital para la expansión y extensión del mensaje de santidad en nuevas áreas de oportunidad evangelística. Reconocemos la importancia de una comprensión clara de nuestra misión "hacer discípulos semejantes a Cristo en las naciones", basada en la comisión de Cristo a su iglesia en Mateo 28:19-20, cuando dijo: "id, y haced discípulos". La mayor parte de la preparación es primordialmente de carácter bíblico y teológico, y conduce hacia la ordenación en el ministerio de la Iglesia del Nazareno.

521.1. La Iglesia del Nazareno alrededor del mundo ha establecido una variedad de instituciones y programas educativos para proveer los fundamentos educativos para el ministerio. Los recursos de algunas áreas globales permiten el desarrollo de más de un programa. Se espera que cada estudiante aproveche el programa validado de estudios ministeriales más apropiado provisto por la iglesia en su respectiva área mundial. De no ser factible, la iglesia usará tanta flexibilidad como sea posible para preparar a todas las personas llamadas por Dios al ministerio en la iglesia, sujetándose a las disposiciones establecidas en la *Guía regional de desarrollo ministerial*. (522.2)

521.2. Cuando un ministro con licencia culmine satisfactoriamente un programa validado de estudios ministeriales, la institución educativa le expedirá un certificado de culminación de dichos estudios. El ministro con licencia deberá presentar el certificado de culminación de estudios a la junta distrital de estudios ministeriales o la junta de ministerio. (233.4)

521.3. Áreas generales del currículo para la preparación ministerial. Aunque el concepto de currículo con frecuencia se asocia solamente con programas académicos y contenido de cursos; en realidad, abarca mucho más. El carácter del instructor, la relación de los estudiantes con el instructor, el ambiente y las experiencias previas de los estudiantes se ligan al contenido del curso en la creación plena del currículo. No obstante, un currículo para la preparación ministerial habrá de incluir un conjunto mínimo de cursos que suplan los fundamentos educativos para el ministerio. Las diferencias culturales y la variedad de recursos requerirán detalles en las estructuras curriculares que respondan a esas diferencias. Sin embargo, todos los programas que suplan los fundamentos educativos para la ordenación al ministerio y que buscan aprobación de la oficina de Educación Global y Desarrollo Ministerial deben dar atención cuidadosa a su contenido, capacidades, carácter y contexto. El propósito de un programa validado de estudios es que contenga los cuatro elementos, en mayor o menor grado, y que ayude a los ministros a cumplir con la declaración de misión de la Iglesia del Nazareno, según ha sido acordada por la Junta de Superintendentes Generales y que dice:

La misión de la Iglesia del Nazareno es "hacer discípulos semejantes a Cristo en las naciones".

El objetivo primordial de la Iglesia del Nazareno es llevar adelante el reino de Dios por medio de la preservación y propagación de la santidad cristiana como lo establecen las Escrituras.

Los objetivos críticos de la Iglesia del Nazareno son "la santa comunión cristiana, la conversión de los pecadores, la entera santificación de los creyentes, su edificación en la santidad y la simplicidad y poder espiritual manifestados en la iglesia primitiva del Nuevo Testamento, junto con la predicación del evangelio a toda criatura". (Prólogo, preámbulo a la Constitución de la iglesia, 19)

Las siguientes categorías describen un programa validado de estudios:

- *Contenido.* El conocimiento del contenido del Antiguo y Nuevo Testamentos, la teología de la fe cristiana, y la historia y misión de la iglesia es esencial para el ministerio. El conocimiento de cómo interpretar las Escrituras, la doctrina de la santidad y nuestros distintivos wesleyanos, y la historia y

política de la Iglesia del Nazareno deberán estar incluidos en estos cursos.
- *Capacidades*. Las destrezas en la comunicación oral y escrita, en administración y liderazgo, en finanzas y en pensamiento analítico son también esenciales para el ministerio. En adición a la educación general en estas áreas, se incluirán cursos que proveen destrezas en la predicación, el cuidado y la consejería pastoral, exégesis bíblica, la adoración, el evangelismo efectivo, la mayordomía bíblica integral, la educación cristiana y la administración eclesiástica. Para graduar del programa de estudios, se requiere un trabajo en compañerismo entre la institución que provee la educación y la iglesia local, de forma tal que se guíe a los estudiantes en sus prácticas ministeriales y en el desarrollo de sus capacidades.
- *Carácter*. El crecimiento personal en carácter, ética, espiritualidad, y relaciones personales y familiares es vital para el ministerio. Habrá, pues, de incluirse cursos referentes a las áreas de ética cristiana, formación espiritual, desarrollo humano, la persona del ministro, y la dinámica del matrimonio y la familia.
- *Contexto*. El ministro tendrá que entender el contexto tanto histórico como contemporáneo, e interpretar la visión del mundo y el ambiente social de la cultura en la que la iglesia da testimonio. Debe incluirse, por lo tanto, cursos que traten con lo concerniente a la antropología y la sociología, la comunicación transcultural, las misiones y los estudios sociales.

521.4. La preparación para la ordenación al ministerio recibida en instituciones educativas no nazarenas o bajo auspicios no nazarenos será evaluada por la junta distrital de estudios ministeriales, en conformidad con los requisitos curriculares establecidos en una *Guía regional de desarrollo ministerial*.

521.5. Todos los cursos, requisitos académicos y regulaciones administrativas oficiales estarán incluidos en una guía regional desarrollada por la región/grupo lingüístico en cooperación con la oficina de Educación Global y Desarrollo Ministerial. Esta guía regional y las revisiones que sean necesarias deberán ser respaldadas por el Comité Consultivo Internacional del Programa de Estudios (ICOSAC por su sigla en inglés), y aprobadas por la oficina de Educación Global y Desarrollo Ministerial, la Junta General y la Junta de Superintendentes Generales. La guía regional debe estar en conformidad con el *Manual* y con la *Guía internacional de desarrollo ministerial*, producida por la oficina de Educación Global y Desarrollo Ministerial conjuntamente con el Comité Consultivo Internacional del Programa de Estudios. El Comité Consultivo Internacional del Programa de Estudios será nombrado por la Junta de Superintendentes Generales. (346.7)

MINISTERIO Y SERVICIO CRISTIANO 175

521.6. Un ministro, habiendo cumplido los requisitos de un programa validado de estudios para el ministerio, mantendrá un patrón de aprendizaje para toda la vida que resalte el ministerio para el que Dios lo ha llamado. Una expectativa mínima consiste en 20 horas de aprendizaje cada año determinado por la región o grupo lingüístico, y por su *Guía regional de desarrollo ministerial*. Todos los ministros licenciados y ordenados, con asignación y sin asignación, deberán informar su progreso en un programa de aprendizaje para toda la vida como parte de su informe a la asamblea de distrito. Un informe actualizado de su programa de aprendizaje para toda la vida se usará en el proceso de revisión de la relación de la iglesia con el pastor y en el proceso de llamamiento de un pastor. La guía regional de una determinada región/grupo lingüístico contendrá los detalles relacionados al proceso de acreditación y de informe. (233.6)

521.7. Al no cumplir estos requisitos de aprendizaje para toda la vida por más de dos años consecutivos, se exigirá al ministro ordenado que se reúna con la junta distrital de estudios ministeriales en su reunión regular. La junta distrital de estudios ministeriales dará dirección al ministro para completar dichos requisitos. (117, 124.11, 133, 530.18)

B. Adaptaciones culturales de los fundamentos educativos para ministros ordenados

522. La variedad de contextos culturales alrededor del mundo no permite que un solo currículo sea apropiado para todas las áreas globales. Cada región del mundo desarrollará requisitos curriculares específicos que proporcionen los fundamentos educativos para el ministerio, de tal forma que se adapten a los recursos y expectativas de esa área del mundo. Antes de la implementación de un programa diseñado regionalmente, se requerirá la aprobación del Comité Consultivo Internacional del Programa de Estudios, la Junta General y la Junta de Superintendentes Generales. Aun dentro de las regiones globales, hay diversidad de recursos y expectativas culturales. Por lo tanto, la flexibilidad y sensibilidad cultural deben caracterizar a las adecuaciones regionales para los fundamentos educacionales del ministerio, lo cual será dirigido y supervisado por la junta distrital de estudios ministeriales tal y como se describe en los párrafos 233-234.1. La oficina de Educación Global y Desarrollo Ministerial y el Comité Consultivo Internacional del Programa de Estudios, en consulta con el coordinador regional de educación, aprobarán las adaptaciones culturales del programa de cada región para suplir los fundamentos educativos para el ministerio. (521.5)

522.1. Un programa validado de estudios, junto con los procedimientos necesarios para su conclusión, para aquellos que deseen la credencial de presbítero y diácono o certificaciones en categorías y roles de ministerio, se encuentran en la *Guía regional de desarrollo ministerial*.

522.2. Todos los programas validados de estudios se regirán por la *Guía regional de desarrollo ministerial*. (521.2-521.3, 521.5)

V. CREDENCIALES Y REGULACIONES MINISTERIALES

A. El ministro local

523. Un ministro local es un miembro laico de la Iglesia del Nazareno a quien la junta de la iglesia le ha extendido licencia para el ministerio, bajo la dirección del pastor y según se presente la oportunidad, haciendo provisión así para la demostración, el empleo y el desarrollo de los dones e idoneidad ministeriales. Esta persona comienza así un proceso de aprendizaje para toda la vida.

523.1. Cualquier miembro de la Iglesia del Nazareno que tenga el llamado de Dios a predicar o a dedicar su vida al ministerio a través de la iglesia puede recibir licencia de ministro local por un año, la cual le extenderá la junta de una iglesia local cuyo pastor sea ministro ordenado, previa recomendación del pastor; o por la junta de una iglesia local cuyo pastor no sea un ministro ordenado, si se recibe la recomendación del pastor y la aprobación del superintendente de distrito para conceder dicha licencia. El candidato debe primero pasar un examen sobre su experiencia personal de salvación, su conocimiento de las doctrinas de la Biblia y reglamentos de la iglesia; debe demostrar, además, que su llamamiento se evidencia por su gracia, dones e idoneidad. Él o ella deberá pasar por una revisión de antecedentes realizada por la iglesia local. El ministro local rendirá un informe a la iglesia local en su reunión anual. (115.9, 139.12, 211.12)

523.2. La junta de la iglesia otorgará a cada ministro local una licencia firmada por el pastor y el secretario de la junta de la iglesia. Cuando una iglesia tenga como pastor suplente a alguien que no tenga licencia de distrito, la junta consultora de distrito podrá extenderle licencia de ministro local o renovar dicha licencia por recomendación del superintendente de distrito. (211.12, 225.13)

523.3. La licencia de un ministro local puede ser renovada por la junta de una iglesia local cuyo pastor sea presbítero, previa recomendación del pastor, o por la junta de una iglesia local cuyo pastor no sea presbítero, siempre y cuando la renovación de esa licencia sea recomendada por el pastor y aprobada por el superintendente de distrito. (139.12, 211.12)

523.4. Los ministros locales seguirán el programa de estudios para ministros bajo la dirección de la junta distrital de estudios ministeriales. La licencia local no se renovará después de dos años sin la aprobación escrita del superintendente de distrito si el ministro local no ha completado satisfactoriamente por lo menos dos materias del programa de estudios.

523.5. Un ministro local, habiendo servido con una licencia local por lo menos un año y habiendo sido aprobado en los estudios necesarios, puede ser recomendado por la junta de la iglesia a la asamblea de distrito para recibir una credencial de ministro licenciado; pero si no la recibe, mantendrá la relación anterior. (139.12, 521, 524.1)

523.6. Todo ministro local que haya sido designado como pastor suplente deberá contar con la aprobación de la junta distrital de credenciales ministeriales o la junta distrital de ministerio si ha de continuar su servicio después de la asamblea de distrito que sigue a la fecha de su designación. (212, 231.5, 516)

523.7. El ministro local no podrá administrar los sacramentos del Bautismo y la Santa Cena, ni oficiar matrimonios. (524.7)

B. El ministro licenciado

524. El ministro licenciado es aquel cuyo llamamiento y dones ministeriales han sido reconocidos formalmente por la asamblea de distrito concediéndole licencia como ministro. La licencia de distrito lo autoriza para servir en una esfera de servicio más amplia y le concede mayores derechos y responsabilidades que los del ministro local, como paso normal hacia la ordenación como presbítero o diácono. La licencia ministerial de distrito incluirá una declaración que indique si el ministro se prepara para la ordenación como presbítero o diácono o para una licencia de distrito que no conduzca a la ordenación. (524.7)

524.1. Cuando haya miembros en la Iglesia del Nazareno que reconozcan un llamamiento al ministerio para toda la vida, la asamblea de distrito puede concederles licencia como ministros, siempre y cuando:

1. Hayan tenido licencia como ministros locales por un año entero;
2. Que hayan completado la cuarta parte del programa validado de estudios de ordenación para ministros, y puedan demostrar aprecio, comprensión, y aplicación del *Manual* y la historia de la Iglesia del Nazareno, y de la doctrina de la santidad, al completar exitosamente las porciones relacionadas del programa validado de estudios para ministros;
3. Que hayan sido recomendados para la obra por las juntas de las iglesias de las cuales son miembros, y que con cada recomendación se adjunte la solicitud para credencial de ministro licenciado de distrito cuidadosamente contestada;
4. Que den evidencias de virtudes, dones e idoneidad;

5. Que hayan sido examinados cuidadosamente, bajo la dirección de la asamblea de distrito en la que tengan su afiliación como miembros de la iglesia, acerca de sus aptitudes espirituales e intelectuales y su idoneidad para tal obra, incluyendo la investigación apropiada de antecedentes como lo determine la junta consultora de distrito;
6. Que hayan prometido proseguir inmediatamente un programa validado de estudios prescrito para ministros licenciados y candidatos para la ordenación;
7. Que cualquier descalificación que les haya impuesto una asamblea de distrito haya sido anulada por medio de una explicación escrita del superintendente de distrito y de la junta consultora de distrito donde fueron descalificados; y siempre y cuando su relación matrimonial no impida que califiquen para recibir la licencia de distrito o la ordenación; y
8. En caso de haber un divorcio previo y un nuevo matrimonio, la recomendación de la junta distrital de credenciales ministeriales o de la junta distrital de ministerio, junto con documentos de apoyo, serán entregados a la Junta de Superintendentes Generales la cual podrá declarar que tal situación no es obstáculo para obtener la licencia.

El ministro debe haber completado el equivalente a una cuarta parte del currículum del programa validado de estudios para el ministerio en la Iglesia del Nazareno. La junta distrital de credenciales ministeriales o la junta distrital de ministerio puede hacer excepciones a este requisito, siempre y cuando el candidato esté pastoreando una iglesia organizada y esté inscrito en un programa de estudios aprobado y esté cumpliendo anualmente con monto mínimo de estudios requeridos por el *Manual* para la renovación de una licencia, y siempre que el superintendente de distrito apruebe tal excepción.

En el caso donde una verificación de antecedentes revele conducta criminal antes de la salvación, este hecho no debe interpretarse por la junta distrital de credenciales ministeriales o la junta distrital de ministerio como razón para excluir automáticamente al solicitante, excepto bajo las disposiciones del párrafo 532.9. (139.14, 207.4, 523.5)

524.2. Los ministros licenciados de otras denominaciones evangélicas que deseen unirse a la Iglesia del Nazareno pueden recibir licencia como ministros, concedida por la asamblea de distrito, siempre y cuando presenten las credenciales extendidas por la otra denominación a la cual han estado afiliados; y además demuestren que:
1. Han cursado estudios equivalentes a por lo menos a un cuarto del programa de estudios prescrito por la Iglesia del Nazareno para ministros locales y puedan demostrar aprecio,

comprensión y aplicación del *Manual* y la historia de la Iglesia del Nazareno, y de la doctrina de la santidad, al completar exitosamente las porciones relacionadas del programa validado de estudios ministeriales;
2. Han sido recomendados por la junta de la iglesia de la cual son miembros;
3. Dan evidencia de gracia, dones e idoneidad;
4. Han sido examinados cuidadosamente, bajo la dirección de la asamblea de distrito, acerca de sus aptitudes espirituales e intelectuales, y su idoneidad para la obra;
5. Han prometido proseguir inmediatamente un programa de estudios prescrito para ministros licenciados y candidatos para la ordenación;
6. Si hubieren tenido alguna descalificación impuesta por una asamblea de distrito o su equivalente, esta haya sido anulada por medio de una explicación escrita del superintendente de distrito o su equivalente, y de la junta consultora de distrito o su equivalente de los distritos donde la descalificación tuvo lugar; y siempre y cuando, su relación matrimonial no impida que califiquen para recibir la licencia de distrito; y
7. En caso de haber un divorcio previo, la recomendación de la junta distrital de credenciales ministeriales o la junta distrital de ministerio, junto con los documentos de apoyo, serán entregados a la Junta de Superintendentes Generales quien podrá remover la barrera para la búsqueda de una licencia. (524.1)

524.3. La licencia de un ministro termina al final de la siguiente asamblea de distrito. Puede ser renovada por voto de la asamblea de distrito, siempre y cuando el candidato:
1. Presente a la asamblea de distrito la solicitud para credencial de ministro licenciado de distrito;
2. Haya terminado con calificación aprobatoria por lo menos dos materias en un programa validado de estudios; y
3. Haya sido recomendado por la junta de la iglesia de la cual es miembro, para que sea renovada su licencia, previa recomendación del pastor.

La junta distrital de credenciales ministeriales o la junta distrital de ministerio podrá recomendar la renovación de una licencia de distrito cuando un candidato no haya obtenido una calificación aprobatoria en un curso perteneciente a un programa validado de estudios, únicamente tras la aprobación de la explicación escrita del candidato, sujeta a las disposiciones aplicables de la *Guía regional de desarrollo ministerial*. La asamblea de distrito, por alguna causa y a su discreción, podrá votar contra la recomendación de renovación de licencia de un ministro.

A los ministros licenciados que se hayan graduado de un programa validado de estudios y que hayan sido clasificados como jubilados por la asamblea de distrito, con la recomendación de la junta consultora de distrito, se les renovarán sus licencias sin que presenten una solicitud para licencia de ministro. (205.5)

524.4. A fin de calificar para la ordenación, los candidatos deben haberse graduado de un programa validado de estudios dentro de los 10 años siguientes a la fecha en que se les extendió su primera licencia de distrito. Cualquier excepción, debido a circunstancias muy singulares, puede ser otorgada por la junta distrital de credenciales ministeriales y debe ser aprobada por el superintendente general en jurisdicción.

Un ministro licenciado que no desee la ordenación, o que no califique para la ordenación por no haber cumplido un programa validado de estudios dentro del tiempo prescrito, podrá recibir la renovación de su licencia de ministro por recomendación de la junta consultora de distrito y de la junta distrital de credenciales ministeriales o la junta distrital de ministerio. Dicha recomendación estará sujeta a que el ministro se haya graduado de un programa validado de estudios o que haya terminado al menos dos cursos en un programa validado de estudios durante el año anterior.

524.5. En el caso de ministros licenciados que estén sirviendo como pastores, la recomendación para renovar la credencial de ministro licenciado la hará la junta consultora de distrito. En el caso de ministros locales que estén sirviendo como pastores, la recomendación para renovar la credencial de ministro la hará la junta consultora de distrito. (225.13)

524.6. El superintendente general que tenga jurisdicción extenderá a cada ministro licenciado una credencial de ministro, firmada por el superintendente general en jurisdicción, el superintendente de distrito y el secretario de distrito.

524.7. A los ministros licenciados se les investirá de autoridad para predicar la Palabra, y/o usar sus dones y virtudes en diversos ministerios para el cuerpo de Cristo. Adicionalmente, siempre y cuando sirvan en un ministerio asignado reconocido por el distrito en el que tienen su membresía ministerial, también se les investirá de autoridad para administrar los sacramentos del Bautismo y la Santa Cena en sus propias congregaciones y para celebrar matrimonios si no lo prohíbe la ley civil. (124, 124.4, 511-512, 515, 524.8, 525-525.2, 526-526.2, 700, 701, 705)

524.8. Todos los ministros licenciados deberán tener su membresía ministerial en la asamblea del distrito al que pertenezca su iglesia local, y rendirán informe anualmente ante la asamblea de distrito. El informe puede entregarse en el formulario de informe anual adecuado o en la solicitud de licencia de ministro de distrito si se está renovando. (130, 201, 205.4)

524.9. En caso de que un ministro licenciado se afilie a otra iglesia o denominación diferente a la Iglesia del Nazareno, o participe en otro ministerio cristiano sin la aprobación de su junta consultora de distrito o la aprobación por escrito de la Junta de Superintendentes Generales; tal ministro será separado de inmediato de su cargo ministerial y membresía en la Iglesia del Nazareno. La asamblea de distrito hará que se anote en el Libro de actas/Diario de la asamblea la siguiente declaración: "Separado de la membresía y cargo ministerial en la Iglesia del Nazareno por haberse unido a otra iglesia, denominación o ministerio". (109, 114)

C. El diácono

525. El diácono es un ministro cuyo llamamiento de Dios al servicio cristiano, dones e idoneidad han sido demostrados y desarrollados mediante la capacitación apropiada y la experiencia, que ha sido separado para el servicio de Cristo por el voto de una asamblea de distrito y por el solemne acto de la ordenación, y que ha sido investido para llevar a cabo ciertas funciones de ministerio cristiano.

525.1. El diácono no da testimonio de un llamamiento específico a predicar. La iglesia reconoce, sobre la base de las Escrituras y la experiencia, que Dios llama a algunas personas a dedicar su vida al ministerio aun cuando no dan testimonio de haber recibido el llamamiento específico a predicar y cree que personas llamadas a tales ministerios deben ser reconocidas y confirmadas por la iglesia, que deben llenar ciertos requisitos y que se les deben asignar responsabilidades establecidas por la iglesia. Esta es una orden permanente del ministerio.

525.2. El diácono debe llenar los requisitos de la orden en cuanto a educación, dar evidencia de dones y virtudes apropiados, y ser reconocido y confirmado por la iglesia. El diácono será investido de autoridad para administrar los sacramentos del Bautismo y la Santa Cena y oficiar matrimonios en donde las leyes del estado no lo prohíban, y, ocasionalmente, para conducir la adoración y predicar. Se entiende que el Señor y la iglesia pueden usar los dones y habilidades de esta persona en diversos ministerios asociados. Como símbolo del ministerio de siervo del cuerpo de Cristo, el diácono también puede usar sus dones en funciones fuera de la iglesia institucional. (124.4, 124.9)

525.3. Un diácono es una persona que testifica de un llamado de Dios a este ministerio. El candidato, al presente, posee una licencia de distrito la cual ha recibido por un período no menor de tres años consecutivos. Además, el candidato ha sido recomendado para la renovación de la licencia de distrito por la iglesia local en la que tiene su membresía o por la junta consultora de distrito. También, el candidato:

1. Ha llenado todos los requisitos establecidos por la iglesia para ello;
2. Ha completado satisfactoriamente el programa validado de estudios prescrito para ministros licenciados y para candidatos para ordenación como diácono; y
3. Ha sido cuidadosamente considerado y favorablemente recomendado por la junta distrital de credenciales ministeriales o la junta distrital de ministerio a la asamblea de distrito.

El candidato puede ser elegido a la orden de diácono por el voto de las dos terceras partes de la asamblea de distrito, siempre y cuando esté actualmente asignado como ministro y haya servido como tal por un período no menor de tres años. Los tres años de ministerio asignado deben acumularse sin que haya una interrupción en la asignación que sea mayor al total de meses acumulados de ministerio asignado antes de dicha interrupción. Los tres años también deben acumularse sin interrupción en las licencias de distrito. En caso de una asignación de medio tiempo, se debe entender que debe haber una extensión de los años de ministerio asignado, dependiendo de su nivel de participación en el ministerio de la iglesia local, y que su testimonio y servicio demuestran que su llamado al ministerio está sobre todas las otras actividades. Además, el superintendente de distrito y la junta consultora de distrito, donde una asamblea de distrito haya impuesto cualquier descalificación, la han eliminado por escrito; y siempre que su relación matrimonial no le haga a él o ella inelegible para la ordenación. (205.7, 320, 521)

525.4. Si, en el desempeño de su ministerio, el diácono ordenado siente el llamamiento al ministerio de predicación; podrá recibir las órdenes de presbítero después de llenar los requisitos para esa credencial y devolver la credencial de diácono.

D. El presbítero

526. El presbítero es un ministro cuyo llamamiento de Dios a predicar, dones e idoneidad, han sido demostrados y desarrollados mediante la capacitación apropiada y la experiencia, que ha sido separado para el servicio de Cristo a través de su iglesia por el voto de una asamblea de distrito y por el solemne acto de la ordenación, y que ha sido investido plenamente para desempeñar todas las funciones del ministerio cristiano.

526.1. Reconocemos solo una orden del ministerio de predicación: la de presbítero. Esta es una orden permanente en la iglesia. El presbítero debe dirigir bien la iglesia, predicar la Palabra, administrar los sacramentos del Bautismo y de la Santa Cena, celebrar matrimonios, todo en el nombre de Jesucristo, la cabeza de la iglesia, y sujeto a Él. (31, 124.2, 124.4, 124.9)

526.2. La iglesia espera que quien haya sido llamado a este ministerio oficial sea un mayordomo de la Palabra, dedicando su energía total durante toda la vida para proclamarla.

526.3. Un candidato a presbítero profesa un llamado de Dios a este ministerio. El candidato tiene una licencia de distrito vigente y la ha tenido por lo menos por un período no menor de tres años consecutivos. Además, ha sido recomendado para la renovación de la licencia de distrito por la iglesia local en la que tiene su membresía o por la junta consultora de distrito. Adicionalmente, el candidato:

1. Ha completado satisfactoriamente todos los requisitos de la iglesia para este ministerio;
2. Exitosamente, ha concluido el programa validado de estudios prescrito para ministros licenciados y para candidatos para ordenación como presbítero; y
3. Debió ser cuidadosamente considerado y favorablemente recomendado por la junta distrital de credenciales ministeriales a la asamblea de distrito.

El candidato puede ser elegido a la orden de presbítero por el voto de las dos terceras partes de la asamblea de distrito, siempre y cuando esté actualmente asignado como ministro y haya servido como tal por un período no menor de tres años. Los tres años de ministerio asignado deben acumularse sin que haya una interrupción en la asignación que sea mayor al total de meses acumulados de ministerio asignado antes de dicha interrupción. Los tres años también deben acumularse sin interrupción en las licencias de distrito. En caso de una asignación de tiempo parcial, se debe entender que debe haber una extensión de los años de ministerio asignado, dependiendo de su nivel de participación en el ministerio de la iglesia; y que su testimonio y servicio demuestren que su llamamiento al ministerio está por sobre toda otra actividad. Además, cualquier descalificación que le pudo haber sido impuesta por una asamblea de distrito debe ser removida por escrito por el superintendente de distrito y la junta consultora de distrito donde dicha inhabilitación fue impuesta, antes de que el ministro sea elegible para las órdenes de presbítero. Así mismo, la relación matrimonial del candidato debe ser tal que no le impida a él o ella calificar para la ordenación. (205.7, 320, 521)

E. El reconocimiento de credenciales

527. La asamblea de distrito puede reconocer a los ministros ordenados de otras denominaciones evangélicas que deseen unirse con la Iglesia del Nazareno y presenten su certificado de ordenación, después de que la junta distrital de credenciales ministeriales los haya examinado satisfactoriamente acerca de su conducta, experiencia personal y doctrina; siempre y cuando:

1. Demuestren aprecio, comprensión y aplicación del *Manual* e historia de la Iglesia del Nazareno y la doctrina de santidad, tras completar exitosamente estas materias en un programa validado de estudios;
2. Presenten a la asamblea de distrito el cuestionario de reconocimiento de credenciales de ordenación cuidadosamente contestado;
3. Llenen todos los requisitos para ordenación que se estipulan en los párrafos 525-525.3 ó 526-526.3; y
4. Además, el candidato debe estar actualmente sirviendo en una asignación de ministerio. (205.8, 228, 521, 524.2)

527.1. El superintendente general que tenga jurisdicción le extenderá al ministro ordenado así aceptado un certificado de reconocimiento firmado por el superintendente general en jurisdicción, el superintendente de distrito y el secretario de distrito. (530.6)

527.2. Cuando la credencial de un ministro de otra iglesia haya sido debidamente reconocida, la credencial extendida por dicha iglesia le será devuelta con la siguiente inscripción en el reverso de la credencial:

Acreditada por la _____(número de la asamblea) Asamblea de Distrito del Distrito ____(insertar nombre del distrito), el ____ (insertar el día) de ____(insertar el mes), de __(insertar año), como base para las nuevas credenciales.

_____, Superintendente general
_____, Superintendente de distrito
_____, Secretario de distrito

F. El ministro jubilado

528. El ministro jubilado es aquel al que la asamblea del distrito de la cual es miembro le ha concedido dicha relación, previa recomendación de la junta distrital de credenciales ministeriales o junta distrital de ministerio. Cualquier cambio en la relación deberá ser aprobado por la asamblea de distrito, por recomendación de la junta distrital de credenciales ministeriales.

528.1. La jubilación no priva al ministro de sus actividades ministeriales ni de la membresía en la asamblea de distrito. El ministro que haya estado sirviendo en una función "asignada" al tiempo de solicitar la relación de jubilado o a la edad normal de jubilación puede ser colocado en una relación de "jubilado asignado". Un ministro "jubilado asignado" es miembro de la asamblea de distrito. Sin embargo, un ministro en una relación "sin asignación" en cualquiera de las situaciones antedichas será colocado en la relación de "jubilado no asignado". Un ministro "jubilado no asignado" no es miembro de la asamblea de distrito. (201, 530.9)

528.2. Los ministros jubilados (con o sin asignación) permanecen obligados a presentar anualmente un informe a la asamblea

MINISTERIO Y SERVICIO CRISTIANO

de distrito. En el caso de los ministros jubilados que no puedan presentar un informe debido a limitantes más allá de su control, la asamblea de distrito podrá, con la recomendación de la junta distrital de credenciales ministeriales o junta distrital de ministerio, otorgar el estatus de "exento" a dicho ministro, cumpliendo así a perpetuidad la obligación de informar anualmente. (530.9)

G. El traslado de ministros

529. Cuando un miembro del cuerpo ministerial desee trasladarse a otro distrito, se le puede extender carta de traslado de su afiliación como ministro por el voto de la asamblea de distrito o de la junta consultora de distrito en el intervalo entre asambleas del distrito del cual es miembro. Tal traslado puede ser recibido por la junta consultora de distrito en el intervalo entre asambleas, dándole al interesado todos los derechos y privilegios de membresía en el distrito en el cual es recibido, sujeto a la aprobación final de la junta distrital de credenciales ministeriales y la asamblea de distrito. (205.9-205.10, 226, 231.9, 231.10)

529.1. La carta de traslado de un ministro licenciado será válida solo cuando un informe detallado de sus calificaciones del programa validado de estudios para ministros licenciados, debidamente certificado por el secretario de la junta distrital de estudios ministeriales que le extiende la carta, haya sido enviado al secretario de la junta distrital de estudios ministeriales receptor. El secretario de la junta de estudios ministeriales del distrito receptor le notificará al secretario de su distrito que ha recibido el informe de las calificaciones del ministro licenciado. El ministro trasladado deberá cerciorarse de que el informe de sus calificaciones del programa de estudios sea enviado al distrito receptor. (233.1-233.2)

529.2. La asamblea de distrito que reciba una carta de traslado deberá notificar, a la asamblea de distrito que la expidió, la recepción de la membresía de la persona transferida. La persona seguirá siendo miembro de la asamblea de distrito expedidora de la carta hasta que el traslado sea recibido por voto de la asamblea del distrito a la cual fue expedida. Dicha carta será válida solo hasta la clausura de la siguiente asamblea del distrito a la cual fue dirigida. (205.9, 226, 231.10)

H. Regulaciones generales

530. Las siguientes **definiciones** se refieren a términos relacionados con regulaciones generales para ministros de la Iglesia del Nazareno:

Cuerpo ministerial: presbíteros, diáconos y ministros licenciados. (524, 525, 526)

Laicado: miembros de la Iglesia del Nazareno que no son parte del cuerpo ministerial.

Activo: un miembro del cuerpo ministerial que cumple una función asignada.

Asignado: la condición de un miembro del cuerpo ministerial activo en una de las funciones enumeradas en los párrafos 505-520.

Sin asignación: es la condición de un miembro del cuerpo ministerial que está en buenas relaciones con la iglesia; pero que, en el momento, no está activo en una de las funciones enumeradas en los párrafos 505-520.

Jubilado asignado: es la condición de un miembro jubilado del cuerpo ministerial que se encontraba asignado cuando se requirió su jubilación.

Jubilado sin asignación: es la condición de un miembro jubilado del cuerpo ministerial que no se encontraba asignado cuando se requirió su jubilación.

Lista de ministros: es una lista de los ministros, licenciados y ordenados, que estén en buenas relaciones con la iglesia como miembros del cuerpo ministerial y que no hayan archivado sus credenciales.

Buenas relaciones con la iglesia: es la condición de un miembro del cuerpo ministerial que no tiene acusaciones pendientes sin resolverse, no está actualmente bajo disciplina y cuya credencial no ha sido entregada.

Remoción: es la acción tomada por una asamblea de distrito para excluir de la lista de ministros los nombres de aquellos miembros del cuerpo ministerial que hayan renunciado o entregado sus credenciales, o cuyas credenciales hayan sido suspendidas o revocadas.

Bajo disciplina: es la condición del miembro del cuerpo ministerial al que se le ha relevado, totalmente o en parte, de sus derechos, privilegios y responsabilidades como miembro de dicho cuerpo, por medio de una acción disciplinaria.

Suspensión: es la serie de acciones disciplinarias, excluyendo la entrega de credenciales, por las cuales un ministro es temporalmente relevado de sus derechos, privilegios y responsabilidades de ser miembro del cuerpo ministerial hasta que las condiciones para su restauración se cumplan.

Separado del cargo: es la condición de un miembro del cuerpo ministerial que ha renunciado a su credencial o cuya credencial ha sido revocada, y ha sido removido de la membresía de la Iglesia del Nazareno.

Credencial archivada: es la condición de la credencial de un miembro del cuerpo ministerial que está en buenas relaciones con la iglesia y que, por inactividad en el ministerio, se ha privado de sus derechos, privilegios y responsabilidades como miembro de dicho cuerpo al archivar su credencial en la oficina del secretario general. La persona que haya archivado su credencial continúa siendo miembro del cuerpo ministerial; y sus derechos, privilegios y responsabilidades como tal pueden ser restablecidos, de acuerdo con el párrafo 531.10. (531, 531.1)

Credencial entregada: es la condición de la credencial de un miembro del cuerpo ministerial que, por causa de conducta impropia, acusaciones, confesiones, como resultado de la acción de una junta de disciplina, o por acción voluntaria debido a cualquier otra razón, excepto la de inactividad en el ministerio, ha sido relevado de los derechos, privilegios y responsabilidades del cuerpo ministerial. La persona cuya credencial es entregada es miembro del cuerpo ministerial; pero bajo disciplina. Los derechos, privilegios y responsabilidades de ser miembro de dicho cuerpo pueden ser restablecidos a esta persona previa restauración al estado de buenas relaciones con la iglesia y la devolución de la credencial.

Renuncia de credencial: es la condición de la credencial de un miembro del cuerpo ministerial que rinde sus derechos, privilegios y responsabilidades como miembro de dicho cuerpo; y, en lugar de ello, se torna miembro laico de la iglesia. Un miembro del cuerpo ministerial que no está en buenas relaciones con la iglesia puede renunciar a su credencial solo con la aprobación de la junta consultora de distrito. Al momento de renunciar a la credencial, el miembro del cuerpo ministerial será considerado un miembro laico de la iglesia, a menos que escoja adherirse a la membresía o ministerio de una iglesia fuera de la Iglesia del Nazareno. (114, 530.10, 531.2, 531.6)

Revocación de credencial: es la condición de la credencial de un miembro del cuerpo ministerial que ha sido separado del ministerio y membresía de la Iglesia del Nazareno por una acción iniciada por la junta distrital de credenciales ministeriales o la junta distrital de ministerio.

Devolución de credencial: es la acción que acompaña al restablecimiento de los derechos, privilegios y responsabilidades como miembro del cuerpo ministerial a un ministro cuya credencial ha sido archivada, entregada, renunciada o removida.

Restauración: es el proceso para ayudar a un ministro relevado, voluntariamente o no, de los derechos, privilegios y responsabilidades del cuerpo ministerial, y a su cónyuge y familia en restauración de su salud e integridad. Los esfuerzos que lleven a la restauración se deben realizar de manera independiente del proceso para determinar si la devolución de la credencial al ministro es adecuada y aconsejable.

Devolución de credenciales: es otorgar los derechos, privilegios y responsabilidades como miembro del cuerpo ministerial al ministro cuya credencial fue archivada, suspendida, renunciada o removida, con la condición de haber sido restablecido a buenas relaciones con la iglesia y de tener todas las aprobaciones requeridas.

Acusación: es un documento firmado por lo menos por dos miembros de la Iglesia del Nazareno en el que se acusa a un miembro de la Iglesia del Nazareno de conducta la cual, de ser probada, causaría que el miembro fuese sujeto a disciplina bajo los términos del *Manual*.

Conocimiento: es estar al tanto de hechos que uno ha conocido por medio del ejercicio de sus propios sentidos.

Información: son los hechos que uno ha conocido por medio de otras personas.

Creencia: es la conclusión a la que se ha llegado de buena fe, basada en conocimiento e información.

Comité de investigación: es un comité nombrado de acuerdo con el *Manual*; para que recabe información en cuanto a una supuesta conducta impropia o de la cual se sospeche.

Cargos: es el documento que describe específicamente la conducta de un miembro de la Iglesia del Nazareno la cual, de ser probada, sería la base de medida disciplinaria bajo los términos del *Manual*.

530.1. Un miembro del cuerpo ministerial estará sujeto a disciplina si lleva a cabo regularmente actividades eclesiásticas independientes que no estén bajo la dirección de la Iglesia del Nazareno o actúe como miembro del personal de una iglesia independiente de otro grupo religioso, sin la aprobación por escrito de la junta consultora de distrito donde es miembro y la aprobación por escrito de la Junta de Superintendentes Generales cuando sea necesario. (530.13, 530.14, 606.1)

530.2. Todo miembro del cuerpo ministerial siempre debe dar la debida consideración al consejo combinado del superintendente de distrito y la junta consultora de distrito. (128)

530.3. Cualquier pretensión de un miembro del cuerpo ministerial y/o miembros de su familia que dependan de él o de ella para participar de algún plan o fondo que tenga la iglesia, o que tuviere después, para ayuda o manutención de los ministros incapacitados o ancianos, se basará solamente en el servicio regular activo rendido por el ministro como pastor o evangelista asignado o en otra función reconocida, bajo la sanción de la asamblea de distrito. Por esta regla, quedan excluidos de esta participación los que dediquen al ministerio solo parte de su tiempo y los que presten servicios ocasionalmente. (207.4, 337).

530.4. El ministro licenciado activamente asignado como pastor o pastor asociado o pastor ayudante de una Iglesia del Nazareno será miembro votante de la asamblea de distrito. (201)

530.5. El candidato electo a las órdenes de presbítero o de diácono será ordenado por la imposición de las manos del superintendente general y de los ministros ordenados con los ejercicios religiosos apropiados bajo la dirección del superintendente general que preside. (307.4)

530.6. El superintendente general que tenga jurisdicción extenderá a la persona así ordenada un certificado de ordenación firmado por el superintendente general en jurisdicción, por el superintendente de distrito y por el secretario de distrito. (527.1)

530.7. En caso de que el certificado de ordenación de un presbítero o diácono se haya extraviado, mutilado o destruido, se le puede extender un certificado duplicado por recomendación de la junta consultora de distrito. Tal recomendación deberá hacerse directamente al superintendente general en jurisdicción; y, después de su aprobación, el secretario general emitirá un duplicado del certificado. En el reverso del certificado, deberá incluirse el número original junto con la palabra DUPLICADO. Si el superintendente general, superintendente de distrito o el secretario de distrito que firmaron el certificado original no están disponibles; lo firmarán el superintendente general en jurisdicción, el superintendente de distrito y el secretario de distrito, del distrito que solicita el certificado duplicado. En el reverso, deberá incluirse la siguiente declaración, manuscrita o impresa, o en ambas formas, y deberán firmar el superintendente general en jurisdicción, el superintendente de distrito y el secretario de distrito.

Este certificado se extiende en lugar del certificado original de ordenación dado a (nombre) el _____ (día) de _____ (mes) de 20_____ (año), por (organización que lo ordenó), en cuya fecha fue ordenado/a y su certificado original de ordenación fue firmado por (superintendente general, superintendente de distrito y secretario de distrito).

El certificado original fue (extraviado, mutilado, destruido).

_____, Superintendente general

_____, Superintendente de distrito

_____, Secretario de distrito

530.8. Todos los miembros del cuerpo ministerial asignados y sin asignación deben ser miembros activos en una Iglesia del Nazareno en donde serán fieles en la asistencia, los diezmos y en la participación de los ministerios de la iglesia. Las excepciones a este requisito podrán ser concedidas solo por la aprobación de la junta consultora de distrito. Cualquier miembro del cuerpo ministerial que no sea miembro activo de una Iglesia del Nazareno en el distrito en el que tiene sus credenciales y al que no se le ha otorgado una excepción queda sujeto a disciplina por acción de la junta consultora de distrito. (131, 530.10)

530.9. Todos los presbíteros y diáconos serán miembros ministeriales de la asamblea de distrito en la que tienen su afiliación, a la cual le rendirán un informe anual. Si un presbítero o diácono no presentara su informe a la asamblea de distrito por dos años consecutivos, personalmente o por carta; dejará de ser miembro de ella si así lo decidiera la asamblea. (130, 201, 205.4, 528.1)

530.10. La membresía de cualquier ministro ordenado cesará si se ha afiliado a otra iglesia o denominación diferente a la Iglesia del Nazareno, o si está participando en otro ministerio cristiano y no tiene la aprobación de la junta consultora de distrito donde tiene su membresía ministerial y la aprobación por escrito de la Junta de Superintendentes Generales. La asamblea de distrito hará que se anote en el Libro de actas/Diario de la asamblea la siguiente declaración: "Ha sido separado de su membresía y ministerio en la Iglesia del Nazareno por haberse unido a otra iglesia, denominación o ministerio". (109, 114)

530.11. Cualquier miembro del cuerpo ministerial que retire su nombre o haya sido separado de la lista de miembros de una iglesia local, cuando no estaba en buenas relaciones con la iglesia, podrá afiliarse nuevamente a la Iglesia del Nazareno únicamente con el consentimiento de la junta consultora de distrito del distrito del cual se retiró o en donde fue separado de su membresía. La junta consultora de distrito puede conceder su consentimiento con la condición de que el exministro permanezca subsecuentemente como miembro laico de la iglesia o, con la aprobación del superintendente de distrito y el superintendente general en jurisdicción, que el exministro sea readmitido como miembro del cuerpo ministerial bajo disciplina habiendo afirmado su disposición a participar activa y consistentemente en un proceso de restauración. (531.6)

530.12. El nombre de un presbítero o diácono cuyo nombre fue borrado de la lista de ministros de una asamblea de distrito y que no haya archivado su credencial no podrá ser reconocido por ningún otro distrito sin el consentimiento escrito de la asamblea de distrito que borró su nombre, excepto que se haya completado una transferencia en la jurisdicción según 532.12. La junta consultora de distrito puede actuar en una petición de transferencia de jurisdicción entre asambleas. (530.11, 532.12)

530.13. Un ministro ordenado deberá tener la aprobación anual por escrito de la junta consultora de distrito para:
- conducir regularmente actividades eclesiásticas independientes que no estén bajo la dirección de la Iglesia del Nazareno; o
- llevar a cabo misiones independientes o actividades eclesiásticas no autorizadas; o
- unirse al personal de una iglesia independiente o de otro grupo religioso, ministerio cristiano o denominación.

En caso de que un ministro ordenado no cumpla con estos requisitos, podrá, por recomendación del voto de dos tercios de los miembros de la junta distrital de credenciales ministeriales o de la junta distrital de ministerio, y por acción de la asamblea de distrito, ser separado de su cargo ministerial y membresía en la Iglesia del

Nazareno. La determinación final sobre si una actividad específica constituye "una misión independiente" o "una actividad eclesiástica no autorizada" recaerá sobre la Junta de Superintendentes Generales. (114-114.1, 524.9)

530.14. Antes de aprobar la participación del presbítero en dichas actividades eclesiásticas independientes, la junta consultora de distrito deberá solicitar la aprobación escrita de la Junta de Superintendentes Generales si dichas actividades se llevarán a cabo en más de un distrito, o en un distrito que no sea aquel en el cual el presbítero tiene su membresía ministerial. La Junta de Superintendentes Generales notificará a las respectivas juntas consultoras de distrito que la petición para tal aprobación está pendiente ante su junta.

530.15. Un ministro asignado puede organizar una iglesia local cuando haya sido autorizado a hacerlo por el superintendente de distrito o el superintendente general en jurisdicción. El superintendente de distrito deberá enviar los informes oficiales a la oficina del secretario general. (100, 211.1)

530.16. La membresía en la asamblea de distrito se obtendrá en virtud de ser pastor u otro ministro asignado que sirva activamente y mantenga empleo en tal ministerio como su vocación primordial en una de las funciones ministeriales asignadas que se definen en los párrafos 505-520.

530.17. La información expuesta a un ministro durante el curso de consejería, asesoramiento o dirección espiritual debe ser guardada en la más estricta confidencialidad posible y no deberá compartirse sin el consentimiento de la persona, excepto cuando sea requerido por ley.

Cuando sea posible y tan pronto pueda hacerlo, el ministro debe comunicar aquellas circunstancias bajo las que la confidencialidad será alterada:

1. Cuando exista una amenaza clara y real de daño a su persona o a terceros.
2. Cuando exista la sospecha de abuso o negligencia perpetrada contra un menor de edad, algún discapacitado, anciano u otra persona vulnerable según lo defina la ley local. No es la responsabilidad de la persona que reporta el asegurar la veracidad del reporte o investigar el contexto del reporte; sino solo informar la sospecha a las autoridades pertinentes. Un menor de edad es cualquier ser humano que tenga menos de 18 años, a menos que la mayoría de edad se alcance más tarde según la legislación particular de un país o región.
3. En casos legales, cuando exista la orden de la corte de que proporcione evidencia. Los ministros deben asegurarse de mantener un mínimo de registros del contenido de las

sesiones, incluyendo un registro de lo expuesto y el consentimiento informado recibido.

El conocimiento que surge del contacto profesional podrá ser usado en la enseñanza, la escritura, las predicaciones u otras presentaciones públicas únicamente cuando se tomen medidas para salvaguardar absolutamente tanto la identidad de la persona como la confidencialidad de la información a revelar.

Si un ministro descubre, mientras aconseja a un menor, que existe una seria amenaza al bienestar del mismo, y que comunicar esa información confidencial a su padre o tutor legal es esencial para la salud o protección del menor; el ministro debe compartir la información necesaria para proteger la salud o bienestar del menor.

530.18. Se espera que todos los presbíteros y diáconos participen en el proceso de aprendizaje para toda la vida y que cada año completen dos créditos de educación continua, o su equivalente, bajo la administración de la junta distrital de estudios ministeriales. (521.6)

530.19. Un ministro pudiera casar solo a aquellos que han sido calificados por una consejería cuidadosa, y que tengan una base bíblica para el matrimonio.

El matrimonio bíblico solo existe para una relación que involucra un hombre y una mujer. (31, 124.9)

530.20. Cada distrito debe tener y revisar anualmente un plan integral escrito para guiar sus esfuerzos en proporcionar la respuesta oportuna, compasiva e informada a los miembros ministeriales involucrados en conducta impropia de un ministro, a sus familias y a la congregación involucrada. El plan del distrito deberá estar en armonía con las directrices del *Manual* e incluir una cláusula que establezca y mantenga un registro de los hechos y circunstancias para el cambio en la condición de cualquier ministro que sea cesado en el ejercicio de sus derechos, privilegios y responsabilidades como miembro ministerial. Este registro deberá incluir toda la correspondencia y las acciones oficiales relacionadas con el estado del miembro ministerial en cuestión y los nombres y la fecha del nombramiento de las personas seleccionadas para el equipo de restauración según la provisión del párrafo 532.1. (225.5)

530.21. Separación y divorcio. Cualquier miembro del cuerpo ministerial, dentro de las 48 horas después de haber presentado una solicitud de divorcio o de terminación/separación legal de su matrimonio, o dentro de las 48 horas después de la separación física del ministro y su cónyuge con el propósito de descontinuar la cohabitación física, el ministro deberá: (a) Ponerse en contacto con el superintendente de distrito para notificarle la acción que ha tomado; (b) Aceptar reunirse con el superintendente de distrito y un miembro de la junta consultora de distrito en el tiempo y lugar de mutuo acuerdo; o si no se logra el mutuo acuerdo sobre tiempo

MINISTERIO Y SERVICIO CRISTIANO 193

y lugar, en el tiempo y lugar designados por el superintendente de distrito; y (c) Explicar (en la reunión designada en la subsección "b") las circunstancias de la acción tomada, el conflicto marital, así como las bases bíblicas para justificar por qué se le debería permitir que continúe sirviendo como miembro del cuerpo ministerial en buena relación con la iglesia. Si un miembro de dicho cuerpo no cumple con lo estipulado en las subsecciones anteriores; dicho incumplimiento será causa para medida disciplinaria. Todos los ministros, ya sean activos, inactivos, o jubilados, asignados o sin asignación, están sujetos a estas disposiciones y deben mostrar la debida consideración al consejo conjunto del superintendente de distrito y de la junta consultora de distrito. Ningún ministro activo o asignado podrá continuar en alguna función como miembro del cuerpo ministerial sin el voto favorable de la junta consultora de distrito.

I. Archivo, suspensión, renuncia o remoción de una credencial ministerial

531. El secretario general está autorizado para recibir y archivar bajo custodia las credenciales de los miembros del cuerpo ministerial que están en buenas relaciones con la iglesia y que, debido a inactividad en el ministerio por cierto tiempo, deseen archivarlas. En el momento de archivar la credencial, el miembro del cuerpo ministerial certifica al secretario general que la credencial no está siendo archivada con el propósito de evitar medidas disciplinarias. Archivar una credencial no impedirá que un miembro del cuerpo ministerial sea sujeto a disciplina como miembro de dicho cuerpo. Los miembros del cuerpo ministerial que archiven sus credenciales en la oficina del secretario general podrán solicitar que se les devuelvan. (531.10)

531.1. Un miembro ministerial en buena relación que no haya recibido su condición de jubilado y que ha permanecido sin asignación por cuatro o más años consecutivos se considerará que ya no participa como miembro ministerial por lo que se le requerirá archivar su credencial. La junta distrital de credenciales ministeriales o la junta distrital de ministerio informarán a la asamblea de distrito que "la credencial de (el presbítero o diácono en cuestión) ha sido archivada por la junta distrital de credenciales ministeriales o la junta distrital de ministerio". Esta acción no debe considerarse perjudicial a su carácter. Se podrá reinstalar las credenciales a la persona que la ha archivado. (531.10)

531.2. Cuando un ministro ordenado, que esté en buenas relaciones con la iglesia, deje de prestar servicios en un ministerio asignado para dedicarse a otro llamamiento o vocación ajeno a los del cuerpo ministerial en la Iglesia del Nazareno, puede renunciar a los derechos, privilegios y responsabilidades del cuerpo ministerial. La asamblea de distrito de la cual es miembro recibirá la credencial y la enviará al secretario general. En el Libro de actas/Diario de la asamblea del distrito, deberá constar que fue "borrado de la Lista de Ministros por haber renunciado a su orden". Un miembro del cuerpo ministerial que renuncie de esta manera podrá pedir que se le devuelva su credencial. (531.11)

531.3. Cuando un ministro ordenado o diácono no jubilado deje el servicio activo como miembro del cuerpo ministerial y tome un empleo secular de tiempo completo, después de un período de dos años, la junta distrital de credenciales ministeriales podrá pedirle que renuncie a la ordenación o que archive su credencial y la devuelva al secretario general. Este período de dos años comenzará en la asamblea de distrito subsecuente al cese de la actividad como miembro del cuerpo ministerial. La junta distrital de credenciales ministeriales deberá informar de su acción a la asamblea de distrito. Esta acción no se considerará perjudicial al carácter del ministro.

531.4. Los derechos, privilegios y responsabilidades de un miembro del cuerpo ministerial podrán suspenderse y su nombre ser borrado de la lista de ministros si cambia de residencia de la dirección registrada y no proporciona su nueva dirección a la junta distrital de credenciales ministeriales o junta distrital de ministerio del año, o si no presentara su informe anual como es requerido en los párrafos 524.8 y 530.9. Tal suspensión será responsabilidad de la junta distrital de credenciales ministeriales o la junta distrital de ministerio.

531.5. Un miembro del cuerpo ministerial que recibe un certificado de recomendación de su iglesia local y no se une a otra Iglesia del Nazareno antes de la próxima asamblea de distrito, o que declara por escrito que se ha retirado de la Iglesia del Nazareno, o que se une a otra denominación como miembro o ministro, y que no ha renunciado a su credencial ministerial, podrá ser separado de su cargo ministerial en la Iglesia del Nazareno por orden de la asamblea de distrito por recomendación de la junta distrital de credenciales ministeriales o la junta distrital de ministerio. Su nombre será removido de la lista de ministros y de la membresía de la iglesia local. (113.1, 815)

531.6. Un miembro del cuerpo ministerial que no esté en buena relación podrá renunciar a sus credenciales solamente por recomendación de la junta consultora de distrito. (532)

531.7. Un miembro del cuerpo ministerial podrá ser separado de su cargo ministerial en la Iglesia del Nazareno según lo provisto en los párrafos 531.5 y 532.10, o mediante acción disciplinaria de acuerdo con los párrafos 606-609.

531.8. Cuando a un presbítero o diácono se le haya separado de su cargo, la credencial del miembro del cuerpo ministerial será enviada al secretario general, quien la catalogará y conservará de acuerdo a la orden de la asamblea de distrito del distrito donde el presbítero o diácono tenía membresía en el momento de la separación de su cargo. (326.5)

531.9. Los pastores, juntas locales de iglesias y otras instancias que designen posiciones en la iglesia no asignarán miembro alguno del cuerpo ministerial que no esté en buena relación con la iglesia, a ninguna función ministerial o posición de confianza y autoridad como la de: dirigir la alabanza, enseñar una clase de escuela dominical, dirigir un estudio bíblico o grupo pequeño, hasta que su buena relación con la iglesia sea restaurada. Las excepciones a esta prohibición requieren la aprobación escrita del superintendente de distrito del distrito al que el ministro pertenecía cuando fue relevado de los derechos, privilegios y responsabilidades como miembro del cuerpo ministerial y del superintendente general en jurisdicción de ese mismo distrito. (532.4)

531.10. Devolución de una credencial archivada. Cuando un presbítero o diácono en buena relación con la iglesia haya archivado su credencial, dicha credencial se le podrá devolver en cualquier tiempo posterior, cuando el presbítero o diácono esté en buena relación con la iglesia, si lo ordena la asamblea de distrito donde fue archivada y siempre que la devolución de su credencial haya sido recomendada por el superintendente de distrito y la junta consultora de distrito donde mantiene su jurisdicción. Una junta consultora de distrito puede votar para aprobar la devolución de la credencial archivada en el tiempo que existe entre asambleas de distrito.

531.11. Devolución de una credencial renunciada o removida. A un presbítero o diácono, que estando como ministro en buena relación con la iglesia, haya renunciado a su orden de ministerio o cuya credencial le haya sido removida por afiliarse a otra iglesia, denominación o ministerio, la asamblea de distrito le puede devolver su credencial cuando entregue el Cuestionario de Ordenación/Reconocimiento, reafirme los votos del ministerio, sea examinado y recomendado favorablemente por la junta distrital de credenciales ministeriales o la junta distrital de ministerio, con la aprobación previa del superintendente de distrito y el superintendente general en jurisdicción. (531.2)

531.12. El certificado de ordenación de un ministro fallecido, cuya credencial fue archivada encontrándose en buena relación con la iglesia al momento de su muerte, puede entregársele a su familia previa solicitud escrita al secretario general y la aprobación del superintendente de distrito, del distrito donde fue archivada la credencial.

J. La restauración de miembros del cuerpo ministerial

532. La Iglesia del Nazareno reconoce su responsabilidad de extender la esperanza y sanidad de la gracia redentora y renovadora de Dios a cualquiera de sus ministros quienes, habiendo entregado su credencial, voluntariamente o de otra forma, hayan sido relevados de sus derechos, privilegios y responsabilidades de ser miembros del cuerpo ministerial debido a conducta impropia de un ministro. La iglesia también reconoce su obligación de invitar a recibir el cuidado amoroso de Dios al cónyuge y la familia, la congregación y la comunidad del ministro. Por esta razón, el proceso que lleva a la restauración del ministro a la condición de buena relación con la iglesia debe realizarse en dos pasos distintos:

1. Restauración. Sin considerar la gravedad de la conducta impropia del ministro, la probabilidad de su eventual regreso al servicio ministerial, o su receptividad inicial a la gracia y ofertas de ayuda prolongadas, la restauración del bienestar del ministro (espiritualmente y de otras formas) y la de su cónyuge y familia debe buscarse diligentemente, en oración y fielmente por parte del distrito de acuerdo con los párrafos 532.1-532.7. Dicha restauración debe ser el objetivo único de este paso.

2. Restablecimiento. El restablecimiento del ministro a la condición de buena relación con la iglesia y la recomendación para la devolución de su credencial deben considerarse en un proceso separado y subsecuente a los esfuerzos que buscan la restauración de la salud y bienestar del ministro, su cónyuge y familia. (532.6-532.13)

532.1. Nombramiento de un equipo de restauración. Cuando la conducta impropia de un miembro del cuerpo ministerial se haga evidente, se hace necesario una intervención urgente, oportuna y compasiva por el bien del ministro, su cónyuge y familia, la congregación y la comunidad. Debido a que dichos eventos raramente se pueden prever, la selección y preparación anticipada de personas calificadas, tanto ministros como laicos para facilitar la restauración, es un elemento importante del plan de respuesta del distrito. Tales personas deben ser nombradas por el superintendente de distrito en consulta con la junta consultora de distrito. Cuando surjan situaciones de conducta impropia de los ministros, estas personas fungiendo como un equipo de restauración, deben ser enviadas por el superintendente de distrito tan pronto como sea posible y de acuerdo con el plan distrital. El equipo de restauración que sea enviado debe estar conformado por no menos de tres personas. (211.20, 225.5, 532)

532.2. Deberes del equipo de restauración. Un equipo de restauración será responsable de facilitar la restauración de la salud y el bienestar del ministro, su cónyuge y familia. El equipo no tiene ni la responsabilidad ni la autoridad para determinar si los derechos, privilegios y responsabilidades como miembro del cuerpo ministerial deberían ser restablecidos al ministro. En la medida en

que la situación lo permita, los deberes de un equipo de restauración incluyen:
1. Dar cuidado prolongado hacia el ministro, su cónyuge y familia;
2. Proporcionar claridad al ministro y a su cónyuge sobre el proceso y el propósito de la restauración;
3. Coordinar los esfuerzos combinados del ministro, el distrito y cualquier congregación involucrada en el desarrollo de un plan que sirva para abordar las necesidades financieras, de vivienda, médicas, emocionales, espirituales y otras que típicamente surgen con urgencia en situaciones donde la conducta impropia ha llegado a ser evidente;
4. Implementar el plan aprobado por el distrito, incluyendo informes regulares sobre sus propios esfuerzos y sobre el estado del progreso de restauración de la salud y bienestar integral del ministro, su cónyuge y familia;
5. Comunicar al ministro y a su cónyuge, al superintendente de distrito y a la junta distrital apropiada, cuando considere que su trabajo está a punto de terminar o ha progresado hasta donde se podía esperar;
6. Presentar a la junta distrital de credenciales ministeriales o junta distrital de ministerio, o al comité designado a cargo de considerar (previa solicitud del ministro) el restablecimiento de los derechos, privilegios y responsabilidades del ministro como miembro del cuerpo ministerial, su recomendación sobre si la consideración para la restauración del ministro a la condición de buena relación con la iglesia es apropiada. (532.8)

532.3. En caso de que el ministro bajo disciplina no responda al proceso de restauración, debe hacerse un esfuerzo diligente para promover la restauración del cónyuge y la familia del ministro mientras se busca activamente involucrar o volver a involucrar al ministro en la restauración. Después de evaluar los esfuerzos de restauración y considerando apropiadamente el bienestar del cónyuge y la familia del ministro, el superintendente de distrito podrá suspender, concluir o redirigir los esfuerzos de restauración.

En caso de que un distrito no designe un equipo de restauración o el equipo de restauración designado no cumpla con sus responsabilidades dentro de los 180 días después de la fecha en que el ministro fue puesto bajo disciplina, el ministro bajo disciplina puede solicitar a la Junta de Superintendentes Generales que transfiera a otro distrito la responsabilidad de facilitar los esfuerzos para su restauración y que actúen sobre su aplicación posterior, si esta llegara a efectuarse, para restaurar la condición de buena relación con la iglesia y restablecer los derechos, privilegios y responsabilidades como miembro del cuerpo ministerial. Esta opción de transferencia también está disponible, para el ministro en cuestión, en caso de que un distrito no responda a su solicitud de restauración a la condición de buena relación con la iglesia. (532-532.2, 532.4-532.13)

532.4. Un miembro del cuerpo ministerial que no esté en buena relación con la iglesia no podrá tener posición alguna de confianza o autoridad en la iglesia o en sus cultos, tales como: predicar, liderar la alabanza, ser maestro de escuela dominical o de un grupo pequeño. El ministro puede servir en estas funciones o recibir una función ministerial solo con la recomendación favorable del equipo de restauración nombrado por el distrito para trabajar con el ministro y el consentimiento de la junta consultora de distrito, la junta distrital de credenciales ministeriales o junta distrital de ministerio, el superintendente de distrito y el superintendente general en jurisdicción. Una recomendación favorable indica que se ha determinado que el ministro y su cónyuge y familia han progresado lo suficiente en el proceso de restauración como para justificar que se le permita de nuevo ser útil en alguna posición de confianza y autoridad. La aprobación para servir en una posición de confianza o autoridad podrá concederse con o sin restricciones y puede retirarse por parte del superintendente de distrito en consulta con el equipo de restauración. (606.1-606.2, 606.5, 606.11-606.12)

532.5. Previa solicitud de un ministro bajo disciplina para la restauración de la condición de buena relación con la iglesia según lo dispuesto en el párrafo 532.6, el equipo de restauración puede recomendar al superintendente de distrito y a la junta distrital apropiada o al comité nombrado que la solicitud sea considerada de acuerdo con las provisiones del párrafo 532.8, o que el ministro continúe en el proceso de restauración por un período de tiempo adicional y especificado antes de volver a solicitarlo.

En el caso de que el equipo de restauración haya concluido sus esfuerzos y el ministro bajo disciplina no solicite la restauración a la condición de buena relación con la iglesia, el ministro permanecerá bajo disciplina a menos que se decida 1) separar al ministro de la membresía y del ministerio en la Iglesia del Nazareno; o 2) conceder la aprobación al ministro, para que renuncie a su credencial y se convierta en miembro laico de la iglesia. En situaciones de renuncia de credenciales por parte de un ministro que ha estado bajo disciplina, cuando hay evidencia de restauración considerable y sostenida, se debe tener el cuidado de reconocer y celebrar apropiadamente dicho progreso. (531.5, 532.10)

532.6. Solicitud de restauración a la condición de buena relación con la iglesia. Un ministro que haya sido relevado de los derechos, privilegios y responsabilidades como miembro del cuerpo ministerial puede solicitar la restauración a la condición de buena relación con la iglesia y la devolución de su credencial, sujeto a los requisitos de elegibilidad del párrafo 532.7. Tal aplicación debe ser presentada al superintendente de distrito por lo menos seis meses antes de la siguiente reunión programada de la asamblea de distrito y debe cumplir con el plan aprobado por el distrito. El superintendente de distrito notificará la recepción de esta solicitud dentro de 30 días.

532.7. Un ministro puede solicitar el restablecimiento a la condición de buena relación con la iglesia y la devolución de su credencial siempre y cuando el equipo de restauración asignado al ministro apoye favorablemente dicha solicitud y pueda atestiguar que el ministro ha participado activa y consistentemente durante al menos dos años en un proceso de restauración bajo su supervisión. Un ministro que, a su juicio, se haya esforzado por participar activa y consistentemente durante al menos cuatro años en tal proceso de restauración puede solicitar el restablecimiento de la condición de buena relación con la iglesia con o sin el apoyo favorable del equipo de restauración a su solicitud.

Cuando un ministro bajo disciplina ha participado en la restauración desde el principio, el tiempo mínimo requerido antes de solicitar la restauración a la condición de buena relación con la iglesia comenzará con la primera reunión oficial del ministro con el equipo de restauración o 60 días después de la fecha en que un equipo de restauración fue asignado inicialmente al ministro. En los casos en que un ministro haya pospuesto o interrumpido su participación en el proceso de restauración, el superintendente de distrito, en consulta con el equipo de restauración, determinará si se ha cumplido el tiempo mínimo requerido antes de solicitar la restauración. (530, 532.3)

532.8. Respuesta a una solicitud de restauración a la condición de buena relación con la iglesia. La junta distrital de credenciales ministeriales o junta distrital de ministerio, o un comité del mismo tipo nombrado por el superintendente de distrito, considerará cualquier solicitud de restauración a la condición de buena relación con la iglesia recibida por el superintendente de distrito y:

1. Verificará que la solicitud sea válida, habiendo cumplido todas las condiciones para su presentación;
2. Solicitará y evaluará la recomendación del equipo de restauración;
3. Entrevistará al ministro que busque la restauración a la condición de buena relación con la iglesia y cualquier otra persona que considere apropiado entrevistar;
4. Determinará si se recomienda que los derechos, privilegios y responsabilidades como miembro del cuerpo ministerial sean reintegrados al ministro y su credencial devuelta.

Cuando se haya presentado una solicitud por lo menos 180 días antes de la siguiente asamblea distrital programada, se deberá completar la consideración a dicha solicitud y hacer la recomendación al superintendente de distrito antes de esa asamblea de distrito.

Una recomendación para reintegrar los derechos, privilegios y responsabilidades de un miembro del cuerpo ministerial a un ministro cuya credencial haya sido entregada debido a conducta sexual impropia requerirá una aprobación de dos terceras partes de la junta consultora de distrito. La recomendación debe presentarse a la Junta de Superintendentes Generales dentro de un año a partir de la fecha de la solicitud más reciente del ministro para la restauración a la condición de buena relación con la iglesia. Las excepciones a los plazos especificados en este párrafo deben tener la previa aprobación por escrito del superintendente general en jurisdicción. (532.2, 532.3, 532.6, 532.7, 532.13)

532.9. Una persona que sea culpable de conducta sexual impropia donde estén implicados menores de edad no deberá ser restituida a la condición de buena relación con la iglesia como miembro del cuerpo ministerial ni se le deberá permitir tener ninguna credencial ministerial, servir en ninguna posición de responsabilidad con menores de edad o ser elegido o nombrado a ningún puesto de liderazgo en la iglesia local. Se considera menor de edad a cualquier ser humano que tenga menos de 18 años de edad, a menos que la legislación interna de un estado o país determine que la mayoría de edad se alcance después de los 18 años. (139.30, 600, 606.1-606.2, 606.5, 606.11-606.12, 916)

532.10. La junta distrital de credenciales ministeriales o junta distrital de ministerio o el comité de la misma, habiendo considerado una solicitud de restauración a la condición de buena relación con la iglesia presentada dentro del plazo permitido, puede recomendar al superintendente de distrito y a las juntas distritales apropiadas cualquiera de las siguientes opciones:
1. Que el ministro sea restaurado a la condición de buena relación con la iglesia y su credencial devuelta;
2. Que el ministro continúe en un proceso de restauración por un período específico de tiempo antes de volver a solicitar la restauración a la condición de buena relación con la iglesia;
3. Que se amplíe el período de restauración y se revise el plan de restauración (por ejemplo, un reinvolucramiento supervisado en el ministerio, nombrar a un nuevo equipo de restauración o tratar asuntos personales, matrimoniales o familiares);
4. Que el ministro continúe bajo disciplina;
5. Que el ministro no sea restaurado a la condición de buena relación con la iglesia, pero que la evidencia de restauración sea reconocida y celebrada apropiadamente, y que se conceda permiso para que el ministro renuncie a su credencial;
6. Que el ministro sea separado de la membresía y ministerio de la Iglesia del Nazareno. (531.5, 532.7, 532.13)

532.11. En caso de que a un ministro bajo disciplina le sean rechazadas dos solicitudes de restablecimiento, la solicitud podrá ser considerada por la Junta de Superintendentes Generales para transferir la jurisdicción, en cooperación con el distrito receptor. En caso de que por tercera ocasión se le niegue la solicitud para restablecer su buena relación y la restitución de los derechos, privilegios y responsabilidades como miembro del cuerpo ministerial, el ministro podrá ser laico si lo aprobara la junta consultora de distrito. (530.13, 531.6, 532.12)

532.12. Transferencia de jurisdicción. La transferencia de jurisdicción de cualquier ministro cuya credencial haya sido archivada o que no esté en buenas condiciones con la iglesia podrá concederse previa aprobación del superintendente de distrito y de la junta consultora de distrito del distrito que transfiere y del distrito receptor. Una vez completada la transferencia de jurisdicción, el distrito receptor tiene autoridad para actuar, a su discreción, en cualquier asunto relacionado con las credenciales, incluyendo todos los aspectos del proceso de restauración. El distrito que reciba la transferencia de jurisdicción de un ministro que no esté en buenas condiciones con la iglesia no está obligado a conceder la devolución de credenciales. (532.2, 532.8, 532.10, 532.13)

532.13. El restablecimiento de los derechos, privilegios y responsabilidades como miembro del cuerpo ministerial. Un miembro del cuerpo ministerial que ha perdido la condición de buena relación con la iglesia y cuya solicitud para la restauración a esa condición ha resultado en una recomendación de restablecimiento de los derechos, privilegios y responsabilidades como miembro del cuerpo ministerial puede ser restaurado a la condición de buena relación y su credencial devuelta, solamente al cumplir el siguiente proceso:
1. La aprobación del superintendente de distrito;
2. La aprobación de la junta distrital de credenciales ministeriales o junta distrital de ministerio;
3. La aprobación por voto de las dos terceras partes de la junta consultora de distrito;
4. La aprobación de la Junta de Superintendentes Generales; y
5. La aprobación de la asamblea de distrito donde se tiene la jurisdicción.

(606.1-606.2, 606.5, 606.11-606.12)

PARTE VII

ADMINISTRACIÓN JUDICIAL

INVESTIGACIÓN DE POSIBLE CONDUCTA
IMPROPIA Y DISCIPLINA DE LA IGLESIA

RESPUESTA A PROBABLE CONDUCTA IMPROPIA

RESPUESTA A CONDUCTA IMPROPIA
DE UNA PERSONA EN POSICIÓN DE
CONFIANZA O AUTORIDAD

APELACIÓN DE LA DISCIPLINA DE UN LAICO

APELACIÓN DE LA DISCIPLINA DE UN
MIEMBRO DEL CUERPO MINISTERIAL

REGLAS DE PROCEDIMIENTO

CORTE DISTRITAL DE APELACIONES

CORTE REGIONAL DE APELACIONES

CORTE GENERAL DE APELACIONES

GARANTÍA DE DERECHOS

I. INVESTIGACIÓN DE POSIBLE CONDUCTA IMPROPIA Y DISCIPLINA DE LA IGLESIA

600. Los objetivos de la disciplina eclesiástica consisten en sostener la integridad de la Iglesia del Nazareno, proteger a los inocentes contra daños, proteger la eficacia del testimonio de la iglesia, advertir y corregir a los negligentes, conducir al culpable hacia la salvación, rehabilitar al culpable, restaurar al servicio eficaz a los rehabilitados, y proteger la reputación y recursos de la iglesia. Los miembros de la iglesia que violen el Pacto de Carácter Cristiano o el Pacto de Conducta Cristiana, o que continúen y voluntariamente violen sus votos de membresía, deben ser tratados amable, pero fielmente según la gravedad de sus ofensas. Puesto que la norma del Nuevo Testamento es la santidad de corazón y vida, la Iglesia del Nazareno insiste en un ministerio limpio y requiere que los que portan sus credenciales como miembros del cuerpo ministerial tengan una doctrina ortodoxa y una vida santa. Por tanto, el propósito de la disciplina no es punitivo o retributivo; sino que tiene el fin de alcanzar estos objetivos. El proceso de disciplina también tiene la finalidad de determinar la categoría y la relación continua con la iglesia.

II. RESPUESTA A PROBABLE CONDUCTA IMPROPIA

601. Una respuesta es apropiada en cualquier momento en que una persona con autoridad para responder recibe información que una persona prudente aceptaría como creíble y la cual haría que una persona prudente creyera que se le haría daño a la iglesia, a víctimas potenciales de conducta impropia, o a cualquier otra persona como resultado de conducta impropia de una persona en posición de confianza o autoridad dentro de la iglesia.

601.1. Cuando una persona sin autoridad para responder a nombre de la iglesia recibe información, que una persona prudente aceptaría como creíble, y la cual haría que una persona prudente creyera que una persona en posición de confianza o autoridad fuera culpable de conducta impropia dentro de la iglesia, esa persona que disponga de esa información la comunicará al representante de la iglesia con autoridad para responder.

601.2. La persona con autoridad para responder es determinada por la posición dentro de la iglesia de la persona o personas que probablemente sean culpables de conducta impropia de la siguiente manera:

ADMINISTRACIÓN JUDICIAL

Persona implicada	*Persona con autoridad para responder*
Persona que no es miembro de la iglesia	Pastor de la iglesia local en la que ocurre el caso de conducta impropia
Laico	Pastor de la iglesia de la que el laico es miembro
Miembro del cuerpo ministerial	Superintendente de distrito (en conjunto con la junta consultora de distrito) en el que es miembro la persona implicada o el pastor de la iglesia local cuando la persona sea miembro del equipo ministerial
Superintendente de distrito	Superintendente general en jurisdicción
Director regional	Superintendente general en jurisdicción
Coordinador de estrategia de área	Superintendente general en jurisdicción
Otros casos no definidos	Secretario general

La persona con autoridad de responder también debe notificar sobre las acusaciones a las personas respectivas en el liderazgo en el distrito, o el área, o la región o a nivel global lo más pronto posible. La persona con autoridad para responder puede solicitar la ayuda de otras personas en la búsqueda de datos o respuesta.

601.3. Si no existe acusación alguna de por medio, el propósito de la investigación consistirá en determinar si se necesita tomar alguna acción para prevenir daño o reducir el impacto del daño que se haya hecho de antemano. En circunstancias bajo las que una persona prudente cree que no es necesario tomar alguna acción para prevenir daño o reducir el impacto del mismo, ya no seguirá la investigación, a menos que se haya presentado una acusación. Los datos compilados durante una investigación pueden constituir la base de una acusación.

III. RESPUESTA A CONDUCTA IMPROPIA DE UNA PERSONA EN POSICIÓN DE CONFIANZA O AUTORIDAD

602. Cuando una persona autorizada para responder recibe información en la que se indica que personas inocentes han sido dañadas por la conducta impropia de una persona en posición de confianza o autoridad, se debe tomar acción; para que la iglesia responda apropiadamente. Una respuesta apropiada consistiría en prevenir algún daño adicional a víctimas de la conducta impropia, tratar de suplir las necesidades de las víctimas, del acusado y de otras personas que sufrirían como resultado de la conducta impropia. Se deberá dar atención particular a las necesidades del cónyuge y la familia del acusado. La respuesta también deberá dar atención a las necesidades de la iglesia local, el distrito y la iglesia general respecto a relaciones públicas, protección contra riesgos legales y protección de la integridad de la iglesia.

Quienes responden a nombre de la iglesia deben comprender que lo que dicen y hacen puede acarrear consecuencias bajo la ley civil. El deber de la iglesia de responder se basa en la caridad cristiana. Nadie tiene la autoridad de aceptar responsabilidad financiera a nombre de una iglesia local sin acción previa de la junta de la iglesia o a nombre de un distrito sin acción previa de la junta consultora de distrito. Si no se sabe con certeza qué acción apropiada se debe tomar; se ha de buscar el consejo de personal profesional adecuado.

602.1. En cada iglesia local, es apropiado que la junta de la iglesia prepare una respuesta para cualquier crisis que pueda surgir; sin embargo, quizá sea necesario responder aun antes de que se pueda convocar a una reunión de la junta. Es sabio que cada iglesia local cuente con un plan de emergencia para responder.

602.2. En cada distrito, la responsabilidad primordial de responder ante una crisis recae sobre la junta consultora de distrito; sin embargo, quizá sea necesario responder aun antes de que se pueda convocar a una reunión de la junta. Es sabio que un distrito adopte un plan de emergencia para responder. El plan podrá incluir el nombramiento, por parte de la junta consultora de distrito, de un equipo de respuesta compuesto de personas con cualidades especiales tales como consejeros, trabajadores sociales, quienes han sido capacitados en comunicaciones, y aquellos que están familiarizados con las leyes aplicables.

603. Resolución de conflicto y reconciliación en la iglesia. Los desacuerdos son parte de la vida, aun en la iglesia. Sin embargo, cuando un desacuerdo se convierte en conflicto que divide la congregación o altera el compañerismo de la iglesia, un proceso informal de discernimiento debe preceder a cualquier proceso formal de resolución. Ya sea informal o formal, la meta debe ser la resolución y la reconciliación.

603.1. Proceso informal: cuando surge conflicto en la iglesia, se debe buscar un tiempo de discernimiento y consejo, con el propósito de vivir en paz con todos. Se insta a las partes a presentar el asunto al Señor en oración; de hecho, todo el proceso debe estar saturado en oración. Las personas en conflicto deben acercarse entre ellas en humildad con la esperanza de la reconciliación.

603.2. Proceso formal: si el proceso anterior no se da, los individuos pueden entrar a un proceso formal de reconciliación. El asunto debe ser arbitrado por un grupo representativo de individuos maduros e imparciales de la iglesia. Si se determina alguna falta, este grupo puede recomendar acción apropiada como lo describe el párrafo 604.

604. Resolución de asuntos disciplinarios por acuerdo mutuo. El proceso disciplinario descrito en este *Manual* tiene la finalidad de proveer un proceso apropiado para acusaciones de conducta impropia cuando estas sean apeladas por el acusado. En muchas situaciones, es apropiado resolver asuntos disciplinarios por acuerdo mutuo. Cuando sea práctico, se debe tratar de resolver asuntos disciplinarios por este método.

604.1. Cualquier asunto que esté bajo la jurisdicción de una junta local de disciplina puede resolverse por un acuerdo mutuo escrito entre la persona acusada y el pastor, si así lo aprueban la junta de la iglesia y el superintendente de distrito. Los términos de dicho acuerdo mutuo deberán tener el mismo efecto de una acción de una junta local de disciplina.

604.2. Cualquier asunto que esté bajo la jurisdicción de una junta distrital de disciplina puede resolverse por un acuerdo mutuo escrito entre la persona acusada y el superintendente de distrito, si el acuerdo lo aprueban la junta consultora de distrito y el superintendente general en jurisdicción. Los términos de dicho acuerdo mutuo deberán tener el mismo efecto de una acción de una junta distrital de disciplina.

IV. APELACIÓN DE LA DISCIPLINA DE UN LAICO

605. Si un miembro laico es acusado de conducta inmoral, las acusaciones deberán presentarse por escrito y ser firmadas, por lo menos, por dos miembros que hayan asistido a la iglesia fielmente, por lo menos durante seis meses. El pastor designará un comité de investigación compuesto de tres miembros de la iglesia local, sujeto a la aprobación del superintendente de distrito. El comité presentará un informe escrito de su investigación. Dicho informe deberá ser firmado por una mayoría y presentado a la junta de la iglesia. Después de la investigación y de acuerdo con los resultados de la misma, dos miembros que estén en buenas relaciones con la iglesia local pueden firmar las acusaciones y presentarlas a la junta de la iglesia. Entonces, la junta de la iglesia designará, sujeta a la aprobación del superintendente de distrito, una junta local de disciplina formada por cinco miembros que no tengan prejuicios en cuanto al caso, que puedan oír y decidir de manera justa e imparcial. Si en opinión del superintendente de distrito no es práctico seleccionar a cinco miembros de la iglesia local debido a su tamaño, a la naturaleza de las acusaciones o a la posición de influencia del acusado; el superintendente de distrito podrá, después de consultar con el pastor, nombrar a cinco laicos de otras iglesias del mismo distrito para conformar la junta de disciplina. Dicha junta llevará a cabo una audiencia tan pronto como sea factible y determinará los asuntos implicados. Después de oír el testimonio de los testigos y de considerar las evidencias presentadas, la junta de disciplina podrá absolver al acusado o administrar la disciplina apropiada de acuerdo a los hechos. La decisión debe ser unánime. La disciplina puede administrarse en forma de reprimenda, suspensión o expulsión de la membresía de la iglesia local. (125.8)

605.1. Dentro del término de 30 días, la decisión de la junta local de disciplina podrá ser apelada ante la corte distrital de apelaciones, ya sea por el acusado o por la junta local.

605.2. Cuando un laico haya sido separado de la membresía de la iglesia local por una junta local de disciplina, podrá afiliarse nuevamente a la Iglesia del Nazareno en el mismo distrito solo si obtiene la aprobación de la junta consultora de distrito. Si le conceden tal aprobación; será recibido en la membresía de esa iglesia local usando la forma aprobada para la recepción de miembros de la iglesia. (21, 28-33, 114.1-114.4, 704)

605.3. De las personas laicas sirviendo en roles de liderazgo se espera una norma elevada de desempeño. Si hay mala conducta por parte de alguna de ellas; frecuentemente, las consecuencias son muy serias. A una persona culpable de conducta sexual inapropiada que involucre menores no se le debe permitir que sirva en algún cargo de responsabilidad que involucre menores o ministerio con menores, ni ser elegido o designado para alguna función de liderazgo en la iglesia local. Se entiende por menor a cualquier persona que tenga menos de 18 años, a menos que la mayoría de edad sea alcanzada más tarde según la legislación de un estado/provincia o del país. (503.1)

V. APELACIÓN DE LA DISCIPLINA DE UN MIEMBRO DEL CUERPO MINISTERIAL

606. La perpetuidad y eficacia de la Iglesia del Nazareno dependen en gran parte de las cualidades espirituales, el carácter y la forma de vida de sus ministros. Los miembros del cuerpo ministerial aspiran a un alto llamado y se desempeñan como personas ungidas sobre quienes la iglesia ha depositado su confianza. Estos aceptan su llamado a sabiendas de que las personas a las que ministran esperan de ellos altas normas personales. Debido a las altas expectativas puestas en ellos, los ministros y su ministerio son peculiarmente vulnerables a acusaciones de conducta impropia. Se pide, por tanto, a los miembros que usen los siguientes procedimientos con la sabiduría bíblica y la madurez apropiadas del pueblo de Dios.

606.1. Si un miembro del cuerpo ministerial es acusado de conducta impropia de un ministro; tal acusación será formulada por escrito y firmada, por lo menos, por dos miembros de la Iglesia del Nazareno que al momento estén en buenas relaciones con la iglesia. Si un miembro del cuerpo ministerial es acusado de enseñar doctrinas contrarias a las declaraciones doctrinales de la Iglesia del Nazareno; tal acusación será formulada por escrito y firmada, por lo menos, por dos miembros de la Iglesia del Nazareno que al momento estén en buenas relaciones con la iglesia. La acusación escrita deberá ser interpuesta ante el superintendente de distrito quien la presentará a la junta consultora de distrito del distrito donde el acusado tiene su membresía ministerial. Esta acusación formará parte del expediente del caso.

La junta consultora de distrito, tan pronto como sea práctico y por cualquier método que notifique efectivamente, le notificará por escrito al acusado que se han presentado acusaciones en su contra. Cuando dicho método de notificación no sea posible, se le hará saber de la manera en que se acostumbre notificar legalmente en la localidad. El acusado y su defensor tendrán derecho de examinar las acusaciones y de recibir de inmediato una copia escrita de las mismas cuando la soliciten. (532.4, 532.9, 532.13)

606.2. La firma de una persona en una acusación contra un miembro del cuerpo ministerial constituye una certificación de parte del firmante de que, según su conocimiento, la información y la convicción a la que ha llegado después de investigación razonable, la acusación está basada en hechos. (532.4, 532.13)

606.3. Cuando se presente una acusación escrita de conducta impropia de un ministro que ha sido archivada con el superintendente de distrito y ha sido presentada a la junta consultora de distrito, la junta consultora de distrito nombrará un comité de tres o más ministros ordenados asignados y no menos de dos personas laicas, según la junta consultora de distrito considere recomendable, para investigar los hechos y las circunstancias del caso y entregar un informe escrito del resultado de la investigación, con la firma de la mayoría del comité.

Cuando se presente una acusación por escrito relacionada con la promoción de doctrinas que no estén en armonía con la declaración doctrinal de la Iglesia del Nazareno, la junta consultora de distrito o el acusado podrán solicitar una revisión por parte de un comité teológico regional para que evalúe la acusación; a fin de proporcionar discernimiento y claridad en cuanto a su mérito. Este comité teológico regional será nombrado por la Junta de Superintendentes Generales y estará compuesto por tres teólogos de universidades/seminarios regionales y dos pastores ordenados asignados que estén en buenas relaciones con la iglesia.

Si después de considerar el informe del comité teológico, y si parece que hay probables motivos de acusación; la junta consultora de distrito nombrará un comité de investigación de tres o más ministros ordenados asignados y no menos de dos laicos, según la junta consultora de distrito lo considere apropiado, para investigar los hechos y circunstancias involucradas e informar sus conclusiones por escrito y firmadas por la mayoría de los miembros del comité.

Si después de considerar el informe del comité de investigación de distrito pareciera haber base probable para los cargos; tales cargos se formularán y serán firmados por dos ministros ordenados del distrito donde el acusado tiene sus credenciales. La junta consultora de distrito notificará de ello al acusado tan pronto como sea práctico por cualquier método de notificación. Cuando no sea práctico dicho método de notificación, se le hará saber de la manera en que se acostumbre notificar legalmente en la localidad. El acusado y su defensor tendrán derecho de examinar las acusaciones y especificaciones, y de recibir de inmediato una copia de las mismas cuando la soliciten. Ningún acusado tendrá que responder a cargos de los que no se le haya informado en la forma estipulada. (225.3)

606.4. Si después de la investigación pareciera no haber base concreta para los cargos, y si es evidente que las acusaciones fueron presentadas de mala fe; la presentación de la acusación podrá constituir la base para una sanción apropiada contra los que firmaron la acusación.

606.5. Si los cargos se archivan, la junta consultora de distrito nombrará a cinco ministros ordenados asignados del distrito y no menos de dos personas laicas como considere recomendable para escuchar el caso y determinar los asuntos a tratar; estos cinco ministros ordenados así nombrados constituirán la junta distrital de disciplina para llevar a cabo la audiencia y resolver el caso de acuerdo con las leyes de la iglesia. Ningún superintendente de distrito fungirá como fiscal o como ayudante del fiscal en el juicio de un ministro ordenado o de un ministro licenciado. Esta junta de disciplina tendrá facultad para vindicar y absolver al acusado en conexión con los cargos mencionados o para administrar la disciplina apropiada de acuerdo con la ofensa. Tal disciplina podrá ejercerse con el propósito de conducir a la salvación y rehabilitación del culpable. La disciplina podría incluir arrepentimiento, confesión, restitución, suspensión, recomendación de remoción de la credencial,

ADMINISTRACIÓN JUDICIAL 211

expulsión del ministerio o de la membresía de la iglesia, o ambas, reprensión pública o privada, o cualquier otra disciplina apropiada, incluso la suspensión o el aplazamiento de la disciplina durante un período de prueba. (225.4, 532.4, 532.13, 606.11-606.12)

606.6. Si el acusado o la junta consultora de distrito lo solicita, la junta de disciplina será una junta regional de disciplina. La junta regional de disciplina para cada caso será designada por el superintendente general con jurisdicción del distrito del que es miembro el acusado.

606.7. Ningún distrito fase 1 como tal podrá tomar acción disciplinaria contra un misionero.

606.8. La decisión de una junta de disciplina será unánime, presentada por escrito y firmada por todos los miembros e incluirá el veredicto de "culpable" o "no culpable" de cada una de las acusaciones y especificaciones.

606.9. Toda audiencia que realice una junta de disciplina como se estipula aquí se llevará a cabo siempre dentro de los límites del distrito en el que se hayan presentado las acusaciones, en el lugar que asigne la junta que escuchará las acusaciones.

606.10. El procedimiento en cualquier audiencia debe ser de acuerdo con las reglas de procedimiento que aquí se señalan. (225.3-225.4, 524.9, 530.13, 609)

606.11. Cuando un ministro sea acusado de conducta impropia de un ministro y admita su culpabilidad, o confiese su culpabilidad sin que se presenten los cargos, la junta consultora de distrito podrá aplicar cualquiera de las disciplinas estipuladas en el párrafo 606.5. (532.4, 532.13)

606.12. Cuando un ministro sea acusado de conducta impropia de un ministro y admita su culpabilidad, o la confiese antes de ser llamado a comparecer ante una junta de disciplina, la junta consultora de distrito podrá aplicar cualquiera de las disciplinas estipuladas en el párrafo 606.5. (532.4, 532.13)

607. Después de la decisión de una junta de disciplina, el acusado, la junta consultora de distrito o los que firmaron las acusaciones tendrán derecho de apelar ante la corte regional de apelaciones. Esta apelación deberá iniciarse dentro de los 30 días siguientes a la decisión y la corte revisará todo el expediente del caso y las medidas que se tomaron. Si la corte descubre algún error sustancial en perjuicio del derecho de cualquiera de las partes; corregirá dicho error ordenando una nueva audiencia, conducida de tal manera que corrija el perjuicio de la parte afectada por la decisión y el procedimiento previos.

608. Cuando la decisión de una junta de disciplina sea adversa al ministro acusado y tal decisión estipule que sea suspendido del ministerio o que su credencial sea cancelada, el ministro suspenderá inmediatamente toda actividad ministerial; y, en caso de que rehúse hacerlo, no tendrá derecho de apelar.

608.1. Cuando la decisión de una junta de disciplina estipula la suspensión o cancelación de las credenciales y el ministro acusado desee apelar, notificará de tal apelación al secretario de la corte ante la cual apela y al mismo tiempo le entregará su credencial como ministro para archivarla, de manera que su derecho de apelación dependerá del cumplimiento de este requisito. Cuando la credencial haya sido archivada de esta manera, el secretario la guardará cuidadosamente hasta la conclusión del caso, cuando será enviada al secretario general o devuelta al ministro de acuerdo con las instrucciones de la corte.

608.2. Respecto a las decisiones de una corte regional de apelaciones, las apelaciones a la corte general de apelaciones las podrá hacer el acusado o la junta de disciplina. Tales apelaciones estarán sujetas a las mismas reglas y procedimientos de las otras apelaciones ante la corte general de apelaciones.

VI. REGLAS DE PROCEDIMIENTO

609. La corte general de apelaciones adoptará reglas de procedimiento uniformes que regirán en todos los trámites ante las juntas de disciplina y las cortes de apelaciones. Cuando dichos reglamentos sean adoptados y publicados, constituirán la autoridad final en todos los procedimientos judiciales. Estas reglas de procedimiento podrán conseguirse solicitándolas al secretario general. La corte general de apelaciones podrá cambiar o enmendar tales reglas en cualquier tiempo; y, cuando estas se adopten y publiquen, tendrán efectividad y autoridad en todos los casos. Por tanto, toda medida que se tome después en cualquier procedimiento deberá estar en completo acuerdo con tal cambio o enmienda. (606.1)

VII. CORTE DISTRITAL DE APELACIONES

610. Todo distrito organizado tendrá una corte distrital de apelaciones compuesta de dos laicos y tres ministros ordenados asignados, incluyendo al superintendente de distrito, electos por la asamblea de distrito de acuerdo con el párrafo 205.22. Esta corte deberá oír las apelaciones de los miembros de cualquier iglesia local concernientes a alguna decisión de las juntas locales de disciplina. El apelante deberá notificar por escrito en cuanto a su apelación dentro de los 30 días siguientes a la decisión o tan pronto como el apelante haya tenido noticia de ella. Esta notificación se enviará a la corte distrital de apelaciones o a un miembro de ella, enviando una copia al pastor de la iglesia local y al secretario de la junta de la iglesia a que se refiere la apelación. (205.22)

610.1. La corte distrital de apelaciones tendrá jurisdicción para oír y decidir todas las apelaciones de miembros laicos e iglesias con relación a la decisión de una junta de disciplina nombrada para disciplinar a un miembro laico.

VIII. CORTE REGIONAL DE APELACIONES

611. Se establecerá una corte regional de apelaciones en cada región. Cada corte regional de apelaciones consistirá de cinco ministros ordenados asignados o más, electos por la Junta de Superintendentes Generales después de cada Asamblea General. Las vacantes serán cubiertas por la Junta de Superintendentes Generales. Las reglas de procedimiento para las cortes regionales de apelaciones serán las mismas de la corte general de apelaciones, tanto en el *Manual de la Iglesia del Nazareno* como en el *Manual judicial*. Se requerirá un *quorum* de cinco para las apelaciones referidas a la corte.

IX. CORTE GENERAL DE APELACIONES

612. La Asamblea General elegirá a cinco ministros ordenados asignados que servirán como miembros de la corte general de apelaciones durante el próximo cuatrienio o hasta que sus sucesores sean elegidos y acreditados. Esta corte tendrá jurisdicción de la siguiente manera:

612.1. Para oír y decidir todas las apelaciones contra acciones o decisiones de cualquier junta distrital de disciplina o corte regional de apelaciones. Cuando estas apelaciones sean decididas por dicha corte, la decisión será autoritativa y definitiva. (305.7)

613. Las vacantes que ocurran en la corte general de apelaciones durante el intervalo entre asambleas generales serán cubiertas por designación de la Junta de Superintendentes Generales. (317.6)

614. Los viáticos y gastos de estancia de los miembros de la corte general de apelaciones serán los mismos que los de los miembros de la Junta General de la iglesia, cuando los miembros de la corte estén en cumplimiento de negocios oficiales de dicha corte, y el pago lo hará el tesorero general.

615. El secretario general se encargará de conservar todos los archivos y decisiones permanentes de la corte general de apelaciones. (326.4)

X. GARANTÍA DE DERECHOS

616. No se deberá negar ni posponer indebidamente una audiencia justa e imparcial concerniente a cargos pendientes contra un ministro o laico. Las acusaciones escritas se presentarán en audiencia tan pronto como sea posible; a fin de que el inocente sea absuelto y el culpable sea disciplinado. Cada acusado tiene derecho a que se le considere inocente en tanto no se demuestre que es culpable.

En cuanto a cada acusación y especificación, el fiscal tendrá que probar la culpabilidad con certidumbre moral y fuera de toda duda razonable.

616.1. El costo de preparación del archivo de un caso para un ministro, incluyendo una transcripción palabra por palabra de todo el testimonio que se dé durante el juicio, con el propósito de apelación ante la corte general de apelaciones, será pagado por el distrito en el que se celebró la audiencia y en el que se tomó la decisión disciplinaria. El ministro que apele tendrá derecho de presentar oralmente y por escrito los argumentos de su apelación; pero el acusado puede renunciar por escrito a este derecho.

El costo de preparación del archivo de un caso para un laico, incluyendo una transcripción palabra por palabra de todo el testimonio que se dé durante el juicio, con el propósito de apelación ante la corte general de apelaciones, será pagado por la iglesia local del distrito en el que se celebró la audiencia y en el que se tomó la decisión disciplinaria. El laico que apele tendrá derecho de presentar oralmente y por escrito los argumentos de su apelación; pero el acusado puede renunciar por escrito a este derecho.

616.2. La corte más alta para que un ministro apele es la corte general de apelaciones, y la corte más alta para que un laico apele es la corte distrital de apelaciones.

616.3. Todo ministro o laico acusado de conducta indebida o de cualquier violación del *Manual* de la iglesia y contra quien existan acusaciones pendientes tendrá derecho de reunirse personalmente con sus acusadores e interrogar a los testigos de la parte acusadora.

616.4. El testimonio de cualquier testigo ante la junta de disciplina no tendrá validez ni será considerado como evidencia, a menos que dicho testimonio haya sido dado bajo juramento o bajo afirmación solemne.

616.5. Todo ministro o laico que deba presentarse ante una junta de disciplina con el fin de responder a acusaciones tendrá siempre el derecho de estar representado por un consejero o defensor que él mismo haya escogido, siempre y cuando dicho consejero o defensor sea miembro en buenas relaciones con la Iglesia del Nazareno. Cualquier miembro en plena comunión de una iglesia regularmente organizada y contra quien no haya acusaciones escritas pendientes será considerado miembro en buenas relaciones con la iglesia.

616.6. Ningún ministro o laico estará obligado a responder ante acusaciones por algún acto que haya ocurrido más de cinco años antes de presentarse estas acusaciones y en ninguna audiencia se considerará evidencia de algún asunto que haya ocurrido más de cinco años antes de presentarse los cargos. Sin embargo, si la persona agraviada por tal acto tenía menos de 18 años de edad o estaba mentalmente incapacitada para hacer una acusación o presentar cargos; esos períodos de cinco años de límite no entrarán en vigencia, sino hasta que el agraviado haya cumplido 18 años o haya llegado a ser mentalmente competente. En el caso de abuso sexual de un menor de edad, no se aplicará ningún límite de tiempo. Un menor de edad es cualquier persona que tenga menos de 18 años, a menos que la mayoría de edad se alcance más tarde según la legislación de un estado/provincia o país.

Si un ministro es hallado culpable de algún delito por un juzgado con jurisdicción competente; deberá entregar su credencial al superintendente de distrito. A solicitud de tal ministro, y si la junta de disciplina no ha participado en el caso previamente, la junta consultora de distrito investigará las circunstancias de la acusación y podrá restaurar su credencial si lo considera apropiado.

616.7. Ningún ministro o laico será juzgado dos veces por la misma ofensa. No se considerará, sin embargo, que ese haya sido el caso en cualquier audiencia o procedimiento en que la corte de apelaciones haya descubierto algún error reversible cometido durante el procedimiento original ante una junta de disciplina.

PARTE VIII

SACRAMENTOS Y RITUALES

NOTA: Se requiere la acción de la Asamblea General para editar o hacer agregados a cualquier asunto en la sección de Sacramentos y rituales del *Manual*.

LA SANTA CENA

EL BAUTISMO DE LOS CREYENTES

EL BAUTISMO DE INFANTES O NIÑOS PEQUEÑOS

LA DEDICACIÓN DE INFANTES O NIÑOS PEQUEÑOS

LA RECEPCIÓN DE MIEMBROS EN LA IGLESIA

EL MATRIMONIO

EL SERVICIO FÚNEBRE

INSTALACIÓN DE OFICIALES

LA ORGANIZACIÓN DE UNA IGLESIA LOCAL

LA DEDICACIÓN DEL TEMPLO

I. SACRAMENTOS

700. LA SANTA CENA

La administración de la Santa Cena puede introducirse por medio de un sermón apropiado y la lectura de 1 Corintios 11:23-29, Lucas 22:14-20 o algún otro pasaje apropiado. Entonces, el ministro puede hacer la siguiente invitación:

La Santa Cena, instituida por nuestro Señor y Salvador Jesucristo, es un sacramento que proclama su vida, sus sufrimientos, su muerte sacrificial, su resurrección y la esperanza de su Segunda Venida. Nos recuerda la muerte del Señor hasta su regreso.

La Cena es un medio de gracia en el cual Cristo está presente por el Espíritu. Debe ser recibida en reverente aprecio y agradecimiento por la obra de Cristo.

Todos aquellos que verdaderamente se han arrepentido, han renunciado a sus pecados, y han creído en Cristo para salvación están invitados a participar en la muerte y resurrección de Cristo. Venimos a esta mesa para ser renovados en vida y salvación, y ser hechos uno por el Espíritu.

En unidad con la iglesia, confesamos nuestra fe: Cristo murió, Cristo resucitó, Cristo vendrá otra vez. Por eso, oramos:

El ministro puede ofrecer una oración de confesión y súplica, concluyendo con la siguiente oración de consagración:

Santo Dios,

Nos reunimos aquí, en tu mesa, en el nombre de tu Hijo Jesucristo, quien fue ungido por tu Espíritu para predicar las buenas nuevas a los pobres, proclamar libertad a los cautivos, poner en libertad a los oprimidos. Cristo sanó a los enfermos, alimentó al hambriento, comió con los pecadores, y estableció el Nuevo Pacto

SACRAMENTOS Y RITUALES

para el perdón de los pecados. Vivimos con la esperanza de su regreso.

En la noche que Jesús fue traicionado, tomó el pan, dio gracias, partió el pan, lo dio a sus discípulos; y dijo: "Esto es mi cuerpo, entregado por ustedes; hagan esto en memoria de mí" (Lucas 22:19 NVI).

Así mismo, después de haber cenado, tomó la copa, dio gracias, la dio a sus discípulos; y dijo: "Bebed de ella todos, porque esto es mi sangre del nuevo pacto que por muchos es derramada para perdón de los pecados… haced esto en memoria de mí" (Mateo 26:27-29; Lucas 22:19 RVR95).

Así, nos reunimos como el cuerpo de Cristo para ofrecernos a nosotros mismos en alabanza y agradecimiento a ti. Derrama tu Espíritu Santo sobre nosotros y sobre estos tus dones. Haz que, por el poder de tu Espíritu, estos representen para nosotros el cuerpo y la sangre de Cristo; y que nosotros seamos para el mundo el cuerpo de Cristo, redimidos por tu sangre.

Por tu Espíritu, haznos uno en Cristo, uno los unos con los otros, y uno en el ministerio de Cristo para todo el mundo, hasta que Cristo venga en victoria final. En el nombre del Padre, del Hijo y del Espíritu Santo. Amén.

Y, ahora, tal como Cristo nuestro Salvador nos enseñó, oremos:

Aquí la congregación puede orar el Padrenuestro.

"Padre nuestro que estás en los cielos, santificado sea tu nombre. Venga tu reino. Hágase tu voluntad, como en el cielo, así también en la tierra. El pan nuestro de cada día, dánoslo hoy. Y perdónanos nuestras deudas, como también nosotros perdonamos a nuestros deudores. Y no nos metas en tentación, mas líbranos del mal; porque tuyo es el reino, y el poder, y la gloria, por todos los siglos. Amén".

Al compartir el pan, el ministro dirá:

El cuerpo de nuestro Señor Jesucristo, quebrantado por nosotros, nos preserve irreprensibles para la vida eterna. Comamos este pan, en memoria de que Cristo murió por nosotros; y seamos agradecidos.

Antes de participar de la copa, el ministro dirá:

La sangre de nuestro Señor Jesucristo, derramada por nosotros, nos preserve irreprensibles para la vida eterna. Bebamos de esta copa, en memoria de que Cristo murió por nosotros; y seamos agradecidos.

Después de que todos hayan participado, el ministro podrá ofrecer una oración final de acción de gracias y consagración. (124.4, 524.7, 525.2, 526.1)

NOTA: Solamente vino sin fermentar deberá usarse en el sacramento de la Santa Cena.

701. EL BAUTISMO DE LOS CREYENTES

Muy Amados: El Bautismo cristiano es un sacramento que significa la participación por fe en la muerte y resurrección de Jesucristo, y la incorporación a su cuerpo, la iglesia. Es un medio de gracia que proclama a Jesucristo como Señor y Salvador.

El apóstol Pablo declara que todos los que son bautizados en Cristo Jesús son bautizados en su muerte. Somos sepultados juntamente con Él por el Bautismo; para que así como Cristo resucitó de entre los muertos, así también nosotros seamos resucitados para andar en nueva vida. Así como fuimos unidos con Él en su muerte, también seremos unidos con Él en su resurrección.

La fe cristiana, en la cual ahora vienen a ser bautizados, se expresa en el Credo de los Apóstoles, el cual confesamos:

El ministro dirige a la congregación a expresar su confesión de fe:

"Creemos en Dios Padre todopoderoso, Creador del cielo y de la tierra, y en Jesucristo, su único Hijo, Señor nuestro, que fue concebido del Espíritu Santo, nació de la Virgen María, padeció bajo Poncio Pilato, fue crucificado, muerto y sepultado; descendió al infierno, y al tercer día, resucitó de entre los muertos; subió al cielo, y está sentado a la diestra de Dios Padre todopoderoso, y desde allí vendrá a juzgar a los vivos y a los muertos.

Creemos en el Espíritu Santo, la santa iglesia de Jesucristo, la comunión de los santos, el perdón de los pecados, la resurrección del cuerpo y la vida perdurable".

¿Desean ser bautizados en esta fe?
Respuesta: Sí.

¿Reconocen a Jesucristo como su Señor y Salvador; y creen que Él los salva ahora?

Respuesta: Sí, Él me salva por la fe.

Como miembros en la iglesia de Jesucristo, ¿lo seguirán todos los días de su vida, creciendo en gracia y en amor a Dios y al prójimo?

Respuesta: Sí, lo haré con la ayuda de Dios.

El ministro, repitiendo el nombre completo de la persona y usando la forma de Bautismo preferida (aspersión, afusión o inmersión), dirá:

yo te bautizo en el nombre del Padre, y del Hijo y del Espíritu Santo. Amén.

702. EL BAUTISMO DE INFANTES O NIÑOS PEQUEÑOS

Cuando los testigos hayan pasado adelante con el niño (o niños), el ministro dirá:

MUY AMADOS: El sacramento del Bautismo es la señal y sello del Nuevo Pacto de gracia. Es un medio de gracia, y significa la naturaleza preveniente de la aceptación de gracia de parte de Dios para este/a pequeño/a niño/a dentro de la comunidad de fe cristiana. Anticipa su confesión personal de fe en Jesucristo.

La fe cristiana, en la que ahora traen a este/a niño/a para ser bautizado/a, se afirma en el Credo de los Apóstoles, que confesamos:

El ministro dirige a la congregación en la afirmación de la confesión de fe.

"Creemos en Dios Padre todopoderoso, Creador del cielo y de la tierra, y en Jesucristo, su único Hijo, Señor nuestro, que fue concebido del Espíritu Santo, nació de la Virgen María, padeció bajo Poncio Pilato, fue crucificado, muerto y sepultado; descendió al infierno, y al tercer día, resucitó de entre los muertos; subió al cielo, y está sentado a la diestra de Dios Padre todopoderoso, y desde allí vendrá a juzgar a los vivos y a los muertos.

Creemos en el Espíritu Santo, la santa iglesia de Jesucristo, la comunión de los santos, el perdón de los pecados, la resurrección del cuerpo y la vida perdurable".

¿Desean bautizar a su niño/a en esta fe?

Respuesta: Sí.

Al presentar a este/a niño/a para el Bautismo, están testificando de la propia fe personal cristiana y del propósito de guiarle en su vida temprana al conocimiento de Cristo como Salvador. Para lograr este fin, será el deber suyo enseñarle, tan pronto como él/ella pueda comprender, la naturaleza y propósito de este santo sacramento; vigilar su educación, para que no se extravíe; dirigir sus pies al templo; refrenarlo/a en cuanto a malas compañías y costumbres; y, hasta donde sea posible, criarlo/a en las enseñanzas y amonestaciones del Señor.

¿Se esforzarán a hacerlo con la ayuda de Dios? Si es así, contesten: "Sí, lo haremos".

<small>El ministro, entonces, pedirá a los padres o tutores que le den el nombre del niño; después bautizará al niño, repitiendo su nombre completo y diciendo:</small>

_____, yo te bautizo en el nombre del Padre, del Hijo y del Espíritu Santo. Amén.

Pastor: El Bautismo también significa la aceptación de este niño en la comunidad de la fe cristiana. Ahora, les pregunto a ustedes, la congregación: ¿Prometen, como cuerpo de Cristo, apoyar y alentar a estos padres (tutores) en el cumplimiento de su responsabilidad para con este/a niño/a; y prometen ayudar a _____ (nombre del niño o niña) contribuyendo en su crecimiento hacia la madurez espiritual?

Congregación: Sí.

<small>El ministro, entonces, hará la siguiente oración o improvisará alguna otra.</small>

Padre celestial, humildemente te pedimos que tomes a este/a niño/a bajo tu amoroso cuidado. Enriquécelo/a abundantemente con tu gracia celestial; guíalo/a a salvo a través de los peligros de la niñez; líbralo/a de las tentaciones de la juventud; guíalo/a, para que llegue a conocer personalmente a Cristo como su Salvador; ayúdalo/a a crecer en sabiduría, en estatura y en gracia para contigo y las personas, y a que persevere hasta el fin. Sostén a sus padres con cuidado amoroso; para que con su sabio consejo y santo ejemplo, puedan cumplir fielmente la responsabilidad que tienen contigo y con este/a niño/a. Te lo pedimos en el nombre de Jesucristo, Señor nuestro. Amén.

II. RITUALES

703. LA DEDICACIÓN DE INFANTES O NIÑOS PEQUEÑOS

Cuando los padres o tutores hayan pasado adelante con el niño (o niños), el ministro dirá:

"Entonces le fueron presentados unos niños para que pusiera las manos sobre ellos y orara; pero los discípulos los reprendieron. Entonces Jesús dijo: «Dejad a los niños venir a mí y no se lo impidáis, porque de los tales es el reino de los cielos.»" (Mateo 19:13-14 RVR95).

Al presentar a este/a niño/a para que sea dedicado/a, no solo indican su fe en la religión cristiana; sino también su deseo de que él/ella conozca y siga la voluntad de Dios en su temprana edad, que viva y muera cristianamente, y que llegue a la felicidad perdurable.

Para lograr este fin santo, será su deber como padres (tutores) enseñarle a temer a Dios en su temprana edad; vigilar su educación, para que no se extravíe; dirigir su mente juvenil a las Sagradas Escrituras, y sus pies al templo; refrenarlo/a en cuanto a malas compañías y costumbres; y, hasta donde sea posible, criarlo/a en las enseñanzas y amonestaciones del Señor.

¿Se esforzarán a hacerlo con la ayuda de Dios? Si es así, respondan: "Sí, lo haremos".

Pastor: Ahora, les pregunto a ustedes, la congregación: ¿Prometen, como cuerpo de Cristo, apoyar y alentar a estos padres (tutores) en el cumplimiento de su responsabilidad para con este/a niño/a y prometen ayudar a _____ (nombre del niño o niña) contribuyendo en su crecimiento hacia la madurez espiritual?

Congregación: Sí.

Pastor: Nuestro amante Padre celestial, aquí y en este momento te dedicamos a _____en el nombre del Padre, del Hijo y del Espíritu Santo. Amén.

> El ministro, entonces, hará la siguiente oración o improvisará alguna otra.

Padre celestial, humildemente te pedimos que tomes a este/a niño/a bajo tu amoroso cuidado. Enriquécelo/a abundantemente con tu gracia celestial; guíalo/a a salvo a través de los peligros de la niñez; líbralo/a de las tentaciones de la juventud; guíalo/a, para que llegue a conocer personalmente a Cristo como su Salvador; ayúdalo/a a crecer en sabiduría, en estatura y en gracia para contigo y las personas, y a que persevere hasta el fin. Sostén a sus padres con cuidado amoroso; para que con su sabio consejo y santo ejemplo, puedan cumplir fielmente la responsabilidad que tienen contigo y con este/a niño/a. Te lo pedimos en el nombre de Jesucristo, Señor nuestro. Amén.

704. LA RECEPCIÓN DE MIEMBROS EN LA IGLESIA

Se espera que las personas que deseen ser recibidas como miembros hayan profesado la fe cristiana, y hayan sido instruidas en la doctrina y prácticas de la Iglesia del Nazareno; pasarán al frente y estarán ante la congregación, y el pastor les dirá lo siguiente:

Muy amados: Los privilegios y las bendiciones que juntos experimentamos en la comunidad de la iglesia de Jesucristo son sagrados y preciosos. En esta, hay tal comunión santa, cuidado y consejo que no se puede experimentar de otra manera; sino en la familia de Dios.

En la iglesia, se da el cuidado piadoso de los pastores, con las enseñanzas de la Palabra de Dios y la inspiración de la adoración congregacional. En ella, hay cooperación en el servicio, haciendo lo que de otra manera no podría realizarse.

Hoy, afirmamos nuevamente la Declaración Convenida de Fe de la Iglesia del Nazareno:

Creemos en un solo Dios: Padre, Hijo y Espíritu Santo.

Creemos que las Escrituras del Antiguo y Nuevo Testamentos, dadas por inspiración plenaria, contienen toda la verdad necesaria para la fe y la vida cristiana.

Creemos que los seres humanos nacen con una naturaleza caída y están, por tanto, inclinados al mal, y esto de continuo.

Creemos que los finalmente impenitentes están perdidos eternamente y sin esperanza.

Creemos que la expiación por medio de Jesucristo es para toda la raza humana; y que cualquiera que se arrepiente y cree en el Señor Jesucristo es justificado, regenerado y salvo del dominio del pecado.

Creemos que los creyentes son enteramente santificados, subsecuentemente a la regeneración, por medio de la fe en el Señor Jesucristo.

Creemos que el Espíritu Santo da testimonio del nuevo nacimiento y también de la entera santificación de los creyentes.

Creemos que nuestro Señor regresará, los muertos resucitarán y que tendrá lugar el juicio final.

(Párrafos del *Manual* 20.1-20.8).

¿Creen de todo corazón estas verdades? Si es así, respondan: "Sí, creemos".

¿Reconocen a Jesucristo como su Señor y Salvador, y creen que Él los salva ahora?

Respuesta: "Sí, lo creemos por fe".

Deseando unirse a la Iglesia del Nazareno, ¿se comprometen a amar al Señor su Dios con todo su corazón, alma, mente y fuerzas, y a su prójimo como a ustedes mismos, según se declara en los Pactos de Carácter y Conducta Cristiana? ¿Se comprometerán a la misión de Dios como se expresa en la doctrina, comunión y obra de la Iglesia del Nazareno? ¿Respaldarán las enseñanzas de la Iglesia del Nazareno y se esforzarán, con la ayuda de Dios, a crecer en el entendimiento y práctica de las mismas de tal manera que fortalezcan el testimonio de la iglesia? ¿Se esforzarán en toda forma posible para glorificar a Dios, por medio de una conducta humilde, conversación piadosa y servicio santo; contribuyendo devotamente con sus bienes y participando fielmente en los medios de gracia? ¿Seguirán a Jesucristo todos los días de su vida, apartándose de todo mal, y buscando sinceramente perfeccionar la santidad de corazón y vida en el temor de Dios?

Respuesta: "Sí, lo haremos".

El ministro, entonces, dirá:

Les doy la bienvenida a la Iglesia del Nazareno y la comunión de esta congregación local con sus beneficios y responsabilidades. Que el Señor Jesucristo, cabeza de la iglesia, los bendiga y los guarde, y los capacite para ser fieles en toda buena obra; que su vida y testimonio sea efectivo en el cuidado de los pobres y oprimidos, y en guiar a otros a Cristo.

705. EL MATRIMONIO

Reconociendo los diversos contextos globales y culturales concernientes al matrimonio, la Iglesia del Nazareno sugiere los siguientes principios:
- Igualdad entre el esposo y la esposa
- Una alianza que refleje la relación de pacto entre Cristo y su iglesia
- Uso de lenguaje que es legal y culturalmente apropiado. Este ritual no elimina o reemplaza los requisitos legales de ningún país.

La siguiente ceremonia se ofrece como un recurso.

En el día y la hora señalados para celebrar el matrimonio, los contrayentes (después de haber cumplido con los requisitos de la ley civil y después de haber recibido el consejo y orientación apropiados del ministro) estarán frente al ministro quien dirá a la congregación:

Muy amados: Nos hemos reunido aquí en la presencia de Dios y de estos testigos para unir a (nombre del novio) y a (nombre de la novia) en santo matrimonio, estado honroso, instituido por Dios en la inocencia del Edén, que simboliza la unión mística entre Cristo y su iglesia.

Cristo adornó y santificó este estado santo con su presencia y el primer milagro que realizó en Caná de Galilea; y el escritor de Hebreos lo recomendó diciendo que es honroso a todos. Por tanto, no se debe contraer desconsideradamente; sino con reverencia, discreción y en el temor de Dios.

En este santo estado, vienen a unirse estas dos personas.

Dirigiéndose a los contrayentes, el ministro les dirá:

_____ y _____ , les requiero y encargo, estando ustedes en la presencia de Dios, que recuerden que el compromiso del matrimonio es un compromiso permanente. Dios estableció el matrimonio con el propósito de que sea de por vida, y que solo la muerte los separe.

Si guardan sin violar los votos que intercambian hoy, y si procuran siempre conocer y hacer la voluntad de Dios; sus vidas serán bendecidas con la presencia de Él, y su hogar permanecerá en su paz.

Después del encargo, el ministro dirá al hombre:

_____, ¿quieres tomar a esta mujer por tu legítima esposa, para vivir con ella conforme a la ordenanza de Dios en el santo estado del matrimonio? ¿La amarás, la consolarás, la honrarás, la cuidarás en tiempo de salud y de enfermedad; y, renunciando a todas las demás, te conservarás solo para ella mientras los dos vivan?

Respuesta: "Sí".

Después, el ministro le dirá a la mujer:

_____, ¿quieres tomar a este hombre por tu legítimo esposo, para vivir con él conforme a la ordenanza de Dios en el santo estado del matrimonio? ¿Lo amarás, lo consolarás, lo honrarás, lo cuidarás en tiempo de salud y de enfermedad; y, renunciando a todos los demás, te conservarás solo para él mientras los dos vivan?

Respuesta: "Sí".

Luego, el ministro preguntará:

¿Ustedes como (padres de la novia y novio, miembros de las familias, y/o miembros de la familia de Dios) dan su bendición a esta unión?

Respuesta (de los padres de la novia y novio, miembros de las familias, y/o miembros de la familia de Dios): "Sí, la damos".

Viéndose cara a cara y tomándose de la mano derecha, los novios intercambiarán los siguientes votos:

El hombre repetirá después del ministro:

Yo, _____ , te tomo a ti, _____ ; para que seas mi legítima esposa, para vivir juntos desde este día en adelante, para bien o para mal, en riqueza y en pobreza, en salud y en enfermedad, para amarte y cuidarte, hasta que la muerte nos separe, de acuerdo con la santa ordenanza de Dios; y, en prueba de ello, te empeño mi fe.

La mujer repetirá después del ministro:

Yo, _____ , te tomo a ti, _____ ; para que seas mi legítimo esposo, para vivir juntos desde este día en adelante, para bien o para mal, en riqueza y en pobreza, en salud y en enfermedad, para amarte y cuidarte, hasta que la muerte nos separe, de acuerdo con la santa ordenanza de Dios; y, en prueba de ello, te empeño mi fe.

Si se desea, se puede llevar a cabo la ceremonia de los anillos en este punto. El ministro recibe el anillo de manos del padrino y se lo entrega al novio. Al poner, este el anillo en el dedo de la novia, repetirá después del ministro:

Te doy este anillo como prenda de mi amor y como voto de mi fidelidad constante.

Repítase esta ceremonia si la novia entrega un anillo al novio.

Entonces, la pareja se arrodillará y el ministro ofrecerá la siguiente oración, o la que él improvise:

Dios eterno, Creador y preservador de todo, dador de toda gracia espiritual, Autor de la vida eterna, bendice a estos siervos tuyos, (nombre del novio) y (nombre de la novia), a quienes bendecimos en tu nombre, para que guarden siempre los votos y promesas que se han hecho el uno al otro en esta hora, y permanezcan juntos en amor y paz, mediante Jesucristo nuestro Señor. Amén.

Entonces, el ministro dirá:

Por cuanto este hombre y esta mujer han consentido en su santo matrimonio, y lo han testificado delante de Dios y de estos testigos y lo han manifestado por la unión de las manos, los declaro esposo y esposa en el nombre del Padre, del Hijo y del Espíritu Santo. Lo que Dios juntó no lo separe el hombre. Amén.

El ministro añadirá esta bendición:

Que Dios, Padre, Hijo y Espíritu Santo los bendiga, preserve y guarde; que el Señor misericordioso les conceda su favor y los llene de toda bendición espiritual y gracia. Y que vivan juntos en esta vida; para que, en el mundo venidero, tengan vida eterna.

El ministro puede concluir con una oración y/o bendición improvisada. (524.7, 525.2, 526.1, 530.19)

706. EL SERVICIO FÚNEBRE

Muy amados: Nos hemos reunido hoy para dar nuestro tributo final de respeto a lo que era mortal de nuestro ser amado y amigo fallecido. A ustedes, los miembros de la familia que lamentan esta pérdida, les ofrecemos especialmente nuestra sincera y profunda condolencia. Permítanos compartir con ustedes el consuelo que la Palabra de Dios brinda para una ocasión como esta:

"No se turbe vuestro corazón; creéis en Dios, creed también en mí. En la casa de mi Padre muchas moradas hay; si así no fuera, yo os lo hubiera dicho; voy, pues, a preparar lugar para vosotros. Y si me fuere y os preparare lugar, vendré otra vez, y os tomaré a mí mismo, para que donde yo estoy, vosotros también estéis"

(Juan 14:1-3).

"Yo soy la resurrección y la vida; el que cree en mí, aunque esté muerto, vivirá. Y todo aquel que vive y cree en mí, no morirá eternamente"

(Juan 11:25-26).

INVOCACIÓN (en las palabras del ministro, o las siguientes):

Dios todopoderoso, Padre celestial, venimos a este santuario de dolor, dándonos cuenta de nuestra dependencia total de ti. Sabemos que nos amas y puedes cambiar aun la sombra de muerte en la luz de la mañana. Ayúdanos ahora a esperar ante ti con corazones reverentes y sumisos.

Tú eres nuestro refugio y fortaleza, oh Dios, nuestra ayuda presente en tiempos de dificultad. Impártenos tu abundante misericordia. Que los que hoy lloran encuentren en tu gracia el consuelo y el bálsamo que sana las heridas. Humildemente, traemos estas peticiones en el nombre de nuestro Señor Jesucristo. Amén.

HIMNO O CANTO ESPECIAL

PASAJES APROPIADOS DE LAS ESCRITURAS:

"Bendito el Dios y Padre de nuestro Señor Jesucristo, que según su grande misericordia nos hizo renacer para una esperanza viva, por la resurrección de Jesucristo de los muertos, para una herencia incorruptible, incontaminada e inmarcesible, reservada en los cielos para vosotros, que sois guardados por el poder de Dios mediante la fe, para alcanzar la salvación que está preparada para ser manifestada en el tiempo postrero. En lo cual vosotros os alegráis, aunque ahora por un poco de tiempo, si es necesario, tengáis que ser afligidos en diversas pruebas, para que sometida a prueba vuestra fe, mucho más preciosa que el oro, el cual aunque perecedero se prueba con fuego, sea hallada en alabanza, gloria y honra cuando sea manifestado Jesucristo, a quien amáis sin haberle visto, en quien creyendo, aunque ahora no lo veáis, os alegráis con gozo inefable y glorioso; obteniendo el fin de vuestra fe, que es la salvación de vuestras almas"
(1 Pedro 1:3-9).

(Otros pasajes que se pueden usar son los siguientes: Mateo 5:3-4,6,8; Salmos 27:3-5,11,13-14; 46:1-6,10-11.)

SERMÓN

HIMNO O CANTO ESPECIAL

ORACIÓN FINAL

* * *

En el cementerio:

Cuando la gente se haya reunido alrededor de la tumba, el ministro puede leer uno de los siguientes pasajes, o todos:

"Yo sé que mi Redentor vive, Y al fin se levantará sobre el polvo; Y después de deshecha esta mi piel, En mi carne he de ver a Dios; Al cual veré por mí mismo, Y mis ojos lo verán, y no otro"

(Job 19:25-27).

"... os digo un misterio: No todos dormiremos; pero todos seremos transformados, en un momento, en un abrir y cerrar de ojos, a la final trompeta; porque se tocará la trompeta, y los muertos serán resucitados incorruptibles, y nosotros seremos transformados… entonces se cumplirá la palabra que está escrita: Sorbida es la muerte en victoria. ¿Dónde está, oh muerte, tu aguijón? ¿Dónde, oh sepulcro, tu victoria? ya que el aguijón de la muerte es el pecado, y el poder del pecado, la ley. Mas gracias sean dadas a Dios, que nos da la victoria por medio de nuestro Señor Jesucristo.

Así que, hermanos míos amados, estad firmes y constantes, creciendo en la obra del Señor siempre, sabiendo que vuestro trabajo en el Señor no es en vano" (1 Corintios 15:51-52, 54-58).

"Oí una voz que desde el cielo me decía: Escribe: Bienaventurados de aquí en adelante los muertos que mueren en el Señor. Sí, dice el Espíritu, descansarán de sus trabajos, porque sus obras con ellos siguen"

(Apocalipsis 14:13).

El ministro, entonces, leerá una de las siguientes declaraciones:

Para un convertido:

Puesto que nuestro ser amado ha regresado a Dios, nosotros, por lo tanto, tiernamente depositamos su cuerpo en la tumba, con plena confianza y segura esperanza de la resurrección de los muertos y la vida del mundo venidero, por medio de nuestro Señor Jesucristo, quien nos dará nuevos cuerpos como su cuerpo glorioso. "Bienaventurados los que mueren en el Señor".

Para un inconverso:
Puesto que nuestro ser querido ha vuelto al polvo, entregamos afectuosamente su cuerpo a la tumba con la confianza segura de que Dios es justo y misericordioso, y hará lo correcto. Nosotros, los que quedamos aquí, dediquémonos a adorar y amar a Dios compartiendo la esperanza segura y cierta de la vida eterna.

Para un niño:
Con la plena y segura esperanza de la resurrección a la vida eterna por medio de nuestro Señor Jesucristo, afectuosamente depositamos el cuerpo de este/a niño/a en la tumba. Y así como el Señor Jesús, durante su ministerio terrenal, tomó a los niños pequeños en sus brazos y los bendijo, creemos que ya ha recibido a este/a amado/a en sus amorosos brazos. Jesús dijo: "de ellos es el reino de los cielos".

Oración:

Nuestro Padre celestial, Dios de toda misericordia, en este momento de dolor y angustia ponemos nuestros ojos en ti. Consuela a estas queridas personas cuyos corazones están apesadumbrados y tristes. Acompáñalas, sostenlas y guíalas en los días venideros. Concede, oh Señor, que ellos puedan amarte y servirte y obtener la plenitud de tus promesas en el mundo venidero.

"Y el Dios de paz que resucitó de los muertos a nuestro Señor Jesucristo, el gran pastor de las ovejas, por la sangre del pacto eterno, os haga aptos en toda obra buena para que hagáis su voluntad, haciendo él en vosotros lo que es agradable delante de él por Jesucristo; al cual sea la gloria por los siglos de los siglos. Amén".

(Hebreos 13:20-21)

707. INSTALACIÓN DE OFICIALES

Después de cantar un himno apropiado, pida que el secretario lea los nombres y las posiciones de los oficiales que serán instalados. Estas personas pueden pasar al frente y permanecer de pie ante el altar de la iglesia, viendo al ministro. Entonces, el ministro dirá:

Puesto que reconocemos el método divino de apartar a ciertos obreros para áreas específicas de servicio cristiano, venimos en este momento a instalar a estos oficiales (y/o maestros) que han sido debidamente escogidos para servir en nuestra iglesia durante el año venidero. Consideremos las instrucciones que Dios nos da en su Santa Palabra.

"Por lo tanto, hermanos, os ruego por las misericordias de Dios que presentéis vuestros cuerpos como sacrificio vivo, santo, agradable a Dios, que es vuestro verdadero culto. No os conforméis a este mundo, sino transformaos por medio de la renovación de vuestro entendimiento, para que comprobéis cuál es la buena voluntad de Dios, agradable y perfecta"

(Romanos 12:1-2 RVR95).

"Procura con diligencia presentarte a Dios aprobado, como obrero que no tiene de qué avergonzarse, que usa bien la palabra de verdad"

(2 Timoteo 2:15 RVR95).

"La palabra de Cristo habite en abundancia en vosotros. Enseñaos y exhortaos unos a otros con toda sabiduría. Cantad con gracia en vuestros corazones al Señor, con salmos, himnos y cánticos espirituales"

(Colosenses 3:16 RVR95).

"El que es enseñado en la palabra haga partícipe de toda cosa buena al que lo instruye"

(Gálatas 6:6 RVR95).

Llegamos ahora a este importante momento, cuando ustedes, los que están ante este altar, han de aceptar la tarea de velar por los intereses de la iglesia y Misiones Nazarenas Internacionales (MNI), la Juventud Nazarena Internacional (JNI), y Discipulado Nazareno Internacional (DNI). Esperamos que consideren las asignaciones que ahora asumen como oportunidades especiales para servir a nuestro Señor; y que encuentren gozo y bendiciones espirituales en el desempeño de sus respectivos deberes.

La tarea que aceptan no es una carga liviana; pues la marcha de la iglesia y el destino de almas están en sus manos. El desarrollo del carácter cristiano es su responsabilidad; y conducir a los inconversos hacia Jesucristo es su meta más alta.

Que Dios les conceda sabiduría y fuerza mientras realizan la obra del Señor para la gloria de Él. Leamos juntos el Pacto del Obrero Cristiano; y, al hacerlo, hagamos de ello un acto de compromiso personal.

PACTO DEL OBRERO CRISTIANO

Para corresponder a la confianza que la iglesia ha depositado en mí al elegirme para el cargo que ahora asumo, hago un pacto por el que me comprometo a:

Mantener una norma alta de vida y ejemplo cristianos, en armonía con los ideales y normas de la Iglesia del Nazareno.

Cultivar mi experiencia cristiana personal apartando cada día un tiempo definido para orar y leer la Biblia.

Estar presente en la escuela dominical, en los cultos matutino y nocturno del domingo, y en el de oración durante la semana, a menos que no me sea posible.

Asistir fielmente a todas las reuniones debidamente convocadas de los diversos comités, juntas y concilios a los que haya sido o sea asignado.

Notificarle a mi supervisor o superior cuando no me sea posible llegar a una actividad a la hora señalada o desempeñar las responsabilidades de este cargo.

Leer ampliamente las publicaciones de la denominación, así como otros libros y revistas que me ayuden a cumplir mejor los deberes de mi cargo.

Procurar mi desarrollo personal y aumentar mi capacidad participando en los cursos de capacitación continua para laicos, según tenga oportunidad.

Dedicarme a dirigir a otros a Jesucristo, manifestando un interés activo en el bienestar espiritual de otros, y apoyando y asistiendo a todas las reuniones evangelísticas de la iglesia.

> El ministro ofrecerá, entonces, una oración apropiada. Se puede cantar un himno especial de dedicación, después del cual el ministro dirá:

Habiendo dedicado sus corazones y sus manos a la tarea de llevar adelante la misión de esta iglesia en sus asignaciones respectivas, los instalo en los cargos para los cuales han sido nombrados o elegidos. Ahora, ustedes constituyen una parte vital de la organización y del liderazgo de esta iglesia. Confiamos que, por medio de su ejemplo, palabras y servicio diligente, sean obreros fructíferos en la viña del Señor.

> El ministro le pedirá a la congregación que se ponga de pie, y les dirigirá la palabra diciendo:

Ustedes han oído la promesa y el pacto que han hecho las personas que serán sus líderes durante el próximo año. Ahora, los exhorto a que, como congregación, los apoyen con lealtad. Las cargas que hemos puesto sobre ellos hoy son pesadas, y necesitarán la ayuda y las oraciones de todos nosotros. Esperamos que ustedes siempre los comprendan cuando ellos enfrenten problemas y que sean tolerantes ante sus aparentes fracasos. Estén listos a cooperar alegremente cuando ellos se lo pidan; para que, al trabajar juntos, hagamos que nuestra iglesia sea un instrumento eficaz para ganar a los perdidos para Cristo.

> El ministro guiará a la congregación en una oración final, o puede pedir que la congregación repita el Padrenuestro al unísono.

708. LA ORGANIZACIÓN DE UNA IGLESIA LOCAL

El superintendente de distrito: Muy amados en Cristo, nos reunimos en este día del Señor con el propósito especial de organizar oficialmente la Iglesia del Nazareno *(nombre de la iglesia)*. De hecho, ya son iglesia; pero hoy, su congregación avanza un paso más al aceptar los derechos, privilegios y responsabilidades de una congregación plenamente organizada en conformidad con la constitución y la política de la Iglesia del Nazareno.

A nombre de la familia global de la Iglesia del Nazareno, los felicito por su visión, su fe y su labor diligente; ya que ustedes han trabajado mano a mano y corazón a corazón para ser una comunidad de fe que vive como una auténtica expresión del reino de Dios en el mundo. Con este acto de organización, ustedes declaran su intención de compartir con la familia global de la Iglesia del Nazareno el cumplimiento de nuestra misión común de: "Hacer discípulos semejantes a Cristo en las naciones".

Tres valores medulares nos guían en esta misión:

Somos un pueblo cristiano. Nos unimos a los cristianos en todas partes en la afirmación de los credos trinitarios históricos; y valoramos profundamente nuestra herencia singular de la tradición wesleyana de la santidad. Vemos la Biblia como nuestra principal fuente de la verdad; ya que proclama a Cristo, y "todo lo necesario para nuestra salvación".

Somos un pueblo de santidad. Creemos que la gracia de Dios provee no solo el perdón de los pecados; sino también la purificación de nuestros corazones por la fe. Con este acto de gracia del Espíritu Santo, somos santificados y capacitados para vivir una vida como la de Cristo en el mundo.

Somos un pueblo misional. Creemos que Dios nos llama a la participación en la misión del reino de la reconciliación. Hacemos esto mediante la predicación del evangelio, por los actos de compasión y justicia, y haciendo discípulos según el modelo de Jesús.

El superintendente de distrito al pastor (o su representante): Pastor, por favor, presente ahora aquellos que serán miembros fundadores de la Iglesia del Nazareno *(nombre).*

Pastor: (nombre del superintendente de distrito), tengo el honor de presentarle a los miembros fundadores de esta congregación. Los entrego a usted como hermanos y hermanas en Cristo, comprometidos con nuestra misión común como miembros de la Iglesia del Nazareno.

El pastor lee los nombres y presenta a cada miembro o familia.

El superintendente de distrito: Hermanos y hermanas, les pido ahora que reafirmen sus votos de membresía.

¿Reconocen ustedes a Jesucristo como su Señor y Salvador, y creen que Él los salva ahora?

Respuesta: Sí por fe.

¿Reafirman ustedes la "Declaración Convenida de Fe de la Iglesia del Nazareno"?

Respuesta: Sí.

¿Se comprometen ustedes a entregarse a la comunión y a la obra de Dios con relación a la Iglesia del Nazareno como lo establece el Pacto de Carácter Cristiano y el Pacto de Conducta Cristiana? ¿Se esforzarán en todo para glorificar a Dios, caminando en humildad, en conversación piadosa y servicio santo; entregando devotamente sus recursos; cumpliendo fielmente con todos los medios de gracia; y, absteniéndose de todo mal, buscarán sinceramente la perfección de la santidad de corazón y de vida en el temor del Señor?

Respuesta: Lo haremos.

El superintendente de distrito: Por lo tanto, por la autoridad que se me ha conferido como superintendente del distrito *(nombre)* de la Iglesia del Nazareno, declaro a la Iglesia del Nazareno *(nombre)* oficialmente organizada. Bienvenidos a la familia global de congregaciones de la Iglesia del Nazareno. Que el Señor en su gran misericordia los llene diariamente de toda buena dádiva y don perfecto para hacer su voluntad, y que la paz de Cristo esté con ustedes.

709. LA DEDICACIÓN DEL TEMPLO

Ministro: Ya que la mano del Señor nos ha prosperado y nos ha capacitado por su gracia y la fuerza que nos ha dado, a fin de completar este edificio para la gloria de su nombre; ahora, estamos en la presencia de Dios para dedicarlo al servicio de su Reino.

Para la gloria de Dios nuestro Padre, de quien desciende toda buena dádiva y todo don perfecto; para la honra de Jesucristo, nuestro Señor y Salvador; y para la alabanza del Espíritu Santo, la fuente de luz, vida y poder, nuestro Santificador,

Congregación: Humildemente, dedicamos este edificio, con gozo y gratitud.

Ministro: En memoria de todos los que han amado a esta iglesia y la han servido, afirmando la herencia de que ahora disfrutamos; y que ahora forman parte de la iglesia victoriosa,

Congregación: Con gratitud, dedicamos este edificio (templo, escuela, salón social, etc.).

Ministro: Para adorar a Dios con oración y cantos, para predicar la Palabra, para enseñar las Escrituras y para la comunión de los santos,

Congregación: Solemnemente, dedicamos esta casa de Dios.

Ministro: Para el consuelo de los que lloran, para fortalecer a los débiles, para ayudar a los que son tentados, y para dar esperanza y valor a todos los que entren en este recinto,

Congregación: Dedicamos este lugar de comunión y oración.

Ministro: Para compartir las buenas nuevas de salvación del pecado, para difundir la santidad bíblica, para instruir en justicia y para servir a nuestros semejantes,

Congregación: Reverentemente, dedicamos este edificio.

Todos al unísono: Nosotros, como colaboradores juntamente con Dios, unimos nuestras manos y corazones, y dedicamos de nuevo nuestras vidas a los propósitos sublimes y santos para los que ha sido dedicado este edificio. Prometemos nuestra devoción leal, nuestra mayordomía fiel y nuestro servicio diligente con el fin de que en este lugar sea glorificado el nombre de nuestro Señor y avance su Reino. En el nombre de Jesucristo, Señor nuestro. Amén.

PARTE IX

CONSTITUCIONES AUXILIARES

JUVENTUD NAZARENA INTERNACIONAL (JNI)

MISIONES NAZARENAS INTERNACIONALES (MNI)

DISCIPULADO NAZARENO INTERNACIONAL (DNI)

I. JUVENTUD NAZARENA INTERNACIONAL (JNI)

810. Estatuto de la Juventud Nazarena Internacional (JNI)

"Ninguno tenga en poco tu juventud, sino sé ejemplo de los creyentes en palabra, conducta, amor, espíritu, fe y pureza".
1 Timoteo 4:12

810.1 Nuestra misión

La misión de la Juventud Nazarena Internacional (JNI) es llamar a nuestra generación a una vida dinámica en Cristo.

810.2 Nuestros miembros

La membresía de la JNI incluye a toda persona que participe en el ministerio nazareno juvenil y que comparta nuestra visión y valores establecidos.

810.3 Nuestra visión

La Iglesia del Nazareno cree que los jóvenes forman una parte integral de la iglesia. La JNI existe para guiar a los jóvenes hacia una relación con Cristo que perdure toda la vida y para facilitar su crecimiento como discípulos en el servicio cristiano.

810.4 Nuestros valores

1. Valoramos a *los jóvenes,* personas importantes en el reino de Dios.
2. Valoramos *la Biblia,* la verdad inmutable de Dios para nuestra vida.
3. Valoramos *la oración,* la comunicación vital interactiva con nuestro Padre celestial.
4. Valoramos a *la iglesia,* una comunidad global, santa, de fe, diversa en culturas, pero una en Cristo.
5. Valoramos *la adoración*, encuentros con un Dios íntimo que cambian la vida.
6. Valoramos *el discipulado*, un estilo de vida de semejanza a Cristo.
7. Valoramos a *la comunidad,* establecer relaciones que contribuyan a la unión entre nosotros y con Dios.
8. Valoramos *el ministerio,* extender la gracia de Dios a nuestro mundo.
9. Valoramos *ser testigos,* compartir el amor de Dios en palabras y hechos.

JUVENTUD NAZARENA INTERNACIONAL (JNI)

10. Valoramos *la santidad,* una obra de gracia en la que Dios, por medio de la acción de su Espíritu Santo, nos capacita para tener una vida que represente a Cristo en lo que somos y en todo lo que hacemos.

Estos valores son dimensiones importantes de la vida santa, y deben reflejarse en la vida y ministerio de la JNI en cada nivel de la iglesia. (Para obtener más información sobre estos valores, véanse los "Artículos de Fe" en el *Manual de la Iglesia del Nazareno).* Al reflejar estos valores, reconocemos los siguientes principios directrices.

810.5 Nuestros principios directrices

1. *La JNI existe para los jóvenes.*
   La JNI existe para atraer, capacitar y dar autoridad a los jóvenes para servir en el reino de Dios y facilitar su integración en la Iglesia del Nazareno.
2. *La JNI se enfoca en Cristo.*
   Cristo es el centro de lo que somos; la Palabra de Dios es la fuente de autoridad de todo lo que hacemos; y la santidad es el patrón para nuestra vida.
3. *La JNI se basa en un ministerio de relaciones entre la juventud en la iglesia local.*
   El ministerio eficaz entre los jóvenes en la iglesia local es crucial para el bienestar y la vitalidad de la JNI. Las relaciones y el ministerio de encarnación forman la base del ministerio juvenil nazareno, y guían a los jóvenes hacia la madurez espiritual en Cristo.
4. *La JNI desarrolla y guía a líderes jóvenes.*
   La JNI brinda oportunidades a líderes emergentes para desarrollarse y utilizar sus dones en un ambiente de cuidado y apoyo, lo cual asegura un liderazgo capacitado para la Iglesia del Nazareno. La capacitación de líderes, la rendición de cuentas, y los mecanismos para la evaluación y modificación del ministerio son funciones vitales de la JNI.
5. *La JNI está capacitada para guiar.*
   Un ministerio relevante entre los jóvenes requiere que la responsabilidad para el ministerio y las decisiones organizacionales recaigan en el liderazgo de la JNI y los cuerpos de gobierno apropiados en cada nivel. Algunos ingredientes claves para la capacitación de los jóvenes por medio de la JNI son un sentimiento de pertenencia y propiedad, una pasión por el servicio y su participación en la toma de decisiones.
6. *La JNI acepta la unidad y la diversidad en Cristo.*
   La JNI se compromete a comprender y celebrar las diferencias y diversidad en idiomas, color, raza, cultura, clase

socioeconómica y sexo. Nuestras diferencias no reducen la unidad, sino que aumentan nuestro potencial y eficacia. Compartir las buenas nuevas de Jesucristo en formas culturalmente relevantes siempre debe ser una alta prioridad.
7. *La JNI crea relaciones y asociaciones.*
Nuestras relaciones se caracterizan por un ambiente de cooperación en cada nivel de la JNI. Las relaciones dentro de la iglesia mejoran el desarrollo y envío de jóvenes para el servicio; la JNI participa activamente en este tipo de esfuerzos de cooperación.

810.6 Estructura de nuestro ministerio

El Estatuto de la JNI provee la base para organizar, planificar e implementar el ministerio entre los jóvenes en cada nivel de la Iglesia del Nazareno. Proveemos modelos de planes estandarizados para el ministerio y exhortamos a los grupos de la JNI local, distrital y regional a que los adapten como una respuesta a las necesidades del ministerio entre los jóvenes en su propio ambiente ministerial. Los planes para el ministerio en cada nivel deben estar de acuerdo con el Estatuto de la JNI y el *Manual de la Iglesia del Nazareno*.

810.7 Revisiones

El Estatuto de la JNI puede ser enmendado mediante resoluciones aprobadas por la Convención Global de la JNI, según el plan de ministerio global.

A. MODELO DE PLAN DE MINISTERIO LOCAL

Ministerios

810.100 Evangelismo

La JNI desarrollará e implementará una variedad de ministerios continuos y eventos especiales para alcanzar a los jóvenes para Cristo.

810.101 Discipulado

La JNI desarrollará e implementará una variedad de ministerios continuos y eventos especiales para edificar y desafiar a los jóvenes a crecer como discípulos de Cristo en devoción personal, adoración, compañerismo, ministerio y a guiar a otros hacia Cristo.

810.102 Desarrollo de liderazgo

La JNI desarrollará e implementará una variedad de ministerios continuos y eventos especiales para guiar y capacitar a los jóvenes; a fin de que lleguen a ser líderes para Cristo y su iglesia.

Revisiones

810.103 Provisiones

1. Este modelo de plan de ministerio local provee un formato estándar para la organización, función y liderazgo de la JNI a nivel local. El grupo local de la JNI puede adaptar el plan en respuesta a las necesidades del ministerio entre los jóvenes de la iglesia local, de acuerdo con el Estatuto de la JNI y el *Manual de la Iglesia del Nazareno*.
2. Cualquier área que no estuviera cubierta por este plan de ministerio quedará bajo la autoridad del concilio local de la JNI.

810.104 Proceso

1. El concilio de la JNI establecerá y dará a conocer el proceso para adaptar y revisar el plan de ministerio local, y deberá aprobar las propuestas antes de presentarlas ante la reunión anual de la JNI.
2. Las revisiones propuestas del plan de ministerio local deberán ser distribuidas a los miembros de la JNI antes de la reunión anual de la JNI.
3. Las revisiones deberán ser aprobadas por voto de dos terceras partes de todos los miembros de la JNI presentes y con derecho a voto en la reunión anual de la JNI; y estarán sujetas a la aprobación de la junta de la iglesia.
4. Todo cambio en el plan de ministerio local entrará en vigor no más de 30 días después de la reunión anual de la JNI. El plan revisado deberá ser publicado por escrito antes de que este entre en vigor.

Membresía y enfoque de ministerio

810.105 Composición y responsabilidad

1. La membresía de la JNI está compuesta por los que se afilian a un grupo de la JNI al participar de sus ministerios y unirse al grupo local.
2. La JNI local mantendrá una lista precisa de todos los miembros activos.
3. La JNI local rendirá cuentas a sus miembros, a la junta de la iglesia local y al pastor.
4. La JNI local rendirá un informe mensual a la junta de la iglesia y a la reunión anual de la iglesia.

810.106 Enfoque de ministerio

1. Tradicionalmente, el ministerio de la JNI local se enfoca en los jóvenes de 12 años de edad en adelante, estudiantes universitarios y jóvenes adultos. Un concilio de la JNI puede modificar el enfoque del ministerio según lo considere necesario, con la aprobación del pastor y la junta de la iglesia.
2. Con fines de representación y programación, el concilio local de la JNI establecerá los grupos de edades según las necesidades del ministerio local entre los jóvenes.

Liderazgo

810.107 Oficiales

1. Los oficiales de la JNI local serán un presidente y hasta tres personas electas por la reunión anual de la JNI con responsabilidades de ministerio asignadas según las necesidades de la iglesia local. Estos oficiales servirán en el comité ejecutivo.
2. Los oficiales de la JNI local deberán ser miembros de la iglesia local a la que pertenece la JNI en la que sirven, estar activos en el ministerio local entre los jóvenes, y ser líderes en ejemplo personal y servicio.
3. En las iglesias donde no hubiera una JNI organizada (donde no hay concilio local de la JNI), el pastor, con la aprobación de la junta de la iglesia, podrá nombrar al presidente de la JNI de manera que la iglesia pueda comenzar a alcanzar a los jóvenes para Cristo y responder a sus necesidades de crecimiento espiritual.

810.108 Elecciones

1. Los oficiales serán elegidos anualmente por los miembros de la JNI local en la reunión anual y servirán hasta que sus sucesores sean elegidos y asuman su función de ministerio.
2. Un comité nominativo nominará a los oficiales de la JNI. El comité nominativo será asignado por el pastor y consistirá de miembros de la JNI, así como el pastor y el presidente de la JNI. Todos los nominados deberán ser aprobados por el pastor y la junta de la iglesia. Las personas nominadas para presidente de la JNI local deberán haber cumplido 15 años de edad al momento de su elección.
3. Los oficiales serán elegidos por un voto de mayoría absoluta de los miembros de la JNI presentes en la reunión anual de la JNI. Cuando solo haya un nominado para un puesto, se usará una cédula de "sí" o "no", con la aprobación de un voto de dos terceras partes. Solo los que sean también miembros de la Iglesia del Nazareno local podrán votar por el presidente.
4. Un oficial en funciones podrá ser reelegido por voto de "sí" o "no" cuando este voto sea recomendado por el concilio de la JNI

al comité nominativo, sea aprobado por el pastor y la junta de la iglesia, y sea aprobado por un voto de dos terceras partes en la reunión anual de la JNI.
5. Una vacante ocurrirá cuando un oficial cambie su membresía de la iglesia, renuncie, o sea destituido de su cargo por un voto de dos terceras partes del concilio debido al descuido de sus responsabilidades o a una conducta impropia. Si ocurriera una vacante entre los oficiales; el concilio de la JNI llenará la vacante por un voto de dos terceras partes si hay un solo nominado, o por un voto de mayoría absoluta en caso haber dos o más nominados. Si la vacante ocurriera en el puesto del presidente de la JNI; la reunión para elecciones será presidida por el pastor, el pastor de jóvenes o la persona que designe.

810.109 Responsabilidades
1. Las responsabilidades del presidente de la JNI incluyen:
   a. Presidir el concilio de la JNI para establecer una visión para el ministerio entre los jóvenes en la iglesia.
   b. Facilitar el desarrollo del ministerio entre los jóvenes y trabajar con el concilio de la JNI para definir el enfoque del ministerio en respuesta a las necesidades de sus jóvenes.
   c. Servir en la junta de la iglesia y presentar un informe mensual a la junta. La junta de la iglesia podrá establecer antes de la elección anual la edad mínima para el presidente de la JNI que servirá en la junta de la iglesia. Si el presidente fuera más joven; el concilio de la JNI podrá nombrar a un suplente para que represente a la JNI ante la junta de la iglesia, y esto está sujeto a la aprobación de la junta de la iglesia.
   d. Presentar un informe anual del ministerio y las finanzas ante la reunión anual de la iglesia.
   e. Recomendar el presupuesto para la JNI, según sea aprobado por el concilio de la JNI, a la junta de la iglesia.
   f. Servir como miembro *ex oficio* en la junta de Discipulado Nazareno Internacional para coordinar la escuela dominical/estudios bíblicos/grupos pequeños de jóvenes en la iglesia.
   g. Colaborar con el presidente de Misiones Nazarenas Internacionales (MNI) en el desarrollo de un énfasis misionero para la juventud.
   h. Servir como delegado ante la convención distrital de la JNI y la asamblea de distrito. En caso de que el presidente no pudiera asistir, un representante electo por el concilio de la JNI, y aprobado por el pastor y la junta de la iglesia, podrá servir como suplente.
2. Las responsabilidades de los otros oficiales de la JNI incluirán:

a. Capacitar y designar a líderes para los diversos ministerios de la JNI local.
b. Ser modelos y guías espirituales para los jóvenes dentro y fuera de la iglesia.
c. Definir y asignar puestos y responsabilidades en el ministerio entre los jóvenes como una respuesta a las necesidades de la iglesia local.
d. Distribuir las siguientes responsabilidades para garantizar la rendición de cuentas y la eficacia:
   1) Mantener un archivo correcto de todas las reuniones del concilio de la JNI y atender todos los asuntos relacionados con la correspondencia de la JNI.
   2) Distribuir y recibir los fondos de la JNI, y mantener un registro de los mismos según los reglamentos de la junta de la iglesia.
   3) Recopilar un informe financiero anual de todo el dinero recaudado y distribuido para presentarlo ante la reunión anual de la iglesia.
   4) Trabajar con el presidente de la JNI para establecer un presupuesto anual y presentarlo al concilio de la JNI y a la junta de la iglesia para su aprobación.
e. Cooperar con el presidente en todo lo posible para facilitar el ministerio de la JNI.
f. Llevar a cabo otros ministerios según les sean asignados por el concilio de la JNI.

810.110 Personal asalariado

1. Cuando un pastor de jóvenes sea empleado en la iglesia, el pastor, en consulta con la junta de la iglesia y el concilio de la JNI, podrá asignar la responsabilidad de dirigir la JNI al pastor de jóvenes. En ese caso, algunas de las responsabilidades que de otra manera serían designadas al presidente de la JNI local serán desempeñadas por el pastor de jóvenes. Sin embargo, la importancia del presidente de la JNI sigue siendo igual, en ofrecer un liderazgo laico vital, apoyo y representación al ministerio entre los jóvenes. El pastor, el pastor de jóvenes y el concilio de la JNI trabajarán en conjunto para definir las funciones y las responsabilidades de los dos puestos y cómo trabajarán juntos para beneficio del ministerio entre los jóvenes de la iglesia.
2. Un pastor de jóvenes no podrá fungir como presidente de la JNI.
3. El pastor de jóvenes sirve como miembro *ex oficio* en el concilio de la JNI, el comité ejecutivo y el comité nominativo de la JNI.
4. El pastor de jóvenes podrá servir como el designado del pastor para cumplir con las responsabilidades relacionadas con la JNI.

5. Si una iglesia tuviera a varios empleados asalariados ministrando a grupos específicos de varias edades dentro de la JNI; la iglesia podrá nombrar oficiales para cada grupo de edades, y determinar de entre esos oficiales cómo será representada la JNI en la junta de la iglesia.

Concilio

810.111 Composición

1. El concilio de la JNI se compondrá de los oficiales de la JNI, otro miembro vocal joven electo o nombrado y líderes de ministerio según sea necesario, y el pastor y/o el pastor de jóvenes, quienes colectivamente establecerán la visión para el ministerio local entre los jóvenes.
2. Los miembros del concilio de la JNI deberán ser miembros de la JNI local. La membresía en la iglesia local es muy recomendable; y se espera que los miembros del concilio de la JNI se afilien como miembros de la iglesia.

810.112 Elecciones

1. El comité nominativo de la JNI nominará a los miembros de la JNI local para ser elegidos ante el concilio de la JNI.
2. Después, los miembros de la JNI elegirán a los miembros del concilio de la JNI de las nominaciones presentadas por voto de mayoría absoluta en la reunión anual de la JNI.
3. Una vacante ocurrirá cuando un miembro del concilio cambie su membresía de la iglesia, renuncie o sea destituido de su cargo por un voto de dos terceras partes del concilio debido al descuido de sus responsabilidades o a una conducta impropia. Si ocurriera una vacante entre los miembros del concilio, el concilio de la JNI llenará la vacante por un voto de dos terceras partes si hay un solo nominado, o por un voto de mayoría absoluta en caso de haber dos o más nominados.
4. Si una iglesia tiene menos de siete miembros de la JNI, el pastor podrá nombrar a los miembros del concilio de la JNI de manera que se desarrolle el ministerio entre los jóvenes y sean alcanzados para Cristo.

810.113 Responsabilidades

1. El concilio de la JNI será el responsable de planificar y organizar el ministerio total para los jóvenes en la iglesia local; y, por medio de sus oficiales y directores, iniciará y dirigirá ministerios y actividades para alcanzar a los jóvenes para Cristo, y para responder a sus necesidades de crecimiento espiritual en armonía con el liderazgo de la iglesia local.

2. El concilio de la JNI definirá el enfoque de ministerio de la JNI local en respuesta a las necesidades del ministerio local entre los jóvenes; y desarrollará y asignará puestos y descripciones de trabajo para los directores de ministerios.
3. El concilio de la JNI dará liderazgo al área juvenil de la escuela dominical/estudios bíblicos/grupos pequeños, al promover el crecimiento en la matrícula y asistencia de jóvenes, nominando maestros y líderes de escuela dominical/estudios bíblicos/grupos pequeños y líderes de jóvenes y proveyéndoles capacitación, así como recomendando un currículum de estudio y recursos para ser usados en colaboración con la junta de Discipulado Nazareno Internacional.
4. El concilio de la JNI cooperará con el concilio distrital de la JNI para promover los ministerios de la JNI –distrital, regional y global– entre los jóvenes de la iglesia.
5. El concilio de la JNI establecerá y comunicará el proceso para presentar modificaciones al plan de ministerio local.

810.114 Comités

1. El comité ejecutivo de la JNI se compondrá de los oficiales electos de la JNI y el pastor de la iglesia o el pastor de jóvenes. El comité ejecutivo podrá llevar a cabo los asuntos del concilio de la JNI cuando sea necesario. Todas las acciones del comité ejecutivo serán comunicadas a los miembros restantes del concilio, y estarán sujetas a la aprobación de todo el concilio en su próxima reunión.
2. El concilio de la JNI podrá establecer comités de ministerios específicos o de grupos de edades en respuesta a las necesidades del ministerio entre los jóvenes.

810.115 Personal asalariado

1. El pastor de la iglesia asignará las responsabilidades del pastor de jóvenes en consulta con la junta de la iglesia y el concilio de la JNI.
2. El concilio de la JNI y el pastor de jóvenes trabajarán en colaboración y armonía.
3. Si una iglesia tuviera a varios empleados asalariados ministrando grupos específicos de varias edades dentro de la JNI; podrán crear concilios o comités para cada grupo de edad bajo el liderazgo del personal. La iglesia puede decidir si usa un concilio coordinador para los diversos grupos.

Reuniones

810.116 Reuniones de la JNI local
1. Una variedad de reuniones de la JNI local ayudará a proveer un ministerio eficaz entre los jóvenes.
2. El grupo local de la JNI participará en las reuniones de la JNI de distrito, regional y global que realcen el ministerio entre los jóvenes de la iglesia.

810.117 Reuniones del concilio de la JNI
1. El concilio de la JNI se reunirá con regularidad para cumplir la misión y visión de la JNI.
2. Las reuniones del concilio podrán ser programadas o convocadas por el presidente o el pastor.

810.118 Reunión anual
1. La reunión anual de la JNI local se celebrará dentro de los 60 días previos a la convención distrital de la JNI, de acuerdo con el *Manual de la Iglesia del Nazareno*.
2. Los oficiales y miembros del concilio y delegados de la JNI a la convención distrital de la JNI seran elegidos en la reunión anual de la JNI.
3. El plan de ministerio local de la JNI podrá ser modificado por un voto de dos terceras partes en la reunión anual de la JNI.

B. MODELO DE PLAN DE MINISTERIO DE DISTRITO

Ministerios

810.200 Evangelismo
La JNI de distrito desarrollará e implementará una variedad de ministerios continuos y eventos especiales para alcanzar a los jóvenes para Cristo.

810.201 Discipulado
La JNI de distrito desarrollará e implementará una variedad de ministerios continuos y eventos especiales para edificar y desafiar a los jóvenes a crecer como discípulos de Cristo en devoción personal, adoración, compañerismo, ministerio y guiando a otros hacia Cristo.

810.202 Desarrollo de liderazgo
La JNI de distrito desarrollará e implementará una variedad de ministerios continuos y eventos especiales para guiar y

capacitar a los jóvenes; a fin de que lleguen a ser líderes para Cristo y su iglesia.

Revisiones

810.203 Provisiones

1. Este modelo de plan de ministerio de distrito provee un formato estándar para la organización, función y liderazgo de la JNI a nivel distrital. La JNI de distrito puede adaptar y revisar el plan en respuesta a las necesidades del ministerio entre los jóvenes del distrito, de acuerdo con el Estatuto de la JNI y el *Manual de la Iglesia del Nazareno*.
2. Cualquier área que no estuviera cubierta por este plan de ministerio quedará bajo la autoridad del concilio distrital de la JNI.

810.204 Proceso

1. El concilio distrital de la JNI establecerá y dará a conocer el proceso para adaptar y revisar el plan de ministerio de distrito y deberá aprobar las revisiones propuestas antes de presentarlas ante la convención distrital de la JNI.
2. Las revisiones propuestas del plan de ministerio de distrito deberán ser distribuidas por escrito a los grupos locales de JNI antes de la convención distrital de la JNI.
3. Las revisiones deberán ser aprobadas por un voto de dos terceras partes de todos los delegados y miembros presentes y con derecho a voto en la convención distrital de la JNI; y estarán sujetas a la aprobación del superintendente de distrito y la junta consultora de distrito.
4. Todo cambio en el plan de ministerio de distrito entrará en vigor no más de 60 días después de la convención. El documento revisado deberá distribuirse por escrito antes de que este entre en vigor.

Membresía y enfoque de ministerio

810.205 Composición y responsabilidad

1. Todos los grupos locales y miembros de la JNI dentro de los límites del distrito formarán la JNI de distrito.
2. La JNI de distrito rendirá cuentas a sus miembros, al superintendente de distrito y a la junta consultora de distrito.
3. La JNI de distrito rendirá un informe anual a la convención distrital de la JNI y a la asamblea de distrito por medio del presidente de la JNI de distrito.

JUVENTUD NAZARENA INTERNACIONAL (JNI) 261

810.206 Enfoque de ministerio

1. Tradicionalmente, el ministerio de la JNI de distrito se enfoca en los jóvenes de 12 años de edad en adelante, estudiantes universitarios y jóvenes adultos. Un concilio distrital de la JNI puede modificar el enfoque del ministerio según lo considere necesario, con la aprobación del superintendente de distrito y la junta consultora de distrito.
2. Con fines de representación y programación, el concilio distrital de la JNI establecerá las divisiones por edad según las necesidades del ministerio entre los jóvenes en el distrito.

Liderazgo

810.207 Oficiales

1. Los oficiales de la JNI de distrito serán el presidente, el vicepresidente, el secretario y el tesorero.
2. Los oficiales de la JNI de distrito deberán ser miembros de una Iglesia del Nazareno local dentro de los límites del distrito cuando estos sean elegidos; estar activos en el ministerio local y de distrito entre los jóvenes; y ser considerados como líderes en ejemplo personal y ministerio.
3. Los oficiales de la JNI de distrito servirán sin sueldo. El financiamiento de los gastos administrativos de los oficiales de la JNI de distrito será designado como parte del presupuesto de la JNI de distrito.
4. En el caso de un distrito que aún no tuviera una JNI organizada (donde no haya convención distrital de la JNI), el superintendente de distrito podrá nombrar a un presidente de la JNI de distrito de manera que las iglesias locales reciban ayuda para alcanzar a los jóvenes para Cristo y para responder a las necesidades de su crecimiento espiritual.

810.208 Elecciones

1. Los oficiales de la JNI de distrito serán elegidos por la convención distrital de la JNI para servir por un período de un año, desde la clausura de la convención hasta que sus sucesores sean elegidos y asuman su cargo de ministerio. Con la recomendación del comité nominativo de la JNI de distrito y con la aprobación del superintendente de distrito, un oficial puede ser elegido por dos años.
2. Un comité nominativo de la JNI de distrito nominará a los oficiales de la JNI de distrito. El comité nominativo será asignado por el concilio distrital de la JNI y se constituye de por lo menos cuatro miembros de la JNI de distrito y también incluirá al superintendente de distrito y al presidente de la JNI de distrito.

Todos los nominados deberán ser aprobados por el concilio distrital de la JNI y el superintendente de distrito.
3. Después, los oficiales serán elegidos por cédula por un voto de mayoría absoluta en la convención anual de la JNI. Cuando solo haya un nominado para un puesto, se usará una cédula de "sí" o "no", con la aprobación de un voto de dos terceras partes. Si el comité nominativo lo recomienda, la convención puede votar para permitir que el concilio distrital de la JNI asigne al secretario distrital y al tesorero distrital de la JNI.
4. Un oficial en funciones podrá ser reelegido por voto de "sí" o "no" cuando dicho voto haya sido recomendado por el concilio distrital de la JNI, con la aprobación del superintendente de distrito y sea aprobado por un voto de dos terceras partes de la convención distrital de la JNI.
5. Una vacante ocurrirá cuando un oficial cambie su membresía a otro distrito, renuncie, o sea destituido de su cargo por un voto de dos terceras partes del concilio debido al descuido de sus responsabilidades o conducta impropia. Si ocurriera una vacante en el puesto de presidente de la JNI de distrito; el vicepresidente asumirá las responsabilidades del presidente hasta la siguiente convención distrital de la JNI. Si ocurriera una vacante entre otros oficiales, el concilio distrital de la JNI llenará la vacante por un voto de dos terceras partes si hay un solo nominado, o por un voto de mayoría absoluta en caso de haber dos o más nominados.

810.209 Responsabilidades
1. Las responsabilidades del presidente de distrito de la JNI incluyen:
    a. Dar liderazgo y dirección a la JNI de distrito, trabajando en cooperación con la JNI y el liderazgo del distrito.
    b. Presidir el concilio distrital de la JNI para establecer una visión para el ministerio entre los jóvenes en el distrito.
    c. Facilitar el desarrollo del ministerio entre los jóvenes en el distrito y trabajar con el concilio distrital de la JNI para definir el enfoque del ministerio de la JNI de distrito según las necesidades.
    d. Presidir la convención distrital de la JNI.
    e. Apoyar el desarrollo del ministerio de la JNI en cada iglesia local en el distrito.
    f. Representar los intereses de la JNI en todas las juntas y comités distritales apropiados.
    g. Presentar un informe anual ante la convención distrital de la JNI y la asamblea de distrito.

JUVENTUD NAZARENA INTERNACIONAL (JNI)

    h. Presentar un presupuesto anual a la junta consultora de distrito (o a la instancia apropiada del distrito) y la convención distrital de la JNI para su aprobación.
    i. Servir como delegado *ex oficio* a la convención distrital de la JNI.
    j. Servir como delegado a la Convención Global de la JNI. En caso de que el presidente no pueda asistir, un representante electo por el concilio distrital de la JNI, y aprobado por el superintendente de distrito y la junta consultora de distrito, podrá suplir al presidente.
    k. Servir como miembro del concilio regional de la JNI, si así lo designa el plan de ministerio de la región.
2. Las responsabilidades del vicepresidente incluyen:
    a. Cooperar con el presidente en todas las formas posibles para desempeñar un ministerio eficaz entre los jóvenes del distrito.
    b. Cumplir con las responsabilidades del presidente en su ausencia.
    c. Desempeñar otras responsabilidades según le sean asignadas por el concilio distrital de la JNI y la convención distrital de la JNI.
    d. En caso de una vacante en el puesto de presidente de la JNI de distrito, asumir las funciones del presidente hasta que se elija y sea instalado un sucesor.
3. Las responsabilidades del secretario incluyen:
    a. Mantener un archivo correcto de todas las actividades del concilio distrital de la JNI, del comité ejecutivo y de la convención distrital de la JNI.
    b. Atender todos los asuntos relacionados con la correspondencia de la JNI de distrito.
    c. Notificar a la oficina global de la JNI y al presidente del concilio regional de la JNI los nombres y direcciones de los diversos oficiales y directores de ministerios de la JNI de distrito tan pronto como sea posible después de su elección.
    d. Desempeñar otras responsabilidades según le sean asignadas por el concilio distrital de la JNI y la convención distrital de la JNI.
4. Las responsabilidades del tesorero incluyen:
    a. Distribuir, recibir y mantener un archivo de los fondos de la JNI de distrito.
    b. Recopilar un informe financiero anual de todo el dinero recaudado y distribuido para presentarlo ante la convención anual de la JNI de distrito.
    c. Trabajar con el presidente, a fin de elaborar un presupuesto anual para presentarlo a las instancias apropiadas.

5. Se pueden asignar otras responsabilidades a los oficiales según las necesidades de ministerio entre los jóvenes del distrito.

810.210 Personal asalariado

1. Cuando un pastor de jóvenes sea empleado por un distrito, el superintendente de distrito, en consulta con la junta consultora de distrito y el concilio distrital de la JNI, asignará la responsabilidad de dirigir la JNI de distrito al pastor de jóvenes del distrito. En ese caso, algunas de las responsabilidades que de otra manera serían designadas al presidente de la JNI de distrito serán desempeñadas por el pastor de jóvenes del distrito. Sin embargo, la importancia del presidente de la JNI de distrito sigue siendo igual, en proveer liderazgo adicional, apoyo y representación al ministerio entre los jóvenes del distrito. El concilio distrital de la JNI y el superintendente de distrito trabajarán en conjunto para definir las funciones y responsabilidades de los dos puestos y cómo trabajarán juntos para beneficio del ministerio entre los jóvenes del distrito.
2. Un pastor de jóvenes de distrito no podrá fungir como presidente de la JNI de distrito.
3. El pastor de jóvenes de distrito sirve como miembro *ex oficio* en el concilio distrital de la JNI, el comité ejecutivo y el comité nominativo de la JNI de distrito.
4. El pastor de jóvenes de distrito puede servir como designado del superintendente de distrito para responsabilidades relacionadas con la JNI.

Concilio

810.211 Composición

1. El concilio distrital de la JNI se compondrá de los oficiales de la JNI de distrito, otros miembros vocales jóvenes electos o asignados y líderes de ministerios según lo considere necesario el concilio, y el superintendente de distrito y/o el pastor de jóvenes del distrito.
2. Solo los miembros de la JNI que sean miembros de la Iglesia del Nazareno en el distrito podrán fungir como miembros del concilio distrital de la JNI.

810.212 Elecciones

1. El comité nominativo de la JNI de distrito nominará a los miembros de la JNI de distrito para ser elegidos ante el concilio distrital de la JNI.
2. Después, la convención distrital de la JNI elegirá a los miembros del concilio distrital de la JNI de entre las nominaciones presentadas, por voto de mayoría absoluta.

3. Una vacante ocurrirá cuando un miembro del concilio cambie su membresía a otro distrito, renuncie, o sea destituido de su cargo por un voto de dos terceras partes del concilio debido al descuido de sus responsabilidades o conducta impropia. Si ocurriera una vacante entre los miembros del concilio; el concilio distrital de la JNI llenará la vacante por un voto de dos terceras partes si hay un solo nominado, o por un voto de mayoría absoluta en caso de haber dos o más nominados.
4. El comité nominativo podrá autorizar al concilio distrital de la JNI para asignar directores de ministerios en el distrito.

810.213 Responsabilidades

1. El concilio distrital de la JNI será el responsable de planificar y organizar el ministerio total para los jóvenes dentro del distrito; y, por medio de sus oficiales y directores, iniciará y dirigirá ministerios y actividades para alcanzar a los jóvenes para Cristo, y para responder a sus necesidades de crecimiento espiritual, en armonía con el liderazgo del distrito.
2. El concilio distrital de la JNI definirá el enfoque de ministerio de la JNI de distrito en respuesta a las necesidades del ministerio entre los jóvenes, y desarrollará y asignará los títulos y responsabilidades de los directores de ministerios de la JNI de distrito.
3. El concilio distrital de la JNI apoyará y capacitará a las iglesias locales del distrito para desarrollar un ministerio eficaz entre los jóvenes.
4. El concilio distrital de la JNI dará liderazgo al área juvenil de la escuela dominical/estudios bíblicos/grupos pequeños del distrito al promover el crecimiento en la matrícula y asistencia de jóvenes y al proveer capacitación para maestros y líderes de escuela dominical/estudios bíblicos/grupos pequeños y líderes de jóvenes en colaboración con la junta distrital de Discipulado Nazareno Internacional.
5. El concilio distrital de la JNI promoverá los ministerios y programas regionales y globales de la JNI ante los grupos locales de la JNI.
6. El concilio distrital de la JNI hará recomendaciones a la convención distrital de la JNI sobre el ministerio de la JNI. La convención podrá revisar las recomendaciones antes de aprobarlas.
7. El concilio distrital de la JNI establecerá y comunicará el proceso para enmendar el plan de ministerio del distrito.

810.214 Comités

1. El comité ejecutivo de la JNI se compondrá de los oficiales electos de la JNI de distrito y el superintendente de distrito y/o el pastor de jóvenes del distrito. En caso de que el secretario y el

tesorero sean nombrados como miembros del concilio, el concilio podrá elegir por voto de mayoría absoluta a dos miembros más del concilio distrital de la JNI para servir en el comité ejecutivo. Todas las acciones del comité ejecutivo serán comunicadas a los miembros restantes del concilio y estarán sujetas a la aprobación de todo el concilio en su próxima reunión.
2. El concilio distrital de la JNI podrá establecer comités de ministerios específicos o de grupos de edades en respuesta a las necesidades de ministerio entre los jóvenes del distrito.

810.215 Zona de la JNI

1. En colaboración con el liderazgo del distrito, el concilio distrital de la JNI podrá autorizar la creación de varias zonas dentro de la estructura actual del distrito para organizar el liderazgo de la JNI, para coordinar y llevar al máximo el ministerio de la JNI en todo el distrito.
2. Un concilio de la JNI de zona podrá ser organizado para que asuma la responsabilidad de ministerios y actividades específicas en la zona.
3. Un presidente o representante de cada zona podrá servir en el concilio distrital de la JNI, si así lo especifica la convención distrital de la JNI.

810.216 Personal asalariado

1. El superintendente de distrito asignará las responsabilidades del pastor de jóvenes de distrito, en consulta con la junta consultora de distrito y el concilio distrital de la JNI.
2. El concilio distrital de la JNI y el pastor de jóvenes del distrito trabajarán en colaboración y armonía.

Reuniones

810.217 Reuniones de la JNI de distrito

1. Una variedad de reuniones de la JNI de distrito ayudará a proveer un ministerio eficaz entre los jóvenes.
2. La JNI de distrito también apoyará y realzará el ministerio de la JNI local al reunirse con grupos locales de JNI en todo el distrito; a fin de capacitarlos para un ministerio eficaz.
3. La JNI de distrito participará en reuniones de la JNI regional y global que realcen el ministerio eficaz entre los jóvenes en todo el distrito.

810.218 Reuniones del concilio distrital de la JNI

1. El concilio distrital de la JNI se reunirá con regularidad para cumplir la misión y visión de la JNI de distrito.

JUVENTUD NAZARENA INTERNACIONAL (JNI) 267

2. Las reuniones del concilio podrán ser programadas o convocadas por el presidente distrital de la JNI o el superintendente de distrito.

810.219 Convención distrital de la JNI

1. La convención anual de la JNI de distrito hará provisión para tener programas de inspiración para el avance del ministerio entre los jóvenes del distrito. En la convención, se recibirán informes, se elegirán líderes y se tratará cualquier asunto legislativo relacionado con la obra de la JNI. También se elegirán delegados a la Convención Global de la JNI de acuerdo con el plan de ministerio global de la JNI.
2. El concilio distrital de la JNI organizará y supervisará la convención distrital de la JNI en cooperación con el superintendente de distrito. La convención se convocará según la fecha y lugar designados por el concilio distrital de la JNI, con la aprobación del superintendente de distrito y dentro de 90 días previos a la asamblea de distrito.
3. La convención distrital de la JNI se compondrá de los miembros del concilio distrital de la JNI, el superintendente de distrito, pastores locales, otros ministros ordenados asignados por el distrito que participen en el ministerio de la JNI y delegados de la JNI local.
4. Todos los delegados de la JNI local ante la convención distrital de la JNI deberán ser miembros de la Iglesia del Nazareno que representan.
5. El total de delegados de la JNI local por cada iglesia se determinará según las cifras de membresía en el informe del pastor de la iglesia local más reciente antes de la asamblea de distrito. El liderazgo de la JNI de distrito instruirá a las iglesias locales que hagan arreglos necesarios para cubrir los gastos de los delegados que asistan a la convención distrital de la JNI.
6. La delegación de la JNI local ante la convención distrital de la JNI para iglesias de 30 ó menos miembros de la JNI se compondrá de:
    a. El pastor y el pastor de jóvenes o cualquier personal asalariado de tiempo completo que participe en el ministerio de la JNI;
    b. El presidente de la JNI local recién electo;
    c. Un máximo de cuatro delegados electos, con al menos la mitad de ellos dentro del enfoque de ministerio de la JNI ya establecido en el distrito.
    d. Las iglesias locales podrán agregar un delegado más por cada 30 miembros adicionales de la JNI local y/o por más de la mitad de esos 30 miembros (por ejemplo: 16-29 miembros). Por lo menos la mitad de los delegados adicionales

deben estar dentro del enfoque del plan de ministerio de la JNI ya establecido.
7. El pastor de cualquier iglesia local o el director de un centro de Ministerios Nazarenos de Compasión aprobado que no tenga una JNI organizada podrá asignar un solo delegado.

Miembros	Delegados*	Miembros	Delgados*
5-45	4	136-165	8
46-75	5	166-195	9
76-105	6	196-225	10
106-135	7	226-255	11

* El número de delegados electos de una JNI local no incluye delegados *ex oficio* (presidente de la JNI local, pastor, pastor de jóvenes, miembros del concilio distrital de JNI de una iglesia local, etc.).

C. MODELO DE PLAN DE MINISTERIO REGIONAL

Ministerios

810.300 Evangelismo

La JNI regional desarrollará e implementará una variedad de ministerios continuos y eventos especiales para alcanzar a los jóvenes para Cristo.

810.301 Discipulado

La JNI regional desarrollará e implementará una variedad de ministerios continuos y eventos especiales para edificar y desafiar a los jóvenes a crecer como discípulos de Cristo en devoción personal, adoración, compañerismo, ministerio y a guiar a otros hacia Cristo.

810.302 Desarrollo de liderazgo

La JNI regional desarrollará e implementará una variedad de ministerios continuos y eventos especiales para guiar y capacitar a los jóvenes; a fin de que lleguen a ser líderes para Cristo y su iglesia.

Revisiones

810.303 Provisiones

1. El modelo de plan de ministerio regional provee un formato estándar para la organización, función y liderazgo de la JNI a nivel regional. La JNI regional puede adaptar y revisar el plan

JUVENTUD NAZARENA INTERNACIONAL (JNI) 269

en respuesta a las necesidades del ministerio entre los jóvenes de la región, de acuerdo con el Estatuto de la JNI y el *Manual de la Iglesia del Nazareno*.
2. Cualquier área que no estuviera cubierta por este plan de ministerio quedará bajo la autoridad del concilio regional de la JNI.

810.304 Proceso

1. El concilio regional de la JNI, en colaboración con la región, establecerá y dará a conocer el proceso para adaptar y revisar el plan de ministerio regional; y deberá aprobar las revisiones propuestas antes de presentarlas ante el comité electoral regional.
2. Las revisiones propuestas del plan de ministerio regional deberán ser distribuidas por escrito a los concilios de la JNI de distrito antes de la reunión del comité electoral regional en la Convención Global de la JNI.
3. Las revisiones deberán ser aprobadas por un voto de dos terceras partes de todos los delegados y miembros presentes y con derecho a voto en el comité electoral regional; y estarán sujetas a la aprobación del director regional y del concilio regional consultivo (si se aplica).
4. Todo cambio en el plan de ministerio regional entrará en vigor no más de 90 días después de la Convención Global de la JNI. El documento revisado deberá distribuirse por escrito antes de que este entre en vigor.

Membresía y enfoque de ministerio

810.305 Composición y responsabilidad

1. Todas las organizaciones locales de la JNI, ministerios de distrito de la JNI y los miembros de la JNI dentro de los límites de la región constituirán la JNI regional.
2. La JNI regional rendirá cuentas a sus miembros, al director regional, al director global de la JNI, al concilio regional de la JNI y al concilio global de la JNI.
3. La JNI regional rendirá un informe anual ante el concilio global de la JNI.

810.306 Enfoque de ministerio

1. Tradicionalmente, el ministerio de la JNI regional se enfoca en los jóvenes de 12 años de edad en adelante, estudiantes universitarios y jóvenes adultos. Un concilio regional de la JNI puede modificar el enfoque del ministerio según lo considere necesario, con la aprobación de los distritos de la región y del director regional.

2. Con fines de representación y programación, el concilio regional de la JNI podrá establecer las divisiones por edad según las necesidades del ministerio entre los jóvenes de la región.

Liderazgo

810.307 Oficiales

1. Los oficiales del concilio regional de la JNI serán el presidente del concilio, el vicepresidente del concilio y el secretario. Estos oficiales y el coordinador regional de jóvenes fungirán como el comité ejecutivo.
2. Los oficiales de la JNI regional deberán residir en la región y ser miembros de la Iglesia del Nazareno dentro de los límites de la misma en el momento de la elección, estar activos en el ministerio entre los jóvenes, y ser considerados como líderes en ejemplo personal y ministerio.
3. Los oficiales de la JNI regional servirán sin sueldo. El financiamiento de los gastos administrativos de los oficiales de la JNI regional será designado como parte de los fondos regionales.

810.308 Elecciones

1. Los oficiales de la JNI regional serán elegidos por el comité electoral de la JNI regional en una reunión especial en la Convención Global de la JNI. Los oficiales regionales servirán desde la clausura de la Convención Global de la JNI hasta la clausura de la siguiente Convención Global de la JNI.
2. Un comité nominativo de la JNI regional nominará a los oficiales de la JNI regional. El comité nominativo es asignado por el concilio regional de la JNI, y se constituye de por lo menos cuatro miembros de la JNI regional, incluyendo al presidente del concilio regional de la JNI y al director regional. Por lo menos dos nombres se presentan al comité regional electoral por cada puesto. Todos los nominados deberán ser aprobados por el concilio regional de la JNI y el director regional.
3. Un presidente del concilio de la JNI regional en funciones que sea elegible para otro periodo podrá ser reelegido por voto de "sí" o "no" cuando dicha elección sea recomendada por el concilio regional de la JNI, aprobada por el director regional y aprobada por voto favorable de dos terceras partes por cédula del comité electoral regional en la Convención Global de la JNI.
4. Una vacante ocurrirá cuando un oficial cambie su membresía fuera de la región, renuncie, o sea destituido de su cargo por un voto de dos terceras partes del concilio global de la JNI debido al descuido de sus responsabilidades o conducta impropia. Si ocurriera una vacante entre los oficiales, el concilio regional de la JNI llenará la vacante por un voto de dos terceras partes si

JUVENTUD NAZARENA INTERNACIONAL (JNI)

hay un solo nominado, o por un voto de mayoría absoluta en caso de haber dos o más nominados. En caso de una vacante en el cargo de presidente del concilio regional de la JNI, la región elegirá un nuevo presidente del concilio de acuerdo con el plan de ministerio global de la JNI.

810.309 Responsabilidades

1. Las responsabilidades del presidente del concilio regional de la JNI incluyen:
   a. Dar liderazgo y dirección a la JNI regional, trabajando en cooperación con el liderazgo global y regional de la JNI.
   b. Presidir el concilio regional de la JNI para establecer una visión para el ministerio entre los jóvenes en la región.
   c. Facilitar el desarrollo del ministerio entre los jóvenes en la región, y trabajar con el concilio regional de la JNI para definir el enfoque del ministerio de la JNI regional según las necesidades.
   d. Presidir el comité electoral regional en la Convención Global de la JNI.
   e. Apoyar el desarrollo del ministerio de la JNI en cada distrito y área dentro de la región.
   f. Representar los intereses de la JNI regional en las juntas y comités regionales apropiados.
   g. Presentar un informe anual ante el concilio regional de la JNI, el director regional y el concilio regional consultivo (si se aplica), y el concilio global de la JNI.
   h. Recomendar un presupuesto anual ante el concilio regional de la JNI y la oficina regional.
   i. Servir como delegado ante la Convención Global de la JNI.
   j. Servir como enlace entre la JNI regional y las instituciones nazarenas de educación superior en la región para promover comunicación, cooperación y asociación de ministerio.
2. Las responsabilidades de los oficiales de la JNI regional incluyen:
   a. Desarrollar y designar líderes para los diversos ministerios de la JNI regional.
   b. Definir y asignar títulos de cargos y responsabilidades de ministerios para los jóvenes según las necesidades de la región.
   c. Distribuir los siguientes deberes para asegurar responsabilidad y eficacia:
      1) Mantener un archivo correcto de todas las reuniones del concilio regional de la JNI; y atender todos los asuntos de correspondencia de la JNI regional.
      2) Distribuir, recibir y mantener un archivo de los fondos de la JNI regional, según las normas del concilio global

de la JNI, la Junta General y la política de la oficina regional.

3) Ayudar al presidente del concilio a recopilar un informe financiero anual de todo el dinero recaudado y desembolsado para presentarlo ante el concilio global de la JNI y otros cuerpos apropiados.

4) Trabajar con el presidente del concilio para crear un presupuesto anual para presentarlo ante el concilio regional de la JNI y el director regional para su aprobación.

5) Notificar a la oficina global de la JNI y a la oficina regional los nombres y direcciones de los diversos oficiales y directores de ministerios de la JNI regional tan pronto como sea posible después su elección o nombramiento.

d. Cooperar con el presidente del concilio en todas las formas posibles para facilitar el ministerio regional entre los jóvenes.

e. Desempeñar otros ministerios según sean asignados por el concilio regional de la JNI o el comité electoral regional.

810.310 Personal asalariado

1. Cuando un coordinador regional de jóvenes sea empleado por la región, el director regional, en consulta con el concilio regional consultivo y el concilio regional de la JNI, asignará la responsabilidad de dirigir la JNI regional al coordinador regional de jóvenes. En ese caso, algunas de las responsabilidades que podrían ser asignadas a un presidente del concilio regional de la JNI serán desempeñadas por el coordinador regional de jóvenes. Sin embargo, la importancia del presidente del concilio regional de la JNI seguirá siendo igual, en proveer liderazgo adicional, apoyo y representación al ministerio entre los jóvenes de la región. El concilio regional de la JNI y el director regional trabajarán en conjunto para definir las funciones y responsabilidades de los dos puestos y cómo trabajarán juntos para beneficio del ministerio entre los jóvenes de la región.

2. Un coordinador regional de jóvenes no podrá fungir como presidente del concilio regional de la JNI.

3. El coordinador regional de jóvenes sirve como miembro *ex oficio* en el concilio regional de la JNI, el comité ejecutivo y el comité nominativo de la JNI regional.

4. El coordinador regional de jóvenes puede servir como el designado del director regional para responsabilidades relacionadas con la JNI.

JUVENTUD NAZARENA INTERNACIONAL (JNI)

Concilio

810.311 Composición
1. El concilio regional de la JNI se compondrá de los oficiales de la JNI regional, otros miembros vocales jóvenes electos o asignados, líderes de ministerios según considere necesario el concilio, el director regional y el coordinador regional de jóvenes.
2. Solo los miembros de la JNI que sean miembros de la Iglesia del Nazareno en la región podrán fungir como miembros del concilio regional de la JNI.
3. Cuando aplique, los representantes de las universidades nazarenas responsables de compartir los ministerios con la JNI regional también podrán servir en el concilio regional de la JNI.

810.312 Elecciones
1. Un comité nominativo de la JNI regional nomina a los miembros de la JNI regional para ser elegidos ante el concilio regional de la JNI.
2. De las nominaciones presentadas, el comité electoral regional en la Convención Global de la JNI elige por voto mayoritario a los miembros del concilio regional de la JNI. El comité electoral regional puede autorizar al concilio regional de la JNI para asignar directores de ministerio regionales.
3. Una vacante ocurrirá cuando un miembro cambie su membresía fuera de la región, renuncie, o sea destituido de su cargo por un voto de dos terceras partes del concilio debido al descuido de sus responsabilidades o conducta impropia. Si ocurriera una vacante entre los miembros del concilio electos o asignados por el concilio; el concilio regional de la JNI llenará la vacante por un voto de dos terceras partes si hay un solo nominado, o por un voto de mayoría absoluta en caso de haber dos o más nominados. En caso de una vacante entre miembros representantes de un distrito en la región, la vacante será cubierta de acuerdo con el plan de ministerio de ese distrito.

810.313 Responsabilidades
1. El concilio regional de la JNI será el responsable de planificar y organizar el ministerio total para los jóvenes dentro de la región; y, por medio de sus oficiales y directores, iniciará y dirigirá ministerios y actividades para alcanzar a los jóvenes para Cristo, y para responder a sus necesidades de crecimiento espiritual, en armonía con el liderazgo regional.
2. El concilio regional de la JNI definirá el enfoque de ministerio de la JNI regional en respuesta a las necesidades del ministerio regional entre los jóvenes; y desarrollará y asignará los títulos

y responsabilidades de los directores de ministerios de la JNI regional.
3. El concilio regional de la JNI apoyará y capacitará a los distritos de la región para desarrollar un ministerio eficaz entre los jóvenes.
4. El concilio regional de la JNI dará liderazgo al área juvenil de la escuela dominical/estudios bíblicos/grupos pequeños en la región al promover el crecimiento en la matrícula y asistencia de jóvenes y al proveer capacitación para maestros y líderes de escuela dominical/estudios bíblicos/grupos pequeños y líderes de jóvenes en colaboración con Discipulado Nazareno Internacional.
5. El concilio regional de la JNI promoverá los ministerios y programas globales de la JNI ante la membresía regional.
6. El concilio regional de la JNI canalizará el uso de fondos provistos a la región por medio de eventos y asociaciones de la JNI.
7. El concilio regional de la JNI hará recomendaciones sobre el ministerio de la JNI ante el comité electoral regional en la Convención Global de la JNI. El concilio también asignará un máximo de dos personas para servir en la región como miembros del comité de resoluciones en la Convención Global de la JNI, de acuerdo con el plan de ministerio global.
8. El concilio regional de la JNI trabajará, en consulta con el director regional, para seleccionar un representante que sirva en el concilio global de la JNI.
9. El concilio regional de la JNI establecerá y comunicará el proceso para enmendar el plan de ministerio regional.

810.314 Comités

1. El comité ejecutivo de la JNI se compondrá de los oficiales electos de la JNI regional y el director regional y/o el coordinador regional de jóvenes. El comité ejecutivo podrá llevar a cabo los asuntos del concilio regional de la JNI cuando no sea práctico o posible reunir a todo el concilio. Todas las acciones del comité ejecutivo se comunicarán a los miembros restantes del concilio y estarán sujetas a la aprobación de todo el concilio en su próxima reunión.
2. El concilio regional de la JNI podrá establecer comités de ministerio específicos en respuesta a las necesidades del ministerio regional entre los jóvenes.
3. En países donde haya muchos distritos, la región podrá organizar el liderazgo de la JNI nacional para coordinar y facilitar el ministerio entre los jóvenes de dicho país.

810.315 La JNI de área

1. Cuando aplique y en cooperación con el liderazgo de la iglesia regional, el concilio regional de la JNI podrá organizar el liderazgo de la JNI en las áreas dentro de la estructura regional existente; para coordinar y llevar al máximo el ministerio de la JNI en toda la región.
2. Un concilio de la JNI de área podrá ser creado para asumir la responsabilidad de ministerios y actividades específicas en el área.
3. Un representante de cada área podrá servir en el concilio regional de la JNI, si así lo especifica el comité electoral regional.

810.316 Personal asalariado

1. El director regional asignará las responsabilidades del coordinador regional de jóvenes, en consulta con el concilio regional consultivo y el concilio regional de la JNI.
2. El concilio regional de la JNI y el coordinador regional de jóvenes trabajarán en colaboración y armonía mutuas.

Reuniones

810.317 Reuniones de la JNI regional

1. Una variedad de reuniones de la JNI ayudará a proveer un ministerio eficaz entre los jóvenes de la región.
2. La JNI regional también apoyará y realzará el ministerio de la JNI de distrito al reunirse con grupos distritales de JNI en toda la región; a fin de capacitarlos para un ministerio eficaz.
3. La JNI regional participará en reuniones de la JNI global que realcen el ministerio eficaz entre los jóvenes en toda la región.

810.318 Reuniones del concilio regional de la JNI

1. El concilio regional de la JNI se reunirá con regularidad para cumplir la misión y visión de la JNI regional.
2. Las reuniones del concilio podrán ser programadas o convocadas por el presidente del concilio regional de la JNI, el director regional, el coordinador regional de jóvenes o el director global de la JNI.

810.319 Comité electoral regional

1. El comité electoral regional será convocado durante la Convención Global de la JNI. El comité electoral regional hará provisión para sesiones y programas inspiradores para el avance del ministerio entre los jóvenes de toda la región. Durante la reunión del comité electoral, se recibirán informes, se elegirán líderes y se tratará cualquier asunto legislativo relacionado con la obra de la JNI en la región.

2. El concilio regional de la JNI, en colaboración con el director global de la JNI, hará los arreglos pertinentes y supervisará al comité electoral regional.
3. El comité electoral regional se compondrá de los miembros del concilio regional de la JNI, el director regional y/o el coordinador regional de jóvenes, y los delegados de la región ante la Convención Global de la JNI que sean elegidos de acuerdo con el plan de ministerio global.
4. El comité electoral regional se reunirá durante la Convención Global de la JNI a la hora y en el lugar designados por el director global de la JNI. Cuando sea aprobado por el concilio regional de la JNI, el director regional y el concilio global de la JNI, se podrá convocar un comité electoral regional por correo postal o electrónico dentro de seis meses antes de la Convención Global de la JNI; a fin de que se puedan tratar los asuntos de la JNI regional cuando las circunstancias no permitan que la mayoría de los delegados electos asistan a la Convención Global de la JNI.

D. MODELO DE PLAN DE MINISTERIO GLOBAL

810.400 Evangelismo

La JNI global desarrollará e implementará una variedad de ministerios continuos y eventos especiales para alcanzar a los jóvenes para Cristo.

810.401 Discipulado

La JNI global desarrollará e implementará una variedad de ministerios continuos y eventos especiales para edificar y desafiar a los jóvenes a crecer como discípulos de Cristo en devoción personal, adoración, compañerismo, ministerio y guiando a otros hacia Cristo.

810.402 Desarrollo de liderazgo

La JNI global desarrollará e implementará una variedad de ministerios continuos y eventos especiales para guiar y capacitar a los jóvenes; a fin de que lleguen a ser líderes para Cristo y su iglesia.

Revisiones

810.403 Provisiones

1. El Estatuto de la JNI y el plan de ministerio global proveen la estructura para la organización, función y liderazgo de la JNI a nivel global. La Convención Global de la JNI puede revisar el

JUVENTUD NAZARENA INTERNACIONAL (JNI)

Estatuto de la JNI y el plan de ministerio global en respuesta a las necesidades del ministerio entre los jóvenes en todo el mundo, por medio de resoluciones presentadas. Toda enmienda al plan de ministerio global debe estar de acuerdo con el Estatuto de la JNI y el *Manual de la Iglesia del Nazareno*.
2. Cualquier área que no esté cubierta por el Estatuto de la JNI o el plan de ministerio global está bajo la autoridad del concilio global de la JNI y el director de la JNI.

810.404 Proceso

1. El concilio global de la JNI, en colaboración con el director de la JNI, establecerá y dará a conocer el proceso para enmendar el plan de ministerio global y el Estatuto de la JNI por medio de resoluciones presentadas.
2. Dichas resoluciones podrán ser presentadas por cualquier concilio distrital de la JNI, cualquier concilio regional de la JNI, el concilio global de la JNI, o por lo menos seis delegados ante la Convención Global de la JNI que apoyen una resolución. Las resoluciones deberán ser presentadas en la forma adecuada de resoluciones, y deberán ser recibidas antes de la fecha establecida.
3. La oficina global de la JNI deberá recibir todas las resoluciones por lo menos 30 días antes de la reunión anual del concilio global de la JNI en el mismo año de la Convención Global de la JNI.
4. Las resoluciones deberán ser distribuidas por escrito a los delegados de la Convención Global de la JNI antes de dicha convención.
5. Las resoluciones serán primeramente consideradas por el concilio global de la JNI y por un comité de resoluciones de la Convención Global de la JNI, compuesto por un máximo de dos delegados de la JNI asignados de cada región por el concilio regional de la JNI. Las resoluciones que reciban un voto de mayoría absoluta de cualquiera de los dos cuerpos para recomendar su aprobación serán después consideradas por la convención.
6. Las resoluciones deberán ser aprobadas por un voto de dos terceras partes de todos los delegados presentes y con derecho a voto en la Convención Global de la JNI.
7. Todos los cambios aprobados en el Estatuto de la JNI y el plan de ministerio global entrarán en vigor no más de 90 días después de la Convención Global de la JNI. El documento modificado deberá distribuirse por escrito antes de que este entre en vigor.

Membresía y enfoque en el ministerio

810.405 Composición y responsabilidad

1. Todos los grupos locales de la JNI, ministerios de la JNI distrital, de área y regional y sus miembros constituyen la JNI global.
2. La JNI global rendirá cuentas a los miembros de la JNI, al superintendente general en jurisdicción de la JNI, al director de Misiones Globales, a la Junta General y a la Junta de Superintendentes Generales.
3. La JNI global informará anualmente a la Junta General y dará su informe a la Convención Global de la JNI y a la Asamblea General de la Iglesia del Nazareno.
4. El director de la JNI será responsable por la coordinación y supervisión general del desarrollo del ministerio entre la juventud de la Iglesia del Nazareno a través de la JNI.
5. Las oficinas de la JNI por todo el mundo trabajan en conjunto con el concilio global de la JNI para la implementación eficaz del ministerio entre los jóvenes de la Iglesia del Nazareno.

810.406 Enfoque de ministerio

1. El ministerio de la JNI se enfoca en los jóvenes de 12 años de edad en adelante, estudiantes universitarios y jóvenes adultos. Los concilios de la JNI regional, de área, distrital y local pueden modificar el enfoque del ministerio según lo consideren necesario, de acuerdo con el plan de ministerio de ese nivel.
2. Con fines de representación y programación, la JNI establecerá tres divisiones: adolescentes, jóvenes y universitarios/jóvenes adultos.

Liderazgo

810.407 Oficiales

1. Los oficiales electos de la JNI global serán el presidente del concilio y el vicepresidente del concilio.
2. Ninguna persona podrá ser elegida como presidente del concilio global de la JNI si es empleado de The Church of the Nazarene, Inc., o de cualquier entidad incluyendo instituciones educativas que reciben subsidio financiero de The Church of the Nazarene, Inc. Las personas de distritos u otras entidades que reciben fondos operativos de la iglesia general tampoco serán elegibles.
3. Los oficiales de la JNI global deberán ser miembros de la JNI y de la Iglesia del Nazareno, estar activos en el ministerio entre los jóvenes, ser líderes en ejemplo personal y ministerio, y ser miembros del concilio global de la JNI.

JUVENTUD NAZARENA INTERNACIONAL (JNI)

4. Los oficiales de la JNI global servirán sin sueldo. El financiamiento de los gastos administrativos de los oficiales de la JNI global será designado como parte de los fondos de la JNI.
5. Un oficial de la JNI global podrá fungir en su cargo solo por un período completo.

810.408 Elecciones

1. El presidente del concilio global de la JNI será elegido por un voto de mayoría absoluta en la Convención Global de la JNI; y servirá hasta el cierre de la siguiente Asamblea General o hasta que su sucesor sea elegido.
2. Cada región nominará una persona para presidente del concilio global de la JNI durante la reunión del comité electoral de la JNI regional en la Convención Global de la JNI.
3. El vicepresidente de la JNI global será elegido por el concilio global de la JNI en su primera reunión durante o después de la Asamblea General, y servirá hasta el cierre de la siguiente Asamblea General o hasta que su sucesor sea elegido.
4. Una vacante ocurrirá en el puesto de presidente del concilio o vicepresidente del concilio global de la JNI cuando él/ella renuncie o sea destituido/a de su cargo por voto de dos terceras partes del concilio global de la JNI debido al descuido de sus responsabilidades o conducta impropia. En caso de una vacante entre los oficiales de la JNI global, el concilio global de la JNI elegirá a su reemplazante.

810.409 Responsabilidades

1. Las responsabilidades del presidente del concilio global de la JNI incluirán:
   a. Presidir las reuniones de la Convención Global de la JNI y las reuniones del concilio global de la JNI.
   b. Representar a la JNI como miembro de la Junta General y como delegado de la Asamblea General.
   c. Desempeñar otras responsabilidades según sean asignadas por el concilio y la Convención Global de la JNI.
2. Las responsabilidades del vicepresidente del concilio global de la JNI incluyen:
   a. Cooperar con el presidente del concilio global de la JNI de todas las formas posibles para desempeñar un ministerio eficaz entre los jóvenes a nivel global.
   b. Asegurar que se conserven archivos precisos de todos los asuntos de la Convención Global de la JNI y de todas las reuniones del concilio global de la JNI para presentarlos ante la Junta General.
   c. Presidir el concilio global de la JNI, proveer representación suplente en cualquier junta o concilio, y cumplir con cual-

quier obligación designada en caso de que el presidente del concilio global de la JNI esté ausente.
   d. Desempeñar otras responsabilidades según le sean asignadas por el concilio global de la JNI y la Convención Global de la JNI.

810.410 Personal asalariado

1. El superintendente general en jurisdicción de la JNI y la Junta General asignarán la responsabilidad de la JNI al director global de la JNI. El director global de la JNI estará sujeto a la supervisión de la Junta de Superintendentes Generales.
2. La Junta de Superintendentes Generales elegirá al director de la JNI sujeto a los procedimientos electorales de la Junta General.
3. En caso de que ocurra una vacante en la posición, se llenará de acuerdo con la siguiente secuencia:
   a. El superintendente general en jurisdicción de la JNI nominará el director de la JNI, en consulta con el concilio global de la JNI y la Junta de Superintendentes Generales.
   b. Después, se presentará una cédula al concilio global de la JNI para su aprobación por un voto de mayoría absoluta y estará sujeto a los procedimientos electorales de la Junta General.
4. Después de la nominación por el superintendente general en jurisdicción de la JNI, un director de la JNI en funciones será aprobado por voto de mayoría absoluta del concilio global de la JNI en su primera reunión programada después de la Asamblea General, y estará sujeto a los procedimientos electorales de la Junta General.
5. El director global de la JNI no podrá servir como oficial electo de la JNI.
6. El director global de la JNI servirá como miembro *ex oficio* del concilio global de la JNI, el comité ejecutivo, todo concilio regional y otros comités globales de la JNI según sean nombrados.

Concilio

810.411 Composición

1. El concilio global de la JNI se compondrá del director de la JNI, el presidente del concilio global de la JNI y un representante de cada región mundial electo/a de acuerdo con el plan de ministerio de cada región.
2. El concilio global de la JNI podrá asignar a otras personas, según considere necesario, para servir como miembros del concilio sin derecho a voto.

JUVENTUD NAZARENA INTERNACIONAL (JNI)

3. Los miembros del concilio global de la JNI deberán ser miembros de la JNI y de la Iglesia del Nazareno.

810.412 Responsabilidades

1. El concilio global de la JNI, en colaboración con el director global de la JNI y el personal de la JNI, establecerá procedimientos para la JNI global y proveerá dirección y apoyo al desarrollo de recursos para el ministerio entre los jóvenes en todos los niveles de la JNI, sujeto a la aprobación del superintendente general en jurisdicción de la JNI y la Junta General. El ministerio de la JNI será diseñado para alcanzar a los jóvenes para Cristo y para responder a sus necesidades de crecimiento espiritual; será facilitado por el director de la JNI y el liderazgo de la JNI por todo el mundo.
2. El concilio global de la JNI proveerá un foro para apoyar y desarrollar programas, eventos y recursos efectivos para el ministerio entre jóvenes a nivel regional, en armonía con la misión y visión de la JNI.
3. El concilio global de la JNI proveerá una ruta para la representación de la JNI regional, de área, distrital y local por medio de miembros del concilio al personal de la JNI. Los miembros del concilio también representarán a la JNI global al iniciar contacto con sus regiones, áreas, distritos e iglesias locales a nombre del concilio global de la JNI y la oficina global de la JNI.
4. El concilio global de la JNI ayudará en la planificación y administración de la Convención Global de la JNI.
5. El concilio global de la JNI brindará su aporte al área juvenil de la escuela dominical/estudios bíblicos/grupos pequeños; y ayudará a promover el crecimiento en la matrícula y asistencia de los jóvenes, y la capacitación para maestros y líderes de escuela dominical/estudios bíblicos/grupos pequeños y líderes de jóvenes por todo el mundo, en cooperación con Discipulado Nazareno Internacional.
6. El concilio global de la JNI revisará el presupuesto anual y los gastos de la oficina global de la JNI provistos por medio de la Junta General.
7. El concilio global de la JNI dirigirá y revisará el gasto de fondos provistos por medio de eventos y asociaciones de la JNI sujetos a la aprobación del superintendente general en jurisdicción.

810.413 Comités

1. El comité ejecutivo se compondrá de los oficiales de la JNI global y el director de la JNI. El comité ejecutivo podrá llevar a cabo los asuntos del concilio global de la JNI cuando no sea práctico o posible reunir a todo el concilio. Todas las acciones del comité ejecutivo se comunicarán a los miembros restantes

del concilio y estarán sujetas a la aprobación de todo el concilio en su próxima reunión.
2. El concilio global de la JNI puede establecer comités para ministerios específicos, según sea necesario para avanzar su obra.

810.414 Personal asalariado

1. El director de la JNI está sujeto a la supervisión del director de Misiones Globales y de la Junta de Superintendentes Generales. El concilio global de la JNI podrá recomendar al superintendente general responsable de la JNI que revise estos deberes.
2. El director de la JNI, en consulta con el concilio global de la JNI, asignará las responsabilidades del personal asalariado de la oficina global de la JNI. El concilio global de la JNI y el personal de la oficina global de la JNI trabajarán en cooperación y armonía.
3. El director de la JNI no podrá servir como presidente del concilio global de la JNI.

Reuniones

810.415 Reuniones de la JNI global

1. Para brindar un ministerio eficaz a los jóvenes, el ministerio de la JNI global puede involucrar una variedad de reuniones de adoración, enseñanza, capacitación, compañerismo y evangelismo. El liderazgo de la JNI global trabajará en conjunto con los líderes de la JNI regional, de área, distrital y local para planificar el ministerio a nivel global, con relación a grupos específicos, y dirigido hacia varias regiones; a fin de que el ministerio entre los jóvenes en la Iglesia del Nazareno sea más eficaz.
2. Los líderes y el personal de la JNI global estarán activamente involucrados con la JNI en cada nivel como un recurso para el ministerio eficaz.

810.416 Reuniones del concilio global de la JNI

1. El concilio global de la JNI se reunirá anualmente para avanzar en la misión y visión de la JNI. La fecha de la reunión se fijará de acuerdo con la reunión anual de la Junta General.
2. Los oficiales de la JNI global o el director de la JNI podrán convocar reuniones especiales según sea necesario, en consulta con el superintendente general en jurisdicción de la JNI.

810.417 Convención Global de la JNI

1. La Convención Global de la JNI hará provisión para tener sesiones de inspiración para el avance del ministerio entre los jóvenes en todo el mundo. En la Convención Global de la JNI,

se recibirán informes y se tratará cualquier asunto legislativo relacionado con la obra de la JNI.
2. La Junta de Superintendentes Generales establecerá la duración de la convención y los horarios en que se convocará, según las recomendaciones del concilio global de la JNI al comité de programa de la Asamblea General. Los oficiales de la JNI global y el director de la JNI dirigirán la convención, con la ayuda del concilio global de la JNI.
3. Todos los delegados de la Convención Global de la JNI deberán ser miembros de la Iglesia del Nazareno y de la JNI, y tener 12 años de edad o más al momento de celebrarse la Convención Global de la JNI. Además, cada delegado distrital de la JNI deberá ser miembro y residir en el distrito que él/ella representa durante la convención.
4. La Convención Global de la JNI se compondrá por el concilio global de la JNI; el director de la JNI; oficiales regionales ejecutivos debidamente electos (no más de tres); los coordinadores de jóvenes a nivel regional, de área, nacional y de distrito; y los delegados de la JNI de distrito, de la siguiente manera:
   a. Los distritos con 1,000 miembros o menos de la JNI podrán enviar los siguientes delegados:
      1) El presidente de la JNI de distrito en funciones durante la Convención Global de la JNI;
      2) Un delegado ministerial activo en el liderazgo de la JNI quien es presbítero, diácono o ministro licenciado asignado por el distrito;
      3) Un delegado laico de más de 23 años de edad al momento de celebrarse la Convención Global de la JNI y que esté activo en el liderazgo de la JNI; y
      4) Un delegado joven de entre 12 y 23 años de edad al momento de celebrarse la Convención Global de la JNI y que esté activo en la JNI.
   b. Además, el distrito podrá enviar un delegado ministerial, un delegado laico, y un delegado joven de entre 12 y 23 años de edad adicionales por cada 1,500 miembros adicionales de la JNI y/o la porción final mayor de 1,500 miembros (751-1,499 miembros).
   c. El tamaño de la delegación del distrito se basa en el informe de membresía de la JNI de distrito a la asamblea de distrito en el año inmediato anterior a la Convención Global de la JNI.
   d. Todos los delegados de distrito deben ser elegidos por cédula por voto mayoritario en una sesión de la convención distrital de la JNI dentro de los 18 meses antes de la Convención Global de la JNI o dentro de 24 meses en áreas donde se necesiten visas o extensos preparativos. Los delegados

suplentes podrán ser elegidos después de los delegados electos en otra cédula, de entre los nominados restantes, por voto de pluralidad, designando al primer suplente, segundo suplente, tercer suplente, etc., según el número de votos que reciban. Los delegados y los delegados suplentes deben ser elegidos antes del 31 de marzo del año de la Convención Global de la JNI.

   e. El presidente del cuerpo estudiantil de cada universidad o escuela teológica nazarena también podrá servir como delegado, como representante de la asociación de la JNI con su institución. En caso de que no pueda prestar servicios o asistir, un representante seleccionado por el cuerpo de gobierno estudiantil podrá proveer representación suplente.

5. En el caso de distritos que no tuvieran una JNI organizada (donde no hay convención distrital de la JNI), la representación a la Convención Global de la JNI puede estar compuesta por un delegado con edad para ser miembro de la JNI, escogido por la asamblea de distrito. En caso de que el delegado renuncie antes de la convención, la junta consultora de distrito puede asignar a un delegado calificado.

6. La barra de elección de la Convención Global de la JNI se establecerá para facilitar que los delegados debidamente electos participen en la votación de la Convención Global de la JNI. Esta votación se realizará siguiendo los procedimientos de votación establecidos por el comité de negocios de la convención.

7. Se convocará un comité electoral regional por cada región durante la Convención Global de la JNI, y estará compuesto por el concilio regional de la JNI, el director regional y el coordinador regional de jóvenes y los delegados electos de la JNI de distrito de dicha región.

Miembros	Delegados*	Miembros	Delegados*
4-1750	3	4751-6250	12
1751-3250	6	6251-7750	15
3251-4750	9	7751-9250	18

* El número de delegados electos de una JNI de distrito no incluye delegados *ex oficio* (presidente de la JNI de distrito, presidentes y coordinadores de la JNI regional y oficiales globales, etc.).

II. MISIONES NAZARENAS INTERNACIONALES (MNI)

811. Constitución de Misiones Nazarenas Internacionales (MNI)

Artículo I. Nombre

El nombre de esta organización será Misiones Nazarenas Internacionales (MNI) de la Iglesia del Nazareno.

Artículo II. Propósito

El propósito de esta organización será movilizar a la Iglesia del Nazareno en misión mediante 1) la oración, 2) el ofrendar, 3) la educación, y 4) el involucrar a los niños y jóvenes.

Artículo III. Estructura

Sección 1. Local

Las Misiones Nazarenas Internacionales locales (MNI) son una organización de la iglesia local; y servirán en cooperación con el pastor y con la junta de la iglesia por medio del concilio local de MNI.

Sección 2. Distrito

Los líderes que constituyen el concilio distrital de MNI deberán trabajar en cooperación con el superintendente de distrito, la junta consultora de distrito y otros líderes relacionados con el distrito.

Todas las organizaciones locales de MNI, dentro de los límites del distrito, constituirán la MNI de distrito.

Sección 3. Global

Los líderes que constituyen el concilio global de MNI trabajarán en cooperación con Misiones Globales, el Comité de Ministerios de la Iglesia Local de la Junta General y el superintendente general en jurisdicción.

Todas las organizaciones locales y de distrito de MNI constituirán la MNI Global.

Artículo IV. Membresía

Sección 1. Miembros

Cualquier persona que sea miembro de la Iglesia del Nazareno y apoye el propósito de MNI puede ser miembro de MNI en esa iglesia local.

Votar y ocupar un cargo se limitará a los miembros que tengan 15 años de edad o más, excepto en los grupos conformados por niños y jóvenes.

A menos que se establezca lo contrario en esta constitución, la referencia a "miembros" significa miembros de MNI que sean miembros de la iglesia.

Sección 2. Miembros asociados

Cualquier persona que no sea miembro de la Iglesia del Nazareno y apoye el propósito de MNI puede ser miembro asociado de MNI.

Artículo V. Concilios y oficiales

Sección 1. Concilio local de MNI

A. **Propósito**

El concilio local de MNI promoverá el propósito de MNI mediante 1) la oración, 2) el ofrendar, 3) la educación, y 4) el involucrar a los niños y jóvenes.

B. **Composición**
  1. El concilio local de MNI estará compuesto por un presidente y el número de oficiales y/o miembros del concilio según lo acordado por el presidente y el pastor titular, de acuerdo con las necesidades y el tamaño de la iglesia.
  2. Un concilio local puede tener un comité ejecutivo compuesto por el presidente, el pastor principal (*ex oficio*) y dos o más miembros adicionales, según lo determinado por el concilio local de MNI.
  3. Los miembros adicionales del concilio pueden ser responsables de áreas específicas de la MNI, que incluyen, pero no se limitan a la oración, el ofrendar, la educación, y el involucrar a los niños y jóvenes.
  4. Un miembro del concilio puede tener más de un cargo; pero tendrá solamente un voto.
  5. Cualquier miembro del concilio distrital de MNI será miembro *ex oficio* del concilio local con la aprobación del concilio local.

C. **Nominaciones, elecciones, nombramientos y vacantes**

El concilio local puede determinar la necesidad de recurrir a un comité nominativo, que no sea el comité nominativo de la iglesia, como parte del proceso de identificación de candidatos adecuados para la elección del concilio local. Si se va a recurrir a un comité nominativo; entonces este será nombrado por el presidente, de acuerdo con el concilio local.
  1. Presidente
     a. El concilio local en funciones, al final del año eclesiástico, puede recomendar nombres a un comité nominativo,

el cual a su vez puede presentar uno o más nombres para elección al cargo de presidente, sujeto a la aprobación de la junta de la iglesia.
   b. El presidente será elegido o reelegido por cédula por un voto de mayoría absoluta de los miembros presentes y votantes por el período de uno o dos años eclesiásticos. El concilio local y el pastor recomendarán la duración del período de servicio.
   c. Un presidente en funciones podrá ser reelegido por un voto de "sí" o "no" cuando tal elección sea recomendada por el concilio local y aprobada por el pastor y la junta de la iglesia.
   d. De manera alterna, en una iglesia que todavía no se haya organizado, haya estado organizada por menos de 5 años o tenga una composición de menos de 35 miembros, el presidente puede ser nombrado por el pastor, habiéndolo dialogado con la junta y obtenido su aprobación.
2. Concilio
   a. Por recomendación del presidente actual y previo acuerdo con el pastor titular, se puede elegir a un concilio local, menos al presidente, por mayoría simple de votos de los miembros de MNI o por la reunión anual de la iglesia, o puede ser nombrado por el presidente y el pastor con la aprobación de la junta de la iglesia.
   b. La duración del servicio será de uno o dos años, o hasta que sus sucesores sean electos o nombrados, por recomendación del concilio local de MNI o, en su defecto, la junta de la iglesia y el pastor.
   c. Estos líderes comenzarán a servir el primer día del nuevo año eclesiástico después de la elección.
   d. Si la iglesia tiene un único tesorero para todas las cuentas de la iglesia, incluyendo el dinero de MNI; dicha persona será el tesorero de MNI y miembro *ex oficio* del concilio local de MNI, con todos los derechos y responsabilidades, a menos que el concilio local especifique lo contrario.
3. Los delegados a la convención distrital
   a. Los delegados y suplentes serán elegidos por cédula de votación en la reunión anual por una mayoría simple de votos.
   b. Si una elección no es posible o factible; la elección puede hacerse por el concilio local, o en su ausencia, por la junta de la iglesia, por un voto de mayoría simple. Ver el Artículo VI, Sección 3.A.3 para determinar el número de delegados.
4. Vacantes

a. Presidente: el concilio local puede sugerir nombres a la junta de la iglesia, la que nominará uno o más nombres. La elección será mediante cédula por mayoría absoluta de votos de los miembros de MNI en una reunión convocada de acuerdo con las provisiones del *Manual*. Como alternativa, cuando no haya concilio local de MNI, la junta de la iglesia llenará cualquier vacante con una elección por un voto de mayoría absoluta.
b. Otros miembros del concilio: el concilio local de MNI, o en su ausencia la junta de la iglesia, llenará cualquier vacante por nombramiento.

D. **Responsabilidades de los miembros del concilio**
 1. Presidente
    a. Dirige y facilita la tarea de MNI en la iglesia local.
    b. Preside todas las reuniones regulares y especiales de MNI.
    c. Asigna responsabilidades a los miembros del concilio, según sea necesario.
    d. Sirve como miembro *ex oficio* de la junta de la iglesia, la junta de Discipulado Nazareno Internacional, de la convención distrital de MNI y de la asamblea de distrito.
    e. Otras responsabilidades que se enumeran en la descripción del trabajo.
    f. En caso de que el cónyuge del presidente local sea miembro de la junta de la iglesia, o el cónyuge sea el/la pastor/a de la iglesia, si el presidente local decide no servir en la junta de la iglesia, se autoriza a un representante de MNI determinado por el concilio local de MNI servir en la junta de la iglesia en lugar del presidente con todos los derechos y privilegios.
 2. Comité ejecutivo
    a. Se encarga de los negocios entre las reuniones del concilio.

Sección 2. Concilio distrital de MNI

A. **Propósito**
El concilio distrital de MNI promoverá el propósito de MNI para movilizar a la Iglesia del Nazareno en las misiones mediante 1) la oración, 2) el ofrendar, 3) la educación, y 4) el involucrar a los niños y jóvenes dentro del distrito.

B. **Composición**
 1. En los distritos fase 3, el concilio tendrá cuatro oficiales: un presidente, un vicepresidente, un secretario y un tesorero (los oficiales de MNI), además de tres o más miembros de acuerdo con las necesidades y el tamaño del distrito.

MISIONES NAZARENAS INTERNACIONALES (MNI) 289

2. Un miembro del concilio puede tener más de un cargo; pero tendrá solamente un voto.
3. El comité ejecutivo será el presidente y otros oficiales de MNI. Si se desea, al menos otros tres miembros del concilio pueden ser elegidos o nombrados por el concilio distrital para servir en el comité ejecutivo por un período de servicio de un año eclesiástico o hasta que sus sucesores sean elegidos. El superintendente de distrito será miembro *ex oficio* del comité ejecutivo.
4. Para distritos pioneros, fase 1 y fase 2, véase la Sección 2.C.3 abajo.

C. **Nominaciones, elecciones, nombramientos y vacantes**
1. Nominaciones: el concilio será nominado por un comité de no menos de cinco (5) miembros de MNI. Todos los nominados serán miembros de MNI de la Iglesia del Nazareno local en el distrito donde servirán.
   a. El comité ejecutivo de distrito nombrará al comité nominativo y determinará el número de miembros del concilio que serán elegidos.
   b. El superintendente de distrito fungirá como presidente del comité para la nominación del presidente de distrito. Después de la aprobación del superintendente de distrito, el presidente de MNI de distrito podrá servir como presidente del comité nominativo para las otras nominaciones.
2. Elecciones: el presidente y por lo menos tres miembros adicionales serán elegidos por cédula en la convención anual de distrito. Los tres miembros adicionales serán el vicepresidente, el secretario y el tesorero. El periodo de servicio será de uno o dos años eclesiásticos según lo determine el concilio distrital de MNI con la aprobación del superintendente de distrito o hasta que sus sucesores sean elegidos. En caso de la elección de un nuevo presidente, el nuevo presidente asumirá sus funciones dentro de los 30 días siguientes a la conclusión de la convención distrital. Un año eclesiástico es el que transcurre desde la terminación de una convención distrital hasta la terminación de la siguiente convención distrital. Estos cuatro miembros del concilio formarán el comité ejecutivo del concilio. Tres o más miembros del concilio pueden ser elegidos o nombrados por el concilio distrital para servir en el comité ejecutivo.
   a. Presidente
      1) El comité nominativo sugerirá uno o más nombres para el cargo de presidente, excepto cuando el concilio distrital recomiende un voto de "sí" o "no" para

un presidente en funciones, a fin de que sea reelegido para otro periodo.

2) Los nominados en funciones pueden ser reelegidos por un voto de "sí" o "no" cuando dicha elección sea recomendada por el concilio distrital y aprobada por el superintendente de distrito. Un nominado en funciones que se reelija por un voto de "sí" o "no" debe recibir el voto favorable de dos terceras partes de los miembros presentes y votantes.

3) El presidente será elegido por el voto favorable de las dos terceras partes de los miembros presentes y votantes en el caso de que un solo nombre se presente para el cargo de presidente; o por mayoría absoluta de votos, cuando haya al menos dos candidatos nominados para presidente. La duración del periodo de servicio será de uno o dos años eclesiásticos o hasta que el sucesor haya sido elegido. El concilio distrital y el superintendente de distrito recomendarán la duración del periodo de servicio.

4) Con la fusión de distritos, los dos presidentes de distrito en funciones pueden fungir como copresidentes. Los copresidentes pueden continuar en caso de ser elegidos por la convención distrital hasta que el comité ejecutivo en conjunto con la junta consultora de distrito determine que es preferible elegir a un solo presidente de distrito. Los copresidentes presidirán por consenso. En caso de un desacuerdo que no pueda resolverse, el asunto se determinará por el voto del comité ejecutivo de distrito. Solamente un copresidente representará a la MNI de distrito en la asamblea de distrito, los comités de distrito y la Convención Global de MNI; y será determinado por el comité ejecutivo de distrito.

b. El vicepresidente será elegido por cédula por una de las siguientes formas:

1) El comité nominativo sugerirá uno o más nombres para el cargo de vicepresidente, excepto cuando el concilio distrital con la aprobación del superintendente de distrito recomiende un voto de "sí" o "no" para un vicepresidente en funciones, a fin de que sea reelegido para otro periodo; o

2) Al concilio en su conjunto con cargos específicos del concilio que serán determinados por el concilio.

3) En un distrito donde hay copresidentes, no hay necesidad de un vicepresidente.

c. El secretario y el tesorero serán elegidos por cédula por:

1) El comité nominativo que presentará uno o más nombres para los cargos de secretario y tesorero, excepto cuando el concilio distrital con la aprobación del superintendente de distrito recomiende un voto de "sí" o "no" para un oficial en funciones para un nuevo periodo; o
2) Si el distrito tiene un único tesorero responsable de los fondos distritales, que incluya el dinero de MNI; esa persona será el tesorero de MNI como miembro *ex oficio* del concilio distrital de MNI con todos los derechos y privilegios, a menos que se especifique lo contrario por el concilio distrital.

   d. Miembros adicionales del concilio: otros miembros del concilio, además del presidente, vicepresidente, secretario y tesorero pueden ser elegidos por cédula para uno o dos años eclesiásticos con las responsabilidades que determine el concilio. El comité nominativo y el superintendente de distrito recomendarán la duración de los periodos de servicio de uno o dos años eclesiásticos. De manera alterna, otros miembros del concilio podrán ser nombrados por el comité ejecutivo o por el concilio distrital con todos los derechos y privilegios.
   e. Las nominaciones para un representante de jóvenes pueden solicitarse a la Juventud Nazarena Internacional de distrito (JNI).

3. Distritos pioneros, fase 1 y fase 2: en los distritos pioneros, de fase 1 y de fase 2, un presidente de distrito puede ser elegido por la convención distrital de MNI; o, cuando no haya dicha convención, el superintendente de distrito nombrará un presidente de MNI de distrito quien promoverá el propósito de MNI en el distrito. El presidente puede servir solo o puede consultar con el superintendente de distrito para nombrar a otros miembros de la iglesia del distrito para ayudar al presidente, y para que sirvan como concilio distrital de MNI.

4. Vacantes
   a. Presidente: el comité ejecutivo sugerirá uno o más nombres. La elección se realizará por cédula por voto de mayoría absoluta del concilio distrital presente y votante. La persona electa servirá hasta la clausura de la siguiente convención distrital o hasta que su sucesor haya sido elegido.
   b. Otros miembros del concilio: el comité ejecutivo o concilio distrital llenará cualquier vacante por nombramiento. Los nuevos miembros nombrados al concilio

servirán hasta la clausura de la siguiente convención distrital o hasta que sus sucesores hayan sido elegidos.
   c. Tesorero unificado: si el distrito tiene un único tesorero sirviendo como tesorero de distrito; esa vacante será cubierta por la junta consultora de distrito.
D. **Responsabilidades de los miembros del concilio**
   1. Presidente
      a. Dirige y facilita el concilio distrital para asegurar el logro del propósito de MNI en el distrito.
      b. Preside todas las reuniones del concilio distrital, el comité ejecutivo y la convención distrital.
      c. Prepara un presupuesto anual para ser aprobado por el comité de finanzas del distrito.
      d. Presenta anualmente un informe escrito a la convención distrital de MNI y al representante regional ante el concilio global de MNI; y, cuando proceda, al coordinador regional de MNI en las regiones de Misiones Globales.
      e. Asigna tareas a otros miembros del concilio según sea necesario.
      f. Sirve como miembro *ex oficio* del comité de distrito al que se hace referencia en el párrafo 238 del *Manual*.
      g. Realiza otras responsabilidades delineadas en la descripción del trabajo.
   2. Vicepresidente
      a. Realiza todas las responsabilidades del presidente cuando el presidente está ausente.
      b. Sirve en otras áreas según le hayan sido asignadas por el concilio distrital de MNI.
      c. Realiza otras responsabilidades delineadas en la descripción de trabajo o que puedan ser asignadas por el presidente del distrito según sea necesario.
   3. Secretario
      a. Registra las actas de todas las reuniones de negocios.
      b. Brinda apoyo y ayuda cuando sea solicitado por el presidente para:
         1) Enviar anualmente los formularios de informes a los presidentes de MNI locales.
         2) Recopila las estadísticas y presenta un informe anual al presidente de distrito, director global de MNI, representante ante el concilio global de MNI; y, cuando proceda, al coordinador regional de MNI en las regiones de Misiones Globales.
      c. Realiza otras responsabilidades delineadas en la descripción de trabajo, o que le sean asignadas por el presidente del distrito según sea necesario.
   4. Tesorero

MISIONES NAZARENAS INTERNACIONALES (MNI) 293

   a. Guarda una contabilidad exacta de todos los fondos recibidos y gastados.
   b. Envía fondos a los tesoreros designados de manera puntual.
   c. Provee informes regulares detallados al concilio distrital, y prepara un informe anual para la convención distrital.
   d. Junto con el personal de distrito apropiado, se encarga de la auditoría anual de los libros de tesorería de MNI de distrito.
   e. Realiza otras responsabilidades delineadas en la descripción de trabajo, o que le puedan ser asignadas por el presidente de distrito según sea necesario.
5. Comité ejecutivo
   a. Nombra a miembros adicionales al concilio distrital; y, según sea necesario, cubre las vacantes en el concilio.
   b. Lleva a cabo los negocios entre una reunión del concilio y la siguiente.
   c. Nomina a una o más personas para presidente si hubiera una vacante entre las convenciones anuales.
6. Otros miembros del concilio
   a. Realizan las tareas que les solicitaron el presidente y el concilio distrital.

Sección 3. Concilio global de MNI

A. **Propósito**
   El concilio global de MNI promoverá el propósito de MNI para movilizar a la iglesia a las misiones mediante 1) la oración, 2) el ofrendar, 3) la educación, y 4) el involucrar a los niños y jóvenes en toda la denominación utilizando la red de regiones, áreas, distritos e iglesias locales dentro de la denominación.
B. **Composición**
   1. El concilio global de MNI estará formado por el presidente global de MNI, el director global de MNI, un representante de cada región de la Iglesia del Nazareno, y el director de Misiones Globales.
   2. El comité ejecutivo global de MNI estará formado por el presidente global de MNI, el director global de MNI, el vicepresidente global de MNI, el secretario global de MNI, otro miembro del concilio y el director de Misiones Globales.
C. **Nominaciones, elecciones y vacantes**
   1. Nominación y elección del director global de MNI
      a. El comité ejecutivo global de MNI y el superintendente general en jurisdicción formarán el comité de búsqueda para identificar a candidatos potenciales para el

puesto de director global de MNI. Hasta dos nombres de candidatos potenciales se entregarán al Comité de Ministerios de la Iglesia Local de la Junta General.

b. El Comité de Ministerios de la Iglesia Local de la Junta General junto con el superintendente general en jurisdicción considerará los nombres entregados y ratificará hasta dos nombres; para que la Junta de Superintendentes Generales haga la elección.

c. La Junta de Superintendentes Generales elegirá al director de MNI global por cédula tomando en cuenta los nombres entregados por el Comité de Ministerios de la Iglesia Local de la Junta General.

2. Nominación y elección del presidente global de MNI

a. El comité nominativo estará compuesto por seis, siete u ocho personas; y será presidido por el director global de MNI. El comité estará compuesto tanto por miembros del concilio como por miembros que no sean del concilio, que representen globalmente a la MNI; y será nombrado por el comité ejecutivo.

b. El comité presentará uno o más nombres para la elección de presidente global. El(Los) nominado(s) será(n) aprobado(s) por la Junta de Superintendentes Generales. Los nominados no serán empleados de la Junta General.

c. De estos nominados, la Convención Global de MNI elegirá un presidente global de MNI por voto de mayoría absoluta cuando haya dos o más nominados para presidente; y, por el voto de dos terceras partes, cuando solamente haya un nominado.

d. El presidente global servirá por un periodo de cuatro años, desde la clausura de la Convención Global hasta la clausura de la siguiente Convención Global o hasta que su sucesor sea elegido.

e. El presidente global estará limitado a servir por tres periodos de servicio completos. Un periodo de servicio es un cuatrienio. Si una persona es elegida para cubrir una vacante en el cargo de presidente global; esa persona también es elegible para servir por tres períodos completos.

3. Nominación y elección de los miembros del concilio global de MNI

a. Cada concilio distrital de MNI presentará uno o dos nombres de su región a la oficina global de MNI como su representante regional para una cédula nominativa.

1) Estas personas serán residentes de y miembros de una Iglesia del Nazareno de la región que van a representar.

2) Esta provisión no se aplica a ninguna persona cuyo domicilio se encuentre al otro lado de una frontera regional del lugar de membresía de la iglesia.
3) Los empleados de la Junta General no son elegibles para la nominación.
  b. De estos nombres en la cédula nominativa, cada región en sesión de comité electoral durante la Convención Global de MNI elegirá por cédula a dos nominados. Los dos con el número más alto de votos serán declarados como los nominados; sin embargo, los dos nominados no serán del mismo distrito. Si esto sucede, la persona con la segunda mayor cantidad de votos será reemplazada por la persona con la siguiente mayor cantidad de votos de un distrito diferente.
  c. La región en comité electoral, entonces, elegirá una persona por mayoría absoluta de votos para representar a la región en el concilio global de MNI.
  d. Los miembros del concilio servirán por un periodo de cuatro años, desde la clausura de la Asamblea General hasta la clausura de la siguiente Asamblea General o hasta que sus sucesores sean elegidos.
  e. El período de servicio estará limitado a tres periodos consecutivos completos. Un periodo será de un cuatrienio (cuatro años). Si una persona es elegida para cubrir la vacante de un miembro del concilio global de MNI; esa persona también es elegible para servir tres periodos consecutivos completos. Una persona puede ser elegida para servir de nuevo después de no servir por al menos un período completo.
4. Nominación y elección del comité ejecutivo global de MNI
  a. El concilio global de MNI en su primera sesión, que puede ser antes de la clausura de la Asamblea General, nominará y elegirá a un vicepresidente, a un secretario y a un miembro adicional para el comité ejecutivo de MNI.
  b. La elección será por cédula por mayoría absoluta de votos de los presentes y votantes.
5. Nominaciones y elecciones de los representantes de MNI ante la Junta General
  a. El concilio global de MNI nominará a un miembro del concilio para representar a MNI en la Junta General de la Iglesia del Nazareno.
  b. La Asamblea General elegirá al representante de MNI en votación por cédula, por voto de mayoría absoluta.
6. Vacantes

a. Si ocurre una vacante en el cargo de presidente global de MNI entre las convenciones globales de MNI; se elegirá a un nuevo presidente global por el voto de dos terceras partes del concilio global de MNI de los candidatos seleccionados por el comité ejecutivo en consulta con el superintendente general en jurisdicción. La persona llevará a cabo los deberes del presidente global hasta la clausura de la siguiente Asamblea General. El concilio global de MNI en consulta con el superintendente general en jurisdicción decidirá si convoca a elección para llenar la vacante.

b. Si ocurriera una vacante en el comité ejecutivo del concilio global de MNI en un periodo entre convenciones globales de MNI; el concilio global de MNI nominará a una o más personas. La vacante será cubierta por mayoría absoluta de votos por cédula del concilio global de MNI.

c. Si ocurriera una vacante en el concilio global de MNI en un periodo entre convenciones globales; a cada comité ejecutivo de distrito de la región concerniente se le requerirá presentar una nominación de la región al comité ejecutivo global de MNI. De esos nombres, el comité ejecutivo presentará dos nombres como nominados. La vacante, entonces, será cubierta por mayoría absoluta de votos de los presidentes de distrito de MNI en la región. El comité ejecutivo global, en consulta con el superintendente general en jurisdicción, decidirá si convoca a elección para cubrir la vacante. Si el presidente global de MNI y el director global de MNI, en consulta con el superintendente general en jurisdicción, el director regional, y el coordinador regional de MNI, determinan que es más apropiado proceder con un nombramiento, este nombramiento podrá ser hecho por el comité ejecutivo global de MNI. El presidente global de MNI y el director global de MNI, consultarán con el director regional, y con el coordinador regional de MNI para identificar al(a los) candidato(s) para consideración del comité ejecutivo global de MNI.

d. Si ocurriera una vacante en el cargo de director global de MNI; se seguirá el mismo proceso para la nominación y elección del director global (véase el Artículo V, Sección 3.C.1.).

e. Si ocurriera una vacante entre los representantes de MNI a la Junta General; el comité ejecutivo global de MNI presentará un nominado luego de consultar con el superintendente general en jurisdicción y con la aprobación de la Junta de Superintendentes Generales. El concilio global de MNI elegirá al representante de la Junta General por mayoría absoluta de votos.

D. **Responsabilidades**
1. Presidente global
   a. Preside en las reuniones del concilio global de MNI, del comité ejecutivo y la Convención Global de MNI.
   b. Sirve como miembro *ex oficio* de la Asamblea General.
   c. Asigna responsabilidades a otros miembros del concilio según sea necesario.
   d. Realiza otras responsabilidades delineadas en la descripción de trabajo.
2. Vicepresidente
   a. Realiza las tareas del presidente cuando el presidente está ausente.
   b. Realiza otras tareas delineadas en la descripción del trabajo, o que le pueden ser asignadas por el presidente global según sea necesario.
3. Comité ejecutivo: conduce los negocios entre una reunión del concilio y la siguiente.
4. Miembros del concilio global
   a. Cooperan con el presidente global de MNI y el director global de MNI en la promoción del propósito de MNI.
   b. Promueven MNI en la región que representan.
   c. Presentan un informe del trabajo de MNI en la región en cada reunión del concilio global de MNI.
   d. Actúan en cualquier legislación aprobada por la Asamblea General que sea relevante a la representación regional.
   e. Realizan otras tareas delineadas en la descripción de trabajo o que les puedan ser asignadas por el presidente global según sea necesario.
5. Director global
   a. Sirve como oficial ejecutivo de MNI.
   b. Lleva adelante los intereses misioneros de MNI en todos los distritos alrededor del mundo en colaboración con el concilio global.
   c. Interpreta la Guía y la Constitución de MNI.
   d. Dirige al personal y los negocios de la oficina global de MNI.
   e. Sirve como editor ejecutivo de todas las publicaciones de MNI.
   f. Hace un informe anual de finanzas y de estadísticas para el concilio global, el Comité de Ministerios de la Iglesia Local y la Junta General.

g. Con el presidente global, dirige la organización y el programa de la Convención Global en colaboración con el concilio global.
h. Prepara el informe a la Convención Global, tanto financiero como estadístico, con una versión condensada a través de la oficina del secretario general para la Asamblea General.
i. Sirve como miembro *ex oficio* de la Asamblea General.
j. Realiza otras tareas delineadas en la descripción de trabajo.

Artículo VI. Reuniones

Sección 1. Reuniones electrónicas y comunicaciones

A. Reuniones
Todas las convenciones, concilios, comités, subcomités y grupos de trabajo de MNI estarán autorizados para reunirse por conferencia telefónica o a través de otros medios de comunicación electrónica, si todos los miembros pueden escucharse simultáneamente y participar en la reunión.

B. Comunicaciones
A menos que los miembros indiquen lo contrario, todas las comunicaciones necesarias de esta Constitución podrán ser enviadas electrónicamente.

Sección 2: Actividades locales y reuniones

A. Actividades en curso
  1. Mensualmente, se celebrarán actividades misioneras regulares y continuas para recibir inspiración, información sobre las misiones y para orar.
  2. Las actividades pueden ser reuniones, servicios misioneros, oradores misioneros, lecciones misioneras, actividades misioneras y eventos, momentos misioneros, énfasis de MNI, etc.
  3. El pastor, el presidente de MNI y el concilio trabajarán en cooperación en la planificación de las misiones, tanto en la educación como en la participación de la iglesia local.
  4. En las iglesias nuevas y las iglesias tipo misión, se alienta al líder de la congregación nombrado por el distrito a que garantice la educación misionera y la participación de la congregación local.

B. **Reunión anual**
  1. La reunión anual se celebrará dentro de los 30 días previos a la convención distrital.
  2. La votación y elección del concilio local se limitará a los miembros de MNI que tengan 15 años de edad o más.

MISIONES NAZARENAS INTERNACIONALES (MNI) 299

C. **Reuniones del concilio**
El concilio local se reunirá al menos cuatro veces por año para planificar, reportar, evaluar, informar, inspirar y llevar a cabo el trabajo de la organización local. Además, el presidente puede convocar a reuniones especiales. El *quorum* deberá ser el de la mayoría de los miembros del concilio.

Sección 3. Reuniones de distrito

A. **Convención**
1. Se celebrará una convención anual de distrito para reportar, orar, informar, inspirar, presentar planes y conducir negocios pertenecientes a la organización.
2. El lugar y la hora de la convención serán decididos por el concilio distrital en consulta con el superintendente del distrito.
3. Membresía
   a. Solamente los miembros del distrito respectivo serán elegibles para servir como delegados *ex oficio* o delegados electos.
   b. Los miembros *ex oficio* de la convención serán el concilio distrital de MNI, el superintendente de distrito, todos los ministros asignados y los ministros asociados de tiempo completo y con sueldo de las iglesias locales; los miembros laicos de la junta consultora de distrito; los presidentes de MNI locales del año que termina, y los presidentes de MNI recién electos; o vicepresidentes si el presidente recién electo no puede asistir; un miembro del concilio global de MNI; ministros jubilados asignados; misioneros jubilados; y misioneros con asignación en licencia; y candidatos misioneros; y cualquier expresidente de distrito que mantenga su membresía en el distrito.
   c. Los delegados electos de cada iglesia local o iglesia tipo misión serán miembros de MNI (de 15 años de edad o mayores). El número máximo de delegados electos se basará en la siguiente fórmula: dos delegados de cada MNI local de 25 miembros o menos, y un delegado adicional por cada 25 miembros adicionales o porción mayor. La membresía se basará en el número reportado en la reunión anual de MNI cuando tengan lugar las elecciones.
4. Los delegados presentes constituirán un *quorum*.

B. **Concilio**
El concilio distrital se reunirá al menos dos veces al año para realizar negocios en el tiempo que transcurra entre las convenciones anuales distritales. Además, el presidente puede

convocar a reuniones especiales. Una mayoría de los miembros del concilio constituirá un *quorum*.

Sección 4. Reuniones globales

A. **Convención**
   1. Se celebrará una Convención Global de MNI inmediatamente antes de la Asamblea General para reportar, orar, informar, inspirar, presentar planes y conducir negocios pertinentes a la organización. Una mayoría de delegados registrados en la asistencia constituirá el *quorum*.
   2. El tiempo y el lugar de la convención será decidido por el concilio global en consulta con el superintendente general en jurisdicción. El concilio global aprobará todos los lugares oficiales.
   3. Membresía
      a. Los miembros *ex oficio* de la Convención Global serán los miembros del concilio global; los coordinadores regionales de MNI; los presidentes de MNI de distrito, independientemente del estado de organización del distrito o, en el caso de que el presidente de distrito no pudiera asistir, se permitirá al vicepresidente de distrito representar a ese distrito con todos los derechos y privilegios.
      b. Los delegados y suplentes a la Convención Global serán elegidos por la convención distrital mediante cédula. Los suplentes pueden ser elegidos en una cédula aparte o por la recomendación del concilio distrital en las mismas cédulas que los delegados. Los delegados y suplentes pueden ser elegidos por cédula por un voto de mayoría simple con la aprobación de dos terceras partes del voto de la convención distrital y con la recomendación del concilio distrital. (Ver 3.c para determinar el número de delegados y el tiempo de la elección).
      c. Los delegados electos a la Convención Global se basarán en la siguiente fórmula: dos delegados de cada distrito fase 3 y fase 2 de menos de 1,000 o menos miembros de MNI, excluyendo a los asociados, y un delegado adicional por cada 700 miembros o fracción final mayor. La membresía se basará en el número de miembros de MNI reportados en la convención distrital cuando las elecciones se lleven a cabo. El comité nominativo de distrito de MNI nominará a los delegados. (Ver el párrafo 200.2 del *Manual* para buscar la definición de las fases del distrito). El concilio distrital de MNI determinará el número de suplentes que la convención distrital elegirá.

d. Un delegado misionero comisionado global por cada región de Misiones Globales de 50 o menos misioneros comisionados globales, o dos delegados misioneros comisionados globales por cada región con 51 o más misioneros comisionados globales serán nominados y electos de entre los misioneros comisionados globales asignados que sirven en esa región y por ellos mismos, por una cédula emitida por la oficina global de MNI. La primera cédula de votación será una cédula nominativa para determinar al menos dos nombres para la elección por voto de mayoría absoluta.
e. Los delegados serán elegidos por cédula, por la convención distrital dentro de los 16 meses previos a la Convención Global o dentro de los 24 meses previos en áreas donde se requieran visas u otros preparativos excepcionales.
f. Todo delegado electo debe residir al momento de la Convención Global en el distrito donde él o ella tiene la membresía en el momento de la elección. Si un delegado electo se cambia de distrito; pierde el privilegio de representar al distrito del que salió. Esta regla no se aplica a personas que vivan cerca de los linderos del distrito donde está la iglesia en la que tiene su membresía.
g. En caso de que el presidente del distrito, el vicepresidente del distrito, el delegado electo, el delegado suplente debidamente electo o los delegados suplentes designados no puedan asistir a la Convención Global, y este hecho sea conocido después de la última convención distrital y antes de la Convención Global; entonces el concilio distrital de MNI puede nombrar a otros delegados suplentes, o en caso de que no haya concilio distrital, lo hará el presidente de MNI de distrito, con la aprobación del superintendente de distrito.

B. **Reuniones del concilio**
El concilio global de MNI se reunirá anualmente durante el cuatrienio para tramitar negocios relacionados con la organización. La mayoría de los miembros del concilio constituirá el *quorum*.

Artículo VII. Fondos

Sección 1. Recaudados por iglesias locales

A. **Fondo para la Evangelización Mundial**
1. Todos los fondos recaudados para el Fondo para la Evangelización Mundial (FEM) se enviarán al tesorero general.

2. El Fondo para la Evangelización Mundial se basa en la siguiente fórmula: cada iglesia contribuirá con el 5,5% de sus ingresos.
3. Las iglesias pueden solicitar fondos del FEM a través de diversos medios, como la Promesa de Fe, la Ofrenda de Resurrección y Ofrenda de Acción de Gracias, ofrendas regulares del FEM, y las ofrendas de oración y ayuno.

B. **Fondos aprobados especiales de misión**
1. Se debe dar oportunidad para contribuir con los fondos aprobados especiales de misión más allá de las ofrendas del FEM.
2. Los fondos aprobados especiales de misión serán aprobados y autorizados por el personal correspondiente del Centro de Ministerio Global.
3. El concilio global de MNI autorizará todos los aprobados especiales de misión que son promocionados y recaudados por medio de MNI a nivel global.

C. **Fondos exclusivos**
Ninguna parte del Fondo para la Evangelización Mundial y aprobados especiales de misión recaudados por la iglesia local o de distrito se utilizará para algún propósito o causa local o distrital distinta a las misiones nazarenas.

D. **Gastos locales**
La junta de la iglesia garantizará un presupuesto adecuado para el funcionamiento de MNI en la iglesia local, que incluya considerar el reembolso de los gastos para el liderazgo local.

Sección 2. Recaudados por los distritos

El comité de finanzas de distrito se asegurará de que exista un presupuesto adecuado para el funcionamiento de MNI en el distrito, que incluya considerar el reembolso de los gastos para el liderazgo de distrito.

Sección 3. Remuneración

El ministerio de MNI será un servicio de amor a la iglesia. No se pagará ningún salario en ningún nivel, ni local, ni distrital, ni global, con la excepción del director global, quien es empleado de The Church of the Nazarene, Inc.

Se proveerán remuneraciones adecuadas para los gastos de los miembros del concilio en todos los niveles: local, distrital y global.

Artículo VIII. Políticas y procedimientos

El concilio global de MNI establecerá políticas y procedimientos adicionales para MNI, cuyo contenido estará en la Guía de MNI junto con la Constitución de MNI.

Artículo IX. Autoridad parlamentaria
Las reglas contenidas en la edición actualizada de las *Reglas de Orden de Robert*, cuando no estén en conflicto con las leyes aplicables, los estatutos de personería jurídica de la Iglesia del Nazareno, la Constitución de MNI, y cualquier otra regla de orden que MNI pueden adoptar, gobernarán esta organización.

Artículo X. Enmiendas
La Constitución de MNI podrá ser enmendada por el voto de dos terceras partes de los miembros presentes y votantes en la Convención Global de MNI.

III. DISCIPULADO NAZARENO INTERNACIONAL (DNI)

812. Reglamento de Discipulado Nazareno Internacional (DNI)

ARTÍCULO I. NOMBRE

El nombre de esta organización será Discipulado Nazareno Internacional (DNI).

ARTÍCULO II. MISIÓN, PROPÓSITO Y PRINCIPIOS MEDULARES

SECCIÓN 1. Declaración de misión

La misión de Discipulado Nazareno Internacional (DNI) es llevar a cabo la Gran Comisión con los niños, jóvenes y adultos en preparación para un viaje de por vida de ser y hacer discípulos semejantes a Cristo en las naciones.

SECCIÓN 2. Propósito

El propósito de DNI es ayudar a las iglesias locales a:

a. Alcanzar a los no creyentes para Jesús.

b. Establecer a los nuevos creyentes en su fe en Cristo.

c. Caminar con los creyentes hacia una vida totalmente entregada, de corazón limpio, que dé frutos y sea llena del Espíritu.

SECCIÓN 3. Principios medulares

DNI promueve los siguientes cinco principios medulares que son esenciales para el proceso del discipulado:

a. Oración ferviente

b. Alcance compasivo

c. Aprendizaje bíblico integral

d. Mentoría y capacitación intencionales

e. Relaciones auténticas

Estos principios medulares, promovidos y modelados en cada región, área, distrito e iglesia local, desarrollarán discípulos semejantes a Cristo en todas las edades y en todas las culturas.

1) **Principio # 1 de DNI: oración ferviente**

   La oración es una parte esencial del discipulado. En su forma más pura, la oración es comunicarse con Dios y responderle.

La oración fue modelada expresamente por Jesús, quien enseñó a sus discípulos a orar. Los discípulos de Jesús fueron instruidos para enseñar a orar a cada una de las siguientes generaciones de discípulos. Las Escrituras revelan que la oración intencional y consistente nutre y desarrolla nuestras relaciones tanto con Dios como con los demás, permitiéndonos ver y experimentar las actividades de Dios a través de su gracia preveniente, salvadora y santificadora.

La oración es el cimiento sobre el que se construyen todos los demás esfuerzos ministeriales. Cuando oramos, Dios nos inspira a participar activamente en el mundo. Por medio de la oración, participamos en el poder transformador del Espíritu Santo, tanto para nosotros como para nuestro prójimo.

La oración nos guía hacia el éxito espiritual. Al profundizar en nuestra relación con Dios por medio de la oración, experimentamos la guía del Espíritu Santo y encontramos mayores medidas de crecimiento y dirección espiritual. Mediante la oración intencional, específica y consistente, el cuerpo de Cristo se convierte en los ojos, manos y pies del Salvador.

2) **Principio # 2 de DNI: alcance compasivo**

El amor compasivo y redentor de Dios es fundamental para el discipulado y la motivación apropiada para el alcance cristiano. El alcance compasivo revela el amor de Dios por la humanidad. Él está continuamente trabajando para preparar los corazones de las personas para que reciban la salvación. El cuidado de un discípulo por los no creyentes, tanto locales como globales, es lo que le da rostro y manos a la gracia y el amor de Dios. Por lo tanto, la relación auténtica y amorosa de un discípulo con los no creyentes es esencial para comunicar la belleza de la gracia y la salvación de Dios.

El alcance es el llamado de todo discípulo. Todo discípulo, que vive fielmente y que ama como Jesús, debe comprometerse a cultivar relaciones genuinas con los demás. Por medio de la acción en oración y compasiva del discípulo, Dios está alcanzando y preparando los corazones para que reciban la salvación. Cuando los discípulos se relacionan con los no creyentes, están obedeciendo el mandato de Jesús de ir a toda la creación para proclamar las buenas nuevas (Marcos 16:15).

3) **Principio # 3 de DNI: aprendizaje bíblico integral**

Jesús le dio gran prioridad a la enseñanza de sus discípulos con base en las Escrituras. Fue el conocimiento de las Escrituras, combinado con sus instrucciones, lo que moldeó su conocimiento de Dios y de la obra del Espíritu Santo.

El aprendizaje de las Escrituras, mediante el estudio individual y en grupo, ayuda a los discípulos a parecerse más a Cristo. Cuando estudiamos la Palabra de Dios, que es activa y viva, descubrimos quién es Dios, cómo ama Dios y cómo debemos amar a los demás. Al hacer esto, permitimos que Dios nos hable, nos moldee y nos santifique.

Conocer la Palabra de Dios es esencial para un discipulado a la semejanza de Cristo. Participar activamente en el estudio sistemático y la aplicación de la Palabra de Dios es un catalizador para la transformación y el crecimiento espiritual. A medida que crecemos y aprendemos, comenzamos a entender y obedecer plenamente la misión de Dios; para que sus discípulos vayan y alcancen a los no creyentes con el amor de Dios. Cuando permitimos que la Palabra de Dios nos transforme, estamos modelando a otros la importancia de aprender la Palabra de Dios.

4) Principio # 4 de DNI: mentoría y capacitación intencionales

El método de discipulado de Jesús era mediante la mentoría personal y la capacitación de un grupo escogido de individuos. Fueron estos métodos los que ayudaron a que el cristianismo creciera y transformara la sociedad.

La mentoría y la capacitación son un proceso de discipulado que presenta a los nuevos creyentes a Jesús y les revela cómo seguirlo personal y plenamente. La mentoría es una forma amorosa de enseñar a rendir cuentas e introducir a los no creyentes en el pleno conocimiento de Cristo. Todos los discípulos son desafiados y continúan creciendo y llegando a ser semejantes a Cristo cuando cada discípulo está proveyendo y recibiendo mentoría.

Para llegar a ser todo lo que Dios quiso que fuéramos como discípulos de Cristo, necesitamos estar dispuestos a crecer y a ayudar a otros a crecer como lo hizo Jesús. Por lo tanto, la mentoría y la capacitación de otros en el camino del discipulado son esenciales para el crecimiento y la madurez cristiana.

5) Principio # 5 de DNI: relaciones auténticas

De la misma manera que Jesús reunió a sus compañeros de viaje, nosotros, como sus discípulos, estamos llamados a viajar juntos como miembros del cuerpo de Cristo. Todos los que están comprometidos con la Gran Comisión deben participar en relaciones que honren a Dios y edifiquen el cuerpo de Cristo.

El elemento central de nuestra fe y de nuestra vida es amar a Dios y amar a los demás. Cuando sabemos que somos amados incondicionalmente por Dios y por los demás, el resultado es la unidad en el cuerpo de Cristo. Este amor incondicional no conoce límites culturales, generacionales o estructurales. Este amor incondicional solo es posible gracias a la acción del Espíritu Santo.

Cuando cuidamos profundamente unos de otros, descubrimos lo rica que es nuestra identidad en Cristo y el resultado es el crecimiento espiritual. Tales relaciones amorosas nos ayudan a transitar por el camino de la santidad; porque estamos recibiendo aliento y una corrección amorosa. Estas relaciones, que se basan en el Espíritu, son necesarias cuando nos apoyamos unos a otros para vivir una vida totalmente entregada y llena del Espíritu.

SECCIÓN 4. Misión global

Al vivir los principios medulares de DNI en la vida y los ministerios de la iglesia local, y en las prácticas y comportamientos de cada nazareno, cumpliremos la misión de hacer discípulos semejantes a Cristo en las naciones. Reconocemos que el discipulado tendrá un aspecto diferente a medida que la cultura moldee nuestras metodologías; pero nuestra misión global, nuestro propósito y nuestros principios medulares siguen siendo los mismos. Para descubrir las expresiones regionales de estos principios medulares, así como más información sobre DNI, por favor, consulte los artículos siguientes y sus guías regionales de DNI.

ARTÍCULO III. LISTA DE CUIDADO Y RENDICIÓN DE CUENTAS DE DNI (LCRC)

SECCIÓN 1. Cada iglesia local debe esforzarse por alcanzar a todas las personas no salvas de la comunidad. A fin de lograr esta meta, el ministerio de DNI de la iglesia local deberá crear y mantener una Lista de cuidado y rendición de cuentas (LCRC) actualizada. Una LCRC debe incluir el nombre y la información de contacto/seguimiento de cada persona que asista regularmente a cualquiera de los ministerios de DNI y de cualquier individuo que la iglesia local haya contactado a través de los ministerios de alcance o de discipulado/evangelismo relacional. Una vez que una persona sea añadida a la LCRC, la iglesia local debe buscar activamente ministrar a esa persona en el nombre de Jesús y llevarla a la comunión de la iglesia local.

La LCRC debe dividirse entre los ministerios activos de DNI en toda la iglesia para incluir a todos los que figuran en la lista completa. Los maestros/líderes de cada ministerio deberán facilitar el cuidado y la conexión regular entre la congregación local y los que están en la LCRC.

La LCRC se convertirá en una lista de oración activa para la iglesia a través de los ministerios regulares de DNI. La LCRC debe impulsar a la iglesia local a construir relaciones cristocéntricas con todas las personas de la lista. La LCRC tiene por objetivo proporcionar una rendición de cuentas relacional para el cuerpo de Cristo con respecto a su responsabilidad en la comunidad.

El número total de todos los individuos en la LCRC debe ser reportado en el informe anual del pastor. La LCRC incluye a todos los grupos de edad y a todos los ministerios de DNI. (Para una descripción completa de los diferentes ministerios de DNI, consulte su guía regional).

SECCIÓN 2. Los siguientes grupos de personas se incluirán en la LCRC. Una persona puede asistir a más de un grupo. En este caso, la agrupación de la LCRC representa al grupo, lo que garantiza la rendición de cuentas del discipulado de esa persona.

a. Escuela dominical/estudios bíblicos/grupos pequeños/grupos en hogares: todos los que asisten regularmente a grupos pequeños de cualquier tipo en la iglesia deben ser incluidos en la LCRC.

b. Discipulado uno a uno/mentoría: cualquier individuo que esté siendo discipulado o mentoreado por alguien en la iglesia debe ser incluido en la Lista de cuidado y rendición de cuentas (LCRC).

c. Ministerios de alcance en línea: cualquier individuo que visite la iglesia por medio de la tecnología debe formar parte de una LCRC en línea.

d. Confinados al hogar: cualquier persona conectada relacionalmente a una iglesia local que no pueda asistir física o vocacionalmente a un ministerio regular de DNI debe ser incluida en la LCRC.

e. Casas de ancianos, centro de convalecencia, centro de cuidados de la salud, etc.: todo residente confinado a uno de estos centros que esté relacionado con una iglesia local deberá ser incluido en la LCRC.

f. Guarderías/escuelas nazarenas: cualquier grupo de alumnos de una guardería/escuela (desde recién nacidos hasta la secundaria) bajo los auspicios/a cargo de una Iglesia del Nazareno.

g. Cuando los estudiantes de la iglesia se marchan por motivos educativos, el papel de la iglesia local no ha finalizado. Estos estudiantes deben continuar en la LCRC. La iglesia que los envía debe acercarse regularmente al estudiante con un cuidado amoroso.

h. Centros de desarrollo infantil (CDI): patrocinados/operados por una Iglesia del Nazareno local.

SECCIÓN 3. Revisión de nombres/remoción de nombres

La LCRC será revisada y actualizada trimestralmente por la junta local de DNI en consulta con el pastor.

La responsabilidad del cuidado de la persona o familia en la LCRC puede ser transferida de un grupo ministerial de DNI a otro con la aprobación de la junta local de DNI.

La remoción de nombres de la LCRC principal de la iglesia sólo deberá hacerse con la aprobación del pastor cuando una persona:

a. Se mude de ciudad.

b. Se una a otra iglesia.

c. Solicite específicamente que se elimine su nombre.

d. No haya asistido durante un año ni haya sido ministrado fielmente por un líder de DNI adecuado (con la excepción de los incisos d, e y g de la Sección 2).

ARTÍCULO IV. ASISTENCIA A DNI

El propósito del cómputo y del informe de asistencia al ministerio de DNI en la iglesia local es ayudar a medir la efectividad de esa iglesia en su esfuerzo por hacer discípulos semejantes a Cristo. Todos los esfuerzos del ministerio de DNI deben llevar a los perdidos a la fe en Jesús, a los nuevos cristianos a establecerse en su fe en Cristo, y a los creyentes a experimentar la plenitud del Espíritu, a madurar en la gracia y a convertirse en hacedores de discípulos. Las medidas de asistencia de DNI, por lo tanto, deben reflejar este propósito deseado.

La asistencia a DNI incluye todos los ministerios de DNI. Estos ministerios serán contados cada semana por la iglesia local de acuerdo con las pautas siguientes y en el Artículo III, Sección 1, anterior.

La oficina regional de DNI obtendrá informes de la LCRC y de la asistencia semanal de DNI de cada distrito; a fin de poder recopilar un registro del crecimiento de DNI dentro de la denominación cada año.

SECCIÓN 1. Definiciones e informes

La asistencia de todos los grupos del ministerio de Discipulado será definida como personas conectadas con la Biblia y la aplicación de los principios bíblicos para ser semejantes a Cristo.

a. La asistencia a DNI debe considerar:

1) ¿A cuántas personas de forma individual está involucrando la iglesia local a lo largo de su viaje de discipulado? En este caso, cada individuo se cuenta solo una vez. Este número permite a la iglesia evaluar la eficacia (crecimiento o disminución) de alcanzar a nuevas personas de su comunidad.

2) ¿Cuántos "contactos" de discipulado se producen durante una semana o un mes determinado? En el propósito de DNI de caminar con cada persona rumbo a una experiencia más profunda con Dios hacia la santidad, los creyentes pueden asistir a múltiples actividades de DNI durante cualquier período. El propósito de este número es ver el efecto completo del esfuerzo de discipulado de una iglesia local. Las personas, en esta categoría, pueden ser contadas más de una vez; ya que pueden asistir a más de una reunión cada semana.

b. Las cifras de asistencia de todos los grupos de ministerios de Discipulado se informarán regularmente a la junta de la iglesia local y en el informe anual del pastor.

c. La junta distrital de DNI, en consulta con el superintendente de distrito, determinará la frecuencia del informe (mensual, trimestral o anual). Todos los informes se presentarán al distrito.

ARTÍCULO V. JUNTA LOCAL DE DNI

SECCIÓN 1. Las responsabilidades de la junta local de DNI se definen en los párrafos 155-155.10 del *Manual*, e incluyen:

a. Trabajar con el pastor y la junta local para desarrollar u organizar una junta de DNI.

b. Trabajar con el pastor para desarrollar e implementar un plan estratégico para el discipulado en la iglesia local, que esté en armonía con las estrategias y objetivos de la iglesia y en armonía con la visión del distrito y la misión de la Iglesia del Nazareno.

c. Investigar, crear, desarrollar y, en última instancia, aprobar un currículo consistente con la teología y misión de la Iglesia del Nazareno.

d. Coordinar con JNI y con MNI el desarrollo de programas de capacitación para:

1) Ministerios de oración en la iglesia local.

2) Alcance compasivo para satisfacer las necesidades sentidas y reales de la comunidad circundante y ayudar a las personas a llegar a la fe en Jesús.

3) Aprendizaje bíblico integral para incluir la capacitación de maestros y el compromiso bíblico de toda la congregación.
4) Mentoría y capacitación intencionales. En un esfuerzo por desarrollar el liderazgo entre los miembros de la iglesia, la mentoría y la capacitación de los obreros del ministerio involucrados en todos los grupos de edad debe ser continua.
5) Relaciones auténticas. Puesto que el mundo reconocerá a los discípulos de Cristo por nuestro amor (Juan 13:35), el desarrollo de relaciones cristocéntricas en la iglesia local será una prioridad para los ministerios de DNI.

e. Evaluar e informar en la reunión anual de la iglesia los ministerios y proyectos actuales de educación y discipulado de la iglesia local, articulando claramente sus resultados.

ARTÍCULO VI. ORGANIZACIÓN Y LIDERAZGO DE LOS MINISTERIOS DE DNI

SECCIÓN 1. Cuando una iglesia local ofrezca clases de escuela dominical para todas las edades, el programa de escuela dominical se dividirá en clases para niños y jóvenes de acuerdo con las edades o los diversos grados escolares. En el caso de los adultos, se dividirá de acuerdo con las etapas de la vida, misión, tema, etc. Las clases intergeneracionales también podrán ser consideradas cuando sea apropiado.

SECCIÓN 2. Otros ministerios de DNI, tales como los grupos pequeños, los grupos en hogares, el discipulado o mentoría uno a uno, pueden durar un período determinado, con descansos entre la formación de nuevos grupos.

SECCIÓN 3. Cuando el número de clases aumente en los grupos de niños, jóvenes o adultos, se deberá considerar la formación de organización de acuerdo con la edad, con supervisores nombrados por la junta local de DNI.

SECCIÓN 4. Los deberes del supervisor de departamento serán determinados por la junta local de DNI en consulta con el pastor. Las responsabilidades sugeridas se encuentran enumeradas en las guías regionales de DNI.

ARTÍCULO VII. MAESTROS Y LÍDERES DE LOS MINISTERIOS DE DNI

SECCIÓN 1. Los maestros y líderes de los ministerios de DNI serán nombrados anualmente, de acuerdo con el párrafo 155.8 del *Manual*.

SECCIÓN 2. Si se comprueba que un oficial o maestro ha enseñado una doctrina falsa, o que ha mostrado una conducta imprudente o negligencia en sus responsabilidades; la junta de DNI en consulta con el pastor tendrá el derecho de declarar vacante dicho puesto. Esta rendición de cuentas amorosa, tanto para el individuo como para la congregación en su conjunto, es vital y necesaria para un discipulado saludable en el cuerpo de Cristo.

SECCIÓN 3. Todos los maestros o líderes y sus suplentes deberán ser personas de oración, conectados con la Palabra, que sean y hagan discípulos semejantes a Cristo de manera intencional.

ARTÍCULO VIII. RESPONSABILIDADES DEL LIDERAZGO DE LOS MINISTERIOS DE DNI

SECCIÓN 1. El presidente local de DNI será elegido cada año de acuerdo con los párrafos 115.10-115.11 y 137 del *Manual*. Los deberes del presidente de DNI serán:

a. Coordinar DNI bajo la supervisión del pastor.

b. Planificar reuniones regulares para los líderes del ministerio de DNI.

c. Proveer oportunidades de capacitación para los maestros o líderes actuales y los prospectos.

d. Evaluar, desarrollar e implementar anualmente, con la junta de DNI, una estrategia de discipulado para asegurar que todos los asistentes a la iglesia local y los que estén en la LCRC sean alentados y apoyados en su viaje desde la no fe hasta la nueva fe y la fe madura, desde ser un discípulo hasta ser un hacedor de discípulos.

e. Informar frecuentemente las estadísticas de la escuela dominical al director de zona, distrito o área.

f. Impulsar la asistencia a las actividades de DNI a nivel local, de zona, distrito, área, regional y global.

SECCIÓN 2. Los deberes de los directores de los departamentos por edades se especifican en los párrafos 157.1-9 y 158.2 del *Manual*.

SECCIÓN 3. La junta de DNI elegirá a una persona que se encargará de conservar los archivos de la escuela dominical. Deberá guardar un registro preciso de la Lista de cuidado y rendición de cuentas (LCRC), asistencia, visitantes y otras estadísticas que requieran los ministerios de DNI.

SECCIÓN 4. Cuando sea apropiado, la junta de DNI elegirá a un tesorero, quien se encargará de conservar un registro preciso de todos los fondos recaudados por los ministerios de DNI y de autorizar su distribución de acuerdo con las instrucciones de la junta. Deberá presentar un informe mensual a la junta de DNI o al presidente de DNI (si la iglesia no tiene una junta de DNI), y al pastor.

SECCIÓN 5. Todo el currículo y otros recursos utilizados en los ministerios de DNI deberán ser aprobados por la junta de DNI, o el presidente de DNI (si la iglesia no tiene una junta de DNI) y el pastor.

ARTÍCULO IX. ADMINISTRACIÓN Y SUPERVISIÓN DE DNI

SECCIÓN 1. DNI está bajo el cuidado del pastor, rinde cuentas a la junta local de la iglesia, está bajo la supervisión general de la junta de DNI, y bajo la dirección inmediata del presidente de DNI y los coordinadores de ministerio. La junta de DNI deberá asegurarse de que la iglesia local proteja a sus jóvenes y niños (véase el párrafo 139.30 del *Manual*).

SECCIÓN 2. Si una iglesia ha contratado a alguien para supervisar las responsabilidades de DNI, por ejemplo, a un director de educación cristiana, y desea que esa persona cumpla con las responsabilidades del presidente de DNI; la iglesia deberá elegir a otro laico que represente a DNI en la junta de la iglesia como miembro con derecho a voto. Se deberá hacer todos los esfuerzos posibles para capacitar y apoyar a los líderes laicos locales para el liderazgo en DNI.

SECCIÓN 3. Cuando una iglesia emplee a un pastor o líder o coordinador de ministerios para niños, jóvenes o adultos, el pastor, en consulta con la junta de la iglesia, la junta de DNI y/o el concilio de la JNI, asignarán la responsabilidad de los ministerios para niños, jóvenes o adultos al miembro del personal de esa edad. En ese caso, el miembro del personal que sirva a los ministerios para niños, jóvenes o adultos desempeñará algunos de los deberes que, de otra manera, serían asignados al coordinador local de ministerios para niños (MIN), al presidente de la JNI o al coordinador de ministerios para adultos (MIA). Sin embargo, la responsabilidad del coordinador local de MIN, el presidente de la JNI o el coordinador de MIA sigue siendo la de proveer un liderazgo laico vital, apoyo y representación para los ministerios locales de grupos de edad. El pastor y el miembro del personal de un ministerio de grupo de edad, en consulta con la junta de DNI y el concilio de la JNI, definen las funciones y responsabilidades de los tres cargos laicos.

ARTÍCULO X. CONVENCIONES Y ELECCIONES DE DNI

SECCIÓN 1. Convención distrital de DNI

Es importante que cada distrito planifique una convención distrital de DNI anualmente con el fin de proveer inspiración, motivación, capacitación, y los negocios de informes y elecciones. La promoción del evangelismo y los ministerios para hacer discípulos deberán ser el punto central de cada convención.

a. Los miembros *ex oficio* de la convención distrital de DNI serán los siguientes: el superintendente de distrito, todos los pastores, los ministros ordenados asignados, los ministros licenciados asignados, los ministros jubilados asignados, asociados de tiempo completo, el presidente distrital de DNI, los coordinadores distritales de MIN y MIA, el presidente de la JNI de distrito, presidente de distrito de MNI, todos los presidentes locales de DNI, los coordinadores locales de discipulado, los presidentes locales de la JNI, los miembros electos de la junta de DNI, los miembros laicos de la junta consultora de distrito, y todos los maestros nazarenos de educación cristiana, de tiempo completo, con membresía en ese distrito, y los oficiales de DNI de área, regional y global.

b. Además de los delegados arriba enumerados, cada iglesia local en su reunión anual elegirá delegados de DNI adicionales a la convención. Este número corresponderá al 25 por ciento de los oficiales, maestros y líderes de los ministerios locales de DNI. En caso de que los delegados no puedan asistir a la convención, se designarán oficiales suplentes en el orden de los votos recibidos.

c. La junta de DNI nombrará a un comité nominativo para seleccionar el doble del número de candidatos para los cargos electivos de presidente distrital de DNI y los tres miembros electos de la junta distrital de DNI que, entonces, serán elegidos por voto de mayoría simple en la convención distrital de DNI. Estos candidatos deberán ser miembros de la Iglesia del Nazareno, participar activamente en uno de los ministerios de DNI y deben ser seleccionados de los diversos ministerios de discipulado que incluyen, pero no se limitan, a niños, jóvenes y adultos.

d. El presidente de distrito de DNI, tres miembros electos de la junta distrital de DNI y los delegados a la Convención Global de DNI serán elegidos de acuerdo con el párrafo 241 del *Manual*.

SECCIÓN 2. Convención Global de DNI

Juntamente con cada Asamblea General, DNI celebrará una Convención Global con delegados en uno o más lugares alrededor del mundo. Los delegados electos (y visitantes) se reunirán con el propósito de recibir inspiración, motivación y capacitación; a fin de equipar y enriquecer la participación al cumplir la misión y el propósito de DNI global.

La Convención Global también incluirá foros regionales (presenciales o por medios electrónicos) compuestos por el concilio regional de DNI, el director regional, el coordinador regional de DNI y los delegados distritales de DNI electos de esa región. Los foros se reunirán con el propósito de elegir un candidato para consideración para servir como el representante de DNI en la Junta General. El concilio global de DNI y el director global de DNI seleccionarán un nombre de los nominados y lo enviarán a la Asamblea General para su aprobación (*Manual* 332.6).

a. Los delegados *ex oficio* a la Convención Global de DNI serán los siguientes: los superintendentes de distrito, los presidentes de DNI de distrito, los coordinadores de distrito electos de ministerios específicos de discipulado, los coordinadores regionales de DNI, los coordinadores de área de DNI, los coordinadores regionales de otros ministerios de discipulado, y los directores y el personal de la oficina global de DNI. Adicionalmente, los profesores de educación cristiana en las universidades y seminarios nazarenos podrán asistir como delegados.

b. Además de los delegados *ex oficio*, cada distrito deberá elegir cuatro delegados adicionales o un número igual al diez por ciento de las iglesias organizadas en el distrito, lo que sea mayor.

c. Las siguientes directrices deberán cumplirse en las elecciones de delegados a la Convención Global de DNI:

1) El comité nominativo se compondrá del superintendente de distrito, el presidente distrital de DNI y por lo menos otros tres miembros nombrados por la junta distrital de DNI. Ellos deberán nominar al triple del número que se elegirá.

2) La convención distrital de DNI deberá elegir un número igual de delegados y suplentes que representarán a los diferentes ministerios de DNI (incluyendo maestros u obreros de jóvenes). Los electos deberán ser personas que al presente participen activamente en el área respectiva de donde fueron elegidos. El número de suplentes electos deberá incluir suplentes para los oficiales de distrito *ex oficio*. No se deberá elegir a personas que servirán como delegados a la Convención Global de MNI o a la Convención Global de la JNI; porque las tres convenciones se celebran simultáneamente.

3) Los delegados serán elegidos por cédula (se acepta la votación electrónica segura cuando no sea posible la votación presencial) en la convención distrital de DNI, dentro de los 16 meses previos a la reunión de la Asamblea General, o dentro de los 24 meses en áreas donde se requieran visas para viajar u otros preparativos excepcionales.

4) Deberá hacerse todo lo posible por elegir igual número de laicos y ministros; es decir, 50 por ciento de laicos y 50 por ciento de ministros asignados, presbíteros, diáconos o ministros licenciados. Cuando el número total sea impar, el representante adicional deberá ser laico.

5) Los líderes distritales de DNI que hayan sido elegidos antes de la Convención Global, y que estén ocupando su cargo al tiempo de esta, serán los miembros *ex oficio* de la convención.

6) Un voto de mayoría simple será suficiente para la elección.

7) Si alguno de los delegados electos no puede asistir a la Convención Global de DNI; se nombrará a delegados suplentes en el orden de los votos que recibieron. Si los delegados electos y los suplentes no pudieran asistir; el superintendente de distrito y la junta consultora de distrito están autorizados a llenar dichas vacantes.

8) Al llevarse a cabo la Convención Global de DNI, cada representante deberá residir en el distrito que lo eligió y debe ser miembro de una Iglesia del Nazareno local de dicho distrito.

9) Los distritos que puedan apoyar financieramente la asistencia de los delegados de MNI, JNI y DNI a las convenciones globales deberán procurar brindar un apoyo justo a todos los delegados asistentes.

10) Si no se lleva a cabo una elección de delegados a la Convención Global de DNI durante la convención distrital de DNI; los delegados serán elegidos en la asamblea de distrito.

SECCIÓN 3. Elección del director global de DNI

El director global de DNI se elige de acuerdo con el Manual de Política de la Junta General (sección 5.6) que establece:

a. El superintendente general en jurisdicción (SGJ), en consulta con el concilio global de DNI y la Junta de Superintendentes Generales (JSG), tiene la autoridad de nominar para cubrir una vacante en el puesto de director global de DNI.

b. El SGJ y el concilio global de DNI actúan como comité de búsqueda para considerar la nominación de candidatos.

c. El comité de búsqueda presenta una cédula de votación con hasta dos nombres al Comité de la Iglesia Local de la Junta General.

d. El Comité de Ministerios de la Iglesia Local de la Junta General ratifica la cédula de votación por un voto de dos terceras partes si la cédula de votación consiste en una persona, o por mayoría absoluta si la cédula consiste en más de una persona.

e. El SGJ elige al director global de DNI a partir de la cédula de votación.

ARTÍCULO XI. CONCILIO GLOBAL DE DNI

SECCIÓN 1. Propósito

El concilio global de DNI existe para guiar, facilitar y promover la misión total de DNI, trabajando con los líderes regionales, de área, de distrito y locales de DNI en conexión con las estrategias globales para la efectiva formación de discípulos.

SECCIÓN 2. Composición

a. El concilio global de DNI se reunirá por lo menos una vez al año, ya sea presencial o por medios electrónicos; y consistirá de un coordinador regional de DNI de cada región global y el director global de DNI, quien presidirá la reunión. El representante de DNI ante la Junta General deberá ser invitado a participar en determinadas reuniones a lo largo del año.

b. Los coordinadores regionales de DNI serán nombrados por su respectivo director regional, en consulta con el director global de DNI.

SECCIÓN 3. Las responsabilidades de los coordinadores regionales de DNI serán:

a. Representar y defender los propósitos de DNI en sus regiones.

b. Proporcionar visión e inspiración con relación a la implementación de estrategias y recursos consistentes con la visión global y regional de la iglesia.

c. Investigar, crear, desarrollar y coordinar iniciativas de capacitación para el desarrollo intencional de liderazgo de discipulado para el avance de la iglesia regional, de área y de distrito, conectando todos los ministerios de la iglesia con la tarea de hacer discípulos semejantes a Cristo.

d. Asistir a la reunión del concilio global de DNI y presentar un informe anual.

e. Presentar al concilio global de DNI el o los candidatos a representante de DNI ante la Junta General seleccionados por el foro regional. El concilio presentará un nombre a la Asamblea

General para ser elegido como representante de DNI ante la Junta General (párrafo 332.6 del *Manual*).

ARTÍCULO XII. ENMIENDAS A DNI

Este reglamento podrá ser enmendado por un voto de mayoría absoluta de los miembros presentes y votantes de la Junta General.

PARTE X

FORMULARIOS

LA IGLESIA LOCAL

LA ASAMBLEA DE DISTRITO

CÉDULAS DE ACUSACIONES

I. LA IGLESIA LOCAL

NOTA: Los siguientes formularios pueden ser preparados y usados por la iglesia local en caso de que se necesitaran.

813. Licencia de ministro local

LA PRESENTE CERTIFICA que a _____ se le ha extendido licencia de ministro local en la Iglesia del Nazareno por un año, siempre y cuando su espíritu y conducta estén de acuerdo con el evangelio de Cristo, y que sus enseñanzas concuerden con las doctrinas establecidas en las Sagradas Escrituras y sostenidas por esta iglesia.

Por orden de la junta de la Iglesia del Nazareno _____. Expedida en _____, el día _____ del mes de _____ de 20_____ (año).

_____ Presidente
_____ Secretario/a

814. Recomendación a la asamblea de distrito

(Para ser completada anualmente, a fin de certificar a los ministros licenciados del distrito)

(Indique la junta que corresponda)

☐ La junta de la Iglesia de _____

☐ La junta consultora del Distrito _____ (*Manual*, 225.13)

recomienda a _____ ante la (junta distrital de credenciales ministeriales/asamblea de distrito) para recibir:

 ☐ **La credencial de ministro licenciado de distrito**
 ☐ **Renovación de credencial de ministro licenciado de distrito**

Funciones ministeriales recomendadas (*Manual*, 505-520)

☐ **CED: ministro de educación cristiana** (empleados en capacidad ministerial en un programa de educación cristiana de una iglesia local)

☐ **DA-FT:** (electo o empleado a tiempo completo por un distrito, como su ministerio principal)

☐ **DA-PT:** (electo o empleado a tiempo parcial por un distrito, como su ministerio principal)

☐ **EDU: educador** (empleado que sirve en la administración o en la facultad de una de las instituciones educativas de la Iglesia del Nazareno)

☐ **EVR: evangelista registrado** (es el que se dedica a viajar predicando el evangelio como su ministerio *principal*, promoviendo campañas y extendiendo el evangelio por toda la tierra)

- □ **GA: misionero con asignación general** (es el designado por la Junta General para ministrar en la iglesia a través del Comité de Misiones Globales)
- □ **GA: asignación general, otro** (electo o empleado para servir en la iglesia general)
- □ **PAC: pastor** de congregación asociada (dirige una congregación asociada y es designado por el distrito)
- □ **PAS: pastor** (en preparación para la ordenación como presbítero, puede ser llamado o nombrado)
- □ **PSV-FT: servicio pastoral de tiempo completo** (como asociado, que sirve a tiempo completo, en conexión con una iglesia)
- □ **PSV-PT: servicio pastoral de tiempo parcial** (como asociado, que sirve a tiempo parcial, en conexión con una iglesia)
- □ **SER: evangelista de canto registrado** (es quien dedica la mayor parte de su tiempo al ministerio evangelístico a través de la música, como su asignación *principal*)
- □ **SPC: servicio especial/interdenominacional** (es el que está en servicio activo en una forma para la que no se ha hecho provisión, la cual deberá ser aprobada por la asamblea de distrito, siendo recomendada por la junta consultora de distrito. Se requiere que las personas designadas como "SPC" mantengan su relación con la Iglesia del Nazareno; y, que cada año, informen por escrito a la junta consultora de distrito la manera en que mantienen vigente su conexión con la Iglesia del Nazareno)
- □ **STU: estudiante** (inscrito en un programa de estudios validado)
- □ **U: sin asignación**

> NOTA: Por favor, marque tanto una recomendación para la autorización de la licencia como una recomendación para la certificación de la función ministerial de la persona.

Revise los requisitos que debe cumplir un candidato a la licencia distrital; para que dicha licencia pueda ser otorgada o renovada (*Manual*, 524-524.9).

*Si se recomienda una función de PSV-FT o PSV-PT, ya sea asalariada o no para el año siguiente, ¿se ha recibido la aprobación escrita del superintendente del distrito? (139.27, 169.1-169.2)?

□ Sí   □ No

_____
_____

Si se indica arriba una designación que no sea STU o U; describa el enfoque de ministerio del candidato, mientras sirva en la función ministerial recomendada.

_____
_____

Certificamos que _____ ha cumplido todos los requisitos para dicha petición.

Por voto de la junta de la iglesia, en el día _____ (fecha), y después de recibir la carta de autorización del superintendente de distrito, en el día _____ (fecha).

_____ Presidente

_____ Secretario/a

815. Certificado de recomendación

El presente certifica que _____ es miembro de la Iglesia del Nazareno _____, y lo/la recomendamos a la confianza cristiana de los que vieren este certificado.

_____ Pastor
(Fecha)

NOTA: Cuando una persona ha recibido un certificado de recomendación, su membresía termina inmediatamente en la iglesia local que le extendió el certificado. (113.1)

816. Carta de descargo

La presente certifica que _____ hasta esta fecha ha sido miembro de la Iglesia del Nazareno _____; y, a petición del interesado, le hemos extendido esta carta de descargo.

_____ Pastor
(Fecha)

NOTA: La membresía del interesado terminará inmediatamente después que se le extienda esta carta. (114.2)

817. Traslado de miembros

El presente certifica que _____ es miembro de la Iglesia del Nazareno _____; y, a petición suya, ha sido trasladado a la Iglesia del Nazareno _____ en el Distrito _____.

Cuando hayamos recibido el correspondiente reconocimiento de traslado de la iglesia local que reciba al interesado, su membresía en esta iglesia local quedará terminada.

_____ Pastor
(Dirección)
(Fecha)

NOTA: Este traslado es válido solo por tres meses. (113)

818. Reconocimiento de traslado

El presente certifica que _____ ha sido recibido en la membresía de la Iglesia del Nazareno _____ en este día _____ de _____ de 20____ (año).

_____ Pastor
(Dirección)
(Fecha)

II. LA ASAMBLEA DE DISTRITO

819. Los formularios oficiales para el uso del distrito se pueden obtener solicitándolos por correo al secretario general, 17001 Prairie Star Parkway, Lenexa, KS 66220, USA.

III. CÉDULAS DE ACUSACIONES

Sección 1. En el juicio de un miembro de la iglesia

Sección 2. En el juicio de un ministro ordenado

Sección 3. En el juicio de un ministro licenciado

820. Las cédulas de acusaciones se pueden obtener solicitándolas por correo al secretario general, 17001 Prairie Star Parkway, Lenexa, KS 66220, USA.

PARTE XI

APÉNDICE

OFICIALES GENERALES

JUNTAS ADMINISTRATIVAS, CONCILIOS
E INSTITUCIONES EDUCATIVAS

REGLAMENTOS ADMINISTRATIVOS

ASUNTOS MORALES Y SOCIALES
CONTEMPORÁNEOS

I. OFICIALES GENERALES

900. Superintendentes generales

David A. Busic
Gustavo A. Crocker
Carla D. Sunberg
Filimão M. Chambo
T. Scott Daniels
Christian D. Sarmiento

900.1 Superintendentes generales eméritos y jubilados

Donald D. Owens, emérito
Jim L. Bond, emérito
W. Talmadge Johnson, emérito
James H. Diehl, emérito
Nina G. Gunter, emérita
Jesse C. Middendorf, emérito
Jerry D. Porter, emérito
J. K. Warrick, emérito
Eugénio R. Duarte, emérito
David W. Graves, emérito

900.2. Secretario general

Gary W. Hartke

900.3. Tesorero general

Keith B. Cox

IGLESIA DEL NAZARENO
CENTRO DE MINISTERIO GLOBAL
17001 PRAIRIE STAR PARKWAY
LENEXA, KS 66220, EUA

II. JUNTAS ADMINISTRATIVAS, CONCILIOS E INSTITUCIONES EDUCATIVAS

901. Junta General

MIEMBROS POR REGIÓN

Ministros	Laicos
Región África	
Ansenio Manjate	Benjamin Langa
Dance Mathebula	Loreto Sepeng
Sipho Ncongwane	Daniel Sithole
Región Asia-Pacífico	
Min-Gyoo Shin	Emily Bolinas
Peter Kui Yekip	Wallace White Kintak
Región Canadá	
C. Dale Thistle	Rose Graham
Región Central EUA	
Timothy Kellerman	Cheryl Seymour
Región East Central EUA	
Samuel Barber	Larry Hammond
Región Eastern EUA	
Olivia Metcalf	Wavny Toussaint
Región Eurasia	
Peter Paul George	Wouter Boor
Carl McCann	Mangesh Jadhav
Dennis Mohn	Udaya Kumar
Región Mesoamérica	
Sirlene Bustos	Rosa Delia Ayala
Miguel Angel Ceballos	Josué Jiménez González
Elimelec Juantá	Ellier Moisés Lucas Mejía
Región North Central EUA	
Steven Hoffman	Greg Hephner
Región Northwest EUA	
Virgil Askren	Joel K. Pearsall
Región América del Sur	
Marcelo Correa	Galdina de Souza Arrais
Adalberto Herrera	David Lara Ascorbe
Elio Ribero Tomaz	Gerson Rueda
Región South Central EUA	
Rick Harvey	Cheryl Crouch
Región Southeast EUA	
Dwight M. Gunter II	Michael T. Johnson

Región Southwest EUA
Rob Songer   Daniel Spaite
Educación
Dan Boone   Bob Brower
Discipulado Nazareno Internacional
Susan Booth
Misiones Nazarenas Internacionales
Debra Voelker
Juventud Nazarena Internacional
Christiano Malta

902. Corte general de apelaciones
Kafoa Muaror, presidente
Julie Cheney, secretaria
Frederick Amolo
Antoine St. Louis
Ian Wills

903. Concilio global de la Juventud Nazarena Internacional
David González, *director de la Juventud Nazarena Internacional*
Christiano Malta, *presidente del concilio*
Shaun Bati, África
Janary Suyat, Asia-Pacífico
Amy Warner, Eurasia
Benjamín Soria, Mesoamérica
Leo Barreto, América del Sur
Justin Pickard, EUA/Canadá

904. Concilio global de Misiones Nazarenas Internacionales
Lola Brickey, *directora global*
Christine Trent-Mosuela, *presidente*
Elizabeth Musimbi Ndungani, Región África
Yrnah Lobutsa-Reyes, Región Asia-Pacífico
Penny Ure, Región Canadá
Jill Rice, Región Central EUA
Patty Williams, Región East Central EUA
Sally Mellinger, Región Eastern EUA
Vania Fink, Región Eurasia
María Lucía Manuel Vázquez, Región Mesoamérica
Kelly Love, Región North Central EUA
Debra Voelker, Región Northwest EUA
Romina Miño, Región América del Sur
Tim Evans, Región South Central EUA

Teresa Hodge, Región Southeast EUA
Joshua Jorgensen, Región Southwest EUA
Verne Ward, director de Misiones Globales
Superintendente general en jurisdicción (consejero)

905. Instituciones nazarenas de educación superior

CONSORCIO GLOBAL DE EDUCACIÓN NAZARENA

Región África

Africa Nazarene University
Nairobi, Kenia, sirve a Eastern Africa

Nazarene Bible College of East Africa
Nairobi, Kenia, sirve al Área Africa East

Nazarene Theological College
Honeydew, Sudáfrica, sirve al Área Africa South

Nazarene Theological College of Central Africa
Malawi, África Central, sirve al Área Africa South East

Nazarene Theological Institute
Sirve a las Áreas Central y West

Seminário Nazareno de Cabo Verde
Santiago, Cabo Verde

Seminario Nazareno en Mozambique
Maputo, Mozambique, sirve al Área Lusophone

Southern Africa Nazarene University
Manzini, Esuatini, sirve al sur de África

Región Asia-Pacífico

Asia-Pacific Nazarene Theological Seminary
Rizal, Filipinas

Central Philippine Nazarene College
Cebu City, Filipinas

Chapman International College
Bangkok, Tailandia

Indonesia Nazarene Theological College
Yakarta, Indonesia

Japan Nazarene Theological Seminary
Tokio, Japón

Korea Nazarene University
Choong Nam, Corea

Melanesia Nazarene Bible College
Mount Hagen, Papúa Nueva Guinea

Melanesia Nazarene Teachers College
 Mount Hagen, Papúa Nueva Guinea

Nazarene College of Nursing
 Mount Hagen, Papúa Nueva Guinea

Nazarene Theological College
 Thornlands, Queensland, Australia

Philippine Nazarene Bible College
 Baguió, Filipinas

South Pacific Nazarene Theological College
 Suva, Fiji

Taiwan Nazarene Theological College
 Peitou, Taiwan

Región Eurasia

European Nazarene College
 Sirve a Europa y a las áreas de Eurasia

Nazarene Nurses Training College
 Washim, Maharashtra, India

Nazarene Theological College-Manchester
 Manchester, Inglaterra

South Asia Nazarene Bible College
 Bangalore, India, sirve a India y al Área South Asia

Región Mesoamérica

Caribbean Nazarene College
 Santa Cruz, Trinidad

Iglesia del Nazareno en México Seminario (SENAMEX)
 Ciudad de México, México

Instituto Bíblico Nazareno
 Cobán, Alta Verapaz, Guatemala, sirve al norte de Guatemala

Séminaire Théologique Nazaréen d'Haiti
 Petion-Ville, Haiti, sirve a Haití

Seminario Nazareno Dominicano
 Santo Domingo, República Dominicana

Seminario Teológico Nazareno
 Ciudad de Guatemala, Guatemala, sirve a Guatemala, El Salvador, Honduras y Belice

Seminario Teológico Nazareno Cubano
 La Lisa, La Habana, Cuba

Universidad Nazarena del Continente (UNINAZ)
 San José, Costa Rica

Región América del Sur

Seminario Bíblico Nazareno Chile
  Santiago, Chile

Seminario Nazareno Boliviano
  La Paz, Bolivia

Seminario Teológico Nazareno del Cono Sur
  Buenos Aires, Argentina

Seminario Teológico Nazareno del Perú
  Chiclayo, Perú

Seminário Teológico Nazareno do Brasil
  São Paulo, Brasil

Seminario Teológico Nazareno Sudamericano
  Quito, Ecuador

Región EUA/Canadá

Ambrose University College
  Calgary, Alberta, Canadá

Eastern Nazarene College
  Quincy, Massachusetts, EUA

MidAmerica Nazarene University
  Olathe, Kansas, EUA

Mount Vernon Nazarene University
  Mount Vernon, Ohio, EUA

Nazarene Bible College
  Sirve a la Región EUA/Canadá

Nazarene Theological Seminary
  Kansas City, Missouri, EUA

Northwest Nazarene University
  Nampa, Idaho, EUA

Olivet Nazarene University
  Bourbonnais, Illinois, EUA

Point Loma Nazarene University
  San Diego, California, EUA

Southern Nazarene University
  Bethany, Oklahoma, EUA

Trevecca Nazarene University
  Nashville, Tennessee, EUA

III. REGLAMENTOS ADMINISTRATIVOS

906. Resolución sobre la redacción del Manual. *Se Resuelve*, que la Junta de Superintendentes Generales asigne y autorice un comité de redacción del *Manual* que armonice declaraciones que puedan estar en conflicto en el registro de las acciones de la Asamblea General con respecto a cambios en el *Manual*; también a realizar los cambios de redacción en el texto del presente *Manual* que sirvan para corregir la redacción sin alterar el sentido; así como para hacer los cambios editoriales en el nuevo material aprobado, que corrijan la redacción sin alterar el sentido.

El comité de redacción del *Manual* queda, por la presente, autorizado para sustituir palabras o expresiones confusas con palabras sencillas y comprensibles, revisar la numeración de párrafos, secciones y otras divisiones del *Manual*, de acuerdo con las decisiones de la Asamblea General, así como preparar el índice en armonía con las decisiones adoptadas por la Asamblea General.

Se resuelve además que la supervisión de todas las traducciones del *Manual* será deber del comité de redacción del *Manual*. (2017)

907. Revisión del Apéndice del Manual. Cualquier asunto que permanezca en las secciones III y IV del Apéndice (párrafos 906-934) por tres cuatrienios sin ser reconsiderado será remitido por el comité de referencias al comité correspondiente de la Asamblea General; para que se considere como resolución ante la Asamblea General. (2013)

908. Anualidades. Se le prohíbe a la Junta General, y a las instituciones de la iglesia, que usen donativos de anualidades; hasta que estos lleguen a ser propiedad válida de la iglesia por el fallecimiento del donante. Tales donativos han de ser cuidadosamente invertidos en fondos generalmente reconocidos por los tribunales como fondos de inversión. (2017)

909. Deuda. Ninguna entidad puede tomar la promesa de una o más donaciones para endeudarse. (2017)

910. Sociedades bíblicas

1. Sociedades bíblicas aprobadas

La Iglesia del Nazareno realza la Biblia como la revelación escrita de Dios; los nazarenos creemos que es la agencia primaria y eficaz para ganar nuevos seguidores de Jesucristo. Y puesto que existe la creciente necesidad de que haya más ejemplares de las Escrituras; por tanto, *Se resuelve*:

Primero, que la Asamblea General exprese su aprobación sincera y su interés decidido en el trabajo de las Sociedades Bíblicas Unidas alrededor del mundo.

Segundo, que aceptemos la celebración del Domingo Universal de la Biblia, dirigiendo ese día nuestra atención al lugar esencial que las Escrituras deben ocupar en la vida de los cristianos.

2. Ofrenda para las sociedad bíblicas

Se resuelve, que la Iglesia del Nazareno designe el segundo domingo de diciembre, de cada año, como una ocasión especial para presentar este importante asunto y para recoger una ofrenda para las respectivas sociedades bíblicas en cada país. La sociedad bíblica que se escoja deberá ser miembro (pleno o asociado) de la afiliación mundial de las Sociedades Bíblicas Unidas o, en caso de que no exista una sociedad bíblica afiliada, el distrito designará otra sociedad bíblica; también, que se haga un esfuerzo especial, para que todas nuestras iglesias participen en tal ofrenda. Todas las iglesias deben consultar a su oficina distrital para recibir instrucciones de cómo enviar sus contribuciones a la sociedad bíblica de su respectivo país. (2017)

911. **Vigencia de comités.** Cualquier comité especial creado para algún propósito, a menos que se especifique de otra manera, dejará de existir en la siguiente Asamblea General. (2017)

912. **Negocios de la Asamblea General**

(De las reglas permanentes de la Trigésima Asamblea General)

Resoluciones y peticiones

Regla 16. Presentación de resoluciones a la Asamblea General. Las asambleas de distrito, un comité autorizado por una asamblea de distrito, los comités consultivos regionales, la Junta General o cualquiera de sus departamentos reconocidos, las juntas o comisiones oficiales de la iglesia general, la Convención Global de MNI, la Convención Global de la JNI, o cinco o más miembros de la Asamblea General pueden presentar resoluciones y peticiones; para que las considere la Asamblea General, de acuerdo con las siguientes reglas:

a. Las resoluciones y peticiones se presentarán en un formato autorizado por el secretario general.
b. Cada resolución o petición presentada incluirá el tema y el nombre de los delegados o grupo que la presenta.
c. Todas las resoluciones que llamen a una acción que requiera gasto deben incluir un estimado de costo para completar la acción.
d. Las proposiciones de cambios en el *Manual* de la iglesia deberán ser presentadas por escrito y mencionar el párrafo y la sección del *Manual* que resulten afectadas, así como el texto del cambio propuesto, en caso de que se apruebe.
e. Deberán haber sido presentadas al secretario general **antes del 1 de diciembre** anterior a la apertura de la asamblea; para que sean numeradas y enviadas al comité de referencias, de acuerdo con la Regla 28 y el párrafo 305.1 del *Manual*.
f. Para las resoluciones que no sean asuntos del *Manual* se deberá indicar qué entidad tiene la responsabilidad de legislar.

Regla 17. Referencia tardía de resoluciones y peticiones. Después del plazo marcado en la Regla 16, solamente la Junta General, la Junta de Superintendentes Generales o las comisiones/comités de la Junta General le pueden presentar al secretario general resoluciones tardías, solicitudes y otros asuntos para que él los refiera a un comité legislativo antes del **1 de junio**. Las resoluciones de las convenciones globales que se reúnen inmediatamente antes de la Asamblea General serán procesadas para consideración.

Regla 18. Cambios al *Manual*. Las resoluciones aprobadas por la Asamblea General serán presentadas al comité de redacción del *Manual* para que las redacten de acuerdo con las otras provisiones del *Manual*.

913. Sitios y monumentos históricos. Las asambleas de distrito y regionales pueden designar lugares de significado histórico dentro de sus linderos, como sitios históricos. Después de que un lugar obtiene significado histórico, por lo menos 50 años deberán transcurrir antes de que pueda ser reconocido como sitio histórico. No es necesario que un sitio histórico tenga edificios o estructuras originales para obtener esa designación. El secretario de la asamblea debe informar la designación de nuevos sitios históricos al secretario general, informando sobre la acción tomada, la información respecto al sitio y el significado del mismo.

Las asambleas de distrito y regionales pueden solicitar a la Asamblea General que designe lugares de relevante significado para la denominación como monumentos históricos. Las nominaciones se restringen a sitios históricos previamente designados. Los superintendentes generales o un comité designado para el propósito de examinar nominaciones deben convenir sobre una nominación antes de que esta reciba la consideración de la Asamblea General.

El secretario general debe mantener un registro de sitios y monumentos históricos y publicarlos apropiadamente. (Párrafo 327.2). (2023)

IV. ASUNTOS MORALES Y SOCIALES CONTEMPORÁNEOS

914. Donación de órganos humanos. La Iglesia del Nazareno anima a los miembros que personalmente no tengan objeciones a que apoyen la donación y recepción de órganos humanos, indicando su deseo mediante testamentos y fideicomisos.

Además, abogamos por una distribución de órganos moral y éticamente justa a los calificados para recibirlos. (2013)

915. Discriminación. La Iglesia del Nazareno reitera su posición histórica de compasión cristiana hacia personas de todas las razas. Creemos que Dios es el Creador de todas las personas, y que de una sola sangre son todos creados.

Creemos que cada individuo, cualquiera que sea su raza, color, sexo o credo, debe gozar de igualdad ante la ley, incluyendo el derecho de votar, el acceso a oportunidades educativas, el acceso a todos los sitios públicos, e igual oportunidad, de acuerdo con su propia capacidad, de ganar su sustento libre de toda discriminación laboral o económica.

Exhortamos a nuestras iglesias en todas partes a continuar y reforzar programas de educación que cultiven la comprensión y la armonía raciales. También creemos que la amonestación bíblica de Hebreos 12:14 debería guiar las acciones de nuestros feligreses. Exhortamos a cada miembro de la Iglesia del Nazareno a que examine humildemente sus actitudes y acciones personales hacia otros, como el primer paso para lograr la meta cristiana de que todos participen en la vida de la iglesia y de toda la comunidad.

Recalcamos otra vez nuestra creencia de que la santidad de corazón y vida es la base para vivir correctamente. Creemos que la caridad cristiana entre las distintas razas y sexos vendrá cuando los corazones de las personas hayan sido transformados mediante la sumisión total a Jesucristo; y que la esencia del verdadero cristianismo consiste en amar a Dios con todo el corazón, alma, mente y fuerzas, y al prójimo como a uno mismo.

Por tanto, renunciamos a cualquier forma de indiferencia racial y étnica, exclusión, subyugación u opresión como un grave pecado en contra de Dios y de nuestro semejante. Lamentamos el legado de cada forma de racismo en todo el mundo, y buscamos confrontar ese legado a través del arrepentimiento, la reconciliación y la justicia bíblica. Buscamos el arrepentimiento de cada conducta de la que hemos sido cómplices de forma cubierta o encubierta con el pecado de racismo, tanto en el pasado como en el presente; y en confesión y lamento, buscamos perdón y reconciliación.

Además, reconocemos que no existe reconciliación fuera del esfuerzo humano por enfrentar y vencer todo prejuicio personal, institucional y estructural responsable de la humillación y la opresión racial y étnica. Llamamos a los nazarenos en todas partes; para que identifiquen y busquen erradicar los actos y estructuras de prejuicio, para facilitar las oportunidades de la búsqueda de perdón y reconciliación, y para tomar acción hacia el empoderamiento de aquellos que han sido marginados. (2017)

916. Maltrato a los indefensos. La Iglesia del Nazareno aborrece el maltrato hacia toda persona, de cualquier edad o sexo, y hace un llamado a que se aumente la conciencia pública a través de sus publicaciones, y proveyendo información educativa apropiada.

La Iglesia del Nazareno reafirma su posición histórica de que a aquellos que actúan bajo la autoridad de la iglesia se les prohíbe incurrir en actos de inmoralidad sexual y en otras formas de maltrato a los indefensos. Cuando se coloque a personas en posiciones de confianza o autoridad, la Iglesia del Nazareno dará por sentado que la conducta pasada es generalmente un indicador confiable de un probable comportamiento en el futuro. La iglesia se abstendrá de dar posiciones de autoridad a personas que previamente han usado una posición de confianza o autoridad para incurrir en actos de inmoralidad sexual o maltrato a los indefensos, a menos que se den pasos apropiados para prevenir en el futuro la reincidencia de tales comportamientos. Las expresiones de remordimiento de parte de quien fuere declarado culpable de dichos actos no deben ser consideradas como suficiente prueba para eliminar la presunción de que en el futuro podría volver a cometerlos, a menos que las expresiones de remordimiento sean acompañadas de un evidente cambio de conducta por un tiempo suficientemente prudente como para indicar que la reincidencia es improbable. (2023)

917. Responsabilidad hacia los pobres. La Iglesia del Nazareno cree que Jesús mandó a sus discípulos a que establecieran una relación especial con los pobres de este mundo; que la iglesia de Cristo debe, en primer lugar, mantenerse sencilla y libre de toda inclinación hacia la riqueza y la extravagancia; y, en segundo lugar, dedicarse a cuidar, alimentar, vestir y dar refugio a los pobres. En toda la Biblia, y en la vida y ejemplo de Jesús, Dios ayuda y se identifica con los pobres, los oprimidos y los indefensos en la sociedad. De la misma manera, nosotros también hemos sido llamados a identificarnos y a solidarizarnos con los pobres, y no simplemente a ofrecer caridad desde posiciones de comodidad. Sostenemos que el ministerio de compasión entre los pobres incluye actos de caridad; y, a la vez, la lucha por proveerles oportunidad, igualdad y justicia. Creemos, además, que la responsabilidad cristiana hacia los pobres constituye un aspecto esencial de la vida de todo creyente que procura tener la fe que obra mediante el amor.

Finalmente, comprendemos que la santidad cristiana es inseparable del ministerio entre los pobres; ya que impulsa al creyente más allá de su propia perfección individual, hacia la creación de una sociedad y de un mundo más justos y equitativos. La santidad, lejos de separar a los creyentes de las necesidades económicas desesperantes de la gente en nuestro mundo, nos motiva a poner nuestros medios en servicio para aliviar tales necesidades y ajustar nuestros deseos de acuerdo con las necesidades de los demás. (2013)

(Éxodo 23:11; Deuteronomio 15:7; Salmos 41:1; 82:3; Proverbios 19:17; 21:13; 22:9; Jeremías 22:16; Mateo 19:21; Lucas 12:33; Hechos 20:35; 2 Corintios 9:6; Gálatas 2:10)

918. Uso cuidadoso del lenguaje. La Iglesia del Nazareno afirma y promueve el uso cuidadoso del lenguaje en referencia a hombres y mujeres. Las publicaciones, incluyendo el *Manual* y el lenguaje público, deberán reflejar este compromiso con la igualdad tal como se expresa en el párrafo 501. Los cambios en el lenguaje no se aplicarán a ninguna cita bíblica o referencias a Dios. (2023)

919. Identidad de género. En la historia de Dios, la formación de la humanidad culminó con la creación del varón y la mujer como un diseño divino perdurable. Biológicamente, la inmensa mayoría de las personas nacen distintivamente como varón o mujer. Dios nos da nuestros cuerpos con fines espirituales y relacionales, además de físicos.

Hay casos, aunque poco frecuentes, en los que las personas nacen con una formación genital ambigua o con condiciones genéticas que afectan al desarrollo de las características sexuales primarias y secundarias. En estos casos, el sabio consejo bíblico y la ciencia médica pueden orientar el proceso de discernimiento en oración acerca de cómo ayudar a las familias a entender las implicaciones, y cómo apoyar mejor a aquellos con estas condiciones médicas/genéticas.

Además de estas importantes realidades biológicas, observamos la creciente complejidad asociada a la identificación de género. Aunque los roles de género, comportamientos y temperamentos son el producto de numerosas influencias, incluyendo la biología, las normas sociales y la construcción cultural; creemos que el sexo de nacimiento de una persona es primario, formativo y dado por Dios. Reconocemos que, al servir a la misión de Dios a través de la iglesia, nos encontraremos con personas que, por diversas razones, luchan por aceptar la naturaleza intrínseca con la que fueron creadas. En tales circunstancias, debemos tratar con amabilidad a esas personas a medida que llegan a las congregaciones para conducirlas a la plenitud de la vida en Cristo, equiparlas para vivir como fieles administradores del cuerpo físico que se les ha dado, y llamarlas a una santidad para toda la vida. (2023)

(Mateo 19:4; 11-12)

920. La iglesia y la libertad humana. Preocupados, porque nuestra gran herencia cristiana sea comprendida y salvaguardada, le recordamos a nuestra feligresía que tanto la libertad política como la religiosa descansan sobre los conceptos bíblicos de la dignidad del ser humano como creación de Dios y lo sagrado de su conciencia individual. Instamos a nuestra feligresía a participar en la actividad política en apoyo de estos conceptos bíblicos y a estar vigilantes contra cualquier amenaza a nuestra libertad preciada.

Estas libertades están en peligro constante; por tanto, instamos a que se elijan para los oficios públicos, en todos los niveles gubernamentales, a personas que crean en estos principios y que sepan responder ante Dios y ante quienes los eligieron al desempeñar sus puestos. Además, nos oponemos a cualquier invasión de estos principios por parte de grupos religiosos que busquen favores especiales. Nos solidarizamos con nuestros hermanos y hermanas a quienes se les han negado tales libertades, ya sea por restricciones políticas o sociales.

Creemos que el papel de la iglesia debe ser profético, y que debe recordar constantemente a las personas que "la justicia engrandece a la nación" (Proverbios 14:34). (2017)

921. Afirmación y declaración de las libertades humanas. Como nazarenos, adoptamos el llamado divino de vivir en santidad, plenitud, y una vida de restauración donde todas las cosas y personas son reconciliadas con Dios. Como respuesta, el Espíritu Santo trae libertad al marginado, oprimido, quebrantado y dolido, y justicia para corregir las injusticias y para cesar la influencia egoísta causada por el pecado, hasta que todas las cosas sean restauradas en el reino de Dios.

En consistencia con nuestra herencia y carácter wesleyano de santidad, confrontamos el flagelo contemporáneo de la esclavitud moderna, trabajo ilegal o forzado, y la trata de personas.

Y, de acuerdo con estas afirmaciones, decidimos que los miembros y las congregaciones de la Iglesia del Nazareno Internacional:

1. Como pueblo de santidad, en nuestra búsqueda de justicia, reconoceremos que somos llamados a arrepentirnos de nuestro pasado, enmendar nuestro presente y crear un futuro justo;
2. Llamaremos a rendir cuentas a los que oprimen a otros;
3. Nos involucraremos en el cuidado compasivo hacia aquellos que fueron atrapados en el trabajo ilegal o forzado, extracción de órganos y esclavitud sexual (junto con otros tipos de opresión emergentes que todavía no conocemos);
4. Escucharemos activamente e intensificaremos el clamor de los oprimidos;
5. Denunciaremos las injusticias, y trabajaremos humildemente en contra de las causas injustas;
6. Actuaremos en solidaridad con nuestros hermanos y hermanas en contra de lo que sea que los subyugue para avanzar hacia la libertad; y
7. Acompañaremos a los vulnerables por medio de prácticas santas que rediman, restauren, sanen y liberten (1 Juan 3:8).

Fundamentados sobre nuestra herencia cristiana wesleyana de santidad y por el llamado a la santidad, hacemos las siguientes afirmaciones:

1. Afirmamos que la búsqueda de la justicia, reconciliación y libertad es una parte fundamental de la santidad de Dios reflejada en las personas. Nos comprometemos, y comprometemos nuestros recursos eclesiásticos para trabajar en la abolición de todas las formas de esclavitud, tráfico y opresión, y a participar en grupos intencionales, conversaciones y acciones que provean alternativas de ayuda.

2. Afirmamos que las iglesias deben responder fielmente al impulso del amor santo de Dios a trabajar a favor del reino de Dios para hacerlo más visible. Somos llamados a ser testigos fieles en pensamiento, palabra y hecho, ante el santo Dios quien escucha el clamor de los oprimidos, encarcelados, traficados y abusados por personas y sistemas económicos, políticos, egoístas y malvados. Dios nos llama a responder en humildad con compasión y justicia.
3. Afirmamos que actuar de manera justa incluye el cuidado compasivo a favor de los que se encuentran en nuestro entorno inmediato, y también la capacidad de llamar a las injusticias por nombre y de denunciar los poderes que las causan. Actuar de manera justa y amar la misericordia a menudo han enfrentado al pueblo de Dios con los poderes que gobiernan y los principados de la época. La justicia de Dios nos llama más allá del trato igualitario, más allá de la tolerancia de las diferencias del uno hacia el otro, y más allá de simplemente revertir el papel del oprimido y del opresor. Con el ejemplo de Jesús, somos llamados a la justicia en donde estamos dispuestos a entregarnos a nosotros mismos por el bien de los demás.
4. Afirmamos que la justicia cristiana requiere de un compromiso profundo, tanto personal como corporativo, de confesión, arrepentimiento y perdón, como pasos necesarios.
5. Afirmamos que debemos abogar por prácticas justas y esperanzadoras en todas las áreas de la vida, que debemos reflejar la esperanza compasiva de Cristo y el amor por todas las personas. Nos identificamos con las condiciones que traen circunstancias deshumanizantes. Hablaremos a favor de aquellos que no son escuchados, y acompañaremos al vulnerable al ofrecer prácticas que traigan redención, restauración, sanidad y libertad.
6. Afirmamos que somos llamados a convertirnos en un pueblo que encarna una alternativa esperanzadora frente a la opresión e injusticia. Somos llamados a reflejar al Dios santo en vidas santas, trayendo justicia en motivo y práctica a las personas, circunstancias, sistemas y naciones. Aunque no acabemos con todo el sufrimiento; como el cuerpo de Cristo, somos impulsados para traer la santidad de Dios, de manera que provea sanidad en la iniciativa de restaurar todas las cosas.
7. Afirmamos que, como una red colaboradora, debemos pensar profundamente, trabajar integralmente y colaborar local y globalmente. Problemas complejos impulsan la esclavitud moderna; por tanto, deben emprenderse múltiples soluciones.

Estas brotarán del tejido de lo que somos en comunidad cristiana, y fluirán naturalmente en lo que hacemos.
Por tanto, nos comprometemos a:
1. Trabajar de forma conjunta y separada, como individuos e instituciones, en armonía con nuestra identidad wesleyana de santidad; para servir con compasión, y desafiar proféticamente a los sistemas opresivos;
2. Apoyar, motivar, dotar de recursos y planificar; e involucrarnos en una acción efectiva, sabia y sustentable;
3. Trabajar como una comunidad de adoradores, con Cristo al centro, llenos del poder del Espíritu como un movimiento de esperanza;
4. Pensar profundamente, orar con expectativa y actuar con valentía.

Por esto, es que vivimos y trabajamos hasta que el reino de Dios venga "en la tierra como en el cielo". (2017)

922. El valor de la niñez y la juventud. La Biblia ordena a cada cristiano, "Habla en lugar de los que no pueden hablar; ¡defiende a todos los desvalidos!" (Proverbios 31:8 RVC). El *Shemá* (Deuteronomio 6:4-7; 11:19) nos amonesta a comunicar la gracia de Dios a nuestros hijos. Salmos 78:4 declara: "No les ocultaremos estas verdades a nuestros hijos; a la próxima generación le contaremos de las gloriosas obras del SEÑOR, de su poder y de sus imponentes maravillas" (NTV). En Lucas 18:16, Jesús afirma: "Dejad que los niños vengan a mí, y no se lo impidáis, porque de los que son como estos es el reino de Dios" (LBLA).

La Iglesia del Nazareno responde a esta instrucción bíblica y reconoce que los niños son importantes y prioritarios en el reino de Dios. Creemos que Dios nos dirige a cuidar a todos los niños, amarlos, protegerlos, apoyarlos, guiarlos e interceder por ellos. El plan de Dios es que guiemos a los niños a la salvación y al crecimiento en la gracia. La salvación, la santidad y el discipulado son posibles e imperativos en la vida de los niños. Reconocemos que los niños no son un medio para un fin; sino participantes con pleno derecho en el cuerpo de Cristo. Los niños son discípulos en formación, no en espera.

Por lo tanto, es una prioridad desarrollar un ministerio integral y de transformación para los niños y sus familias en todas las iglesias locales, al:
- Proveer ministerios eficaces que ayuden al niño integralmente: física, mental, emocional, social y espiritualmente;
- Articular posturas cristianas sobre asuntos actuales acerca de la justicia social referente a los niños;
- Guiar a los niños al propósito central de la misión y al ministerio de la comunidad de fe;

- Discipular a los niños y capacitarlos; para que, a su vez, ellos discipulen a otros;
- Equipar a los padres para nutrir la formación espiritual de sus hijos.

Puesto que las instituciones educativas de la iglesia (escuelas bíblicas, universidades y seminarios) forman estudiantes para el liderazgo, desempeñan una función crucial en cumplir la visión y la misión de comunicar el valor de los niños. Estas se asocian con las iglesias locales y sus familias para compartir la responsabilidad de preparar ministros y laicos que formen a la próxima generación de niños y jóvenes, bíblica y teológicamente capacitados para enfrentar los desafíos de la evangelización, el discipulado y la transformación de la sociedad. La Iglesia del Nazareno prevé una comunidad de fe multigeneracional, donde niños y jóvenes son amados y valorados, en la que son ministrados e incorporados a la familia de la iglesia a través de una amplia variedad de recursos y métodos, y donde reciben la oportunidad de ministrar a los demás según su edad, desarrollo, habilidades y dones espirituales. (2023)

923. La guerra y el servicio militar. La Iglesia del Nazareno cree que la condición ideal del mundo es la paz; y que es obligación total de la iglesia cristiana usar su influencia para buscar los medios que hagan posible que las naciones vivan en paz; y dedicar todas sus agencias a la propagación del mensaje de paz. Sin embargo, comprendemos que vivimos en un mundo en el que las filosofías y fuerzas del mal se enfrentan en conflicto activo contra estos ideales cristianos; y que pudieran resultar emergencias internacionales que requieran que la nación recurra a la guerra en defensa de sus ideales, su libertad y su supervivencia.

Aun cuando estamos dedicados a la causa de la paz, la Iglesia del Nazareno reconoce que el cristiano debe su lealtad suprema a Dios; y, por tanto, no intenta comprometer la conciencia de sus feligreses en lo relacionado con la participación en el servicio militar en caso de guerra, aunque sí cree que el individuo cristiano, como ciudadano, está obligado a servir a su nación en toda forma compatible con la fe cristiana y con el estilo de vida cristiana.

Reconocemos también que, como resultado de la enseñanza cristiana y el deseo cristiano de que haya paz en la tierra, hay personas en nuestra feligresía que tienen objeción de conciencia respecto a ciertas formas de servicio militar. Por tanto, la Iglesia del Nazareno reclama para los objetores de conciencia dentro de su feligresía las mismas exenciones y consideraciones respecto al servicio militar que se conceden a miembros de reconocidas organizaciones religiosas que no combaten.

La Iglesia del Nazareno, por conducto de su secretario general, arreglará una lista en la que todos aquellos que provean evidencia de membresía en la Iglesia del Nazareno puedan registrar sus convicciones como objetores de conciencia. (2017)

924. La creación. La Iglesia del Nazareno cree en el relato bíblico de la creación: "En el principio creó Dios los cielos y la tierra" (Génesis 1:1). Estamos abiertos a explicaciones científicas sobre la naturaleza de la creación, mientras que nos oponemos a cualquier interpretación del origen del universo y de la humanidad que rechace a Dios como el Creador (Hebreos 11:3). (1, 5.1, 7) (2017)

925. Cuidado de la creación. Creemos, con profundo aprecio por la creación de Dios, que debemos esforzarnos por demostrar cualidades de mayordomía que ayuden a preservar la obra de Dios. Reconocemos que somos copartícipes en el sostenimiento de la integridad de nuestro entorno, aceptamos esta responsabilidad individual y colectivamente. (2023)

(Génesis 2:15; Salmos 8:3-9; 19:1-4; 148).

926. Evidencia del bautismo con el Espíritu Santo. La Iglesia del Nazareno cree que el Espíritu Santo da testimonio del nuevo nacimiento y de la obra subsecuente de limpieza del corazón o entera santificación, a través de la llenura del Espíritu Santo. Afirmamos que la única evidencia bíblica de la entera santificación, o del ser llenos del Espíritu Santo, es la limpieza de corazón del pecado original, por la fe, como se declara en Hechos 15:8-9: "Y Dios, que conoce los corazones, les dio testimonio, dándoles el Espíritu Santo lo mismo que a nosotros; y ninguna diferencia hizo entre nosotros y ellos, purificando por la fe sus corazones" (RVR95). Esta limpieza se manifiesta por el fruto del Espíritu en una vida santa. "Pero el fruto del Espíritu es amor, gozo, paz, paciencia, benignidad, bondad, fe, mansedumbre, templanza; contra tales cosas no hay ley. Pero los que son de Cristo han crucificado la carne con sus pasiones y deseos" (Gálatas 5:22-24 RVR95). Por su naturaleza, el bautismo con el Espíritu Santo dará como resultado el testimonio del evangelio (Hechos 1:8; Lucas 24:48).

Afirmar que una evidencia especial o supuestamente física, o un "lenguaje de oración" constituye evidencia del bautismo con el Espíritu Santo es contrario a la posición bíblica e histórica de la iglesia. No creemos que el hablar en lenguas ininteligibles sea la evidencia de la llenura del Espíritu Santo. (2023)

927. Pornografía. La pornografía es un mal que está minando la moral de la sociedad. Reconocemos que la pornografía siempre es destructiva y que puede ser una adicción. Los materiales impresos y visuales que degradan la dignidad de la humanidad, y que son contrarios al punto de vista bíblico de la santidad del matrimonio y lo saludable del sexo, deben ser rechazados.

Creemos que somos creados a la imagen de Dios, y que la pornografía degrada, explota y abusa de hombres, mujeres y niños. También reconocemos que el uso de la pornografía resulta en el incremento de la perversión sexual del individuo. La industria de la pornografía está motivada por la codicia, es enemiga de la vida familiar, ha conducido a crímenes violentos, envenena la mente y profana el cuerpo.

A fin de honrar a Dios como Creador y Redentor, exhortamos a una activa oposición a la pornografía por todos los medios legítimos. También exhortamos a realizar todos los esfuerzos posibles por alcanzar para Cristo y llevar a plenitud a quienes padecen adicción y están envueltos en este mal. (1 Tesalonicenses 4:3-7) (2023)

928. Modestia cristiana en el vestir. Reconociendo la creciente tendencia hacia la falta de modestia en el vestir en lugares públicos, le recordamos a nuestro pueblo el concepto cristiano de modestia como expresión de la santidad y exhortamos a que tal modestia cristiana se ejerza en público en todo tiempo. (2017)

929. Bienestar. La Escritura llama a todos los creyentes a tener un equilibrio en el bienestar integral por medio del poder transformador del Espíritu Santo. La gula es la práctica del consumo excesivo de alimentos en detrimento del cuerpo, de la vida espiritual y de la comunidad. Aunque la obesidad pudiera darse por razones hereditarias, restricciones culturales, o limitaciones físicas; la gula, por el contrario, refleja una forma de vida que abusa de la buena creación de Dios, es decir, alimentos, recursos y relaciones que dañan a las personas y la comunidad. La mayordomía cristiana nos insta a cuidar la salud y el estado físico del cuerpo como templo del Espíritu Santo y vivir disciplinadamente en el uso de todos los recursos y relaciones provistas por Dios. (2009)

>(Proverbios 23:19-21; Mateo 11:19; 23:25; 1 Corintios 9:27; Gálatas 5:23; Filipenses 3:19; Tito 1:8; 2:12; Hebreos 12:16; 2 Pedro 1:6)

930. Abuso de estupefacientes. La Iglesia del Nazareno sigue oponiéndose fuertemente al abuso de estupefacientes como un mal social. Animamos a los miembros de la iglesia a tomar parte activa y sumamente visible en la educación y rehabilitación relacionada con el abuso de estupefacientes y la incompatibilidad de su uso con la experiencia cristiana y la vida santa. (2013)

931. Uso social de bebidas alcohólicas. La Iglesia del Nazareno se opone públicamente al uso social de bebidas alcohólicas. Animamos a las agencias y organizaciones civiles, laborales, comerciales, profesionales, sociales, voluntarias y privadas a ayudar en campañas contra el consumo social de bebidas alcohólicas, para contrarrestar la publicidad y la promoción por medios masivos de comunicación de tales bebidas como socialmente aceptables. (2013)

932. Uso y publicidad del tabaco. La Iglesia del Nazareno exhorta a su feligresía a hacer pública su oposición al consumo del tabaco por el peligro que representa para la salud y por ser un mal social. Nuestra posición histórica se basa en la Palabra de Dios, que nos amonesta a mantener nuestro cuerpo como templo del Espíritu Santo (1 Corintios 3:16-17; 6:19-20).

Nuestra oposición al uso del tabaco en todas sus formas es apoyada fuertemente por evidencia médica, documentada por numerosas organizaciones sociales, gubernamentales y médicas en diversas partes del mundo. Estas han probado que es una amenaza a la salud, y han demostrado concluyentemente que su consumo puede producir cambios en la fisiología normal del cuerpo, que son al mismo tiempo serios y permanentes.

Reconocemos que nuestros jóvenes reciben una fuerte influencia por los millones de dólares que se gastan en la publicidad del tabaco y su mal gemelo, las bebidas alcohólicas. Apoyamos la prohibición de toda publicidad sobre el tabaco y las bebidas alcohólicas en revistas, anuncios callejeros, radio, televisión y otros medios masivos de comunicación. (2013)

933. VIH/SIDA (virus de inmunodeficiencia humana/síndrome de inmunodeficiencia adquirida).
Desde 1981, el mundo se ha enfrentado a una enfermedad sumamente devastadora conocida como VIH/SIDA. En vista de la profunda necesidad de los que sufren de tal enfermedad, la compasión cristiana nos motiva a obtener información precisa acerca del VIH/SIDA. Cristo desea que expresemos su amor y preocupación por estas personas sufrientes en todos los países del mundo. (2013)

934. Uso de los medios sociales. Primero y ante todo, el contenido que se comparte debe ser respetuoso. Como en toda relación interpersonal, creemos que el contenido que comunicamos en nuestros medios sociales debe reflejar los corazones santificados por los cuales nos esforzamos. Tanto los ministros como los laicos deben estar conscientes de cómo sus actividades en las redes sociales afectan la imagen de Cristo y su iglesia, e impactan su misión en sus comunidades. Nuestras actividades deberían dar y afirmar vida, y deberían buscar dignificar a toda persona. (2017)

> (Proverbios 15:4; 15:28; 16:24; Eclesiastés 5:2-4; Mateo 15:11; Gálatas 5:13-15; Efesios 4:29; Colosenses 4:6; 2 Timoteo 2:16; Santiago 3:1-13)

ÍNDICE DEL MANUAL

(Los números se refieren a los párrafos)

aborto   30.1-30.2
abstinencia total   29.5
abuso de sustancias   29.2-29.3, 927
acuerdos de propiedad, ver *bienes raíces*
acusación de ministro licenciado u ordenado   211.19, 225.3, 530, 601, 606-606.4
acusación de un miembro de la iglesia   125.8, 530, 601, 605
administración judicial, ministro, apelación   25.8, 607, 608-608.2, 610
administración judicial, ministro, credenciales, (archivada, renunciado, entregada, suspendida o revocada)   326.5, 530, 531-531.10
administración judicial, ministro, disciplina 530.1, 530.8, 530.11, 530.21, 531.7, 606-608.2
administración judicial, ministro, garantía de derechos   616-616.7
administración judicial, ministro, juicio   25.8, 225.4, 606.5, 616.1, 819
administración judicial, ministro, procedimiento   606-610, 616-616.7
administración judicial, persona laica, apelación   25.8, 605.1
administración judicial, persona laica, comité de investigación   125.8, 605
administración judicial, persona laica, disciplina   605-605.3
administración judicial, persona laica, garantía de derechos   616-616.7
administración judicial, persona laica, juicio   25.8, 819
administración judicial, persona laica, procedimiento   124.8, 602-604.2, 605-605.3
adopción, artículo de fe   9.2, 9.3
adorar   11, 21.1, 400, 521.3, 524.2, 531.9, 532.4, 921
adulterio   21.2, 31
alcohol   29.3, 931
año administrativo de la iglesia   116
año de asamblea   116
año eclesiástico   116
año eclesiástico, año estadístico   116.1
Antiguo Testamento, ver *Escrituras*
anualidades   906

apelación de un miembro de la iglesia   605.1
apelación de un ministro   607, 608-608.2
apelación de una iglesia local   103.1, 120
apelaciones, *ver corte general de apelaciones; corte regional de apelaciones;*
apéndice   900-934
apostatar   7-8
aprobados especiales de misión   163.1, 225.15
arreglos pastorales   120, 218.1 ver también *pastor, llamado a la iglesia*
arrepentimiento del ministro   606.5
arrepentimiento, artículo de fe   8
artículos de fe   1-16.2
artículos de fe, enmiendas   26-27
artículos de incorporación de una iglesia local   102.4
artículos de organización y gobierno   22-25.8
asamblea de distrito, Libro de actas/Diario de la asamblea   207-207.6
asamblea de distrito, año eclesiástico   116
asamblea de distrito, año estadístico   116.1
asamblea de distrito, comisiones, credenciales, licencias y transferencias   137, 139.13-139.15, 205.4-205.11
asamblea de distrito, deberes y facultades   205.1-206
asamblea de distrito, elección de oficiales, juntas, comités   205.12-205.23
asamblea de distrito, escucha los informes   205.3, 205.4
asamblea de distrito, incorporación de la junta consultora de distrito   206, 225.6-225.7
asamblea de distrito, límites y nombre   100, 200
asamblea de distrito, membresía   25, 115.14-115.15, 201-201.2
asamblea de distrito, propiedad de la iglesia   108.2-108.3
asamblea de distrito, registra procedimientos   207-207.4
asamblea de distrito, representación   25, 201-201.2
asamblea de distrito, reunión   202
asamblea de distrito, reuniones anuales   202
asamblea de distrito, tramita otros negocios   205.27
Asamblea General, Libro de actas/Diario de la asamblea   326.8
Asamblea General, cambios constitucionales   26
Asamblea General, deberes y facultades   25.8, 305-305.8
Asamblea General, deberes y facultades, desafiliación de iglesias locales   107

APÉNDICE 347

Asamblea General, deberes y facultades, determina los deberes y facultades de la asamblea de distrito   24
Asamblea General, deberes y facultades, límites del distrito   24, 200
Asamblea General, deberes y facultades, programa de la Asamblea General   304.2
Asamblea General, delegados o miembros   25-25.2, 205.23, 301-301.5,
Asamblea General, elegibilidad   301.4-301.5
Asamblea General, elige a la Corte General de Apelaciones   305.7, 609
Asamblea General, elige a la Junta General   305.6, 332.1-333.4
Asamblea General, elige a los oficiales   300.2
Asamblea General, elige a los oficiales que presiden   25.5
Asamblea General, elige a los superintendentes generales   25.4, 305.2, 307.16
Asamblea General, elige a los superintendentes generales eméritos   305.3, 305.4
Asamblea General, elige a los superintendentes generales jubilados   305.4, 305.5
Asamblea General, limitaciones de poderes   22.3, 25.8
Asamblea General, organización y procedimiento   25.3, 25.5-2.5.6, 300.1-301, 307.3, 326.1, 328
Asamblea General, *quorum*   25.3
Asamblea General, recibe la asamblea de distrito, Libro de actas/Diario de la asamblea 220.7
Asamblea General, reglas de orden   25.6, 328
Asamblea General, representación del distrito   301.1-301.3
Asamblea General, resoluciones y peticiones   305.1, 912
Asamblea General, reuniones   302-302.1, 303-303.1
Asamblea General, sitios simultáneos   302.1
asambleas, ver *asamblea de distrito; Asamblea General*
asignaciones presupuestarias, distrito   225.19
asignaciones presupuestarias, iglesia local   32.2, 125.13, 140, 237.4
asistencia a la iglesia   21.1, 111.2, 115.11, 137.1, 138, 145.1, 155-156
asistencia médica para el suicidio, ver *eutanasia*
asociados bajo sueldo, aprobación   139.27, 139.28, 211.13
asociados bajo sueldo, garantía   169-169.8
asociados bajo sueldo, licencia de maternidad/paternidad   118
asociados bajo sueldo, local, ver *asociados bajo sueldo*

asociados bajo sueldo, sabático   139.10
asociados del pastor   118, 139.27, 169-169.8, 211.13
ayudantes bajo sueldo del distrito   211.16, 225.18, 244-244.4
baile   29.1
bautismo con el Espíritu Santo   5.1, 10, 926
bautismo, administrado por quien   124.4, 503.9,523.7, 525.2, 526.1
Bautismo, artículo de fe   12
Bautismo, formas   12
Bautismo, rituales   701-702
Biblia, ver *Escrituras; sociedades bíblicas*
bienes raíces   102.3-104.2, 125.11, 145.7, 237.3-237.4, 330.6
bienestar   929
calumnia   21.2
capacitación continua para laicos   155.9, 157.6, 240.1, 240.9, 503.5,
   503.8, 707
carta de descargo   114.2, 125.14, 816
carta de recomendación   113.1, 125.14, 815
carta de transferencia   111.1, 113, 125.14, 817-818
castigo eterno   16.2, 20.4
centros de ministerio de compasión   225.15
centros del distrito   225.12, 319
chismes   21.2
clonación humana   30.4
colegio bíblico, ver *educación superior*
colegio teológico, ver *educación superior*
Comité de los intereses del evangelista llamado por Dios   341
comité consultivo del distrito   205.14, 238
Comité Consultivo Internacional del Programa de Estudios   342, 346.7,
   521.5, 522
comité consultivo regional del programa de estudios   346.6, 346.7
comité consultivo, distrito   205.14
Comité General de Acción Cristiana   340-340.6
comité distrital de auditoría   205.25, 215, 225.24
comité de auditoría, local   129.23
comité de educación de la iglesia local   113.12, 127, 145, 146.4
comité de evangelismo, ver *iglesia local, evangelismo y comité de membresía de la iglesia*
comité de membresía de la iglesia   112-112.8

APÉNDICE 349

Comité de Ministerios de la Iglesia Local   317.3, 330.2, 343.3, 344.1-344.2
comité de nominaciones, distrito   203
comité de nominaciones, local   115.10
Comité de preparación de la Asamblea General   304-304.2
compañerismo cristiano   18, 19, 21, 21.3, 31, 521.3
compasión cristiana   400, 915, 933
concilio regional consultivo   345.3
concilios por grupos de edad, local   157.1
conducta personal, ver *Pacto de Carácter Cristiano; Pacto de Conducta Cristiana*
confidencialidad   530.17
Consorcio Global de Educación Nazarena   401, 905
Constitución de la iglesia   1-27
Constitución de la iglesia, artículos de fe   1-16.2
Constitución de la iglesia, artículos de la organización y gobierno   22-25.8
Constitución de la iglesia, enmiendas   26-27
Constitución de la iglesia, la iglesia   17-20.8
contribuciones   21.1 (6)
coordinador de discipulado de grupos por edad, local   157-157.1
coordinador de discipulado de ministerios para niños del distrito   240.1, 240.3
coordinador de discipulado de ministerios para niños, local   158-158.2
coordinador de discipulado de ministerios para adultos del distrito   240.1, 240.4, 240.12
coordinador de discipulado de ministerios para adultos, local   157-157.9, 159.1
coordinador de estrategia de área   346.5
co-pastores   123-123.1
corporación patrocinada por la iglesia   168
corporación, ver *incorporación; Church of the Nazarene, Inc.*
corte de apelaciones, regional, ver *corte regional de apelaciones*
corte distrital de apelaciones, deberes   610
corte distrital de apelaciones, elección   205.22
corte distrital de apelaciones, membresía   203.22, 610
corte distrital de apelaciones, reglas de procedimiento   606.10, 609
corte distrital de apelaciones, vacantes   215
Corte general de apelaciones, deberes   612-612.1
Corte general de apelaciones, jurisdicción   25.7

Corte general de apelaciones, membresía   25.7, 305.7, 610, 902
Corte general de apelaciones, registros   326.4, 615
Corte general de apelaciones, vacantes   612
Corte general de apelaciones, viáticos   614
corte regional de apelaciones, deberes   608.2, 610, 611
corte regional de apelaciones, jurisdicción   610.1, 611
corte regional de apelaciones, membresía   611
corte regional de apelaciones, reglas de procedimiento   609, 611
corte regional de apelaciones, vacantes   611
corte, ver *administración judicial*
COSAC, ver *comité consultivo regional del programa de estudios*
creación y cuidado de la creación   15, 28.9, 924-925
credenciales ministeriales   530
crisis, ver *iglesia local en crisis*   136-136.1
Cristo, artículo de fe   2
Cristo, cabeza de la Iglesia   526.1
Cristo, creencia en   7, 9, 20.5
Cristo, encarnación   2
Cristo, eterno   2
Cristo, expiación   6, 12, 20.5
Cristo, fe en   12-13, 20.6
Cristo, muerte   2, 6, 13
Cristo, nacimiento virginal   2
Cristo, resurrección   2
Cristo, revelado en la Trinidad como Hijo   1-2, 20.1
Cristo, sangre   6, 10
Cristo, segunda venida   11, 15, 20.8
Cristo, sufrimientos   6, 13
cuerpo ministerial   504, 522, 523, 524, 529, 530
culpa   8, 9
curso de estudio, ver *comité consultivo regional del programa de estudios; Comité Internacional del Programa de Estudios*
deberes pastorales, administrativos   516-516.15
deberes pastorales, medular   515-515.12
Declaración convenida de fe   20.1-20.8
dedicación de una iglesia local   709
delegado, asamblea de distrito, derecho a elegir   22.3
delegado, asamblea de distrito, elección   115.14
delegado, asamblea de distrito, proporción de representación
    201.1-201.2

delegado, asamblea de distrito, representación de una iglesia tipo misión   115.15
delegado, Asamblea General, elección   25.1
delegado, Asamblea General, pérdida de elegibilidad   301.4-301.5
delegado, Asamblea General, representación   25, 25.2
delegado, Asamblea General, suplente   25.1, 201, 205.23, 301.2, 301.3, 303.1
delegado, convenciones de distrito, DNI   812, Artículo X, Sección 1
delegado, convenciones de distrito, JNI   810.118, 810.219
delegado, convenciones de distrito, MNI   Artículo V, Sección 1.C.3, Artículo V, Sección 2.C.2
delegado, convenciones globales, DNI   812, Artículo X, Sección 2
delegado, convenciones globales, JNI   810.417,
delegado, convenciones globales, MNI   811, Artículo VI, Sección 4.A.1
depravación   5, 5.1
derecho a apelar   25.8
descargo de membresía, ver *iglesia local, membresía*
deshonestidad   21.2
desorganización del distrito   245-245.1
destino   20.4
destino, artículo de fe   16, 16.2
deuda, ver *finanzas, deuda*
Día del Señor   21.2, 340.4
diaconisa   508
diácono, ver *ministro, ordenado*
diezmo   32.1
Dios amoroso   21.1, 915
Dios, acto de   9, 9.2, 10
Dios, acto judicial   9
Dios, el Padre   1-2
Dios, Espíritu   1-3, 8, 10, 11, 18
Dios, eterno   1
Dios, Hijo   1-2
Dios, iglesia de   17
Dios, juicio   16.1-16.2
Dios, soberanía   1
Dios, Trinidad   1, 2, 3
Dios, voluntad   4

Dios, unidad   1, 20.1
DNI, administración y supervisión   812 Artículo IX
DNI, asistencia   812 Artículo IV
DNI, Concilio Global de   812, Artículo XI
DNI, concilio de ministerios para niños   158
DNI, concilio de ministros para adultos   159
DNI, convenciones   812, Artículo X, Sección 1
DNI, declaración de misión   812, Artículo II, Sección 1
DNI, director global   335.16-336
DNI, coordinadores de discipulado de ministerios para niños   158.1-158.2
DNI, coordinadores de discipulado de grupos de edad   157.1-157.9
DNI, coordinadores de discipulado de ministerios para adultos   157.1-157.9
DNI, declaración de misión   812, Artículo II, Sección 1
DNI, distrito, nombramientos   211.18
DNI, elección de la junta distrital   205.21
DNI, enmiendas   812, Artículo XII
DNI, estatutos   812
DNI, global, representación en la Junta General   332.6, 333, 334-334.1
DNI, junta distrital de   240-240.14
DNI, junta local de   155-155.10, 812, Artículo V
DNI, lista de cuidado y rendición de cuentas   812, Artículo III
DNI, maestros y líderes   812, Artículo VII
DNI, membresía del distrito   201
DNI, misión global   812, Artículo II, Sección 4
DNI, presidente local   156-156.6
DNI, presidente distrital de la junta de   241-241.3
DNI, principios medulares   812, Artículo II, Sección 3
DNI, propósito   812, Artículo II, Sección 2
DNI, responsabilidades de liderazgo   812 Artículo VIII
DNI, vacantes en el distrito   215
dirección del Centro de Ministerio Global   900
director de Caravana del distrito   240.3
director de Caravanas, local   158
director de música   169-169.1, 512
director distrital de capellanía   239
director regional   200.2, 345, 346.4
directores del área de misión   200.6

directores del área de misión del distrito   200.6
disciplina de un miembro laico de la iglesia   605-605.3, 616.7
disciplina de un ministro   530, 616.1-616.7
disciplina, propósito   605
Discipulado Nazareno Internacional, ver *DNI*
discriminación   915, también ver *discriminación racial*
discriminación racial   915
disputas   21.2
distrito en crisis   200.2, 307.9, 322
divorcio   31, 340.2
divorcio, barrera para la búsqueda de una licencia   524, 524.2
divorcio, ministro   530.21
divorcio, ordenación   320
domingo, ver *el Día del Señor*
donación de órganos   914
drogas, ver *abuso de sustancias*
educación cristiana, aprobación   126, 139.18, 161, 169.1, 211.13-211.14
educación cristiana, ministro   511-511.1
educación cristiana, protección   28.6, 169.1
educación cristiana, ver *DNI*
educación religiosa, ver *DNI*
educación superior, Consorcio Global de Educación Nazarena   401, 905
educación superior, constituciones, instituciones educativas   403
educación superior, declaración de misión educativa   400.1
educación superior, establecimiento de una nueva institución   400.2
educación superior, iglesia y universidad   400
educación superior, Junta Internacional de Educación   402-402.7
educación superior, lista de instituciones nazarenas de educación superior   905
educación superior, representación institucional en la Junta General
   332.3, 333.2
educación, ver *educación superior; escuelas nazarenas*
elección pastoral   115, 123-124
emérita/emérito, ver *superintendente general*
enmiendas, artículos de fe   26-27
enmiendas, Constitución de la iglesia   26
enmiendas, corte general de apelaciones   609

enmiendas, subsidiarias   338
entera santificación, ver *santificación*
Escrituras   20.2, 305.8
Escrituras, artículo de fe   4
Escrituras, inspiración plenaria   4, 20.2
Escrituras, Palabra de Dios   21.1, 155.2, 502, 502.6
escuelas bíblicas de vacaciones   155.1
escuelas cristianas, ver *escuelas nazarenas*
escuelas nazarenas (desde el nacimiento hasta la secundaria)   161-161.1, 211.14, 225.14
escuelas, cuidado de niños   155.1, 161-161.1, 211.14, 225.14
escuelas, ver *escuelas nazarenas; educación superior*
especiales de misión, aprobados   163.1, 225.15
Espíritu Santo, artículo de fe   3
Espíritu Santo, bautismo con   5.1, 10, 926
Espíritu Santo, convence al mundo de pecado   3
Espíritu Santo, da testimonio   9.3, 10, 20.7, 926
Espíritu Santo, Dios Trino   1, 2, 3, 20.1
Espíritu Santo, dirección   18
Espíritu Santo, regenera   3
Espíritu Santo, santifica   3
Espíritu Santo, tercera persona de la Trinidad   3
ética de santidad   28.2-28.4
eutanasia   30, 30.5
evangelista   510-510-7, 814
evangelista de canto   503.2, 519-519.1, 814
evangelista, apoyo   139.11
evangelista, informe anual   205.14
evangelista, local   112.7
Expiación   6, 12, 20.5
facilitadores de zona   200.6
facilitadores de zona de distrito   200.6
facultad, ver *educación superior*
falso testimonio   21.2
fases del distrito   200.2
finanzas   32.5, 908, 909
finanzas, apelaciones financieras y prohibiciones   165-166
finanzas, deuda, iglesia local   103-104.2
finanzas, deuda, políticas administrativas   909
finanzas, limitaciones del pastor   127
forma representativa de gobierno   22

APÉNDICE

formularios, asambleas de distrito, certificados, comisiones, licencias y transferencias 814
formularios, cédulas de acusaciones, juicio de un ministro 819
formularios, cédulas de acusaciones, juicio de una persona laica 819
formularios, iglesia local, cartas de iglesias, licencias, recomendaciones y certificados 813-818
Fundación de la Iglesia del Nazareno 32.4
fusiones de distrito 200, 200.4
gastos de mudanza del pastor 117.4
gracia de Dios 7
gracia preveniente 7
guerra y servicio militar 923
Guía de desarrollo para la ordenación 233.2, 233.5, 346.7, 521.1, 521.4-521.6, 522.1, 522.2
hogar, hogar cristiano 155.2, 340.2
homosexualidad, ver *sexualidad*
identidad de género 919
Iglesia de Dios 17
Iglesia del Nazareno 19
iglesia general 17
iglesia local, año 116
iglesia local, año estadístico 116.1
iglesia local, artículos de incorporación 102.4
iglesia local, asistencia 21.1, 111.2, 115.11, 137.1, 138, 145.1, 155-156
iglesia local, asociados bajo sueldo, aprobación 129.27, 129.28, 211.13
iglesia local, asociados bajo sueldo, licencia de maternidad/paternidad 116
iglesia local, cambio de nombre 101.1
iglesia local, carta de descargo 114.2, 125.14, 816
iglesia local, carta de recomendación 113.1, 125.14, 815
iglesia local, carta de transferencia 111.1, 113, 125.14, 817-818
iglesia local, comité de auditoría 129.23
iglesia local, comité de educación 113.12, 127, 145, 146.4
iglesia local, coordinador de discipulado de ministerios para niños 158-158.2
iglesia local, coordinador de discipulado de ministerios para adultos 157-157.9, 159.1
iglesia local, director de Caravana 158
iglesia local, ecónomos, deberes 102, 153-153.2

iglesia local, ecónomos, elección   115.11-115.14, 137, 151-152.1
iglesia local, ecónomos, restricciones en   104.3, 108.2-108.3, 245.1
iglesia local, ecónomos, vacante   137.3, 154
iglesia local, edificios   32.2, 237.3
iglesia local, en crisis, declarada en o fuera de crisis   136-136.2
iglesia local, en crisis, finanzas   22.3, 139.20-139.23, 146-146.6
iglesia local, en crisis, prohibición de apelaciones   166-167
iglesia local, en crisis, registros   139.23
iglesia local, en crisis, responsabilidad limitada   117.4
iglesia local, evangelismo y comité de membresía de la iglesia   112-112.8
iglesia local, finanzas, deuda   103-104.2
iglesia local, fusiones   105
iglesia local, junta de disciplina   604.1
iglesia local, junta, deberes   115.13-115.14, 135-135.2, 137-137.3, 138, 139-139.30, 142-142.1, 143, 144, 503.3-503.5, 523-523.5, 531.9
iglesia local, junta, presidente   123, 125.15, 135 136
iglesia local, junta, reuniones   138, 138.1
iglesia local, membresía   23, 109-109.5
iglesia local, membresía, comité   109.1, 110.1, 111.2, 111.5, 112-112.8, 139.24, 148.3
iglesia local, membresía, condiciones para convertirse en miembro   20
iglesia local, membresía, inactiva   111-111.5, 114.3, 143
iglesia local, membresía, recomendación   113.1, 125.14, 815
iglesia local, membresía, terminación   114-114.3, 143, 816
iglesia local, membresía, traslado   111.1, 113, 125.14, 817-818
iglesia local, miembros, clase de membresía   112.4
iglesia local, miembros, derechos y privilegios   226, 529
iglesia local, miembros, disciplina o remoción   600
iglesia local, miembros, inactivos   111-111.5, 114.3, 143
iglesia local, miembros, miembros asociados   110-110.1. 205.24, 507
iglesia local, miembros, miembros de iglesia tipo misión   109.2
iglesia local, miembros, miembros en plena comunión   19, 109-109.3, 112.8, 205.24, 616.5
iglesia local, miembros, mudanza   111.1
iglesia local, miembros, recepción de   109.1
iglesia local, miembros, requisitos, responsabilidades y prohibiciones   20, 21-21.2, 28-33, 165-166

iglesia local, miembros, ritual 704
iglesia local, miembros, solicitud de credenciales ministeriales 129
iglesia local, miembros, transferencia 111.1, 817
iglesia local, miembros, votación 109.3, 115.1-115.2, 117, 135.3, 137.1
iglesia local, nombre 101, 102.4, 102.6
iglesia local, nombre, uso del nombre 102.4, 102.6, 168
iglesia local, oficiales 33, 115.11, 137, 145-146, 155-157, 162.2, 169.9
iglesia local, organización y desorganización 23, 100, 109, 211.1, 530.15
538.15
iglesia local, relación entre la iglesia/pastor, iglesia especial/revisión pastoral 135-135.1
iglesia local, relación entre la iglesia/pastor, resolviendo diferencias 132.1
iglesia local, relación entre la iglesia/pastor, revisión regular de la iglesia/relación pastoral 119.1, 123-123.1, 133-134, 139.10
iglesia local, relación entre la iglesia/pastor, sesión de planificación 132, 139.4
iglesia local, reuniones 115-115.15
iglesia local, reuniones anuales 115.7, ver *reuniones de la iglesia*
iglesia local, reuniones, anuncio y hora 115.7, 115.8
iglesia local, reuniones, definición 115
iglesia local, reuniones, elecciones 115.11-115.15
iglesia local, reuniones, informes 115.5-115.6
iglesia local, reuniones, oficiales 115.11
iglesia local, reuniones especiales, continuidad de la relación de la iglesia/pastoral 133-133.7
iglesia local, reuniones especiales, llamado y aviso 115.4, 115.8, 117-117.1
iglesia local, reuniones especiales, llenar vacantes 149, 154, 155, 156
iglesia local, reuniones especiales, transacciones de bienes raíces 102.3, 104, 104.2
iglesia local, reuniones, votación 109.3, 115-115.2
iglesia local, secretario 102.3, 115.6, 115.9, 122.1, 127, 138, 139.19,
145-145.7iglesia local, tesorero 115.9, 138, 139.20, 145.3,146-146.6
iglesia, artículo de fe 11

Iglesia Tipo Misión   100.1-100.2, 1097.2, 1153.15, 1438.1, 201-204, 211.16
iglesias   18
impenitencia   16.2, 20.4, 704
incorporación de la iglesia general, ver *The Church of the Nazarene, Inc.*
    225.7-225.8
incorporación de una iglesia local   102-102.6
incorporación de una junta consultora de distrito, ver *junta consultora de distrito, incorporación*
ingeniería genética   30.2
inspiración de las Escrituras, ver *Escrituras*
inspiración plenaria de las Escrituras, ver *Escrituras*
instituciones nazarenas de educación superior   905
instituto teológico, ver *educación superior*
internet   29.2
investigación con células madre, embrión humano   30-30.3
Jesucristo, ver *Cristo*
JNI, distrito   242-242.1
JNI, distrito, concilio   810.211-810.213
JNI, distrito, convención   810.219
JNI, distrito, estatuto   242, 810
JNI, distrito, membresía   810.205
JNI, distrito, modelo del plan de ministerio   810.200-810.219
JNI, distrito, organización   810.205-810.206
JNI, distrito, pastor de jóvenes   820.21
JNI, distrito, presidente   201, 205.14, 240, 810.207-810.209
JNI, distrito, reuniones   810.217
JNI, global   343
JNI, global, concilio   332.4 343.2-343.5, 810.411-810.414, 903
JNI, global, convención   343.1, 810.7, 810.403-810.405, 810.408-810.409, 810.412, 810.417, 912 regla 16
JNI, global, delegados a   810.209, 810.309, 810.404
JNI, global, estatuto   810
JNI, global, fondos   330.2
JNI, global, membresía   343, 810.405
JNI, global, modelo del plan de ministerio   810.400-810.417
JNI, global, representación a la Asamblea General   343.5
JNI, local   160-160.1
JNI, local, divisiones   810.106, 810.110
JNI, local, estatuto   810

APÉNDICE 359

JNI, local, finanzas   139.21, 139.23
JNI, local, membresía   810.105
JNI, local, nominaciones   126, 810.108, 810.112
JNI, local, oficiales   810.107-810.109
JNI, local, organización   160, 810.105-810.106
JNI, local, modelo de plan de ministerio   160.1, 810.100-810.110
JNI, local, presidente   115.9, 137, 201, 810.107-810.109
JNI, local, propósito   810.106
JNI, local, reuniones   810.116-810.118
JNI, regional   810.305
JNI, regional, concilio   810.311-810.313
JNI, regional, membresía   810.305
JNI, regional, nominaciones   810.312
JNI, regional, oficiales   810.307
JNI, regional, organización   810.305-810.306
JNI, regional, modelo de plan de ministerio   810.300-810.319
JNI, regional, presidente   810.307, -810.309
JNI, regional, reuniones   810.317-810.319
juegos de azar   29.5, 340.1
juicio de un miembro de la iglesia, ver *administración judicial, laico*
juicio de un ministro, ver *administración judicial, ministro*
juicio, artículo de fe   16.1
juicio, final   16.2, 20.8
juicio, futuro   16.1
junta consultora de distrito, deberes y poderes   25.1, 32.5, 100.2, 101-101.1, 102.1, 102.3-102.4, 104.2, 105, 108-108.5, 106, 114.1, 115.2, 115.12, 116.1, 117, 117.4, 119-119.1, 127-129, 136-136.2, 139.20, 153.1, 161, 168, 169, 169.8, 200.1-200.6, 201-204, 205.5-205.10, 205.15, 205.23, 205.25, 206, 208, 209.2-209.4, 211.3, 211.7-211.20, 212.1, 215.2, 216-217, 219-223.2, 224-228, 231.9-231.10, 236, 237.1, 237.4,, 238, 242, 243.1, 244-244.4, 307.6, 307.8, 334.1, 345, 503.6-503.7, 507, 518, 520-520.2, 523.2, 524.1-524.9, 525.3, 526.3, 529, 530-530.14, 530.21, 531, 531.6, 531.10, 532-532.4, 532.8, 532.11-532.13, 601.2, 602, 602.2, 604.2, 605.2, 606.1, 606.3, 606.5-606.6, 606.12, 607, 616.6
junta consultora de distrito, elección   205.15
junta consultora de distrito, membresía   224-224.4
junta consultora de distrito, miembros *ex oficio* de la asamblea de distrito   201
junta consultora de distrito, presidente   244, 224.2

junta consultora de distrito, vacantes   224.1
junta de ecónomos, ver *iglesia local, ecónomos*
junta de la iglesia, ver *iglesia local, junta*
Junta de Pensiones y Beneficios EUA   32.5, 207.4, 337.1-337.2
Junta de Superintendentes Generales, anuncio de cambios constitucionales   26
Junta de Superintendentes Generales, aprueba actividades eclesiásticas independientes de los ministros   530.1, 530.13-530.14
Junta de Superintendentes Generales, aprueba el nombramiento del concilio global de la JNI   810
Junta de Superintendentes Generales, aprueba la Junta General y el trabajo del comité   317.3
Junta de Superintendentes Generales, aprueba los planes del centro de distrito   319
Junta de Superintendentes Generales, aprueba nombramientos de misioneros globales   317.3
Junta de Superintendentes Generales, arregla el curso de estudios   317.9
Junta de Superintendentes Generales, arregla el lugar y la hora de la Asamblea General   302-302.2
Junta de Superintendentes Generales, arregla el programa de la Asamblea General   304.2
Junta de Superintendentes Generales, escucha apelaciones   120
Junta de Superintendentes Generales, interpreta la ley, la doctrina y el *Manual*   318
Junta de Superintendentes Generales, jurisdicciones   315, 317.1
Junta de Superintendentes Generales, membresía   25.4
Junta de Superintendentes Generales, nombra o llena vacantes   302, 304, 317.6, 317.8, 328.1, 606.3
Junta de Superintendentes Generales, organización   315
Junta de Superintendentes Generales, preside la Asamblea General   25.5, 300.1, 307.3
Junta de Superintendentes Generales, puede desorganizar las iglesias locales   108.1
Junta de Superintendentes Generales, puede desorganizar los distritos   245
Junta de Superintendentes Generales, Responsabilidades   317-324
Junta de Superintendentes Generales, supervisa a los misioneros globales   317.3
Junta de Superintendentes Generales, supervisa la iglesia global   317.1

APÉNDICE 361

Junta de Superintendentes Generales, supervisa la Junta General   317.3
Junta de Superintendentes Generales, supervisa los comités   317.3
Junta de Superintendentes Generales, vacantes   305.2, 316, 335.2
junta distrital de credenciales ministeriales, deberes   114, 231-231.10
junta distrital de credenciales ministeriales, elección   205.16, 205.18, 229
junta distrital de credenciales ministeriales, membresía   229
junta distrital de credenciales ministeriales, organización   230-230.2
junta distrital de credenciales ministeriales, vacante   215, 229.1
junta distrital de disciplina   606.5, 608-608.2, 610, 612.1
junta distrital de estudios ministeriales, deberes   205.17-205.18, 233-234.1, 521-521.7, 522, 523.4, 529.1, 530.18
junta distrital de estudios ministeriales, elección   205.17, 232
junta distrital de estudios ministeriales, membresía   232
junta distrital de estudios ministeriales, organización   232.2, 233.1
junta distrital de estudios ministeriales, vacantes   215, 232.1
junta distrital de evangelismo   205.20, 215, 235-235.1
junta distrital de ministerio   205.18, 216, ver también *junta distrital de credenciales ministeriales*
junta distrital de propiedades de la iglesia, apelaciones   103.1
junta distrital de propiedades de la iglesia, deberes   103, 104, 236-237.5
junta distrital de propiedades de la iglesia, elección   205.19
junta distrital de propiedades de la iglesia, miembros   205.18, 206.1, 236
Junta General de la Iglesia del Nazareno, ver *Junta General*
Junta General, determina el Fondo para la Evangelización Mundial   317.10, 335.6-335.7
Junta General, elige directores de departamento   335.16
Junta General, elige al secretario general   335.13
Junta General, elige al tesorero general   335.13
Junta General, establece los salarios de los directores de departamentos   335.18
Junta General, incorporada   331
Junta General, llena las vacantes   325.2, 335.19
Junta General, miembros   305.6, 331-331.1, 332-333, 901

Junta General, organización y procedimiento   307.3, 331.2-331.3, 335.3
Junta General, recibe informes   330.5, 335.11- 335.12
Junta General, representación, DNI   332.6
Junta General, representación, Junta Internacional de Educación   332.3
Junta General, representación, JNI   332.4
Junta General, representación, MNI   332.5
Junta General, representación, región   332.2, 333.1
Junta General, reuniones   335.4-335.5
Junta General, secretario   331.2
Junta General, tesorero   331.3
Junta General, vacantes   334-334.1
junta local de disciplina, ver *iglesia local, junta de disciplina*
justicia   11, 30.2, 31, 915, 917, 921, 922
justicia social   922
justificación   9, 9.3
Juventud Nazarena Internacional, ver *JNI*
libertad humana   920, 921
Libro de actas/Diario de una asamblea de distrito   207-207.4
licencia de maternidad/paternidad para asociados bajo sueldo   118
licor   29.3
límites del distrito   200-200.3
lista de la clase de cuna   158, 240.3, 812.I.1.a
literatura, secular   21.2
llamamiento pastoral   117-121
logias, ver *órdenes secretas ligadas bajo juramento*
loterías   29.5
mal   5.1, 15, 16, 20.3, 21.2, 29-29.1, 31, 927, 932
maltrato a los indefensos   916
Manual, comité de edición   906, 912, regla 18
Manual, fecha de lanzamiento oficial   323
Manual, interpretación   318
Manual, revisión del apéndice   907
Manual, traducciones   906
matrimonio y divorcio   31, 340.2
matrimonio y vida familiar   521.3
matrimonio, solemnización   31, 124.9, 526.1, 530.19
mayordomía, comité, local   150
mayordomía, reglas   32-32.4

medios de gracia   10.1, 12, 13, 21.1
miembro asociado, ver *miembros de la iglesia local*
miembro del cuerpo ministerial, ver *cuerpo ministerial*
miembros de la iglesia, ver *iglesia local, miembros*
ministerio a los necesitados   21.1, 28.3
ministerio, ver *ministro*
ministro de educación cristiana   169, 169.1, 226
ministro de música   169-169.1, 512 ver también *asociados, bajo sueldo*
ministro jubilado   205.26, 231.8, 528-528.1
ministro laico   503-503.9
ministro licenciado, ver *ministro, licenciado*
ministro local   115.9, 139-12-139.13, 523.4-523.5, 524.5, 813
ministro ordenado bajo disciplina, ver c*orte general de apelaciones*
ministro ordenado, ver *ministro, ordenado*
ministro, ayuda de pensiones y beneficios   207.4
ministro, curso de estudio   521-521.6, 522-522.2, 524.1-524.4, 527, 529.1
ministro, disciplina   530-530.1, 530.11, 530.21, 531, 532.3, 532.5, 532.10, 532.11, 606.1, 606.5, 606.11-606.12
ministro, laico   503-503.9
ministro, licenciado   524-524.9
ministro, licenciado, registros   326.7
ministro, llamado divino   500, 514, 526, 526.3
ministro, local   115.9, 139-12-139.13, 523.4-523.5, 524.5, 813
ministro, membresía de distrito   201, 524.2, 524.7-524.8, 530.4, 530.16, 532-532.13
ministro, membresía de la iglesia local   114-114.1, 129, 228, 524.2, 527
ministro, ordenación, diácono   525-525.4
ministro, ordenación, presbítero   526-526.3
ministro, ordenación, proceso   524.4, 525.3, 526.3, 530.5
ministro, ordenado   525-527
ministro, ordenado, ayuda de pensiones y beneficios   207.4
ministro, ordenado, calificaciones   502.1
ministro, ordenado, credenciales   326.5, 527.1, 528.12, 529.9, 530.6-530.7, 530.21, 531-531.12
ministro, ordenado, derechos y facultades   525.1, 525.2, 530.13-530.14
ministro, ordenado, diácono   500, 525, 525.3

ministro, ordenado, jubilado   205.26, 231.8, 528-528.1
ministro, ordenado, jurisdicción   530.12, 532.11-532.12
ministro, ordenado, membresía, distrito   201, 527-527.2, 530.8-530.11
ministro, ordenado, membresía, iglesia   114-114.3, 129, 228, 530.8-530.11
ministro, ordenado, orden del ministerio   525.1, 526.1
ministro, ordenado, ordenación   205.7, 525-526.3, 530.5-530.6
ministro, ordenado, presbítero   500, 514, 526, 526.3
ministro, ordenado, reconocimiento de órdenes   205.8, 527-527.2
ministro, ordenado, requisitos   205.4, 205.7
ministro, ordenado, transferencia   205.9, 205.10, 226, 231.9, 231.10, 529-529.2
ministro, ordenados, regulaciones generales   530-530.20
ministro, proceso de licencia   521.1-521.6
ministro, requisitos   205.4, 524.1, 524.3
ministro, transferencia   205.9, 205.10, 226, 231.9, 231.10, 529-529.2
ministro, verificación de antecedentes   523.1, 524.1
Misiones Globales, director   301, 335.17
Misiones Globales, director global de MNI   344, 344.2
Misiones Globales, fondos   330.2
Misiones Globales, supervisión   317.1-317.2
misionero   114.1, 346.1-346.3, 503.1, 504, 513, 606.7, 811.VI.3.a.b., 814
misioneros laicos y delegados a la asamblea de distrito   201
Misiones Nazarenas Internacionales, ver *MNI*
MNI, constitución   811
MNI, distrito   243-243.2
MNI, distrito, concilio   811.V.2
MNI, distrito, constitución   243.1, 811
MNI, distrito, convención   811.VI.4
MNI, distrito, membresía   216.1, 240, 243, 811.IV
MNI, distrito, organización   240, 243.1, 811.III.2
MNI, distrito, presidente   201, 238, 240, 243.1-243.2, 811.V.2
MNI, distrito, responsable a   243-243.1
MNI, global, Comité de Misiones Globales   317.3, 330.2, 343.3, 344-1-344.2
MNI, global, concilio   344-344.4, 811.V.3
MNI, global, constitución   811
MNI, global, convención   344.4, 811.VI.4

APÉNDICE 365

MNI, global, deberes   344.2-344.4
MNI, global, delegados   811.VI.4
MNI, global, fondos   163-164.3, 330.2
MNI, global, membresía   811.IV.3
MNI, global, presidente   301, 344.4, 811.V.3
MNI, global, representación en la Junta General   332.5, 344.2-344.3, Artículo V, sección 3
MNI, global, vacante   811.V.3
MNI, local, constitución   811
MNI, local, finanzas   139.21, 163-164.3, 811.VII.1
MNI, local, membresía   811.IV
MNI, local, nominaciones   126, 162.2, 811.V.1
MNI, local, oficiales   811.VI.1
MNI, local, organización   162-162.2, 811.III.1
MNI, local, presidente   115.9, 137, 162.2, 201, 811.V.1
MNI, local, relación del pastor con   126
MNI, local, reuniones   811.VI.1
MNI, local, responsable a   163.1
muerte   30.6
mujeres en el ministerio, teología de   501
mundanalidad   340.4
Nazarene Bible College, financiamiento   335.9
Nazarene Publishing House, misión   339
Nazarene Theological Seminary, financiamiento   335.9
nombramiento del pastor, ver *pastor, nombramiento*
nombramiento del superintendente de distrito, ver *superintendente de distrito*
nuevo nacimiento   9.1, 20.7
Nuevo Testamento, ver *Escrituras*
objeción de conciencia   923
observancia del sábado, ver *Día del Señor*
ofrenda de acción de gracias   164.2
ofrendas voluntarias   32.1
ofrendas/donativos planificados y diferidos   32.4
oración   14
ordenación, teología de   502
órdenes secretas bajo juramento   29.7, 340.4
organización del distrito   200
Pacto de carácter cristiano   21
Pacto de conducta cristiana   28-35
Palabra de Dios, ver *Escrituras*

pastor asociado, ver *asociados bajo sueldo*
pastor interino   212.1, 518
pastor suplente   118, 231.5, 503.6, 516, 523.6
pastor, acceso a los registros   125.15, 139.23
pastor, aceptación del llamado a una iglesia local   117.1
pastor, co-pastores   123-123.1
pastor, deberes y facultades   29.1,
    109-109.1, 110.1, 111.2, 112, 112.7-112.8, 113-113.1, 114,
    114.2-114.3, 115.5, 115.8-115.10, 115.14-115.16, 124-132,
    137-138, 139.23, 139.27, 139.29, 140, 145.7, 155.1, 162.1-
    162.2, 169.2-169.8, 503-503.6, 514, 530.4, 530.16, 604.1,
    605
pastor, despido   122, 133.6, 135.4-135.5
pastor, duración   121
pastor, educación continua   124.11, 139.9, 521.6-521.7, 523,
    530.18
pastor, familia inmediata   127, 139.20
pastor, gastos de mudanza   117.4
pastor, interino   212.1, 518
pastor, llamado a la iglesia   117-121
pastor, llamado por Dios   514
pastor, membresía de la iglesia   131
pastor, nombramiento, cuando   117, 119-119.1
pastor, permiso sabático   139.10
pastor, presidente de la iglesia local   102.3, 115.5, 123, 125.15
pastor, recomienda el certificado de ministro local   139.12,
    523.1-523.3
pastor, recomienda el certificado del ministro asignado   139.13
pastor, recomienda el certificado del ministro laico   139.12,
    503.3-503.5
pastor, recomienda la licencia de diaconisa   139.15, 508
pastor, recomienda la licencia de ministro   139.14
pastor, renuncia   122-123.1
pastor, responsable a   205.4, 130
pastor, revisión, iglesia/pastoral, especial   135
pastor, revisión, iglesia/pastoral, regular   133
pastor, salario   117.4-117.5, 139.8-139.9
pecado, artículo de fe   5-5,3
pecado, expiación por   6, 20.5
pecado, limpieza por la morada permanente   21
pecado, original   5-5.2, 10, 20.3, 926
perfección cristiana   10

APÉNDICE 367

permiso por maternidad/paternidad   118
plan de ministerio local, ver *JNI, local, plan ministerial*
plenitud de la bendición   10
política   19
pornografía   29.1, 31, 927
predicador, licenciado, ver *ministro, licenciado*
predicador, local, ver *ministro, local*
prejuicio, ver *discriminación*
presbítero, ver *ministro, ordenado*
presidente de la iglesia local, ver *iglesia local, presidente*
procedimiento parlamentario, ver *reglas de orden*
procedimientos legales, ver *administración judicial*
profanidad   29.1
programa de estudio, *Guía de desarrollo ministerial*   346.7, 521.5
programa de estudio, ministro laico   503-503.9
programa de estudio, ministros   521.3
programa validado de estudios, ver *comité consultivo regional del programa de estudios; Comité Internacional del Programa de Estudios*
promesas, ver *finanzas*
propiedad del distrito   102.4, 108.2-108.3, 225.20, 225.23
propiedad, disposición de   104, 108.2, 225.23
propiedad, restricciones   103-104.3
propiedad, signatarios de cuentas   108.5
propiedad, título a   102-102.3, 102.6
propiedad, ver *bienes raíces*
pureza del corazón   10
RAC, ver *concilio regional consultivo*
reconocimiento de órdenes, ver *ministro, ordenado*
redes sociales   934
regeneración   7, 9-9.3, 10, 20.6
regiones   346
registros de licencia del ministro de distrito   326.7
reglas de orden   34, 115, 205, 300.3
reglas especiales, ver *Pacto de conducta cristiana*
reglas generales, ver *Pacto de carácter cristiano*
relación de la iglesia/pastoral, ver *iglesia local, relación de la iglesia / pastor*
representación de laicos, ver varias juntas, comités, miembros de la asamblea de distrito y miembros de la Asamblea General
responsabilidad hacia los pobres   28.4, 917

restauración de credenciales   317.11, 530, 532-532.13
restauración de la membresía, diácono   317.11, 531.9, 531.10-531.11, 532.8
restauración de la membresía, presbítero   317.11, 530.10-530.11
resurrección de Jesucristo   13
resurrección de los muertos   16
reuniones anuales, asamblea de distrito   202
reuniones anuales, iglesia local   115.7
reuniones anuales, Junta General   335.4
reuniones de la iglesia, ver *iglesia local, reuniones*
revistas, ver *literatura, secular*
ritual del servicio fúnebre   706
ritual, bautismo de creyentes   701
ritual, bautismo de infantes o niños pequeños   702
ritual, dedicación de infantes o niños pequeños   703
ritual, dedicación de la iglesia   709
ritual, funebre   706
ritual, instalación de oficiales   707
ritual, matrimonio   705
ritual, organización de la iglesia   708
ritual, recepción de miembros de la iglesia   704
sabático para asociados bajo sueldo   139.10
sabático, ver *superintendente de distrito; asociados bajo sueldo; pastor*
sacramentos, ver *rituales; la cena del Señor; bautismo*
Sagradas Escrituras, ver *Escrituras*
salario, pastor ver *pastor, salario*
salvación   6
salvaguardas financieras pastorales   127
sanidad divina, artículo de fe   14
Santa Cena, artículo de fe   13
Santa Cena, elementos   148.7
Santa Cena, la, administrada por quién   124.4, 503.9, 523.7, 524.7 525.2, 526.1,
Santa Cena, partícipes   13, 700
Santa Cena, ritual   700
santidad cristiana   10
santidad de la vida humana   30-30.3
santidad, ver *santificación*

APÉNDICE 369

santificación, entera santificación   10-10.1,
    19, 20.7, 33, 113.11, 127, 145, 146, 231.3, 402.2, 515.8,
    529.3, 925
santificación, entera santificación, artículo de fe   10-10.1
santificación, entera santificación, relacionada con el crecimiento
    en la gracia   10.1
secretario de distrito, ayudantes   221
secretario de distrito, elección   219, 225.22
secretario de distrito, miembro *ex oficio* de la asamblea de
    distrito   201
secretario de distrito, vacante   219.1
secretario de la asamblea de distrito, ver *secretario de distrito*
secretario de la Asamblea General, ver *secretario general*
secretario de la junta de la iglesia   102.3, 115.6, 115.9, 122.1,
    127, 138, 139.19, 145-145.7
    129.19, 135-135.7, 518
secretario de la Junta General, ver *Junta General, secretario*
secretario del distrito, deberes 125.5,   205.16, 207.3, 220-221,
    504.2, 524.6, 527.1-527.2, 529.1, 530-6-530.7
secretario general, ayudantes   328.1
secretario general, deberes   25.2, 220.3, 316-316.1, 326-328, 615
secretario general, elección   325
secretario general, miembro *ex oficio*   301, 325.1, 304, 340, 331.2
secretario general, responsable ante   325.3
secretario general, vacante   317.5, 325.2, 335.19
secretario, ver *secretario de distrito; secretario de la iglesia local*
Segunda Venida de Cristo, la   11, 15, 20.8
seminario bíblico, ver *educación superior*
seminario teológico, ver *educación superior*
seminario, ver *educación superior*
servicio de instalación   117.3, 707
sexualidad   30.1, 31
SIDA, ver *VIH/SIDA*
sitios y monumentos históricos   327.2, 913
sociedades bíblicas   907
sociedades secretas, ver *órdenes secretas ligadas bajo juramento*
solicitud de fondos, ver *finanzas*
solicitud de licencia de ministro   524.1, 524.3, 524.8
suicidio, ver *eutanasia*
superintendente de distrito, año sabático   225.11
superintendente de distrito, asociados bajo sueldo   225.18, 244-
    244.1

superintendente de distrito, credenciales o asuntos
disciplinarios   114, 5231.1-523.4,524.1-524.2, 542.6,
525.3, 526.3, 527.1-527.2, 530.2, 530.6-530.8, 530.11,
530.21, 531.9-531.12, 532.13, 601.2, 604.1, 606.1, 606.3,
616.6
superintendente de distrito, deberes y facultades en el
distrito   208, 224.2
superintendente de distrito, deberes y facultades en el distrito,
garante financiero   217
superintendente de distrito, deberes y facultades en el distrito,
informe anual   205.3
superintendente de distrito, deberes y facultades en el distrito,
llena
las vacantes   211.7-211.8, 212-212.1, 215
superintendente de distrito, deberes y facultades en el distrito,
organización de la asamblea   202
superintendente de distrito, deberes y facultades en el distrito,
preside la asamblea de distrito, cuando   214, 307.5
superintendente de distrito, deberes y facultades en el distrito,
presidente   205.21, 216.1, 237, 240, 810, 811
superintendente de distrito, deberes y facultades en el distrito,
relación como *ex oficio*   216
superintendente de distrito, deberes y facultades en la iglesia
local, aprobación por escrito   103, 104, 115.11, 139.27,
169.2, 523.4, 531.9, 814
superintendente de distrito, deberes y facultades en la iglesia
local, aprueba los pastores asociados   139.27, 169-169.8,
211.13,
superintendente de distrito, deberes y facultades en la iglesia
local, hacer arreglos pastorales   105, 120, 211.3, 218.1,
307.6
superintendente de distrito, deberes y facultades en la iglesia
local, iglesia en crisis   136-126.2, 211.3-211.4
superintendente de distrito, deberes y facultades en la iglesia
local, organización   100
superintendente de distrito, deberes y facultades en la iglesia
local, supervisión   210
superintendente de distrito, elección   205.12-205.14
superintendente de distrito, incapacitación temporal   209.2
superintendente de distrito, nombramiento   200.2, 208, 307.7
superintendente de distrito, nombramiento de un equipo de
recuperación   532.1-532.8
superintendente de distrito, notas de constitución   22.2, 22.3
superintendente de distrito, vacante   209-209.1, 307.7, 321

APÉNDICE 371

superintendente general, articula la misión   306
superintendente general, constitución sobre   22.2
superintendente general, deberes y facultades, distrito,   224
superintendente general, deberes y facultades, distrito, elección del superintendente de distrito   205.13-205.14
superintendente general, deberes y facultades, distrito, emite certificados, comisiones y licencias   524.6, 527.1, 530.6
superintendente general, deberes y facultades, distrito, establece el tiempo de asambleas de distrito   202
superintendente general, deberes y facultades, distrito, llena la vacante en la superintendencia de distrito   209-209.2, 307.7-307.8
superintendente general, deberes y facultades, distrito, preside las asambleas de distrito   307.5
superintendente general, deberes y facultades, iglesia local, ayuda en las relaciones pastorales   307.6
superintendente general, deberes y facultades, iglesia local, escucha apelaciones   120
superintendente general, deberes y facultades, iglesia local, organiza iglesias locales   100
superintendente general, deberes y facultades, iglesia local, preside reuniones anuales y especiales   115.5, 307.10
superintendente general, deberes y facultades, ordena ministros   306, 307.4, 527.1
superintendente general, deberes y facultades, preside la Asamblea General   25.5, 300.1, 307.3
superintendente general, deberes y facultades, preside las reuniones de la Junta General   307.3, 335.3
superintendente general, declara la fecha de vigencia del nuevo *Manual*   323
superintendente general, elección   25.4, 305.2, 307.16
superintendente general, estado jubilado   301, 305.4, 314-314.1
superintendente general, función   306
superintendente general, lanza la visión   306
superintendente general, miembro *ex oficio* de la Asamblea General   301, 307.2
superintendente general, propaga la coherencia teológica   306
superintendente general, proporciona supervisión para la iglesia general   306, 307.1
superintendente general, relación emérita/emérito   301, 305.3, 314-314.1
superintendente general, responsable ante   307.13-307.15

superintendente general, restringido de ejercer otros puestos   307.11-307.12

superintendente general, vacante   25.4, 305.2, 316-316.1

superintendente, ver *superintendente de distrito; superintendente general*

tabaco   29.4, 340.1, 932

televisión   29.1, 934

terapia genética   30.2

tesorero, ver *tesorero de distrito; tesorero de la iglesia local*

tesorero de distrito, deberes   125.9 223-223.2

tesorero de distrito, elecciones   222

tesorero de distrito, vacante   222.1

tesorero de la iglesia local   115.9, 138, 139.20, 145.3, 146-146.6

tesorero general, deberes   304, 330-330.6, 335.12

tesorero general, elección   329

tesorero general, miembro *ex oficio* de la Asamblea General   301, 329.1

tesorero general, responsable ante   329

tesorero general, tesorero *ex oficio* de la Junta General   331.3

tesorero general, vacante   317.4, 335.19

testimonio del Espíritu   9.3, 10, 20.7, 926

The Church of the Nazarene, Inc.   240.10, 245.1, 331, 335-335.1, 338

título de propiedad de la iglesia local, ver *iglesia local, propiedad; bienes raíces*

título de propiedad del distrito, ver *propiedad del distrito; bienes raíces*

transferencia de ministros, ver *ministro, licenciado; ministro, ordenado*

Trinidad   31

universidad para maestros, ver *educación superior*

universidad, ver *educación superior*

uso cuidadoso del lenguaje   918

vacantes, ver oficina específica, comité, o junta

valor de los niños y jóvenes   922

vestimenta, orgullo o modestia   21.2, 928

vida cristiana   28-29.8

vida cristiana, principios bíblicos   28.1

vida familiar cristiana, ver *matrimonio y vida familiar*

vida humana   30-30.3

VIH/SIDA   933

voluntad de Dios, la   4

votación, requisito de edad   109.3, 117, 135.3, 137.1
votando, ausente   115.2
votos ilegales, ver *votación*

www.ingramcontent.com/pod-product-compliance
Lightning Source LLC
LaVergne TN
LVHW020336080426
835507LV00044B/3093